左傳

下

【战国】左丘明 著
【晋】杜预 注

國學典藏

上海古籍出版社

春秋经传集解第十七

襄公四

经

二十有三年春，王二月癸酉朔，日有食之①。

三月己巳，杞伯匄卒②。

夏，邾畀我来奔③。

葬杞孝公④。

陈杀其大夫庆虎及庆寅⑤。陈侯之弟黄自楚归于陈⑥。

晋栾盈复入于晋⑦，入于曲沃⑧。

秋，齐侯伐卫，遂伐晋⑨。

八月，叔孙豹帅师救晋，次于雍榆⑩。

己卯，仲孙速卒⑪。

冬十月乙亥，臧孙纥出奔邾⑫。

晋人杀栾盈。

齐侯袭莒⑬。

① 无《传》。　② 五同盟。○ 匄，古害切。　③ 无《传》。畀我是庶其之党，同有窃邑叛君之罪。来奔，故书。○ 畀，必利切。　④ 无《传》。　⑤ 书名，皆罪其专国叛君。言及，史异辞，无义例。　⑥ 诸侯纳之曰归。黄至楚自理得直，故为楚所纳。　⑦ 以恶入曰复入。○ 复，扶又切，《注》同。　⑧ 兵败奔曲沃。据曲沃众，还与君争，非欲出

附他国，故不言叛。〇 还，户关切。争，争斗之争。 ⑨ 两事，故言遂。⑩ 豹救晋，待命于雍榆，故书次。雍榆，晋地。汲郡朝歌县东有雍城。〇 雍，於用切。朝，如字。 ⑪ 孟庄子也。 ⑫ 书名者，阿顺季氏，为之废长立少，以取奔亡，罪之。〇 为，于伪切。长，丁丈切。少，诗照切。⑬ 轻行掩其不备曰袭。因伐晋还袭莒，不言遂者，间有事。〇 轻，遣政切。

传

二十三年春，杞孝公卒，晋悼夫人丧之①。平公不彻乐，非礼也②。礼，为邻国阙③。

① 悼夫人，晋平公母，杞孝公姊妹。〇 丧，如字；徐，息浪切。② 彻，去也。〇 去，起吕切。 ③《礼》：诸侯绝期。故以邻国责之。〇 为，于伪切，下《注》为召、下而为同。期，居其切。

陈侯如楚①。公子黄愬二庆于楚，楚人召之②。使庆乐往。杀之③。庆氏以陈叛④。夏，屈建从陈侯围陈。陈人城⑤，板队而杀人。役人相命，各杀其长⑥。遂杀庆虎、庆寅。楚人纳公子黄。君子谓："庆氏不义，不可肆也⑦。故《书》曰：'惟命不于常⑧。'"

① 朝也。 ② 二庆，虎及寅也。二十年，二庆谮黄，黄奔楚自理。今陈侯往，楚乃信黄，为召二庆。〇 愬，息路切。 ③ 庆乐，二庆之族。二庆畏诛，故不敢自往。〇 使庆乐往，绝句。 ④ 因陈侯在楚而叛之。不书叛，不以告。 ⑤ 治城以距君。屈建，楚莫敖。〇 从，才用切，又如字。 ⑥ 庆氏怠其板队，遂杀筑人。故役人怒而作乱。〇 队，直类切，《注》同。长，丁丈切。 ⑦ 肆，放也。 ⑧《周书·康诰》。言有义则

存，无义则亡。

晋将嫁女于吴，齐侯使析归父媵之，以藩载栾盈及其士[①]，纳诸曲沃[②]。栾盈夜见胥午而告之[③]，对曰："不可。天之所废，谁能兴之。子必不免。吾非爱死也，知不集也[④]。"盈曰："虽然，因子而死，吾无悔矣。我实不天，子无咎焉[⑤]。"许诺。伏之，而觞曲沃人[⑥]。乐作，午言曰："今也得栾孺子，何如[⑦]？"对曰："得主而为之死，犹不死也。"皆叹，有泣者。爵行，又言。皆曰："得主，何贰之有？"盈出，偏拜之[⑧]。

四月，栾盈帅曲沃之甲，因魏献子以昼入绛[⑨]。初，栾盈佐魏庄子于下军[⑩]，献子私焉，故因之[⑪]。赵氏以原、屏之难怨栾氏[⑫]，韩、赵方睦[⑬]。中行氏以伐秦之役怨栾氏[⑭]，而固与范氏和亲[⑮]。知悼子少，而听于中行氏[⑯]。程郑嬖于公[⑰]。唯魏氏及七舆大夫与之[⑱]。

乐王鲋侍坐于范宣子。或告曰："栾氏至矣！"宣子惧。桓子曰："奉君以走固宫，必无害也[⑲]。且栾氏多怨，子为政；栾氏自外，子在位。其利多矣。既有利权，又执民柄[⑳]，将何惧焉？栾氏所得，其唯魏氏乎！而可强取也。夫克乱在权，子无懈矣。"公有姻丧[㉑]，王鲋使宣子墨缞冒绖[㉒]，二妇人辇以如公[㉓]，奉公以如固宫[㉔]。

范鞅逆魏舒[㉕]，则成列既乘，将逆栾氏矣。趋进，曰："栾氏帅贼以入，鞅之父与二三子在君所矣[㉖]。使鞅逆吾子。鞅请骖乘持带[㉗]。"遂超乘[㉘]，右抚剑，左援带[㉙]，命驱之出。仆请[㉚]，鞅曰："之公。"宣子逆诸阶[㉛]，执其手，赂之以曲沃[㉜]。

初，斐豹隶也，著于丹书[㉝]。栾氏之力臣曰督戎，国人惧之。斐豹谓宣子曰："苟焚丹书，我杀督戎。"宣子喜曰："而杀之，所不请于君焚丹书者，有如日㉞！"乃出豹而闭之㉟，督戎从之。踰隐而待之㊱，督戎踰入，豹自后击而杀之。范氏之徒在台后㊲，栾氏乘公门㊳。宣子谓鞅曰："矢及君屋，死之！"鞅用剑以帅卒㊴，栾氏退。摄车从之㊵，遇栾乐㊶，曰："乐免之，死将讼女于天㊷。"乐射之，不中。又注㊸，则乘槐本而覆㊹。或以戟鉤之，断肘而死。栾鲂伤。栾盈奔曲沃，晋人围之㊺。

① 藩，车之有障蔽者，使若媵妾在其中。〇 析，星历切。媵，以证切，又绳证切。藩，方元切。障，之亮切，又音章。　② 栾盈邑也。　③ 胥午，守曲沃大夫。　④ 集，成也。〇 知，音智，又如字。　⑤ 言我虽不为天所祐，子无天咎，故可因。〇 咎，其九切。祐，音又。　⑥ 胥午匿盈而饮其众。〇 觞，式羊切。匿，女力切。饮，於鸩切。　⑦ 孺子，栾盈。⑧ 谢众之思己。〇 偏，音遍。　⑨ 献子，魏舒。绛，晋国都。　⑩ 庄子，魏绛。献子之父。　⑪ 私，相亲爱。　⑫ 成八年，庄姬谮之，栾、郤为征。〇 屏，薄经切。难，乃旦切。　⑬ 韩起让赵武，故和睦。⑭ 十四年晋伐秦，栾黡违荀偃命，曰："余马首欲东。"　⑮ 范宣子佐中行偃于中军。　⑯ 悼子，知䓨之子荀盈也。少，年十七。知氏、中行氏同祖，故相听从。〇 知，音智。少，诗照切。　⑰ 郑亦荀氏宗。〇 嬖，必计切。　⑱ 七舆，官名。〇 舆，音余。　⑲ 桓子，乐王鲋。〇 鲋，音附。坐，如字，又才卧切。走，如字，又音奏。　⑳ 赏罚为民柄。〇 柄，彼命切。　㉑ 夫人有杞丧。〇 强，其丈切，下《注》强取同。懈，徒卖切。㉒ 晋自殽战还，遂常墨縗。〇 縗，七雷切；本又作衰，音同。冒，莫报切。绖，直结切。冒绖，以绖冒其首也。一云，縗、冒、绖三者皆墨之。　㉓ 恐栾氏有内应距之，故为妇人服而入。〇 应，应对之应。　㉔ 固宫，宫之有台观备守者。〇 观，官唤切。守，手又切。　㉕ 用王鲋计，欲强取之。

㉖ 二三子，诸大夫。○ 乘，绳证切，下骖乘、超乘同。　㉗ 骖乘必持带，备隋队。○ 隋，待果切。队，直类切。　㉘ 跳上献子车。○ 跳，徒彫切。上，时掌切。　㉙ 劫之。○ 援，音袁。　㉚ 请所至。　㉛ 逆献子也。　㉜ 恐不与己同心。　㉝ 盖犯罪没为官奴，以丹书其罪。○ 斐，音非，又芳匪切。　㉞ 言不负要，明如日。○ 督，丁毒切。　㉟ 闭著门外。○ 著，陟略切。　㊱ 隐，短墙也。　㊲ 公台之后。　㊳ 乘，登也。　㊴ 用剑，短兵接敌，欲致死。○ 卒，子忽切。　㊵ 鞅摄宣子戎车。　㊶ 乐，盈之族。　㊷ 言虽死犹不舍女罪。○ 女，音汝。㊸ 注，属矢于弦也。○ 射，食亦切。中，丁仲切。属，之玉切。　㊹ 栾乐车轹槐而覆。○ 覆，芳服切。轹，音历。　㊺ 鲂，栾氏族。○ 断，音短。

秋，齐侯伐卫。先驱：縠荣御王孙挥，召扬为右[①]。申驱：成秩御莒恒，申鲜虞之傅挚为右[②]。曹开御戎，晏父戎为右[③]。贰广：上之登御邢公，卢蒲癸为右[④]。启：牢成御襄罢师，狼蘧疏为右[⑤]。胠：商子车御侯朝，桓跳为右[⑥]。大殿：商子游御夏之御寇，崔如为右[⑦]，烛庸之越驷乘[⑧]。

自卫将遂伐晋。晏平仲曰："君恃勇力以伐盟主，若不济，国之福也。不德而有功，忧必及君。"崔杼谏曰："不可。臣闻之，小国间大国之败而毁焉，必受其咎。君其图之！"弗听。陈文子见崔武子[⑨]，曰："将如君何？"武子曰："吾言于君，君弗听也。以为盟主，而利其难。群臣若急，君于何有[⑩]？子姑止之。"文子退，告其人曰："崔子将死乎！谓君甚，而又过之[⑪]，不得其死。过君以义，犹自抑也，况以恶乎[⑫]？"

齐侯遂伐晋，取朝歌[⑬]。为二队，入孟门，登大行[⑭]，张武军于荧庭[⑮]。戍郫邵[⑯]，封少水[⑰]，以报平阴之役。乃还[⑱]。

赵胜帅东阳之师以追之，获晏氂[19]。八月，叔孙豹帅师救晋，次于雍榆，礼也[20]。

①先驱，前锋军。○召，上照切。 ②申驱，次前军。傅挚，申鲜虞之子。○鲜，音仙。挚，音至；一本或作申鲜虞之子傅挚。 ③公御右也。○父，音甫。 ④贰广，公副车。○广，古旷切。 ⑤左翼曰启。○牢，一作罕。罢，音皮；徐音彼，又皮买切。蘧，其居切。 ⑥右翼曰胠。○胠，起居切，又音胁，或起业切。朝，如字，又直遥切。跳，徒雕切。⑦大殿，后军。○殿，都练切。夏，户雅切。御，鱼吕切。 ⑧四人共乘殿车也。《传》具载此，言庄公废旧臣，任武力。 ⑨文子，陈完之孙须无。武子，崔杼也。○间，间厕之间。 ⑩言有急不能顾君，欲弑之以说晋。○难，乃旦切。说，音悦，又如字。 ⑪弑君之恶，过于背盟主。○背，音佩。 ⑫自抑损。 ⑬朝歌，今属汲郡。 ⑭二队，分为二部。孟门，晋隘道。大行山在河内郡北。○队，徒对切；徐，徒猥切。大，音泰。行，徐，户郎切，又如字。隘，於懈切。 ⑮张武军，谓筑垒壁。荧庭，晋地。○荧，户扃切。庭，音廷，本亦作廷。垒，力轨切。壁，亦作辟，音壁。 ⑯取晋邑而守之。○郫，婢支切。 ⑰封晋尸于少水，以为京观。○少，诗照切，下《注》立少同。 ⑱平阴役在十八年。 ⑲赵胜，赵旃之子。东阳，晋之山东，魏郡东，广平以北。晏氂，齐大夫。○胜，音升，一音申证切。氂，力之切，徐音来。 ⑳救盟主，故曰礼。

季武子无适子，公弥长，而爱悼子，欲立之[①]。访于申丰，曰："弥与纥，吾皆爱之，欲择才焉而立之。"申丰趋退，归，尽室将行[②]。他日，又访焉，对曰："其然！将具敝车而行[③]。"乃止[④]。访于臧纥，臧纥曰："饮我酒，吾为子立之。"季氏饮大夫酒，臧纥为客[⑤]。既献[⑥]，臧孙命北面重席，新樽絜之[⑦]。召悼子，降逆之。大夫皆起[⑧]。及旅，而召公鉏[⑨]，使与之齿⑩。季孙失色⑪。

季氏以公鉏为马正⑫,愠而不出。闵子马见之⑬,曰:"子无然!祸福无门,唯人所召。为人子者,患不孝,不患无所⑭。敬共父命,何常之有⑮?若能孝敬,富倍季氏可也⑯。奸回不轨,祸倍下民可也⑰。"公鉏然之。敬共朝夕,恪居官次⑱。季孙喜,使饮己酒,而以具往,尽舍旃⑲。故公鉏氏富,又出为公左宰⑳。

孟孙恶臧孙㉑,季孙爱之㉒。孟氏之御驺豐点好羯也㉓,曰:"从余言,必为孟孙㉔。"再三云,羯从之。孟庄子疾,豐点谓公鉏:"苟立羯,请仇臧氏㉕。"公鉏谓季孙曰:"孺子秩,固其所也㉖。若羯立,则季氏信有力于臧氏矣㉗。"弗应。己卯,孟孙卒,公鉏奉羯立于户侧㉘。季孙至,入哭而出,曰:"秩焉在?"公鉏曰:"羯在此矣!"季孙曰:"孺子长。"公鉏曰:"何长之有?唯其才也㉙。且夫子之命也㉚。"遂立羯。秩奔邾。

臧孙入哭,甚哀,多涕。出,其御曰:"孟孙之恶子也,而哀如是。季孙若死,其若之何?"臧孙曰:"季孙之爱我,疾疢也㉛。孟孙之恶我,药石也㉜。美疢不如恶石。夫石犹生我㉝,疢之美,其毒滋多。孟孙死,吾亡无日矣。"

孟氏闭门告于季孙曰:"臧氏将为乱,不使我葬㉞。"季孙不信。臧孙闻之,戒㉟。冬十月,孟氏将辟,藉除于臧氏㊱。臧孙使正夫助之㊲,除于东门,甲从己而视之㊳。孟氏又告季孙。季孙怒,命攻臧氏㊴。乙亥,臧纥斩鹿门之关以出,奔邾㊵。

初,臧宣叔娶于铸,生贾及为而死[41]。继室以其姪[42],穆姜之姨子也[43]。生纥,长于公宫。姜氏爱之,故立之[44]。臧贾、臧为出在铸[45]。臧武仲自邾使告臧贾,且致大蔡焉[46],曰:"纥不佞,失守宗祧[47],敢告不吊[48]。纥之罪,不及不祀[49]。子以大蔡纳请,其可[50]。"贾曰:"是家之祸也,非子之过也。贾闻命矣。"再拜受龟。使为以纳请[51],遂自为也[52]。臧孙如防[53],使来告曰:"纥非能害也,知不足也[54]。非敢私请[55]!苟守先祀,无废二勋[56],敢不辟邑[57]。"乃立臧为。

臧纥致防而奔齐。其人曰:"其盟我乎[58]?"臧孙曰:"无辞[59]。"将盟臧氏,季孙召外史掌恶臣,而问盟首焉[60],对曰:"盟东门氏也,曰:'毋或如东门遂,不听公命,杀適立庶[61]。'盟叔孙氏也,曰:'毋或如叔孙侨如,欲废国常,荡覆公室[62]。'"季孙曰:"臧孙之罪,皆不及此。"孟椒曰:"盍以其犯门斩关?"季孙用之。乃盟臧氏曰:"无或如臧孙纥,干国之纪,犯门斩关[63]。"臧孙闻之,曰:"国有人焉!谁居?其孟椒乎[64]!"

① 公弥,公鉏。悼子,纥也。○ 適,丁历切。长,丁丈切,下皆同。鉏,仕居切。纥,恨发切,下同。 ② 申豐,季氏属大夫。 ③ 其然,犹必尔。○ 敝,婢世切;徐,疾灭切。 ④ 止,不立纥。 ⑤ 为上宾。○ 饮,於鸩切,下皆同。吾为,于伪切,下《注》为定、为公鉏同。 ⑥ 已献酒。 ⑦ 酒樽既新,复絜澡之。○ 重,直恭切。樽,音尊;本亦作尊。复,扶又切,下非复、下文复战同。澡,音早。 ⑧ 臧孙下迎悼子。 ⑨ 献酬礼毕,通行为旅。 ⑩ 使从庶子之礼,列在悼子之下。 ⑪ 恐公鉏不从。 ⑫ 马正,家司马。 ⑬ 闵子马,闵马父。○ 愠,纡运切,

怨也,怒也。 ⑭ 所,位处。○ 处,昌虑切。 ⑮ 言废置在父,无常位也。 ⑯ 父宠之,则可富。 ⑰ 祸甚于贫贱。 ⑱ 次,舍也。○ 朝,如字。恪,苦各切。 ⑲ 具,飨燕之具。○ 舍,音捨。 ⑳ 出季氏家,臣仕于公。 ㉑ 不相善。○ 恶,乌路切,下之恶子、之恶我、君所恶皆同。 ㉒ 爱其成己志。 ㉓ 羯,孟庄子之庶子,孺子秩之弟孝伯也。○ 骀,侧留切。点,都簟切,又之廉切。好,呼报切。羯,居竭切。㉔ 为孟孙后。 ㉕ 使孟氏与公鉏共憎臧孙。 ㉖ 固自当立。㉗ 臧氏因季孙之欲而为定之,犹为有力。今若专立孟氏之少,则季氏有力过于臧氏。 ㉘ 户侧,丧主。○ 应,应对之应。 ㉙ 季孙废鉏立纥,云欲择才,故以此答之。○ 焉,於虔切。 ㉚ 遂诬孟孙。 ㉛ 常志相顺从,身之害。○ 疢,耻刃切,下皆同。 ㉜ 常志相违戾,犹药石之疗疾。○ 疗,力召切。 ㉝ 愈己疾也。 ㉞ 欲为公鉏仇臧氏。 ㉟ 戒,为备也。 ㊱ 辟,穿藏也。于臧氏借人除葬道。○ 辟,婢亦切;徐,甫亦切,《注》同。藉,徐音借,又如字。藏,才浪切。 ㊲ 正夫,隧正。○ 隧,音遂,下同。 ㊳ 畏孟氏,故从甲士视作者。○ 从,才用切,又如字。㊴ 见其有甲故。 ㊵ 鲁南城东门。 ㊶ 铸国,济北蛇丘县所治。○ 娶,七住切。铸,之树切。蛇,音移。治,直吏切。 ㊷ 女子谓兄弟之子为姪。○ 姪,大结切,又丈一切。 ㊸ 姪,穆姜姨母之子,与穆姜为姨昆弟。 ㊹ 立为宣叔嗣。 ㊺ 还舅氏也。 ㊻ 大蔡,大龟。○《释文》:一云龟出蔡地,因以为名。 ㊼ 远祖庙为祧。○ 祧,他雕切。㊽ 不为天所吊恤。 ㊾ 言应有后。 ㊿ 请为先人立后。○ 为,于伪切,下为己、自为皆同。 51 贾使为为己请。 52 为自为请。53 防,臧孙邑。 54 言使甲从己,但虑事浅耳。○ 知,音智。 55 为其先人请也。 56 二勋,文仲、宣叔。 57 据邑请后,故孔子以为要君。○ 要,一遥切。 58 谓陈其罪恶,盟诸大夫以为戒。 59 废长立少,季孙所忌。故谓无辞以罪己。 60 恶臣,谓奔亡者。盟首,载书之章首。 61 文公命立子恶,公子遂杀之,立宣公。○ 毋,音无。听,吐定切。适,丁历切。 62 谓谮公与季、孟于晋。○ 覆,芳服切。 63 干,亦犯也。○ 盍,户臘切。　㊹ 孟椒,孟献子之孙子服惠伯。居,犹与也。○ 居,音基。与,音余。

晋人克栾盈于曲沃,尽杀栾氏之族党。栾鲂出奔宋。书曰:"晋人杀栾盈。"不言大夫,言自外也①。

① 自外犯君而入,非复晋大夫。

齐侯还自晋,不入①。遂袭莒,门于且于②,伤股而退③。明日,将复战,期于寿舒④。杞殖、华还载甲,夜入且于之隧,宿于莒郊⑤。明日,先遇莒子于蒲侯氏⑥。莒子重赂之,使无死,曰:"请有盟⑦。"华周对曰:"贪货弃命,亦君所恶也⑧。昏而受命,日未中而弃之,何以事君?"莒子亲鼓之,从而伐之,获杞梁⑨。莒人行成⑩。齐侯归,遇杞梁之妻于郊⑪,使吊之。辞曰:"殖之有罪,何辱命焉⑫?若免于罪,犹有先人之敝庐在,下妾不得与郊吊⑬。"齐侯吊诸其室⑭。

① 不入国。　② 且于,莒邑。○ 且,子余切。　③ 齐侯伤。④ 寿舒,莒地。　⑤ 二子,齐大夫。且于隧,狭路。○ 殖,市力切。华,胡化切。还,音旋。狭,户夹切。　⑥ 蒲侯氏,近莒之邑。○ 近,附近之近。　⑦ 欲以盟要二子,无致死战。　⑧ 华周,即华还。　⑨ 杞梁,即杞殖。　⑩ 胜大国益惧,故行成。　⑪ 梁战死,妻行迎丧。⑫ 言若有罪,不足吊。　⑬ 妇人无外事故。下,犹贱也。○ 庐,力居切。与,音预。　⑭《传》言妇人有礼。

齐侯将为臧纥田①。臧孙闻之,见齐侯。与之言伐晋[2]。对曰："多则多矣！抑君似鼠。夫鼠昼伏夜动，不穴于寝庙，畏人故也。今君闻晋之乱而后作焉[3]。宁将事之，非鼠如何？"乃弗与田[4]。仲尼曰："知之难也。有臧武仲之知[5]，而不容于鲁国，抑有由也。作不顺而施不恕也。《夏书》曰：'念兹在兹[6]。'顺事恕施也。"

① 与之田邑。 ② 齐侯自道伐晋之功。○ 见，贤遍切。《释文》：齐侯，绝句；一读以见字绝句，齐侯向下读。 ③ 作，起兵也。 ④ 臧孙知齐侯将败，不欲受其邑，故以比鼠，欲使怒而止。 ⑤ 谓能辟齐祸。○ 知，音智。 ⑥ 逸《书》也。念此事，在此身。言行事当常念如在己身也。

经

二十有四年春，叔孙豹如晋[1]。

仲孙羯帅师侵齐。

夏，楚子伐吴。

秋七月甲子朔，日有食之，既[2]。

齐崔杼帅师伐莒。

大水[3]。

八月癸巳朔，日有食之[4]。

公会晋侯、宋公、卫侯、郑伯、曹伯、莒子、邾子、滕子、薛伯、杞伯、小邾子于夷仪。

冬，楚子、蔡侯、陈侯、许男伐郑。

公至自会[5]。

陈鍼宜咎出奔楚[6]。

叔孙豹如京师。

大饥[7]。

① 贺克栾氏。 ② 无《传》。 ③ 无《传》。 ④ 无《传》。 ⑤ 无《传》。 ⑥ 陈鍼子八世孙，庆氏之党。书名，恶之也。○ 鍼，其廉切。咎，其九切。恶，乌路切。 ⑦ 无《传》。○ 饥，居疑切，又音机。

传

二十四年春，穆叔如晋。范宣子逆之，问焉，曰："古人有言曰，'死而不朽'，何谓也？"穆叔未对。宣子曰："昔匄之祖，自虞以上，为陶唐氏[1]，在夏为御龙氏[2]，在商为豕韦氏[3]，在周为唐、杜氏[4]，晋主夏盟为范氏，其是之谓乎[5]？"穆叔曰："以豹所闻，此之谓世禄，非不朽也。鲁有先大夫曰臧文仲，既没，其言立[6]。其是之谓乎？豹闻之，大上有立德[7]，其次有立功[8]，其次有立言[9]，虽久不废，此之谓不朽。若夫保姓受氏，以守宗祊[10]，世不绝祀，无国无之。禄之大者，不可谓不朽[11]。"

① 陶唐，尧所治地，大原晋阳县也。终虞之世以为号，故曰自虞以上。○ 上，时掌切。治，直吏切。 ② 谓刘累也。事见昭二十九年。○ 见，贤遍切。 ③ 豕韦，国名。东郡白马县东南有韦城。 ④ 唐、杜，二国名。殷末，豕韦国于唐。周成王灭唐，迁之于杜，为杜伯。杜伯之子隰叔奔晋，四世及士会，食邑于范，复为范氏。杜，今京兆杜县。○ 隰，徐入切。复，扶又切。 ⑤ 晋为诸夏盟主，范氏复为之佐。言己世为兴家。○ 夏，户雅切。 ⑥ 立，谓不废绝。○《释文》：既没，其言立，今俗本皆作其言立于世。检元熙以前本，则无于世二字。 ⑦ 黄帝、尧、舜。○ 大，音泰。

⑧禹、稷。 ⑨史佚、周任、臧文仲。○佚，音逸。任，音壬。 ⑩祊，庙门。○祊，布彭切。 ⑪《传》善穆叔之知言。

范宣子为政，诸侯之币重。郑人病之。二月，郑伯如晋。子产寓书于子西以告宣子[①]，曰："子为晋国，四邻诸侯，不闻令德，而闻重币，侨也惑之。侨闻君子长国家者，非无贿之患，而无令名之难。夫诸侯之贿聚于公室，则诸侯贰[②]。若吾子赖之，则晋国贰[③]。诸侯贰，则晋国坏。晋国贰，则子之家坏。何没没也[④]！将焉用贿？夫令名，德之舆也[⑤]。德，国家之基也。有基无坏，无亦是务乎！有德则乐，乐则能久。《诗》云：'乐只君子，邦家之基。'有令德也夫[⑥]！'上帝临女，无贰尔心。'有令名也夫[⑦]！恕思以明德，则令名载而行之，是以远至迩安。毋宁使人谓子：'子实生我[⑧]，而谓子浚我以生乎[⑨]？'象有齿以焚其身，贿也[⑩]。"宣子说，乃轻币。是行也，郑伯朝晋，为重币故，且请伐陈也。郑伯稽首，宣子辞。子西相，曰："以陈国之介恃大国而陵虐于敝邑[⑪]，寡君是以请罪焉[⑫]。敢不稽首[⑬]。"

①寓，寄也。○寓，音遇。 ②贰，离也。○长，丁丈切。难，如字，又乃旦切。贿，呼罪切。 ③赖，恃用之。 ④没没，沈灭之言。○没，如字，一音妹，沈溺也。 ⑤德须令名以远闻。○焉，於虔切。闻，音问，又如字。 ⑥《诗·小雅》。言君子乐美其道，为邦家之基，所以济令德。○乐，音洛。夫，音扶。 ⑦《诗·大雅》。言武王为天所临，不敢怀贰心，所以济令名。○女，音汝。 ⑧无宁，宁也。○毋，音无。 ⑨浚，取也。言取我财以自生。○浚，思俊切。 ⑩焚，毙也。○焚，扶云切；服云，焚，读曰偾；偾，僵也。毙，婢世切。 ⑪介，因也。大国，楚

也。〇 说，音悦。为，于伪切。相，息亮切。介，音戒。　⑫ 请得罪于陈也。〇《释文》：是以请罪焉，一本作是以请请罪焉。请，并七井切；徐，上请字音情。　⑬ 为明年郑入陈《传》。

孟孝伯侵齐，晋故也[①]。

① 前年齐伐晋，鲁为晋报侵。

夏，楚子为舟师以伐吴[①]，不为军政[②]，无功而还[③]。

① 舟师，水军。　② 不设赏罚之差。　③ 为下吴召舒鸠起本。

齐侯既伐晋而惧，将欲见楚子。楚子使薳启彊如齐聘，且请期[①]。齐社，蒐军实，使客观之[②]。陈文子曰："齐将有寇。吾闻之，兵不戢，必取其族[③]。"

① 请会期。〇 彊，其良切，又居良切。　② 祭社，因阅数军器，以示薳启彊。〇 蒐，所求切。阅，音悦。数，所主切。　③ 戢，藏也。族，类也。取其族，还自害也。〇 戢，侧立切。

秋，齐侯闻将有晋师[①]，使陈无宇从薳启彊如楚，辞，且乞师[②]。崔杼帅师送之，遂伐莒，侵介根[③]。

① 夷仪之师。　② 辞有晋师，未得相见。　③ 介根，莒邑。今城阳黔陬县东北计基城是也。齐既与莒平，因兵出侵之，言无信也。〇 黔，其廉切，又其今切；如淳音耿弇切。陬，侧留切，又子侯切；韦昭音诹。基，又

作其，音基，又如字；《汉书》作斤；如淳，斤，音基。

会于夷仪，将以伐齐，水，不克①。冬，楚子伐郑以救齐，门于东门，次于棘泽②。诸侯还救郑③。

晋侯使张骼、辅跞致楚师，求御于郑④。郑人卜宛射犬吉⑤。子大叔戒之曰："大国之人，不可与也⑥。"对曰："无有众寡，其上一也⑦。"大叔曰："不然，部娄无松柏⑧。"二子在幄，坐射犬于外⑨，既食，而后食之。使御广车而行⑩，已皆乘乘车⑪。将及楚师，而后从之乘，皆踞转而鼓琴⑫。近，不告而驰之⑬。皆取胄于橐而胄，入垒皆下，搏人以投，收禽挟囚⑭。弗待而出⑮。皆超乘，抽弓而射。既免，复踞转而鼓琴，曰："公孙！同乘，兄弟也⑯，胡再不谋⑰？"对曰："曩者志入而已，今则怯也。"皆笑曰："公孙之亟也⑱。"

楚子自棘泽还，使薳启彊帅师送陈无宇⑲。

① 晋合诸侯以报前年见伐。　② 以齐无宇乞师故也。　③ 夷仪诸侯。　④ 欲得郑人自御，知其地利故也。○ 骼，庚百切，一音古洛切。跞，力狄切；徐音洛。　⑤ 射犬，郑公孙。○ 宛，於元切。射，食亦切；徐，神石切。　⑥ 言不可与等也。欲使卑下之。大叔，游吉。○ 大，音泰。⑦ 言在己上者有常分，无大小国之异。○ 分，扶问切。　⑧ 部娄，小阜。松柏，大木。喻小国异于大国。○ 部，蒲口切；徐，又扶苟切。娄，本或作塿，路口切；徐，力侯切。阜，扶有切。　⑨ 二子，张骼、辅跞。幄，帐也。○ 幄，於角切。　⑩ 广车，兵车。○ 下食，音嗣。广，古旷切。　⑪ 乘车，安车。○ 下乘，绳证切。　⑫ 转，衣装。○ 踞，居虑切。转，张恋切，又张离切。装，侧良切，一作囊。　⑬ 射犬恨，故近敌不告而驰。⑭ 禽，获也。○ 胄，直救切。橐，古毛切。垒，力轨切。搏，音博；徐，甫各

切。挟，音协。　⑮ 射犬又不待二子。　⑯ 言同乘义如兄弟。〇 复，扶又切。　⑰ 谓不告而驰，不待而出。　⑱ 亟，急也。言其性急不能受屈。〇 曩，如党切，鼻也。怯，去业切。亟，居力切。　⑲《传》言齐、楚固相结也。

吴人为楚舟师之役故①，召舒鸠人，舒鸠人叛楚②。楚子师于荒浦③，使沈尹寿与师祁犁让之④。舒鸠子敬逆二子，而告无之，且请受盟。二子复命，王欲伐之。薳子⑤曰："不可。彼告不叛，且请受盟，而又伐之，伐无罪也。姑归息民，以待其卒⑥。卒而不贰，吾又何求？若犹叛我，无辞，有庸。"乃还⑦。

① 在此年夏。〇 为，于伪切。　② 舒鸠，楚属国。召欲与共伐楚。　③ 荒浦，舒鸠地。〇 浦，判五切。　④ 二子，楚大夫。〇 犁，力兮切。　⑤ 令尹薳子冯。　⑥ 卒，终也。　⑦ 彼无辞，我有功。为明年楚灭舒鸠《传》。

陈人复讨庆氏之党，鍼宜咎出奔楚①。

① 言宜咎所以称名。

齐人城郏①。穆叔如周聘，且贺城。王嘉其有礼也，赐之大路②。

① 郏，王城也。于是榖、雒斗，毁王宫。齐叛晋，欲求媚于天子，故为王城之。〇 郏，古洽切。　② 大路，天子所赐车之总名。为昭四年叔孙以所赐路葬张本。

晋侯嬖程郑，使佐下军①。郑行人公孙挥如晋聘②。程郑问焉，曰："敢问降阶何由③？"子羽不能对。归以语然明④，然明曰："是将死矣。不然将亡。贵而知惧，惧而思降，乃得其阶⑤，下人而已，又何问焉⑥？且夫既登而求降阶者，知人也，不在程郑。其有亡衅乎？不然，其有惑疾，将死而忧也⑦。"

① 代栾盈也。　② 挥，子羽也。○ 挥，许韦切。　③ 问自降下之道。○ 下，遐嫁切，又如字。　④ 然明，鬷蔑。○ 语，鱼据切。鬷，子公切。　⑤ 阶，犹道也。　⑥ 言易知。○ 下，户嫁切。易，以豉切。⑦ 言郑本小人，为明年程郑卒张本。○ 夫，音扶。知，音智。衅，许觐切。

经

二十有五年春，齐崔杼帅师伐我北鄙。

夏五月乙亥，齐崔杼弑其君光①。

公会晋侯、宋公、卫侯、郑伯、曹伯、莒子、邾子、滕子、薛伯、杞伯、小邾子于夷仪。

六月壬子，郑公孙舍之帅师入陈②。

秋八月己巳，诸侯同盟于重丘③。

公至自会④。

卫侯入于夷仪⑤。

楚屈建帅师灭舒鸠⑥。

冬，郑公孙夏帅师伐陈⑦。

十有二月，吴子遏伐楚，门于巢，卒⑧。

① 齐侯虽背盟主，未有无道于民，故书臣，罪崔杼也。○ 背，音佩。　② 子产之言，陈以不义见入，故舍之无讥。《释例》详之。　③ 夷仪之诸侯也。重丘，齐地。己巳，七月十二日。《经》误。○ 重，直龙切。　④ 无《传》。　⑤ 夷仪，本邢地，卫灭邢而为卫邑。晋愍卫衎失国，使卫分之一邑。书入者，自外而入之辞，非国逆之例。○ 衎，苦旦切。　⑥《传》在卫侯入夷仪上。《经》在下，从告。　⑦ 陈犹未服。　⑧ 遏，诸樊也。为巢牛臣所杀。不书灭者，楚人不获其尸。吴以卒告，未同盟而赴以名。○ 遏，於葛切；徐音谒。

传

二十五年春，齐崔杼帅师伐我北鄙，以报孝伯之师也①。公患之，使告于晋。孟公绰曰："崔子将有大志②，不在病我，必速归，何患焉！其来也不寇③，使民不严④，异于他日。"齐师徒归⑤。

① 前年鲁使孟孝伯为晋伐齐。○ 为，于伪切。　② 志在弑君。孟公绰，鲁大夫。○ 绰，昌若切；徐本作卓，音绰。　③ 不为寇害。　④ 欲得民心。　⑤ 徒，空也。

齐棠公之妻，东郭偃之姊也①。东郭偃臣崔武子。棠公死，偃御武子以吊焉。见棠姜而美之②，使偃取之③。偃曰："男女辨姓④，今君出自丁⑤，臣出自桓，不可⑥。"武子筮之，遇《困》䷮⑦之《大过》䷛⑧。史皆曰："吉⑨。"示陈文子，文子曰："夫从风⑩，风陨，妻不可娶也⑪。且其《繇》曰：'困于石，据于蒺藜，入于其宫，不见其妻，凶⑫。'困于石，往不济也⑬。据于蒺藜，所恃伤也⑭。入于其宫，不见其妻，凶，无所归也[15]。"崔子曰:"嫠也何害?先夫当之矣[16]。"遂取之。庄公通焉,骤如崔氏。以崔子之冠赐人,侍者曰:"不可。"公曰:"不为崔子,其无冠乎[17]?"崔子因是[18],又以其间伐晋也[19],曰:"晋必将报。"欲弑公以说于晋,而不获间。公鞭侍人贾举而又近之,乃为崔子间公[20]。

夏五月,莒为且于之役故,莒子朝于齐[21]。甲戌,飨诸北郭。崔子称疾不视事[22]。乙亥,公问崔子[23],遂从姜氏。姜入于室,与崔子自侧户出。公拊楹而歌[24]。侍人贾举止众从者,而入闭门[25]。甲兴。公登台而请,弗许[26]。请盟,弗许。请自刃于庙,弗许[27]。皆曰:"君之臣杼疾病,不能听命[28]。近于公宫[29],陪臣干掫有淫者,不知二命[30]。"公踰墙。又射之,中股,反队。遂弑之。贾举、州绰、邴师、公孙敖、封具、铎父、襄伊、偻堙皆死[31]。祝佗父祭于高唐[32],至,复命。不说弁而死于崔氏[33]。申蒯,侍渔者[34],退谓其宰曰:"尔以帑免[35],我将死。"其宰曰:"免,是反子之义也。"与之皆死[36]。崔氏杀鬷蔑于平阴[37]。

晏子立于崔氏之门外[38],其人曰:"死乎?"曰:"独吾君也乎哉?吾死也[39]。"曰:"行乎?"曰:"吾罪也乎哉?吾亡也[40]。"曰:"归乎?"曰:"君死安归[41]?君民者,岂以陵民?社稷是主。臣君者,岂为其口实?社稷是养[42]。故君为社稷死,则死之;为社稷亡,则亡之[43]。若为己死而为己亡,非其私暱,谁敢任之[44]?且人有君而弑之,吾焉得死之,而焉得亡之[45]?将庸何归[46]?"门启而入,枕尸股而哭[47],兴,三踊而出。人谓崔子:"必杀之!"崔子曰:"民之望也!舍之得民[48]。"卢蒲癸奔晋，王何奔莒[49]。

叔孙宣伯之在齐也[50]，叔孙还纳其女于灵公。嬖，生景公[51]。丁丑，崔杼立而相之。庆封为左相。盟国人于大宫[52]，曰：“所不与崔、庆者。”晏子仰天叹曰：“婴所不唯忠于君利社稷者是与，有如上帝。”乃歃[53]。辛巳，公与大夫及莒子盟[54]。大史书曰：“崔杼弑其君。”崔子杀之。其弟嗣书而死者二人[55]。其弟又书，乃舍之。南史氏闻大史尽死，执简以往。闻既书矣，乃还[56]。

闾丘婴以帷缚其妻而载之，与申鲜虞乘而出[57]。鲜虞推而下之[58]，曰：“君昏不能匡，危不能救，死不能死，而知匿其暱[59]，其谁纳之？”行及弇中，将舍[60]。婴曰：“崔、庆其追我！”鲜虞曰：“一与一，谁能惧我[61]？”遂舍，枕辔而寝[62]，食马而食。驾而行，出弇中，谓婴曰：“速驱之！崔、庆之众，不可当也。”遂来奔[63]。

崔氏侧庄公于北郭[64]。丁亥，葬诸士孙之里[65]，四翣[66]，不跸[67]，下车七乘，不以兵甲[68]。

① 棠公，齐棠邑大夫。 ② 美其色也。 ③ 为己取也。○ 取，如字，又七住切。 ④ 辨，别也。○ 别，彼列切。 ⑤ 齐丁公，崔杼之祖。 ⑥ 齐桓公小白，东郭偃之祖。同姜姓，故不可昏。 ⑦《坎》下《兑》上，《困》。○ 坎，苦敢切。兑，徒外切。 ⑧《巽》下《兑》上，《大过》。《困》六三变为《大过》。○ 巽，音逊。 ⑨ 阿崔子。 ⑩《坎》为中男，故曰夫。变而为《巽》，故曰从风。○ 中，丁仲切。 ⑪ 风能陨落物者，变而陨落，故曰妻不可娶。○ 陨，于敏切。娶，亦作取，七住切。 ⑫《困》六三《爻辞》。○ 繇，直又切。蒺，音疾。藜，力私切。 ⑬《坎》为险、为

水。水之险者,石不可以动。 ⑭《坎》为险。《兑》为泽。泽之生物而险者蒺藜,恃之则伤。 ⑮《易》曰:非所困而困,名必辱。非所据而据,身必危。既辱且危,死其将至,妻其可得见邪?今卜昏而遇此卦,六三失位无应,则丧其妻,失其所归也。○ 应,应对之应。丧,息浪切。 ⑯ 寡妇曰嫠。言棠公已当此凶。○ 嫠,本又作厘,力之切。 ⑰ 言虽不为崔子,犹自应有冠。○ 骤,愁又切;徐,在遘切。 ⑱ 因是怒公。 ⑲ 间晋之难而伐之。○ 间,间厕之间。难,乃旦切。 ⑳ 伺公间隙。○ 弑,申志切。说,音悦,又如字。为,于伪切,下莒为、下《注》为崔同。 ㉑ 且于役在二十三年。○ 且,子余切。 ㉒ 欲使公来。 ㉓ 问疾。 ㉔ 歌以命姜。○ 拊,芳甫切,拍也。楹,音盈。 ㉕ 为崔子闭公也。重言侍人者,别下贾举。○ 从,才用切。重,直用切。别,彼列切。 ㉖ 请免。 ㉗ 求还庙自杀也。 ㉘ 不能亲听公命。 ㉙ 言崔子宫近公宫,或淫者诈称公。 ㉚ 干掫,行夜。言行夜得淫人,受崔子命讨之,不知他命。○ 干,徐云,读曰犴,胡旦切;服音如字。掫,侧柳切;徐,子俱切,又作侯切;《说文》云,掫,夜戒,有所击也,从手取声;《字林》同,音子侯切;服本作取,子须切,谋也;今传本或作诹,犹依掫音。行,下孟切。 ㉛ 八子皆齐勇力之臣,为公所嬖者,与公共死于崔子之宫。○ 射,食亦切。中,丁仲切。股,音古。队,直类切。具,求付切。铎,待洛切。堙,音因。 ㉜ 高唐有齐别庙也。○ 佗,徒河切。 ㉝ 爵弁,祭服。○ 说,音脱。弁,皮彦切。 ㉞ 侍鱼,监取鱼之官。○ 蒯,苦怪切。监,古衔切。 ㉟ 帑,宰之妻子。○ 帑,音奴。 ㊱ 反死君之义。 ㊲ 鬷蔑,平阴大夫,公外嬖。《传》言庄公所养非国士,故其死难,皆嬖宠之人。○ 鬷,子公切。难,乃旦切。 ㊳ 闻难而来。 ㊴ 言己与众臣无异。 ㊵ 自谓无罪。 ㊶ 言安可以归。 ㊷ 言君不徒居民上,臣不徒求禄,皆为社稷。○ 为,于伪切,下同。 ㊸ 谓以公义死亡。 ㊹ 私暱,所亲爱也。非所亲爱,无为当其祸。○ 暱,女乙切。任,音壬。 ㊺ 言己非正卿,见待无异于众臣,故不得死其难也。○ 弑,申志切。焉,於虔切。 ㊻ 将用死亡之义,何所归趣。 ㊼ 以公尸枕己股。○ 枕,之鸩切。 ㊽ 舍,置也。○ 踊,羊宠切。　⑲ 二子，庄公党。为二十八年杀庆舍张本。　⑳ 宣伯，鲁叔孙侨如。成十六年奔齐。　㉑ 还，齐群公子。纳宣伯女于灵公。○ 还，音旋。　㉒ 大宫，大公庙。○ 相，息亮切，下同。大，音泰。　㉓ 盟书云，所不与崔、庆者，有如上帝。读书未终，晏子抄答易其辞，因自歃。○ 曰所不与崔、庆者，本或此下有"有如此盟"四字者，后人妄加。歃，所洽切，又所甲切。　㉔ 莒子朝齐，遇崔杼作乱，未去，故复与景公盟。○ 复，扶又切。　㉕ 嗣，续也。并前有三人死。　㉖《传》言齐有直史，崔杼之罪所以闻。　㉗ 二子，庄公近臣。○ 帷，位悲切。缚，直转切。乘，绳证切。㉘ 下婴妻也。○ 推，如字，又他回切。　㉙ 匿，藏也。暱，亲也。○ 匿，女力切。暱，女乙切，《注》同。　㉚ 弇中，狭道。○ 弇，於检切，又於廉切，下同。狭，音洽。　㉛ 言道狭，虽众无所用。　㉜ 恐失马也。○ 枕，之鸩切。　㉝ 道广，众得用，故不可当。○ 食，音嗣。　㉞ 侧，瘗埋之，不殡于庙。○ 瘗，於滞切。埋，无皆切。　㉟ 士孙，人姓，因名里。死十三日便葬，不待五月。　㊱ 丧车之饰，诸侯六翣。○ 翣，所甲切。　㊲ 跸，止行人。○ 跸，音必。　㊳ 下车，送葬之车。齐旧依上公礼，九乘，又有甲兵。今皆降损。○ 乘，绳证切。

晋侯济自泮[①]，会于夷仪，伐齐，以报朝歌之役[②]。齐人以庄公说[③]，使隰鉏请成。庆封如师[④]，男女以班。赂晋侯以宗器、乐器[⑤]。自六正[⑥]、五吏、三十帅[⑦]、三军之大夫、百官之正长、师旅[⑧]及处守者，皆有赂[⑨]。晋侯许之[⑩]。使叔向告于诸侯[⑪]。公使子服惠伯对曰："君舍有罪，以靖小国，君之惠也。寡君闻命矣！"

① 泮，阙。○ 泮，普半切。　② 朝歌役在二十三年。不书伐齐，齐人逆服，兵不加。　③ 以弑庄公说晋也。○ 说，如字，又音悦。④ 庆封独使于晋，不通诸侯，故不书。鉏，隰朋之曾孙。○ 鉏，仕居切。使，

所吏切。　⑤ 宗器，祭祀之器。乐器，钟磬之属。　⑥ 三军之六卿。⑦ 五吏，文职。三十帅，武职。皆军卿之属官。○ 帅，所类切，下同。⑧ 百官正长，群有司也。师旅，小将帅。○ 长，丁丈切。　⑨ 皆以男女为赂。处守，守国者。○ 守，手又切，又如字。　⑩ 晋侯受赂还，不讥者，齐有丧，师自宜退。　⑪ 告齐服。

晋侯使魏舒、宛没逆卫侯[1]，将使卫与之夷仪。崔子止其帑，以求五鹿[2]。

① 卫献公以十四年奔齐。○ 宛，於元切。　② 崔杼欲得卫之五鹿，故留卫侯妻子于齐以质之。

初，陈侯会楚子伐郑[1]，当陈隧者，井堙木刊[2]。郑人怨之。六月，郑子展、子产帅车七百乘伐陈，宵突陈城[3]，遂入之。陈侯扶其大子偃师奔墓[4]，遇司马桓子，曰："载余[5]！"曰："将巡城[6]。"遇贾获[7]，载其母妻，下之而授公车。公曰："舍而母！"辞曰："不祥[8]。"与其妻扶其母以奔墓，亦免。子展命师无入公宫，与子产亲御诸门[9]。陈侯使司马桓子赂以宗器。陈侯免，拥社[10]。使其众，男女别而累，以待于朝[11]。子展执絷而见[12]，再拜稽首，承饮而进献[13]。子美入，数俘而出[14]。祝祓社，司徒致民，司马致节，司空致地，乃还[15]。

① 在前年。　② 隧，径也。堙，塞也。刊，除也。○ 隧，音遂；徐，徒猥切。堙，音因。刊，苦干切。径，古定切。　③ 突，穿也。　④ 欲逃冢间。　⑤ 陈之司马。　⑥ 不欲载公，以巡城辞。　⑦ 贾获，陈大夫。　⑧ 虽急，犹不欲男女无别。○ 别，彼列切。　⑨ 欲服之而已，

故禁侵掠。○ 御，鱼吕切。掠，音亮。　⑩ 免，丧服。拥社，抱社主。示服。○ 免，音问；徐音万，丧冠也。拥，於勇切。　⑪ 累，自囚系以待命。○ 累，类悲切，又吕轨切。　⑫ 见陈侯。○ 絷，陟立切。见，贤遍切。⑬ 承饮，奉觞。示不失臣敬。　⑭ 子美，子产也。但数其所获人数，不将以归。○ 数俘，所主切，《注》但数同。　⑮ 祓，除也。节，兵符。陈乱，故正其众官，修其所职，以安定之，乃还也。○ 祓，芳弗切；徐音废。

秋七月己巳，同盟于重丘，齐成故也[①]。

① 伐齐而称同盟，以明齐亦同盟。

赵文子为政[①]，令薄诸侯之币而重其礼[②]。穆叔见之。谓穆叔曰："自今以往，兵其少弭矣[③]！齐崔、庆新得政，将求善于诸侯。武也知楚令尹[④]。若敬行其礼，道之以文辞，以靖诸侯，兵可以弭[⑤]。"

① 赵武代范匄。　② 以重礼待诸侯。　③ 弭，止也。○ 弭，亡氏切。　④ 令尹，屈建。　⑤ 为二十七年晋、楚盟于宋《传》。○ 道，音导。

楚薳子冯卒，屈建为令尹[①]。屈荡为莫敖[②]。舒鸠人卒叛[③]。楚令尹子木伐之，及离城[④]。吴人救之，子木遽以右师先[⑤]，子彊、息桓、子捷、子骈、子盂帅左师以退[⑥]。吴人居其间七日[⑦]。子彊曰："久将垫隘，隘乃禽也。不如速战[⑧]！请以其私卒诱之，简师陈以待我[⑨]。我克则进，奔则亦视之[⑩]，乃可以免。不然，必为吴禽。"从之。五人以其私卒先击吴师。吴师奔，登山以望，见楚师不继，复逐之，傅诸其军[11]。简师会之，吴师大败。遂围舒鸠，舒鸠溃。八月，楚灭舒鸠[12]。

① 屈建，子木。　② 代屈建。宣十二年邲之役，楚有屈荡，为左广之右。《世本》，屈荡，屈建之祖父。今此屈荡，与之同姓名。○ 邲，扶必切。广，古旷切。　③ 前年辞不叛。　④ 离城，舒鸠城。　⑤ 先至舒鸠。○ 遽，其据切。　⑥ 五人不及子木，与吴相遇而退。○ 捷，在接切。骈，蒲贤切，又蒲丁切。盂，音于。　⑦ 居楚两军之间。　⑧ 垫隘，虑水雨。○ 垫，丁念切；《方言》云，下也。隘，於懈切。　⑨ 简阅精兵，驻后为陈。○ 卒，子忽切，下同。陈，直覲切。驻，张住切。　⑩ 视其形势而救助之。　⑪ 吴还逐五子，至其本军。○ 复，扶又切。傅，音附。⑫ 五子既败吴师，遂前及子木，共围灭舒鸠。○ 溃，户内切。

卫献公入于夷仪[1]。

① 为下自夷仪与甯喜言张本。

郑子产献捷于晋[1]，戎服将事[2]。晋人问陈之罪，对曰："昔虞阏父为周陶正，以服事我先王[3]。我先王赖其利器用也，与其神明之后也[4]，庸以元女大姬配胡公[5]，而封诸陈，以备三恪[6]。则我周之自出，至于今是赖[7]。桓公之乱，蔡人欲立其出[8]。我先君庄公奉五父而立之[9]，蔡人杀之[10]。我又与蔡人奉戴厉公[11]，至于庄、宣，皆我之自立[12]。夏氏之乱，成公播荡，又我之自入，君所知也[13]。今陈忘周之大德，蔑我大惠，弃我姻亲，介恃楚众，以冯陵我敝邑，不可亿逞[14]。

我是以有往年之告[15]。未获成命[16]，则有我东门之役[17]。当陈隧者，井堙木刊。敝邑大惧不竞，而耻大姬[18]。天诱其衷，启敝邑心[19]。陈知其罪，授手于我。用敢献功！”晋人曰：“何故侵小？”对曰：“先王之命，唯罪所在，各致其辟[20]。且昔天子之地一圻[21]，列国一同[22]，自是以衰[23]。今大国多数圻矣！若无侵小，何以至焉？”晋人曰：“何故戎服？”对曰：“我先君武、庄，为平、桓卿士[24]。城濮之役，文公布命曰：‘各复旧职[25]！’命我文公戎服辅王，以授楚捷，不敢废王命故也[26]。”士庄伯不能诘[27]，复于赵文子。文子曰：“其辞顺，犯顺不祥。”乃受之。

冬十月，子展相郑伯如晋，拜陈之功[28]。子西复伐陈，陈及郑平[29]。仲尼曰：“《志》有之[30]：‘言以足志，文以足言[31]。’不言，谁知其志。言之无文，行而不远[32]。晋为伯，郑入陈，非文辞不为功。慎辞哉[33]！”

① 献入陈之功，而不献其俘。　② 戎服，军旅之衣，异于朝服。③ 阏父，舜之后。当周之兴，阏父为武王陶正。○ 阏，於葛切。　④ 舜圣，故谓之神明。　⑤ 庸，用也。元女，武王之长女。胡公，阏父之子满也。○ 大，音泰。配，亦作妃，音配。长，丁丈切。　⑥ 周得天下，封夏、殷二王后。又封舜后，谓之恪。并二王后为三国。其礼转降，示敬而已，故曰三恪。○ 恪，苦洛切。　⑦ 言陈，周之甥，至今赖周德。　⑧ 陈桓公鲍卒，于是陈乱。事在鲁桓五年。蔡出，桓公之子厉公也。　⑨ 五父佗，桓公弟。杀大子免而代之，郑庄公因就定其位。○ 佗，徒河切。⑩ 欲立其出故。　⑪ 奉戴，犹奉事。　⑫ 陈庄公、宣公，皆厉公子。⑬ 播荡，流移失所。宣十一年，陈夏徵舒弑灵公。灵公之子成公奔晋，自晋因郑而入也。○ 夏，户雅切。播，补贺切。　⑭ 亿，度也。逞，尽也。

○ 介，音戒。冯，皮冰切。亿，於力切。逞，敕景切。度，待洛切。
⑮ 谓郑伯稽首告晋，请伐陈。 ⑯ 未得伐陈命。 ⑰ 前年陈从楚伐郑东门。 ⑱ 上辱大姬之灵。 ⑲ 启，开也。开道其心，故得胜。○ 衷，音忠。道，音导。 ⑳ 辟，诛也。○ 辟，婢亦切。 ㉑ 方千里。○ 圻，音祈。 ㉒ 方百里。 ㉓ 衰，差降。○ 衰，初危切。 ㉔ 郑武公、庄公为周平王、桓王卿士。○ 数，色主切。下数甲兵、数疆潦，各并《注》同。 ㉕ 晋文公。○ 濮，音卜。 ㉖ 城濮在僖二十八年。 ㉗ 士庄伯，士弱也。○ 诘，起吉切。 ㉘ 谢晋受其功。○ 相，息亮切。 ㊴ 前虽入陈，服之而已。故更伐以结成。 ㉚《志》，古书。 ㉛ 足，犹成也。○ 足，将住切，又如字。 ㉜ 虽得行，犹不能及远。 ㉝ 枢机之发，荣辱之主。

楚蒍掩为司马[①]。子木使庀赋[②]，数甲兵[③]。甲午，蒍掩书土田[④]，度山林[⑤]，鸠薮泽[⑥]，辨京陵[⑦]，表淳卤[⑧]，数疆潦[⑨]，规偃豬[⑩]，町原防[⑪]，牧隰皋[⑫]，井衍沃[⑬]，量入修赋[⑭]。赋车籍马[⑮]，赋车兵[⑯]、徒兵[⑰]、甲楯之数[⑱]。既成，以授子木，礼也[⑲]。

① 蒍子冯之子。 ② 庀，治。○ 庀，音祕。 ③ 阅数之。
④ 书土地之所宜。 ⑤ 度量山林之材，以共国用。○ 度，待洛切，下同。共，音恭。 ⑥ 鸠，聚也。聚成薮泽，使民不得焚燎坏之，欲以备田猎之处。○ 薮，素口切。燎，力召切。处，昌虑切。 ⑦ 辨，别也。绝高曰京。大阜曰陵。别之以为冢墓之地。○ 别，彼列切。 ⑧ 淳卤，埆薄之地。表异，轻其赋税。○ 淳，音纯。卤，音鲁；《说文》云，卤，西方咸地。埆，音学。 ⑨ 疆界有流潦者，计数减其租入。○ 疆，居良切；贾，其两切。潦，音老。 ⑩ 偃豬，下湿之地。规度其受水多少。○ 偃，於建切，又如字。豬，陟鱼切；《尚书》传云，停水曰豬。 ⑪ 广平曰原。防，堤也。堤防间地，不得方正如井田，别为小顷町。○ 町，徒顶切。堤，丁兮切。顷，苦颖

切。　⑫ 隰皋，水厓下湿，为刍牧之地。〇 牧，州牧之牧。　⑬ 衍沃，平美之地。则如《周礼》制以为井田。六尺为步，步百为亩，亩百为夫，九夫为井。〇 衍，以善切。衍沃，下平曰衍，有流曰沃。　⑭ 量九土之所入，而治理其赋税。〇 量，音良，又音亮。　⑮ 籍，疏其毛色岁齿，以备军用。⑯ 车兵，甲士。　⑰ 步卒。〇 卒，子忽切。　⑱ 使器杖有常数。〇 楯，食准切，又音尹。杖，直亮切。　⑲ 得治国之礼。《传》言楚之所以兴。

十二月，吴子诸樊伐楚，以报舟师之役①。门于巢②。巢牛臣曰："吴王勇而轻，若启之，将亲门③。我获射之，必殪④。是君也死，疆⑤其少安！"从之。吴子门焉，牛臣隐于短墙以射之，卒。

① 舟师，在二十四年也。　② 攻巢门。　③ 启，开门。〇 轻，遣政切。　④ 殪，死也。〇 射，食亦切。殪，於计切。　⑤ 〇 疆，居良切。

楚子以灭舒鸠赏子木。辞曰："先大夫蒍子之功也。"以与蒍掩①。

① 往年楚子将伐舒鸠，蒍子冯请退师以须其叛，楚子从之，卒获舒鸠。故子木辞赏以与其子。

晋程郑卒。子产始知然明①，问为政焉。对曰："视民如子。见不仁者诛之，如鹰鹯之逐鸟雀也。"子产喜，以语子大叔，且曰："他日吾见蔑之面而已②，今吾见其心矣。"子大叔问政于子产。子产曰："政如农功，日夜思之，思其始而成其终。朝夕而行之，行无越思[3]，如农之有畔[4]。其过鲜矣。"

① 前年然明谓程郑将死，今如其言，故知之。　② 蔑，然明名。○ 鹰，於陵切。鹯，之延切；徐，居延切。语，鱼据切。　③ 思而后行。○ 朝夕，如字。　④ 言有次。

卫献公自夷仪使与甯喜言[1]，甯喜许之。大叔文子闻之[2]，曰："乌乎！《诗》所谓'我躬不说，皇恤我后'者，甯子可谓不恤其后矣[3]。将可乎哉？殆必不可。君子之行，思其终也[4]，思其复也[5]。《书》曰：'慎始而敬终，终以不困[6]。'《诗》曰：'夙夜匪懈，以事一人[7]。'今甯子视君不如弈棋[8]，其何以免乎？弈者举棋不定，不胜其耦。而况置君而弗定乎？必不免矣。九世之卿族，一举而灭之。可哀也哉[9]！"

① 求复国也。　② 大叔仪也。　③ 皇，暇也。《诗·小雅》。言今我不能自容说，何暇念其后乎？谓甯子必身受祸，不得恤其后也。○ 说，音悦；《诗》作阅，容也。　④ 思使终可成。　⑤ 思其可复行。　⑥ 逸《书》。　⑦ 一人以喻君。○ 懈，佳卖切。　⑧ 弈，围棋也。○ 弈，音亦。棋，音其。　⑨ 甯氏出自卫武公，及喜九世也。

春秋经传集解第十八

襄公五

传

会于夷仪之岁，齐人城郏[1]。其五月，秦、晋为成。晋韩起如秦涖盟，秦伯车如晋涖盟[2]，成而不结[3]。

① 在二十四年。不直言会夷仪者，别二十五年夷仪会《传》。○ 此《传》本为后年修成，当续前卷二十五年之《传》后，简编烂脱，后人传写，因以在此耳。郏，古洽切。别，彼列切。　② 伯车，秦伯之弟鍼也。○ 涖，音利，又音类。车，音居。鍼，其廉切。　③ 不结固也。《传》为后年修成起本，当继前年之末，而特跳此者，传写失之。○ 为，于伪切。跳，直彫切。传，直专切；一本作转。

经

二十有六年春，王二月辛卯，卫甯喜弑其君剽[1]。

卫孙林父入于戚以叛[2]。

甲午，卫侯衎复归于卫[3]。

夏，晋侯使荀吴来聘[4]。

公会晋人、郑良霄、宋人、曹人于澶渊[5]。

秋，宋公杀其世子痤[6]。

晋人执卫甯喜。

八月壬午，许男甯卒于楚⑦。

冬，楚子、蔡侯、陈侯伐郑。

葬许灵公。

① ○ 剽，匹妙切。 ② 衎虽未居位，林父专邑背国，犹为叛也。○ 背，音佩。 ③ 复其位曰复归。名与不名，《传》无义例。 ④ 吴，荀偃子。 ⑤ 卿会公侯皆应贬，方责宋向戌后期，故书良霄以驳之。若皆称人，则嫌向戌直以会公贬之。○ 澶，市延切。駮，邦角切。 ⑥ 称君以杀，恶其父子相残害。○ 痤，才禾切。恶，乌路切。 ⑦ 未同盟而赴以名。

传

二十六年春，秦伯之弟鍼如晋修成①，叔向命召行人子员②。行人子朱曰："朱也当御③。"三云，叔向不应。子朱怒曰："班爵同④，何以黜朱于朝⑤？"抚剑从之⑥。叔向曰："秦、晋不和久矣！今日之事，幸而集⑦，晋国赖之。不集，三军暴骨。子员道二国之言无私，子常易之。奸以事君者，吾所能御也。"拂衣从之⑧。人救之。平公曰："晋其庶乎⑨！吾臣之所争者大。"师旷曰："公室惧卑，臣不心竞而力争⑩，不务德而争善⑪，私欲已侈，能无卑乎⑫？"

① 修会夷仪岁之成。 ② 欲使答秦命。○ 员，音云。 ③ 御，进也。言次当行。 ④ 同为大夫。○ 应，应对之应。 ⑤ 黜，退也。 ⑥ 从叔向也。 ⑦ 集，成。 ⑧ 拂衣，褰裳也。○ 暴，蒲卜切；徐，扶沃切。道，音导。御，鱼吕切。拂，芳弗切。褰，起虔切；本或作骞，音虽同，非也；《说文》云，褰，袴也。 ⑨ 庶几于治。○ 治，直吏切。 ⑩ 谓二

子不心竞为忠，而抚剑拂衣。○ 争，争斗之争。 ⑪ 争谓所行为善。⑫ 私欲侈，则公义废。○ 侈，昌氏切，又尺氏切。

卫献公使子鲜为复[①]，辞[②]。敬姒强命之[③]。对曰："君无信，臣惧不免。"敬姒曰："虽然，以吾故也。"许诺。初，献公使与甯喜言[④]，甯喜曰："必子鲜在，不然必败[⑤]。"故公使子鲜。子鲜不获命于敬姒[⑥]，以公命与甯喜言曰："苟反，政由甯氏，祭则寡人。"甯喜告蘧伯玉，伯玉曰："瑗不得闻君之出，敢闻其入[⑦]？"遂行，从近关出。告右宰穀[⑧]，右宰穀曰："不可。获罪于两君[⑨]，天下谁畜之[⑩]？"悼子曰："吾受命于先人，不可以贰[⑪]。"穀曰："我请使焉而观之[⑫]。"遂见公于夷仪。反曰："君淹恤在外十二年矣[⑬]，而无忧色，亦无宽言，犹夫人也[⑭]。若不已，死无日矣[⑮]。"悼子曰："子鲜在。"右宰穀曰："子鲜在，何益？多而能亡，于我何为[⑯]？"悼子曰："虽然，弗可以已。"孙文子在戚，孙嘉聘于齐，孙襄居守[⑰]。

二月庚寅，甯喜、右宰穀伐孙氏，不克。伯国伤[⑱]。甯子出舍于郊[⑲]。伯国死，孙氏夜哭。国人召甯子，甯子复攻孙氏，克之。辛卯，杀子叔及大子角[⑳]。书曰："甯喜弑其君剽。"言罪之在甯氏也[㉑]。孙林父以戚如晋[㉒]。书曰："入于戚以叛。"罪孙氏也。臣之禄，君实有之。义则进，否则奉身而退，专禄以周旋，戮也[㉓]。甲午，卫侯入。书曰："复归。"国纳之也[㉔]。大夫逆于竟者，执其手而与之言。道逆者，自车揖之。逆于门者，颔之而已[㉕]。

公至，使让大叔文子曰："寡人淹恤在外，二三子皆使寡人朝夕闻卫国之言[㉖]，吾子独不在寡人[㉗]。古人有言曰：'非所怨勿怨。’寡人怨矣㉘。”对曰：“臣知罪矣！臣不佞，不能负羁绁，以从扞牧圉，臣之罪一也。有出者，有居者㉙。臣不能贰，通外内之言以事君，臣之罪二也。有二罪，敢忘其死？”乃行，从近关出。公使止之㉚。

① 使为己求反国。○ 鲜，音仙。为，于伪切。 ② 辞不能。 ③ 敬姒，献公及子鲜之母。○ 姒，音似。强，其丈切。 ④ 言复国。 ⑤ 子鲜贤，国人信之，必欲使在其间。 ⑥ 不得止命。 ⑦ 十四年，孙氏欲逐献公，瑗走，从近关出。○ 蘧，其居切。瑗，于眷切，又于万切。 ⑧ 卫大夫。 ⑨ 前出献公，今弑剽。○ 弑，申志切。 ⑩ 畜，犹容也。○ 畜，许六切，又敕六切。 ⑪ 悼子，甯喜也。受命在二十年。 ⑫ 观，知可还否。○ 使，所吏切。还，音旋。 ⑬ 淹，久也。○ 见，贤遍切，又如字。淹，於廉切；徐，于严切。 ⑭ 言其为人犹如故。○ 夫，音扶。 ⑮ 已，止也。 ⑯ 言子鲜为义，多不过亡出。 ⑰ 二子，孙文子之子。○ 守，手又切。 ⑱ 伯国，孙襄也。父兄皆不在，故乘弱攻之。 ⑲ 欲奔。 ⑳ 子叔，卫侯剽。言子叔，剽无谥故。○ 复，扶又切，下复愬同。 ㉑ 嫌受父命纳旧君无罪，故发之。 ㉒ 以邑属晋。 ㉓ 林父事剽而衎入，义可以退。唯以专邑自随为罪，故《传》发之。 ㉔ 本晋纳之夷仪，今从夷仪入国，嫌若晋所纳，故发国纳之例。言国之所纳而复其位。 ㉕ 颔，摇其头。言衎骄心易生。○ 竟，音境。颔，户感切。易，以豉切。 ㉖ 二三子，诸大夫。○ 大，音泰。朝，如字。 ㉗ 在，存问之。公闻文子答甯喜之言，故忿之。 ㉘ 所怨在亲亲。 ㉙ 出谓衎，居谓剽也。○ 羁，居宜切。绁，息列切。扞，户干切。圉，鱼吕切。 ㉚《传》言卫侯不能安和大臣。

卫人侵戚东鄙①，孙氏愬于晋，晋戍茅氏②。殖绰伐茅氏，杀晋戍三百人③。孙蒯追之，弗敢击。文子曰：“厉之不如[④]！"遂从卫师，败之圉[⑤]。雍鉏获殖绰[⑥]。复愬于晋[⑦]。

① 以林父叛故。 ② 茅氏，戚东鄙。○ 愬，悉路切，下同。 ③ 殖绰，齐人。今来在卫。 ④ 厉，恶鬼也。 ⑤ 蒯感父言，更还逐殖绰。圉，卫地。 ⑥ 雍鉏，孙氏臣。 ⑦ 为下晋讨卫张本。

郑伯赏入陈之功[①]。三月甲寅朔，享子展，赐之先路、三命之服[②]，先八邑[③]。赐子产次路、再命之服，先六邑。子产辞邑，曰："自上以下，降杀以两，礼也。臣之位在四[④]，且子展之功也。臣不敢及赏礼，请辞邑[⑤]。"公固予之。乃受三邑[⑥]。公孙挥曰："子产其将知政矣[⑦]！让不失礼。"

① 入陈在前年。 ② 先路、次路，皆王所赐车之总名。盖请之于王。○ 路，本亦作辂，音路。 ③ 以路及命服为邑先。八邑，三十二井。○ 先，徐，悉荐切，下同，或如字。 ④ 上卿子展，次卿子西。十一年良霄见《经》，十九年乃立子产为卿，故位在四。○ 杀，所界切。见，贤遍切。 ⑤ 赏礼，以礼见赏，谓六邑也。 ⑥ 位次当受二邑，以公固与之，故受三邑。 ⑦ 知国政。

晋人为孙氏故，召诸侯，将以讨卫也。夏，中行穆子来聘，召公也[①]。

① 召公为澶渊会。○ 为，于伪切。

楚子、秦人侵吴，及雩娄，闻吴有备而还[①]。遂侵郑，五月，至于城麇。郑皇颉戍之[②]。出与楚师战，败。穿封戌囚皇颉，公子围与之争之[3]。正于伯州犁[4]。伯州犁曰："请问于囚。"乃立囚。伯州犁曰："所争，君子也，其何不知[5]？"上其手，曰："夫子为王子围，寡君之贵介弟也[6]。"下其手，曰："此子为穿封戌，方城外之县尹也。谁获子[7]？"囚曰："颉遇王子，弱焉[8]。"戌怒，抽戈逐王子围，弗及。楚人以皇颉归。

印堇父与皇颉戍城麇[9]，楚人囚之，以献于秦。郑人取货于印氏以请之，子大叔为令正[10]以为请。子产曰："不获[11]。受楚之功而取货于郑，不可谓国。秦不其然[12]。若曰：'拜君之勤。郑国微君之惠，楚师其犹在敝邑之城下。'其可[13]。"弗从，遂行。秦人不予。更币，从子产而后获之[14]。

① 雩娄县，今属安丰郡。○ 雩，音于；徐，况于切；如淳同；韦昭音虚，或一呼切。娄，如字；徐，力俱切；如淳音楼。　② 皇颉，郑大夫。守城麇之邑。○ 麇，九伦切。颉，户结切。　③ 公子围，共王子，灵王也。○ 戌，音恤。　④ 正曲直也。　⑤ 言王子围及穿封戌皆非细人，易别识也。○ 易，以豉切。别，彼列切。　⑥ 介，大也。○ 上，时掌切，下同。介，音界。　⑦ 上下手以道囚意。○ 道，音导。　⑧ 弱，败也。言为王子所得。　⑨ 印堇父，郑大夫。○ 抽，敕留切。印，一刃切。堇，音谨。⑩ 主作辞令之正。　⑪ 谓大叔辞以货请堇父，必不得。○ 为，于伪切，又如字。　⑫ 受楚献功，大名也。以货免之，小利。故谓秦不尔。⑬ 辞如此，堇父可得。　⑭ 更遣使执币，用子产辞，乃得堇父。《传》称子产之善。○ 使，所吏切。

六月，公会晋赵武、宋向戌、郑良霄、曹人于澶渊以讨卫，疆戚田[1]。取卫西鄙懿氏六十以与孙氏[2]。赵武不书，尊公也[3]。向戌不书，后也[4]。郑先宋，不失所也[5]。于是卫侯会之⑥。晋人执甯喜、北宫遗，使女齐以先归⑦。卫侯如晋，晋人执而囚之于士弱氏⑧。

秋七月，齐侯、郑伯为卫侯故，如晋⑨，晋侯兼享之。晋侯赋《嘉乐》⑩。国景子相齐侯⑪，赋《蓼萧》⑫。子展相郑伯，赋《缁衣》⑬。叔向命晋侯拜二君曰："寡君敢拜齐君之安我先君之宗祧也，敢拜郑君之不贰也⑭。"

国子使晏平仲私于叔向⑮曰："晋君宣其明德于诸侯，恤其患而补其阙，正其违而治其烦，所以为盟主也。今为臣执君，若之何⑯？"叔向告赵文子，文子以告晋侯。晋侯言卫侯之罪，使叔向告二君⑰。国子赋《辔之柔矣》⑱，子展赋《将仲子兮》⑲，晋侯乃许归卫侯。叔向曰："郑七穆，罕氏其后亡者也。子展俭而壹⑳。"

① 正戚之封疆。○ 疆，居良切。　② 戚城西北五十里有懿城。因姓以名城。取田六十井也。　③ 罪武会公侯。　④ 后会期。　⑤ 如期至。　⑥ 晋将执之，不得与会，故不书。○ 与，音预。　⑦ 讨其弑君伐孙氏也。遗，北宫括之子。女齐，司马侯。归晋而后告诸侯，故《经》书在秋。○ 女，音汝。　⑧ 士弱，晋主狱大夫。　⑨ 欲共请之。○ 为，于伪切，下为臣、《注》为林父、为臣皆同。　⑩《嘉乐》，《诗·大雅》。取其"嘉乐君子，显显令德，宜民宜人，受禄于天"。○ 嘉，户嫁切，《注》同。　⑪ 景子，国弱。○ 相，息亮切，下同。　⑫《蓼萧》，《诗·小雅》。言大平泽及远，若露之在萧。以喻晋君恩泽及诸侯。○ 蓼，音六。大，音泰。　⑬《缁衣》，《诗·郑风》。义取"適子之馆兮，还予授子之粲兮"。言不敢违远于晋。○ 缁，侧其切。粲，七旦切。远，于万切。⑭《蓼萧》、《缁衣》二诗，所趣各不同，故拜二君辞异。○ 祧，他彫切。⑮ 私与叔向语。　⑯ 谓晋为林父执卫侯。　⑰ 言自以杀晋戍三百人

为罪，不以林父故。　⑱逸《诗》，见《周书》。义取宽政以安诸侯，若柔辔之御刚马。○见，贤遍切。　⑲《将仲子》，《诗·郑风》。义取众言可畏。卫侯虽别有罪，而众人犹谓晋为臣执君。○将，七羊切，本亦无兮字，此依《诗序》。　⑳子展，郑子罕之子。居身俭而用心壹。郑穆公十一子，子然、二子孔三族已亡，子羽不为卿，故唯言七穆。○郑七穆，谓子展公孙舍之，罕氏也；子西公孙夏，驷氏也；子产公孙侨，国氏也；伯有良霄，良氏也；子大叔游吉，游氏也；子石公孙段，豐氏也；伯石印段，印氏也。穆公十一子，谓子良，公子去疾也；子罕，公子喜也；子驷，公子骓也；子国，公子发也；子孔，公子嘉也；子游，公子偃也；子豐也；子印也；子羽也；子然也；士子孔也。子然、二子孔已亡，子羽不为卿，故止七也。

初，宋芮司徒生女子[①]，赤而毛，弃诸堤下。共姬之妾取以入[②]，名之曰弃。长而美。平公入夕[③]，共姬与之食。公见弃也而视之，尤[④]。姬纳诸御，嬖，生佐[⑤]。恶而婉[⑥]。大子痤美而很[⑦]，合左师畏而恶之[⑧]。寺人惠墙伊戾为大子内师而无宠[⑨]。

秋，楚客聘于晋，过宋[⑩]。大子知之，请野享之。公使往，伊戾请从之。公曰："夫不恶女乎[⑪]？"对曰："小人之事君子也，恶之不敢远，好之不敢近。敬以待命，敢有贰心乎？纵有共其外，莫共其内[⑫]。臣请往也。"遣之。至，则欲，用牲，加书征之[⑬]，而骋告公[⑭]曰："大子将为乱，既与楚客盟矣。"公曰："为我子，又何求？"对曰："欲速[⑮]。"公使视之，则信有焉[⑯]。问诸夫人与左师[⑰]，则皆曰："固闻之。"公囚大子。大子曰："唯佐也，能免我[⑱]。"召而使请，曰："日中不来，吾知死矣。"左师闻之，聒而与之语[⑲]。过期，乃缢而死。佐为大子。公徐闻其无罪也，乃亨伊戾。

左师见夫人之步马者[20],问之,对曰:"君夫人氏也。"左师曰:"谁为君夫人?余胡弗知?"圉人归,以告夫人。夫人使馈之锦与马,先之以玉[21],曰:"君之妾弃,使某献。"左师改命曰:"君夫人。"而后再拜稽首受之[22]。

① 芮司徒,宋大夫。○ 芮,如锐切。 ② 共姬,宋伯姬也。○ 堤,亦作隄;徐,丁兮切;沈,直兮切。共,音恭。 ③ 平公,共姬子也。○ 长,丁丈切。 ④ 尤,甚也。 ⑤ 佐,元公。 ⑥ 佐貌恶而心顺。○ 婉,於阮切。 ⑦ 貌美而心很戾。○ 很,胡恳切。 ⑧ 合左师,向戌。○ 恶,乌路切,下皆同。 ⑨ 惠墙,氏;伊戾,名。○ 墙,或作廧,音墙。戾,力计切。 ⑩ 上已有秋,复发《传》者,中间有初,不言秋,则嫌楚客过在他年。○ 复,扶又切。 ⑪ 夫,谓大子也。○ 夫,音扶,《注》同。女,音汝。 ⑫ 伊戾为大子内师,不行,恐内侍废阙。○ 远,于万切。好,呼报切。近,附近之近。共,音恭;本又作供。 ⑬ 诈作盟处,为大子反征验也。○ 欿,口感切。处,昌虑切。 ⑭ 骋,驰也。○ 骋,敕景切。 ⑮ 言欲速得公位。 ⑯ 有盟征焉。 ⑰ 夫人,佐母弃也。 ⑱ 以其婉也。 ⑲ 聒,讙也。欲使佐失期。○ 聒,古活切。讙,呼端切。 ⑳ 步马,习马。○ 缢,一赐切。亨,普彭切。 ㉑ 以玉为锦马之先。○ 馈,其位切。先,悉荐切,又如字。 ㉒ 左师令使者改命也。《传》言宋公闇,左师谀,大子所以无罪而死。○ 令,力呈切。使,所吏切,下通使同。谀,羊朱切。

郑伯归自晋[1],使子西如晋聘,辞曰:"寡君来烦执事,惧不免于戾[2]。使夏谢不敏[3]。"君子曰:"善事大国[4]。"

① 请卫侯归。 ② 言自惧失敬于大国而得罪。 ③ 夏,子西名。○ 夏,户雅切。 ④ 将求于人,必先下之。言郑所以能自安。○ 下,遐

嫁切。

初，楚伍参与蔡太师子朝友，其子伍举与声子相善也[①]。伍举娶于王子牟，王子牟为申公而亡[②]，楚人曰："伍举实送之。"伍举奔郑，将遂奔晋。声子将如晋，遇之于郑郊，班荆相与食，而言复故[③]。声子曰："子行也！吾必复子。"及宋向戌将平晋、楚[④]，声子通使于晋[⑤]。还如楚，令尹子木与之语，问晋故焉[⑥]。且曰："晋大夫与楚孰贤？"对曰："晋卿不如楚，其大夫则贤，皆卿材也。如杞、梓、皮革，自楚往也[⑦]。虽楚有材，晋实用之[⑧]。"子木曰："夫独无族姻乎[⑨]？"

对曰："虽有，而用楚材实多。归生闻之[⑩]：'善为国者，赏不僭而刑不滥。'赏僭，则惧及淫人；刑滥，则惧及善人。若不幸而过，宁僭无滥。与其失善，宁其利淫。无善人，则国从之[⑪]。《诗》曰：'人之云亡，邦国殄瘁。'无善人之谓也[⑫]。故《夏书》曰：'与其杀不辜，宁失不经。'惧失善也[⑬]。《商颂》有之曰：'不僭不滥，不敢怠皇，命于下国，封建厥福[⑭]。'此汤所以获天福也。古之治民者，劝赏而畏刑[⑮]，恤民不倦。赏以春夏，刑以秋冬[⑯]。是以将赏为之加膳，加膳则饫赐[⑰]，此以知其劝赏也。将刑为之不举，不举则彻乐[⑱]，此以知其畏刑也。夙兴夜寐，朝夕临政，此以知其恤民也。三者，礼之大节也。有礼无败。今楚多淫刑，其大夫逃死于四方，而为之谋主，以害楚国，不可救疗，所谓不能也[⑲]。

"子仪之乱，析公奔晋[⑳]。晋人置诸戎车之殿，以为谋主[㉑]。绕角之役，晋将遁矣，析公曰：'楚师轻窕，易震荡也。若多鼓钧声，以夜军之[㉒]，楚师必遁。'晋人从之，楚师宵溃。

晋遂侵蔡，袭沈，获其君；败申、息之师于桑隧，获申丽而还[23]。郑于是不敢南面。楚失华夏，则析公之为也。

“雍子之父兄谮雍子，君与大夫不善是也[24]。雍子奔晋。晋人与之鄐[25]，以为谋主。彭城之役，晋、楚遇于靡角之穀[26]。晋将遁矣。雍子发命于军曰：‘归老幼，反孤疾，二人役，归一人，简兵蒐乘[27]，秣马蓐食，师陈焚次[28]，明日将战。’行归者而逸楚囚[29]，楚师宵溃。晋降彭城而归诸宋，以鱼石归[30]。楚失东夷，子辛死之，则雍子之为也[31]。

“子反与子灵争夏姬[32]，而雍害其事[33]，子灵奔晋。晋人与之邢[34]，以为谋主。扞御北狄，通吴于晋，教吴叛楚，教之乘车，射御，驱侵，使其子狐庸为吴行人焉。吴于是伐巢，取驾，克棘，入州来[35]。楚罢于奔命，至今为患，则子灵之为也[36]。

“若敖之乱，伯贲之子贲皇奔晋。晋人与之苗[37]，以为谋主。鄢陵之役[38]，楚晨压晋军而陈，晋将遁矣。苗贲皇曰：‘楚师之良，在其中军王族而已[39]。若塞井夷灶，成陈以当之[40]，栾、范易行以诱之[41]，中行、二郤必克二穆[42]。吾乃四萃于其王族，必大败之[43]。’晋人从之，楚师大败，王夷师熸[44]，子反死之。郑叛吴兴，楚失诸侯，则苗贲皇之为也。”

子木曰：“是皆然矣。”声子曰：“今又有甚于此。椒举娶于申公子牟，子牟得戾而亡，君大夫谓椒举：‘女实遣之！’惧而奔郑，引领南望曰：‘庶几赦余！’亦弗图也[45]。今在晋矣。晋人将与之县，以比叔向[46]。彼若谋害楚国，岂不为患？”子木惧，言诸王，益其禄爵而复之。声子使椒鸣逆之[47]。

①声子，子朝之子。伍举，子胥祖父椒举也。○朝，如字。 ②获罪出奔。○娶，七住切。牟，亡侯切。为，如字，旧于伪切。 ③班，布也。布荆坐地，共议归楚事。朋友世亲。 ④平在明年。 ⑤为国通平事。○为，于伪切。 ⑥故，事。 ⑦杞、梓皆木名。○杞，音起。梓，音子。 ⑧言楚亡臣多在晋。 ⑨夫，谓晋。 ⑩归生，声子名。 ⑪从之亡也。○僭，子念切，下皆同。滥，力暂切。⑫《诗·大雅》。殄，尽也。瘁，病也。○殄，徒典切。瘁，在醉切。⑬逸《书》也。不经，不用常法。 ⑭《诗·商颂》。言殷汤赏不僭差，刑不滥溢，不敢怠解自宽暇，故能为下国所命为天子。○解，佳卖切。⑮乐行赏而惮用刑。 ⑯顺天时。 ⑰饫，餍也。酒食赐下，无不餍足，所谓加膳也。○为，于伪切，下为之同。饫，於据切。餍，一本亦作厌，於艳切。 ⑱不举盛馔。○馔，士眷切。 ⑲疗，治也。所谓楚人不能用其材也。○朝，如字。疗，力召切。 ⑳在文十四年。○析，星历切。 ㉑殿，后军。○置，之豉切。殿，多练切。 ㉒钧同其声。○遁，徒困切。窕，敕尧切，又通吊切。易，以豉切。钧，音均；徐，居旬切。㉓成六年，晋栾书救郑，与楚师遇于绕角，楚师还。晋侵沈，获沈子。八年，复侵楚，败申、息，获申丽。○溃，户内切。隧，音遂。丽，力驰切。复，扶又切。 ㉔不是其曲直。○夏，户雅切。 ㉕鄐，晋邑。○鄐，许六切；徐，超六切。 ㉖在成十八年。 ㉗简择蒐阅。○蒐，所留切。乘，绳证切。阅，音悦。 ㉘次，舍也。焚舍，示必死。○秣，音末。蓐，音辱。陈，直觐切。 ㉙欲使楚知之。 ㉚在元年。○降，户江切。㉛楚东小国及陈，见楚不能救彭城，皆叛。五年楚人讨陈叛故，杀令尹子辛。 ㉜子灵，巫臣。 ㉝子反亦雍害巫臣，不使得取夏姬。○雍，於勇切。 ㉞邢，晋邑。○邢，音刑。 ㉟驾、棘，皆楚邑。谯国酂县东北有棘亭。○谯，在遥切。酂，才多切，又子旦切；或作赞。 ㊱事见成七年。○罢，音皮。见，贤遍切。 ㊲若敖乱在宣四年。苗，晋邑。○贲，扶云切，下同。 ㊳在成十六年。○鄢，音偃。 ㊴言楚之精卒，唯在中军。○压，本又作厌，於甲切；徐，於辄切。陈，直觐切，下成陈并

《注》同。卒，子忽切。　㊵ 塞井夷灶以为陈。　㊶ 栾书时将中军，范燮佐之。易行，谓简易兵备。欲令楚贪己，不复顾二穆之兵。○ 易，以豉切，下易成同；贾音亦。行，户郎切，下同；贾音衡。令，力呈切，下同。复，扶又切，下复任同。　㊷ 郤锜时将上军，中行偃佐之。郤至佐新军。令此三人分良以攻二穆之兵。楚子重、子辛，皆出穆王，故曰二穆。○ 锜，鱼绮切。　㊸ 四萃，四面集攻之。○ 萃，在醉切。　㊹ 夷，伤也。吴、楚之间谓火灭为熸。○ 熸，音尖。　㊺ 言楚亦不以为意。○ 娶，本又作取，七住切。女，音汝。　㊻ 以举材能比叔向。　㊼ 椒鸣，伍举子。《传》言声子有辞，伍举所以得反，子孙复仕于楚。

许灵公如楚，请伐郑①，曰："师不兴，孤不归矣！"八月，卒于楚。楚子曰："不伐郑，何以求诸侯？"冬十月，楚子伐郑②。郑人将御之，子产曰："晋、楚将平，诸侯将和③，楚王是故昧于一来④。不如使逞而归，乃易成也⑤。夫小人之性，衅于勇，啬于祸，以足其性而求名焉者，非国家之利也。若何从之⑥？"子展说，不御寇。十二月乙酉，入南里，堕其城⑦。涉于乐氏⑧，门于师之梁⑨。县门发，获九人焉。涉于氾而归⑩，而后葬许灵公⑪。

① 十六年晋伐许，他国皆大夫，独郑伯自行，故许恚，欲报之。○ 恚，一睡切。　② 为许。○ 为，于伪切，下为国同。　③ 和在明年。
④ 昧，犹贪冒。○ 昧，音妹。冒，亡报切，又亡北切。　⑤ 逞，快也。
⑥ 衅，动也。啬，贪也。言郑之欲与楚战者，皆衅勇贪名之人，非能为国计虑久利，不可从也。○ 衅，许觐切。足，子住切，又如字。　⑦ 南里，郑邑。○ 说，音悦，下《注》同。御，鱼吕切。堕，许规切。　⑧ 乐氏，津名。
⑨ 郑城门。　⑩ 于氾城下涉汝水南归。○ 县，音玄。氾，音凡；徐，扶严

切。　⑪ 卒灵公之志，而后葬之。

卫人归卫姬于晋，乃释卫侯①。君子是以知平公之失政也②。

① 卫侯以女说晋，而后得免。　② 《传》言晋之衰。

晋韩宣子聘于周。王使请事①，对曰："晋士起将归时事于宰旅，无他事矣②。"王闻之曰："韩氏其昌阜于晋乎！辞不失旧③。"

① 问何事来聘。　② 起，宣子名。礼：诸侯大夫入天子国称士。时事，四时贡职。宰旅，冢宰之下士。言献职贡于宰旅，不敢斥尊。③ 阜，大也。《传》言周衰，诸侯莫能如礼，唯韩起不失旧。

齐人城郏之岁①，其夏，齐乌馀以廪丘奔晋②。袭卫羊角，取之③。遂袭我高鱼④。有大雨，自其窦入⑤，介于其库⑥，以登其城，克而取之⑦。又取邑于宋。于是范宣子卒⑧，诸侯弗能治也，及赵文子为政，乃卒治之。文子言于晋侯曰："晋为盟主，诸侯或相侵也，则讨而使归其地。今乌馀之邑，皆讨类也⑨。而贪之，是无以为盟主也。请归之！"公曰："诺。孰可使也？"对曰："胥梁带能无用师。"晋侯使往⑩。

① 在二十四年。　② 乌馀，齐大夫。廪丘，今东郡廪丘县故城是。○ 廪，力甚切。　③ 今廪丘县所治羊角城是。○ 治，直吏切。　④ 高

鱼城在廪丘县东北。　⑤ 雨，故水窦开。○ 窦，音豆。　⑥ 入高鱼库而介其甲。○ 介，音界。　⑦ 取鲁高鱼，无所讳而不书，其义未闻。⑧ 宣子，范匄。　⑨ 言于比类宜见讨。○ 比，必利切。　⑩ 胥梁带，晋大夫。能无用师，言有权谋。

经

二十有七年春，齐侯使庆封来聘①。

夏，叔孙豹会晋赵武、楚屈建、蔡公孙归生、卫石恶、陈孔奂、郑良霄、许人、曹人于宋②。

卫杀其大夫甯喜③。

卫侯之弟鱄出奔晋④。

秋七月辛巳，豹及诸侯之大夫盟于宋⑤。

冬十有二月乙卯朔，日有食之⑥。

① 景公即位，通嗣君也。　② 案《传》：会者十四国，齐、秦不交相见，邾、滕为私属，皆不与盟。宋为主人，地于宋，则与盟可知。故《经》唯序九国大夫。楚先晋歃，而书先晋，贵信也。陈于晋会，常在卫上，孔奂非上卿，故在石恶下。○ 奂，呼乱切。与，音预，下同。先，悉荐切，又如字。歃，所洽切，又所甲切。　③ 甯喜弑剽立衎，衎今虽不以弑剽致讨，于大义宜追讨之，故《经》以国讨为文书名也。书在宋会下，从赴。　④ 卫侯始者云，政由甯氏，祭则寡人，而今复患其专，缓答免馀，既负其前信，且不能友于贤弟，使至出奔，故书弟以罪兄。○ 鱄，市转切，又音专。复，扶又切。⑤ 夏会之大夫也。豹不倚顺，以显弱命之君，而辨小是以自从，故以违命贬之。《释例》论之备矣。○ 倚，於绮切。　⑥ 今《长历》推十一月朔，非十二月。《传》曰：辰在申，再失闰。若是十二月，则为三失闰，故知《经》误。

传

二十七年春,胥梁带使诸丧邑者具车徒以受地,必周①。使乌馀具车徒以受封②,乌馀以其众出③。使诸侯伪效乌馀之封者④,而遂执之,尽获之⑤。皆取其邑而归诸侯,诸侯是以睦于晋⑥。

① 诸丧邑,谓齐、鲁、宋也。周,密也。必密来,勿以受地为名。○ 丧,息浪切。 ② 乌馀以地来,故诈许封之。 ③ 出受封也。 ④ 效,致也。使齐、鲁、宋伪若致邑封乌馀者。 ⑤ 皆获其徒众。 ⑥《传》言赵文子贤,故平公虽失政,而诸侯犹睦。

齐庆封来聘,其车美。孟孙谓叔孙曰:“庆季之车,不亦美乎①?”叔孙曰:“豹闻之:‘服美不称,必以恶终。’美车何为?”叔孙与庆封食,不敬。为赋《相鼠》,亦不知也②。

① 季,庆封字。 ②《相鼠》,《诗·鄘风》。曰:“相鼠有皮,人而无仪;人而无仪,不死何为?”庆封不知此诗为己,言其闇甚。为明年庆封来奔《传》。○ 称,尺证切。为,于伪切。相,息亮切。鄘,音容。

卫甯喜专,公患之。公孙免馀请杀之①。公曰:“微甯子,不及此②,吾与之言矣③。事未可知④,祇成恶名,止也⑤。”对曰:“臣杀之,君勿与知。”乃与公孙无地、公孙臣谋⑥,使攻甯氏。弗克,皆死⑦。公曰:“臣也无罪,父子死余矣⑧。”夏,免馀复攻甯氏,杀甯喜及右宰穀,尸诸朝⑨。石恶将会宋之盟,受命而出。衣其尸,枕之股而哭之。欲敛以亡，惧不免，且曰："受命矣。"乃行[10]。

子鲜曰："逐我者出[11]，纳我者死[12]，赏罚无章，何以沮劝？君失其信，而国无刑，不亦难乎[13]！且鱄实使之[14]。"遂出奔晋。公使止之，不可[15]。及河，又使止之。止使者而盟于河[16]。托于木门[17]，不乡卫国而坐[18]。木门大夫劝之仕。不可。曰："仕而废其事，罪也。从之，昭吾所以出也。将谁愬乎[19]？吾不可以立于人之朝矣。"终身不仕[20]。公丧之，如税服，终身[21]。

公与免馀邑六十，辞曰："唯卿备百邑，臣六十矣，下有上禄，乱也[22]。臣弗敢闻。且甯子唯多邑，故死。臣惧死之速及也。"公固与之，受其半。以为少师。公使为卿，辞曰："大叔仪不贰，能赞大事[23]。君其命之！"乃使文子为卿[24]。

① 免馀，卫大夫。 ② 及此，反国也。 ③ 言政由甯氏。 ④ 恐伐之未必胜。 ⑤ 祇，適也。○ 祇，音支。 ⑥ 二公孙，卫大夫。○上与，音预。 ⑦ 无地及臣皆死。 ⑧ 献公出时，公孙臣之父为孙氏所杀。 ⑨ 穀不书，非卿也。○ 复，扶又切。 ⑩ 行会于宋。为明年石恶奔《传》。○ 衣，於既切。枕，之鸩切。敛，力验切。 ⑪ 谓孙林父。 ⑫ 谓甯喜。○ 纳，本又作内，音纳。 ⑬ 难以治国。○ 沮，在吕切。 ⑭ 使甯喜纳君。 ⑮ 不肯留。 ⑯ 誓不还。○ 使，所吏切。 ⑰ 木门，晋邑。 ⑱ 怨之深也。○ 乡，许亮切；本亦作嚮。 ⑲ 从之，谓治其事也。事治，则明己出欲仕，无所自愬。○ 愬，悉路切。 ⑳ 自誓不仕终身。 ㉑ 税即繐也。《丧服》：繐，缞裳，缕细而希，非五服之常，本无月数。痛愍子鲜。故特为此服。此服无月数，而献公寻薨。故言终身。○ 丧，息郎切，又息浪切。税，徐云，读曰繐，音岁；服音吐外切。缞，亦作衰，音七雷切。 ㉒ 此一乘之邑，非四井之邑。《论语》称千室，

又云十室，明通称。○乘，绳证切。称，尺证切。 ㉓赞，佐也。○少，诗照切。 ㉔文子，大叔仪。

宋向戌善于赵文子，又善于令尹子木，欲弭诸侯之兵以为名[①]。如晋，告赵孟。赵孟谋于诸大夫。韩宣子曰："兵，民之残也，财用之蠹[②]，小国之大菑也。将或弭之，虽曰不可，必将许之[③]。弗许，楚将许之，以召诸侯，则我失为盟主矣。"晋人许之。如楚，楚亦许之。如齐，齐人难之。陈文子曰："晋、楚许之，我焉得已。且人曰'弭兵'，而我弗许，则固携吾民矣！将焉用之？"齐人许之。告于秦，秦亦许之。皆告于小国，为会于宋。

五月甲辰，晋赵武至于宋。丙午，郑良霄至。六月丁未朔，宋人享赵文子，叔向为介。司马置折俎，礼也[④]。仲尼使举是礼也，以为多文辞[⑤]。戊申，叔孙豹、齐庆封、陈须无、卫石恶至[⑥]。甲寅，晋荀盈从赵武至[⑦]。丙辰，邾悼公至[⑧]。壬戌，楚公子黑肱先至，成言于晋[⑨]。丁卯，宋向戌如陈，从子木成言于楚[⑩]。戊辰，滕成公至[⑪]。子木谓向戌："请晋、楚之从，交相见也[⑫]。"庚午，向戌复于赵孟。赵孟曰："晋、楚、齐、秦，匹也。晋之不能于齐，犹楚之不能于秦也[⑬]。楚君若能使秦君辱于敝邑，寡君敢不固请于齐[⑭]。"壬申，左师复言于子木。子木使驲谒诸王[⑮]。王曰："释齐、秦，他国请相见也[⑯]。"秋七月戊寅，左师至[⑰]。是夜也，赵孟及子皙盟以齐言[⑱]。庚辰，子木至自陈。陈孔奂、蔡公孙归生至[⑲]。曹、许之大夫皆至。以藩为军[⑳]，晋、楚各处其偏[㉑]。伯夙谓赵孟[㉒]曰："楚氛甚恶，惧难[㉓]。"赵孟曰："吾左还入于宋，若我何[24]?”

辛巳,将盟于宋西门之外,楚人衷甲[25]。伯州犁曰:“合诸侯之师,以为不信,无乃不可乎?夫诸侯望信于楚,是以来服。若不信,是弃其所以服诸侯也。”固请释甲。子木曰:“晋、楚无信久矣,事利而已。苟得志焉,焉用有信?”大宰退[26],告人曰:“令尹将死矣,不及三年。求逞志而弃信,志将逞乎?志以发言,言以出信,信以立志,参以定之[27]。信亡,何以及三[28]?”赵孟患楚衷甲,以告叔向。叔向曰:“何害也。匹夫一为不信,犹不可,单毙其死[29]。若合诸侯之卿,以为不信,必不捷矣。食言者不病[30],非子之患也[31]。夫以信召人,而以僭济之[32],必莫之与也,安能害我?且吾因宋以守病[33],则夫能致死。与宋致死,虽倍楚可也[34]。子何惧焉?又不及是。曰‘弭兵’以召诸侯,而称兵以害我[35],吾庸多矣,非所患也[36]。”

季武子使谓叔孙以公命,曰:“视邾、滕[37]。”既而齐人请邾,宋人请滕,皆不与盟[38]。叔孙曰:“邾、滕,人之私也。我列国也,何故视之?宋、卫,吾匹也。”乃盟。故不书其族,言违命也[39]。

晋、楚争先[40]。晋人曰:“晋固为诸侯盟主,未有先晋者也。”楚人曰:“子言晋、楚匹也,若晋常先,是楚弱也。且晋、楚狎主诸侯之盟也久矣[41]!岂专在晋?”叔向谓赵孟曰:“诸侯归晋之德只[42],非归其尸盟也[43]。子务德,无争先!且诸侯盟,小国固必有尸盟者[44]。楚为晋细,不亦可乎[45]?”乃先楚人。书先晋,晋有信也[46]。

壬午，宋公兼享晋、楚之大夫，赵孟为客[47]。子木与之言，弗能对。使叔向侍言焉，子木亦不能对也。乙酉，宋公及诸侯之大夫盟于蒙门之外[48]。子木问于赵孟曰："范武子之德何如[49]？"对曰："夫子之家事治，言于晋国无隐情。其祝史陈信于鬼神，无愧辞[50]。"子木归，以语王。王曰："尚矣哉[51]！能歆神人[52]，宜其光辅五君以为盟主也[53]。"子木又语王曰："宜晋之伯也！有叔向以佐其卿，楚无以当之，不可与争。"晋荀盈遂如楚涖盟[54]。

郑伯享赵孟于垂陇[55]，子展、伯有、子西、子产、子大叔、二子石从[56]。赵孟曰："七子从君，以宠武也。请皆赋以卒君贶，武亦以观七子之志[57]。"子展赋《草虫》[58]，赵孟曰："善哉！民之主也[59]。抑武也不足以当之[60]。"伯有赋《鹑之贲贲》[61]，赵孟曰："床笫之言不逾阈，况在野乎？非使人之所得闻也[62]。"子西赋《黍苗》之四章[63]，赵孟曰："寡君在，武何能焉[64]！"子产赋《隰桑》[65]，赵孟曰："武请受其卒章[66]。"子大叔赋《野有蔓草》[67]，赵孟曰："吾子之惠也[68]。"印段赋《蟋蟀》[69]，赵孟曰："善哉！保家之主也。吾有望矣[70]。"公孙段赋《桑扈》[71]，赵孟曰："匪交匪敖，福将焉往[72]？若保是言也，欲辞福禄得乎？"卒享。文子告叔向曰："伯有将为戮矣！诗以言志，志诬其上，而公怨之，以为宾荣[73]，其能久乎？幸而后亡[74]。"叔向曰："然。已侈！所谓不及五稔者，夫子之谓矣[75]。"文子曰："其馀皆数世之主也。子展其后亡者也，在上不忘降[76]。印氏其次也，乐而不荒[77]。乐以安民，不淫以使之，后亡，不亦可乎？"

① 欲获息民之名。〇 弭，徐，武婢切。　② 蠹，害物之虫。〇 蠹，本又作蠹，丁故切。　③ 言虽知兵不得久弭，今不可不许。〇 菑，音灾。④ 折俎，体解节折，升之于俎，合卿享宴之礼，故曰礼也。《周礼》：司马掌会同之事。〇 难，乃旦切，下惧难同。焉，於虔切，下焉用、焉能皆同。介，音界。折，之设切；徐音制。俎，庄吕切。　⑤ 宋向戌自美弭兵之意，敬逆赵武。赵武、叔向因享宴之会，展宾主之辞。故仲尼以为多文辞。〇 使举是礼也，沈云，举，谓记录之也。　⑥ 须无，陈文子。　⑦ 赵武命盈追己，故言从赵武。后武遣盈如楚。　⑧ 小国，故君自来。　⑨ 时令尹子木止陈，遣黑肱就晋大夫成盟载之言，两相然可。〇 肱，古弘切。⑩ 就于陈，成楚之要言。　⑪ 亦小国，君自来。　⑫ 使诸侯从晋、楚者，更相朝见。〇 更，音庚。见，贤遍切。　⑬ 不能服而使之。⑭ 请齐使朝楚。　⑮ 驲，传也。谒，告也。〇 驲，人实切。传，陟恋切。⑯《经》所以不书齐、秦。　⑰ 从陈还。　⑱ 子晳，公子黑肱。素要齐其辞，至盟时，不得复讼争。〇 晳，星历切。复，扶又切。　⑲ 二国大夫与子木俱至。　⑳ 示不相忌。〇 藩，方元切。　㉑ 晋处北，楚处南。㉒ 伯夙，荀盈。　㉓ 氛，气也。言楚有袭晋之气。〇 氛，芳云切；徐，扶云切。　㉔ 营在宋北，东头为上，故晋营在东。有急可左回入宋东门。㉕ 甲在衣中，欲因会击晋。〇 衷，音忠；徐，丁仲切。　㉖ 大宰，伯州犁。㉗ 志、言、信三者具，而后身安存。　㉘ 为明年子木死起本。　㉙ 单，尽也。毙，踣也。〇 单，音丹。毙，婢世切。踣，蒲北切。　㉚ 不病者，单毙于死。　㉛ 楚食言当死。晋不食言，故无患。　㉜ 济，成也。〇 僭，子念切，不信也。　㉝ 为楚所病，则欲入宋城。　㉞ 宋为地主，致死助我，则力可倍楚。〇 夫，如字，或音扶。　㉟ 称，举也。　㊱ 晋独取信，故其功多。　㊲ 两事晋、楚则贡赋重，故欲比小国。武子恐叔孙不从其言，故假公命以敕之。　㊳ 私属二国故。〇 与，音预。　㊴ 季孙专政于国，鲁君非得有命。今君唯以此命告豹，豹宜崇大顺以显弱命之君，而遂其小是，故贬之。　㊵ 争先歃血。　㊶ 狎，更也。〇 先晋，悉荐切，或如字。狎，户甲切。更，音庚。　㊷ 只，辞。〇 只，之氏切。

㊸ 尸，主也。　㊹ 小国主辨具。○ 辨，皮苋切。　㊺ 欲推使楚主盟。　㊻ 盖孔子追正之。　㊼ 客，一坐所尊。故季孙饮大夫酒，臧纥为客。○ 坐，才卧切。饮，於鸩切。　㊽ 前盟，诸大夫不敢敌公，礼也。今宋公以近在其国，故谦而重盟。重盟，故不书。蒙门，宋城门。○ 重，直用切。　㊾ 士会贤，闻于诸侯，故问之。○ 闻，音问，又如字。　㊿ 祝陈馨香，德足副之，故不愧。○ 治，直吏切。愧，九位切。　(51) 尚，上也。○ 语，鱼据切，下同。　(52) 歆，享也。使神享其祭，人怀其德。○ 歆，许金切。　(53) 五君，谓文、襄、灵、成、景。　(54) 重结晋、楚之好。○ 好，呼报切。　(55) 自宋还，过郑。○ 陇，力勇切。　(56) 二子石，印段、公孙段。○ 从，才用切。　(57) 诗以言志。　(58)《草虫》，《诗·召南》。曰："未见君子，忧心忡忡，亦既见止，亦既觏止，我心则降。"以赵孟为君子。○ 虫，直忠切。召，上照切。忡，敕忠切。觏，古豆切。降，户江切，又如字，下《注》同。　(59) 在上不忘降，故可以主民。　(60) 辞君子。　(61)《鹑之贲贲》，《诗·鄘风》。卫人刺其君淫乱，鹑鹊之不若。义取"人之无良，我以为兄，我以为君"也。○ 鹑，顺伦切。贲，音奔。　(62) 第，箦也。此诗刺淫乱，故云床第之言。阈，门限。使人，赵孟自谓。○ 第，侧里切。阈，音域；徐，况逼切。使，所吏切。箦，音责。　(63)《黍苗》，《诗·小雅》。四章曰："肃肃谢功，召伯营之。列列征师，召伯成之。"比赵孟于召伯。　(64) 推善于其君。　(65)《隰桑》，《诗·小雅》。义取思见君子，尽心以事之。曰："既见君子，其乐如何？" ○ 尽，津忍切。乐，音洛，下《注》及文至乐并同。　(66) 卒章曰："心乎爱矣，遐不谓矣，中心藏之，何日忘之。"赵武欲子产之见规诲。　(67)《野有蔓草》，《诗·郑风》。取其"邂逅相遇，适我愿兮"。○ 蔓，音万。邂，户卖切。逅，户逗切。　(68) 大叔喜于相遇，故赵孟受其惠。　(69)《蟋蟀》，《诗·唐风》。曰："无以大康，职思其居；好乐无荒，良士瞿瞿。"言瞿瞿然顾礼仪。○ 印，一刃切。蟀，所律切。大，音泰。居，音据。好，呼报切，下同。瞿，俱付切。　(70) 能戒惧不荒，所以保家。　(71)《桑扈》，《诗·小雅》。义取君子有礼文，故能受天之祜。○ 祜，音户。　(72) 此《桑扈》诗卒章，赵孟因以取义。○ 敖，五报切。焉，於虔切，下政其焉往同。

⑬ 言诬，则郑伯未有其实。赵孟倡赋诗以自宠，故言公怨之以为宾荣。〇 倡，昌亮切。 ⑭ 言必先亡。 ⑮ 稔，年也。为三十年郑杀良霄《传》。〇 侈，昌氏切，又尸氏切；《字林》，充豉切。稔，而甚切，熟也。谷一熟故为一年。 ⑯ 谓赋《草虫》曰，"我心则降"。〇 数，所主切。 ⑰ 谓赋《蟋蟀》曰，"好乐无荒"。

宋左师请赏，曰："请免死之邑①。"公与之邑六十。以示子罕，子罕曰："凡诸侯小国，晋、楚所以兵威之。畏而后上下慈和，慈和而后能安靖其国家，以事大国，所以存也。无威则骄，骄则乱生，乱生必灭，所以亡也。天生五材②，民并用之，废一不可，谁能去兵。兵之设久矣，所以威不轨而昭文德也。圣人以兴③，乱人以废④，废兴存亡昏明之术，皆兵之由也。而子求去之，不亦诬乎？以诬道蔽诸侯，罪莫大焉。纵无大讨，而又求赏，无厌之甚也！"削而投之⑤。左师辞邑。向氏欲攻司城⑥，左师曰："我将亡，夫子存我，德莫大焉，又可攻乎？"君子曰："'彼己之子，邦之司直⑦。'乐喜之谓乎⑧？'何以恤我，我其收之⑨。'向戌之谓乎⑩？"

① 欲宋君称功加厚赏，故谦言免死之邑也。 ② 金、木、水、火、土也。 ③ 谓汤、武。〇 去，起吕切，下皆同。 ④ 谓桀、纣。 ⑤ 削赏左师之书。〇 蔽，必世切；徐，甫世切；服虔、王肃、董遇并作弊，婢世切，云，踣也厌，於盐切；徐，於谦切。 ⑥ 司城，子罕。 ⑦《诗·郑风》。司，主也。〇 己，音记。 ⑧ 乐喜，子罕也。善其不阿向戌。 ⑨ 逸《诗》。恤，忧也。收，取也。 ⑩ 善向戌能知其过。

齐崔杼生成及彊而寡①。娶东郭偃，生明。东郭姜以孤入，曰棠無咎[②]，与东郭偃相崔氏[③]。崔成有病而废之[④]，而立明。成请老于崔[⑤]，崔子许之。偃与無咎弗予，曰："崔，宗邑也，必在宗主[⑥]。"成与彊怒，将杀之。告庆封曰："夫子之身亦子所知也，唯無咎与偃是从，父兄莫得进矣。大恐害夫子，敢以告[⑦]。"庆封曰："子姑退，吾图之。"告卢蒲嫳[⑧]。卢蒲嫳曰："彼，君之仇也。天或者将弃彼矣。彼实家乱，子何病焉[⑨]？崔之薄，庆之厚也[⑩]。"他日又告[⑪]。庆封曰："苟利夫子，必去之！难，吾助女。"

九月庚辰，崔成、崔彊杀东郭偃、棠無咎于崔氏之朝。崔子怒而出，其众皆逃，求人使驾，不得。使圉人驾，寺人御而出[⑫]。且曰："崔氏有福，止余犹可[⑬]。"遂见庆封。庆封曰："崔、庆一也[⑭]。是何敢然？请为子讨之。"使卢蒲嫳帅甲以攻崔氏。崔氏堞其宫而守之[⑮]，弗克。使国人助之，遂灭崔氏，杀成与彊，而尽俘其家。其妻缢[⑯]。嫳复命于崔子，且御而归之[⑰]。至，则无归矣，乃缢[⑱]。崔明夜辟诸大墓[⑲]。辛巳，崔明来奔，庆封当国[⑳]。

① 偏丧曰寡。寡，特也。○ 丧，息浪切。　② 無咎，棠公之子。○ 娶，七住切。無，本亦作无。咎，其九切。　③ 东郭偃，姜之弟。○ 相，息亮切。　④ 有恶疾也。　⑤ 济南东朝阳县西北有崔氏城。成欲居崔邑以终老。○ 朝，如字，一音直遥切。　⑥ 宗邑，宗庙所在。宗主，谓崔明。　⑦ 夫子，谓崔杼。　⑧ 嫳，庆封属大夫。封以成、彊之言告嫳。○ 嫳，普结切；徐，敷结切。　⑨ 君，谓齐庄公，为崔杼所弑。⑩ 崔败，则庆专权。　⑪ 成、彊复告。○ 复，扶又切。　⑫ 圉人，养马者。寺人，奄士。○ 难，乃旦切。女，音汝。圉，鱼吕切。　⑬ 恐灭家，祸

不止其身。 ⑭ 言如一家。 ⑮ 堞，短垣。使其众居短垣内以守。○ 为，于伪切，下《注》嬖为、为齐庄同。堞，音牒；徐，养涉切。 ⑯ 妻，东郭姜。 ⑰ 嬖为崔子御。 ⑱ 终“入于其宫，不见其妻，凶”。⑲ 开先人之冢以藏之。○ 辟，婢亦切；徐，甫亦切。 ⑳ 当国，秉政。

楚薳罢如晋涖盟①，晋侯享之。将出，赋《既醉》②。叔向曰：“薳氏之有后于楚国也，宜哉！承君命，不忘敏。子荡将知政矣。敏以事君，必能养民。政其焉往③？”

① 罢，令尹子荡。报荀盈也。○ 罢，音皮。 ②《既醉》，《诗·大雅》。曰：“既醉以酒，既饱以德，君子万年，介尔景福。”以美晋侯，比之太平君子也。 ③ 言政必归之。

崔氏之乱①，申鲜虞来奔，仆赁于野，以丧庄公②。冬，楚人召之，遂如楚为右尹③。

① 在二十五年。 ② 为齐庄公服丧。○ 赁，女鸩切。丧，如字，又息浪切。 ③《传》言楚能用贤。

十一月乙亥朔，日有食之。辰在申，司历过也，再失闰矣①。

① 谓斗建指申。周十一月，今之九月，斗当建戌而在申，故知再失闰也。文十一年三月甲子，至今年七十一岁，应有二十六闰。今《长历》推得二十四闰，通计少再闰。《释例》言之详矣。

经

二十有八年春，无冰[①]。

夏，卫石恶出奔晋[②]。

邾子来朝。

秋八月，大雩。

仲孙羯如晋[③]。

冬，齐庆封来奔[④]。

十有一月，公如楚[⑤]。

十有二月甲寅，天王崩[⑥]。

乙未，楚子昭卒[⑦]。

① 前年知其再失闰，顿置两闰以应天正。故此年正月建子，得以无冰为灾而书。○ 应，应对之应。　② 甯喜之党。书名，恶之。○ 恶，乌路切。　③ 告将朝楚。○ 羯，居谒切。　④ 崔杼之党。耆酒荒淫而出。书名，罪之。自鲁奔吴不书，以绝位不为卿。○ 耆，市志切。　⑤ 为宋之盟故，朝楚。○ 为，于伪切。　⑥ 灵王也。　⑦ 康王也。十二月无乙未，日误。

传

二十八年春，无冰。梓慎曰："今兹宋、郑其饥乎[①]？岁在星纪，而淫于玄枵[②]，以有时菑，阴不堪阳[③]。蛇乘龙[④]。龙，宋、郑之星也[⑤]，宋、郑必饥。玄枵，虚中也[⑥]。枵，耗名也。土虚而民耗，不饥何为[⑦]？"

① 梓慎，鲁大夫。今年郑游吉、宋向戌言之。明年饥甚，《传》乃详其

事。○ 梓，音子。　② 岁，岁星也。星纪在丑，斗牛之次。玄枵在子，虚危之次。十八年，晋董叔曰："天道多在西北。"是岁，岁星在亥，至此年十一岁，故在星纪。明年，乃当在玄枵。今已在玄枵，淫行失次。○ 枵，许骄切。③ 时菑，无冰也。盛阴用事，而温无冰，是阴不胜阳，地气发泄。○ 菑，音灾，《注》同。泄，息列切，下同。　④ 蛇，玄武之宿，虚危之星。龙，岁星。岁星，木也。木为青龙，失次出虚危下，为蛇所乘。○ 宿，音秀，下同。⑤ 岁星本位在东方。东方房心为宋，角亢为郑。故以龙为宋、郑之星。○ 亢，音刚，又苦浪切。　⑥ 玄枵三宿，虚星在其中。　⑦ 岁为宋、郑之星，今失常，淫入虚耗之次。时复无冰，地气发泄，故曰土虚民耗。○ 耗，呼报切。复，扶又切。

夏，齐侯、陈侯、蔡侯、北燕伯、杞伯、胡子、沈子、白狄朝于晋，宋之盟故也[①]。齐侯将行，庆封曰："我不与盟，何为于晋[②]？"陈文子曰："先事后贿，礼也[③]。小事大，未获事焉，从之如志，礼也[④]。虽不与盟，敢叛晋乎？重丘之盟，未可忘也。子其劝行[⑤]！"

① 陈侯、蔡侯、胡子、沈子，楚属也。宋盟曰，晋、楚之从交相见，故朝晋。燕国，今蓟县。○ 燕，乌贤切。蓟，音计。　② 以宋盟释齐、秦。○ 与，音预，下同。　③ 事大国，当先从其政事，而后荐贿，以副己心。○ 贿，呼罪切。　④ 言当从大国请事，以顺其志。　⑤ 重丘盟在二十五年。○ 重，直龙切。

卫人讨甯氏之党，故石恶出奔晋。卫人立其从子圃以守石氏之祀，礼也[①]。

① 石恶之先石碏，有大功于卫国。恶之罪不及不祀，故曰礼。○ 圃，布古切。碏，七略切。

邾悼公来朝，时事也[①]。

①《传》言来朝非宋盟，宋盟唯施于朝晋、楚。

秋八月，大雩，旱也。

蔡侯归自晋，入于郑。郑伯享之，不敬。子产曰："蔡侯其不免乎[①]？日其过此也[②]，君使子展迋劳于东门之外，而傲[③]。吾曰：'犹将更之。'今还，受享而惰，乃其心也。君小国事大国，而惰傲以为己心，将得死乎？若不免，必由其子。其为君也，淫而不父[④]。侨闻之，如是者，恒有子祸[⑤]。"

① 不免祸。　② 往日至晋时。○ 日，人实切。过，古禾、古卧二切。　③ 迋，往也。○ 迋，于况切，后同。劳，力报切。　④ 通大子班之妻。○ 傲，五报切，下同。惰，徒卧切。君小国事大国，古本无小字。　⑤ 为三十年蔡世子班弑其君《传》。

孟孝伯如晋，告将为宋之盟故如楚也[①]。

① 鲁，晋属。故告晋而行。○ 为，于伪切。

蔡侯之如晋也，郑伯使游吉如楚。及汉，楚人还之，曰："宋之盟，君实亲辱[①]。今吾子来，寡君谓吾子姑还！吾将使驲奔问诸晋而以告[2]。”子大叔曰：“宋之盟，君命将利小国，而亦使安定其社稷，镇抚其民人，以礼承天之休[3]，此君之宪令，而小国之望也[4]。寡君是故使吉奉其皮币[5]，以岁之不易，聘于下执事[6]。今执事有命曰，女何与政令之有？必使而君弃而封守，跋涉山川，蒙犯霜露，以逞君心。小国将君是望，敢不唯命是听。无乃非盟载之言，以阙君德，而执事有不利焉，小国是惧。不然，其何劳之敢惮？”

子大叔归，复命，告子展曰：“楚子将死矣！不修其政德，而贪昧于诸侯，以逞其愿，欲久得乎？《周易》有之，在《复》䷗[7]之《颐》䷚[8]，曰：‘迷复，凶[9]。’其楚子之谓乎？欲复其愿[10]，而弃其本[11]，复归无所，是谓迷复[12]。能无凶乎？君其往也！送葬而归，以快楚心[13]。楚不几十年，未能恤诸侯也[14]。吾乃休吾民矣[15]。”裨竈曰：“今兹周王及楚子皆将死[16]。岁弃其次，而旅于明年之次，以害鸟帑。周、楚恶之[17]。”

九月，郑游吉如晋，告将朝于楚，以从宋之盟。子产相郑伯以如楚，舍不为坛[18]。外仆言曰：“昔先大夫相先君，适四国，未尝不为坛[19]。自是至今，亦皆循之。今子草舍，无乃不可乎？”子产曰：“大适小，则为坛。小适大，苟舍而已，焉用坛？侨闻之，大适小有五美：宥其罪戾，赦其过失，救其菑患，赏其德刑[20]，教其不及。小国不困，怀服如归。是故作坛以昭其功，宣告后人，无怠于德[21]。小适大有五恶：说其罪戾[22]，请其不足，行其政事[23]，共其职贡，从其时命[24]。不然，则重其币帛，以贺其福而吊其凶，皆小国之祸也。焉用作坛以昭其祸。所以告子孙，无昭祸焉可也[25]。”

①君，谓郑伯。○还，音环。 ②问郑君应来朝否。○驲，人实切。 ③休，福禄也。○休，放蚪切。 ④宪，法也。 ⑤聘用乘皮束帛。○乘，绳证切。 ⑥言岁有饥荒之难，故郑伯不得自朝楚。○易，以豉切。难，乃旦切。 ⑦《震》下《坤》上，《复》。○女，音汝。与，音预。跋，白末切；草行为跋，水行为涉。惮，徒旦切。 ⑧《震》下《艮》上，《颐》。《复》上六变得《颐》。○颐，以之切。 ⑨《复》上六《爻辞》也。复，反也。极阴反阳之卦，上处极位，迷而复反，失道已远，远而无应，故凶。○应，应对之应。 ⑩谓欲得郑朝，以复其愿。 ⑪不修德。 ⑫失道已远，又无所归。 ⑬言楚子必死，君往当送其葬。 ⑭几，近也。言失道远者，复之亦难。○几，居依切，又音祈。 ⑮休，息也。言楚不能复为害。○复，扶又切，下复顾同。 ⑯裨竈，郑大夫。○裨，避支切。⑰旅，客处也。岁星弃星纪之次，客在玄枵。岁星所在，其国有福，失次于北，祸冲在南。南为朱鸟，鸟尾曰帑。鹑火、鹑尾，周、楚之分，故周王、楚子受其咎。俱论岁星过次，梓慎则曰宋、郑饥，裨竈则曰周、楚王死。《传》故备举，以示卜占惟人所在。○帑，音奴。恶，如字，又乌路切。冲，尺容切。分，扶问切。 ⑱至敌国郊，除地封土为坛，以受郊劳。○相，息亮切，下同。坛，徒丹切。劳，力报切。 ⑲外仆，掌次舍者。 ⑳刑，法也。○焉，於虔切，下焉用作坛、焉辟之、又焉用盟皆同。宥，音又。菑，音灾。㉑怠，解也。○解，佳卖切。 ㉒自解说也。 ㉓奉行大国之政。㉔从朝会之命。○共，音恭。 ㉕无昭祸以告子孙。

齐庆封好田而耆酒，与庆舍政[1]。则以其内实迁于卢蒲嫳氏，易内而饮酒[2]。数日，国迁朝焉[3]。使诸亡人得贼者，以告而反之[4]。故反卢蒲癸。癸臣子之[5]，有宠，妻之[6]。庆舍之士谓卢蒲癸曰：“男女辨姓。子不辟宗，何也[7]？”曰：“宗不余辟[8]，余独焉辟之？赋诗断章，余取所求焉，恶识宗[9]？”癸言王何而反之，二人皆嬖[10]。使执寝戈，而先后之[11]。

公膳，日双鸡[12]。饔人窃更之以鹜。御者知之，则去其肉而以其洎馈[13]。子雅、子尾怒[14]。庆封告卢蒲嫳[15]。卢蒲嫳曰：“譬之如禽兽，吾寝处之矣[16]。”使析归父告晏平仲[17]。平仲曰：“婴之众不足用也，知无能谋也。言弗敢出[18]，有盟可也。”子家曰：“子之言云[19]，又焉用盟？”告北郭子车[20]。子车曰：“人各有以事君，非佐之所能也[21]。”陈文子谓桓子[22]曰：“祸将作矣！吾其何得？”对曰：“得庆氏之木百车于庄[23]。”文子曰：“可慎守也已[24]！”

卢蒲癸、王何卜攻庆氏，示子之兆[25]，曰：“或卜攻仇，敢献其兆。”子之曰：“克，见血。”冬十月，庆封田于莱，陈无宇从。丙辰，文子使召之。请曰：“无宇之母疾病，请归。”庆季卜之[26]，示之兆，曰：“死。”奉龟而泣[27]。乃使归。庆嗣闻之[28]，曰：“祸将作矣！”谓子家：“速归[29]！祸作必于尝[30]，归犹可及也。”子家弗听，亦无悛志[31]。子息曰：“亡矣！幸而获在吴、越[32]。”陈无宇济水而戕舟发梁[33]。卢蒲姜谓癸曰：“有事而不告我，必不捷矣[34]。”癸告之[35]。姜曰：“夫子愎，莫之止，将不出，我请止之[36]。”癸曰：“诺。”十一月乙亥，尝于大公之庙，庆舍涖事[37]。卢蒲姜告之，且止之。弗听，曰：“谁敢者！”遂如公[38]。麻婴为尸[39]，庆奊为上献[40]。卢蒲癸、王何执寝戈。庆氏以其甲环公宫[41]。陈氏、鲍氏之圉人为优[42]。庆氏之马善惊，士皆释甲束马[43]而饮酒，且观优，至于鱼里[44]。栾、高、陈、鲍之徒介庆氏之甲[45]。子尾抽桷击扉三[46]，卢蒲癸自后刺子之。王何以戈击之,解其左肩。犹援庙桷,动于甍[47],以俎壶投杀人而后死[48]。遂杀庆绳、麻婴[49]。公惧。鲍国曰:"群臣为君故也[50]。"陈须无以公归,税服而如内宫[51]。

庆封归,遇告乱者。丁亥,伐西门,弗克。还伐北门,克之。入伐内宫[52],弗克。反陈于岳[53],请战,弗许。遂来奔。献车于季武子,美泽可以鉴[54]。展庄叔见之[55],曰:"车甚泽,人必瘁,宜其亡也。"叔孙穆子食庆封,庆封氾祭[56]。穆子不说,使工为之诵《茅鸱》[57]。亦不知。既而齐人来让[58],奔吴。吴句馀予之朱方[59],聚其族焉而居之,富于其旧。子服惠伯谓叔孙曰:"天殆富淫人,庆封又富矣。"穆子曰:"善人富谓之赏。淫人富谓之殃。天其殃之也,其将聚而歼旃[60]?"

① 舍,庆封子。庆封当国,不自为政以付舍。〇 好,呼报切。耆,市志切。　② 内实,宝物、妻妾也。移而居嬖家。　③ 就于卢蒲氏朝见封。〇 数,所主切。见,贤遍切。　④ 亡人,辟崔氏难出奔者。〇 难,乃旦切。　⑤ 子之,庆舍。　⑥ 子之以其女妻癸。〇 妻,七计切,及下《注》皆同。　⑦ 辨,别也。别姓而后可相取。庆氏、卢蒲氏皆姜姓。〇 别,彼列切,下同。取,七住切;本亦作娶。　⑧ 言舍欲妻己。⑨ 言己苟欲有求于庆氏,不能复顾礼,譬如赋诗者,取其一章而已。〇 断,音短。恶,音乌,安也。　⑩ 二子皆庄公党。二十五年,崔氏弑庄公,癸、何出奔,今还求宠于庆氏,欲为庄公报仇。〇 嬖,必计切,下同。为,于伪切。　⑪ 寝戈,亲近兵杖。〇 先,悉荐切。后,户豆切。近,附近之近。杖,直亮切。　⑫ 卿大夫之膳食。〇 膳,市战切,谓公家供卿大夫之常膳。　⑬ 御,进食者。饔人、御者欲使诸大夫怨庆氏,减其膳。盖卢蒲癸、王何之谋。〇 鹜,徐音木,鸭也。去,起吕切,藏也。洎,其器切,肉汁也;《说文》云,洎,灌釜也;《字林》,己莅切。馈,其位切。　⑭ 二子,皆惠

公孙。 ⑮ 以二子怒告婴。 ⑯ 言能杀而席其皮。 ⑰ 欲与共谋子雅、子尾。 ⑱ 不敢洩谋。〇 知，音智。 ⑲ 子家，析归父。⑳ 子车，齐大夫。 ㉑ 佐，子车名。 ㉒ 桓子，文子之子无宇。㉓ 庆封时有此木，积于六轨之道。 ㉔ 善其不志于货财。 ㉕ 龟兆。㉖ 季，庆封。〇 莱，音来。从，才用切。 ㉗ 无宇泣。〇 奉，芳勇切。㉘ 嗣，庆封之族。〇 嗣，继嗣之嗣；本或作庆翩，误。 ㉙ 子家，庆封字。㉚ 尝，秋祭。 ㉛ 悛，改寤也。〇 悛，七全切。寤，五故切。 ㉜ 子息，庆嗣。 ㉝ 戕，残坏也。不欲庆封得救难。〇 戕，在羊切。难，乃旦切，下外难同。 ㉞ 姜，癸妻，庆舍女。 ㉟ 告欲杀庆舍。 ㊱ 夫子，谓庆舍。〇 愎，皮逼切。 ㊲ 临祭事。〇 大，音泰。 ㊳ 至公所。㊴ 为祭尸。 ㊵ 上献，先献者。〇 臬，户结切。 ㊶ 庙在宫内。〇 环，如字；徐音患。 ㊷ 优俳。〇 优，於求切。俳，皮皆切。㊸ 束，绊之也。〇 绊，音半。 ㊹ 鱼里，里名。优在鱼里，就观之。㊺ 栾，子雅。高，子尾。陈，陈须无。鲍，鲍国。〇 介，音界。 ㊻ 桷，椽也。扉，门阖也。以桷击扉为期。〇 桷，音角。扉，音非，门扇也。椽，直专切。阖，户臘切。 ㊼ 甍，屋栋。〇 刺，七亦切。援，音袁。甍，亡耕切；《字林》，亡成切。 ㊽ 言其多力。 ㊾ 庆绳，庆臬。 ㊿ 言欲尊公室，非为乱。〇 为，于伪切，下为之诵同。 51 言公惧于外难。〇 税，吐活切，又如字。 52 陈、鲍在公所故。 53 岳，里名。〇 陈，直觐切。岳，五角切。 54 光鉴形也。〇 鉴，古暂切。 55 鲁大夫。56 礼：食有祭，示有所先也。氾祭，远散所祭，不共。〇 瘁，在醉切；本或作萃，同。食，音嗣。氾，芳剑切。 57 工，乐师。《茅鸱》，逸《诗》。刺不敬。〇 说，音悦。茅，亡交切。鸱，尺之切。刺，七赐切。 58 让鲁受庆封。 59 句馀，吴子夷末也。朱方，吴邑。〇 句，古侯切，下句渎同。60 歼，尽也。旃，之也。为昭四年杀庆封《传》。〇 歼，子潜切。

癸巳，天王崩。未来赴，亦未书，礼也①。

① 嫌时已闻丧当书,故发例。

崔氏之乱,丧群公子。故鉏在鲁,叔孙还在燕,贾在句渎之丘[①]。及庆氏亡,皆召之,具其器用而反其邑焉[②]。与晏子邶殿,其鄙六十[③]。弗受。子尾曰:"富,人之所欲也,何独弗欲?"对曰:"庆氏之邑足欲,故亡。吾邑不足欲也,益之以邶殿,乃足欲。足欲,亡无日矣。在外,不得宰吾一邑。不受邶殿,非恶富也,恐失富也。且夫富如布帛之有幅焉,为之制度,使无迁也[④]。夫民生厚而用利,于是乎正德以幅之[⑤],使无黜嫚[⑥],谓之幅利。利过则为败。吾不敢贪多,所谓幅也。"与北郭佐邑六十,受之。与子雅邑,辞多受少。与子尾邑,受而稍致之[⑦]。公以为忠,故有宠。

释卢蒲嫳于北竟[⑧]。求崔杼之尸,将戮之,不得。叔孙穆子曰:"必得之。武王有乱臣十人[⑨],崔杼其有乎?不十人,不足以葬[⑩]。"既,崔氏之臣曰:"与我其拱璧[⑪],吾献其柩。"于是得之。十二月乙亥朔,齐人迁庄公,殡于大寝[⑫]。以其棺尸崔杼于市[⑬]。国人犹知之,皆曰:"崔子也[⑭]。"

① 在襄二十五年。○ 丧,息浪切。鉏,仕居切,公子鉏也;本或作故公鉏者,非。渎,音豆。　② 反,还也。　③ 邶殿,齐别都。以邶殿边鄙六十邑与晏婴。○ 邶,蒲对切。殿,多荐切,又如字,《注》及下同。④ 迁,移也。○ 恶,乌路切。夫,音扶。幅,音福。　⑤ 言厚利皆人之所欲,唯正德可以为之幅。　⑥ 黜,犹放也。○ 黜,敕律切。嫚,音慢。⑦ 致还公。　⑧ 释,放也。○ 竟,音境。　⑨ 乱,治也。○ 治,直吏切。　⑩ 葬必须十人,崔氏不能令十人同心,故必得。○ 令,力呈切。

⑪ 崔氏大璧。○ 拱，居勇切；徐音恭。 ⑫ 更殡之于路寝也。十二月戊戌朔，乙亥误。○ 柩，其救切。 ⑬ 崔氏弑庄公，又葬不如礼，故以庄公棺著崔杼尸边，以章其罪。○ 著，丁略切。 ⑭ 始求崔杼之尸不得，故《传》云：国人皆知之。

为宋之盟故，公及宋公、陈侯、郑伯、许男如楚。公过郑，郑伯不在[①]。伯有迋劳于黄崖，不敬[②]。穆叔曰："伯有无戾于郑，郑必有大咎[③]。敬，民之主也，而弃之，何以承守[④]。郑人不讨，必受其辜。济泽之阿[⑤]，行潦之苹藻[⑥]，寘诸宗室[⑦]，季兰尸之，敬也[⑧]。敬可弃乎[⑨]？"及汉，楚康王卒。公欲反，叔仲昭伯曰："我楚国之为，岂为一人行也[⑩]。"子服惠伯曰："君子有远虑，小人从迩[⑪]。饥寒之不恤，谁遑其后[⑫]？不如姑归也。"叔孙穆子曰："叔仲子专之矣[⑬]，子服子始学者也[⑭]。"荣成伯曰："远图者，忠也[⑮]。"公遂行[⑯]。宋向戌曰："我一人之为，非为楚也。饥寒之不恤，谁能恤楚？姑归而息民，待其立君而为之备。"宋公遂反。

① 已在楚。○ 为，于伪切。过，古禾切。 ② 荥阳宛陵县西有黄水，西南至新郑城西入洧。○ 劳，力报切。崖，本又作涯，鱼佳切。 ③ 伯有不受戮，必还为郑国害。 ④ 言无以承先祖，守其家。 ⑤ 言薄土。○ 济，子礼切。 ⑥ 言贱菜。○ 潦，音老。苹，音频。藻，音早。 ⑦ 荐宗庙。○ 寘，之豉切。 ⑧ 言取苹藻之菜于阿泽之中，使服兰之女而为之主，神犹享之，以其敬也。 ⑨ 为三十年郑杀良霄《传》。 ⑩ 昭伯，叔仲带。○ 为，于伪切，下除而为之备一字並同。 ⑪ 迩，近也。 ⑫ 遑，暇也。 ⑬ 言足专任。 ⑭ 言未识远。 ⑮ 成伯，荣驾鹅。○ 驾，音加。鹅，五河切。 ⑯ 从昭伯谋。

楚屈建卒。赵文子丧之如同盟，礼也[①]。

① 宋盟有衷甲之隙，不以此废好，故曰礼。○ 丧，如字，又息浪切；隙，去逆切；本或作郤。好，呼报切。

王人来告丧。问崩日，以甲寅告。故书之，以征过也[①]。

① 征，审也。此缓告非有事宜，直臣子怠慢，故以此发例。○ 征，张陵切；本或作惩，误。

春秋经传集解第十九

襄公六

经

二十有九年春，王正月，公在楚①。

夏五月，公至自楚。

庚午，卫侯衎卒②。

阍弑吴子馀祭③。

仲孙羯会晋荀盈、齐高止、宋华定、卫世叔仪、郑公孙段、曹人、莒人、滕人、薛人、小邾人城杞④。

晋侯使士鞅来聘。

杞子来盟⑤。

吴子使札来聘⑥。

秋九月，葬卫献公⑦。

齐高止出奔北燕⑧。

冬，仲孙羯如晋。

① 公在外，阙朝正之礼甚多，而唯书此一年者，鲁公如楚既非常，此公又踰年，故发此一事以明常。　② 无《传》。四同盟。〇 衎，苦旦切。③ 阍，守门者。下贱非士，故不言盗。〇 阍，音昏。弑，申志切。祭，侧界切。　④ 公孙段，伯石也。三十年，伯有死，乃命为卿。今盖以摄卿行。〇 羯，居谒切。　⑤ 杞复称子，用夷礼也。〇 复，扶又切。　⑥ 吴

子，馀祭。既遣札聘上国而后死。札以六月到鲁，未闻丧也。不称公子，其礼未同于上国。○ 札，侧八切。　⑦ 无《传》。　⑧ 止，高厚之子。○ 燕，音烟。

传

二十九年春，王正月，公在楚，释不朝正于庙也[①]。楚人使公亲襚[②]，公患之。穆叔曰："祓殡而襚，则布币也[③]。"乃使巫以桃茢先祓殡[④]。楚人弗禁，既而悔之[⑤]。

① 释，解也。告庙在楚，解公所以不朝正。　② 诸侯有遣使赗襚之礼，今楚欲依遣使之比。○ 襚，音遂；《说文》云，衣死人衣。使，所吏切。赗，芳凤切；一本作赠。比，必利切。　③ 先使巫祓除殡之凶邪而行襚礼，与朝而布币无异。○ 祓，音拂；徐音废。　④ 茢，黍穰。○ 茢，音列；徐音例。穰，如羊切。郑注《周礼》云，茢，苕帚。　⑤ 礼：君临臣丧乃祓殡。故楚悔之。

二月癸卯，齐人葬庄公于北郭[①]。

① 兵死不入兆域，故葬北郭。

夏四月，葬楚康王。公及陈侯、郑伯、许男送葬，至于西门之外。诸侯之大夫皆至于墓。楚郏敖即位[①]。王子围为令尹[②]。郑行人子羽曰："是谓不宜，必代之昌。松柏之下，其草不殖[③]。"

① 郏敖，康王子熊麇也。○ 郏，古洽切。麇，九伦切。　② 围，康王

弟。 ③ 言楚君弱，令尹强，物不两盛。为昭元年围弑郏敖起本。

公还，及方城。季武子取卞[1]，使公冶问[2]，玺书追而与之[3]曰："闻守卞者将叛，臣帅徒以讨之，既得之矣，敢告。"公冶致使而退[4]，及舍而后闻取卞[5]。公曰："欲之而言叛，祇见疏也[6]。"公谓公冶曰："吾可以入乎[7]？"对曰："君实有国，谁敢违君！"公与公冶冕服[8]。固辞。强之而后受。公欲无入，荣成伯赋《式微》，乃归[9]。五月，公至自楚。公冶致其邑于季氏[10]，而终不入焉[11]。曰："欺其君，何必使余？"季孙见之，则言季氏如他日。不见，则终不言季氏。及疾，聚其臣[12]，曰："我死，必无以冕服敛，非德赏也[13]。且无使季氏葬我。"

① 取卞邑以自益。○ 卞，本又作弁，皮彦切。 ② 问公起居。公冶，季氏属大夫。○ 冶，音也。 ③ 玺，印也。○ 玺，音徙；《广雅》云，印谓之玺；《说文》作玺，从土，云，王者印也；籀文从王。印，一刃切。 ④ 致季氏使命。○ 使，所吏切，《注》并下《注》而赏其使同。 ⑤ 发书乃闻之。 ⑥ 言季氏欲得卞，而欺我言叛，益疏我。○ 祇，音支；本又作多，音同；服云，祇，適也。 ⑦ 以季氏疏己，故不敢入。 ⑧ 以卿服玄冕赏之。 ⑨《式微》，《诗·邶风》。曰："式微式微，胡不归？"式，用也。义取寄寓之微陋。劝公归。○ 强，其丈切。邶，音佩。寓，音遇。 ⑩ 本从季氏得邑，故还之。 ⑪ 不入季孙家。 ⑫ 大夫家臣。 ⑬ 言公畏季氏而赏其使，非以我有德。○ 敛，力验切。

葬灵王[1]。郑上卿有事，子展使印段往。伯有曰："弱，不可[2]。"子展曰："与其莫往，弱不犹愈乎？《诗》云：'王事靡盬，不遑启处[3]。’东西南北，谁敢宁处[4]？坚事晋、楚，以蕃王室也[5]。王事无旷，何常之有？”遂使印段如周[6]。

① 不书，鲁不会。 ② 印段年少官卑。○ 少，诗照切。 ③《诗·小雅》。盬，不坚固也。启，跪也。言王事无不坚固，故不暇跪处。○ 盬，音古。跪，其委切。 ④ 谓上卿。 ⑤ 言我固事晋、楚，乃所以蕃屏王室。○ 蕃，芳元切。 ⑥《传》言周衰，卑于晋、楚。

吴人伐越，获俘焉，以为阍，使守舟。吴子馀祭观舟，阍以刀弑之[1]。

① 言以刀，明近刑人。○ 近，附近之近。

郑子展卒，子皮即位[1]。于是郑饥，而未及麦，民病。子皮以子展之命，饩国人粟，户一钟[2]，是以得郑国之民。故罕氏常掌国政，以为上卿。宋司城子罕闻之，曰：“邻于善，民之望也[3]。”宋亦饥，请于平公，出公粟以贷。使大夫皆贷。司城氏贷而不书[4]，为大夫之无者贷。宋无饥人。叔向闻之，曰：“郑之罕，宋之乐，其后亡者也！二者其皆得国乎[5]！民之归也，施而不德，乐氏加焉，其以宋升降乎[6]？”

① 子皮代父为上卿。 ② 在丧，故以父命也。六斛四斗曰钟。○ 饩，许气切。 ③ 民亦望君为善。 ④ 施而不德。○ 贷，他代切。施，始豉切，下同。 ⑤ 得掌国政。○ 向，许丈切。 ⑥ 升降，随宋盛衰。

晋平公，杞出也，故治杞[①]。六月，知悼子合诸侯之大夫以城杞，孟孝伯会之。郑子大叔与伯石往[②]。子大叔见大叔文子[③]，与之语。文子曰："甚乎！其城杞也。"子大叔曰："若之何哉？晋国不恤周宗之阙，而夏肄是屏[④]。其弃诸姬，亦可知也已。诸姬是弃，其谁归之？吉也闻之，弃同即异，是谓离德。《诗》曰：'协比其邻，昏姻孔云[⑤]。'晋不邻矣，其谁云之[⑥]？"

① 治理其地，修其城。　② 大叔不书，不亲事。○ 知，音智。大叔，音泰。　③ 文子，卫大叔仪。　④ 周宗，诸姬也。夏肄，杞也。肄，馀也。屏，城也。○ 夏，户雅切，《注》下皆仿此。肄，以二切；《诗传》云，斩而复生曰肄；《方言》云，枿，馀也，秦、晋之间曰肄。　⑤《诗·小雅》。言王者和协近亲，则昏姻甚归附。○ 比，毗志切。　⑥ 云，犹旋，旋归之。

齐高子容与宋司徒见知伯，女齐相礼[①]。宾出，司马侯言于知伯曰："二子皆将不免。子容专[②]，司徒侈，皆亡家之主也。"知伯曰："何如？"对曰："专则速及[③]，侈将以其力毙[④]，专则人实毙之，将及矣[⑤]。"

① 子容，高止也。司徒，华定也。知伯，荀盈也。女齐，司马侯也。相礼，侍威仪也。○ 女，音汝。相，息亮切。　② 专，自是也。　③ 速及祸也。○ 侈，昌氏切，又尸氏切。　④ 力尽而自毙。○ 毙，婢世切。⑤ 为此秋高止出奔燕，昭二十年华定出奔陈《传》。○ 专则人实毙之，绝句。将及矣，本或作侈将及矣者，非。

范献子来聘，拜城杞也[①]。公享之，展庄叔执币[②]。射者三耦[3]，公臣不足，取于家臣。家臣：展瑕、展玉父为一耦。公臣：公巫召伯、仲颜庄叔为一耦，鄫鼓父、党叔为一耦[4]。

① 谢鲁为杞城。○ 为，于伪切，下为之歌同。　② 公将以酬宾。③ 二人为耦。○ 耦，五口切。　④ 言公室卑微，公臣不能备于三耦。○ 召，上照切。鄫，才陵切。党，音掌。

晋侯使司马女叔侯来治杞田[1]，弗尽归也。晋悼夫人愠曰："齐也取货[2]。先君若有知也，不尚取之[3]！"公告叔侯，叔侯曰："虞、虢、焦、滑、霍、扬、韩、魏，皆姬姓也[4]，晋是以大。若非侵小，将何所取？武、献以下，兼国多矣[5]，谁得治之？杞，夏馀也，而即东夷[6]。鲁，周公之后也，而睦于晋。以杞封鲁犹可，而何有焉[7]？鲁之于晋也，职贡不乏，玩好时至，公卿大夫相继于朝，史不绝书[8]，府无虚月[9]。如是可矣！何必瘠鲁以肥杞？且先君而有知也，毋宁夫人，而焉用老臣[10]？"杞文公来盟[11]。书曰"子"，贱之也[12]。

① 使鲁归前侵杞田。所归少，故不书。　② 夫人，平公母，杞女也。谓叔侯取货于鲁，故不尽归杞田。○ 愠，纡运切，怒也，怨也。　③ 不尚叔侯之取货。　④ 八国皆晋所灭。焦在陕县。扬属平阳郡。○ 虢，瓜百切。焦，子消切。滑，乎八切。　⑤ 武公、献公，晋始盛之君。⑥ 行夷礼。　⑦ 何有尽归之。　⑧ 书鲁之朝聘。○ 好，呼报切，下好善同。　⑨ 无月不受鲁贡。　⑩ 言先君毋宁怪夫人之所为，无用责我。○ 瘠，在亦切。毋，音无。焉，於虔切。　⑪ 鲁归其田，故来盟。⑫ 贱其用夷礼。

吴公子札来聘，见叔孙穆子，说之。谓穆子曰："子其不得死乎[①]？好善而不能择人。吾闻'君子务在择人'。吾子为鲁宗卿，而任其大政，不慎举，何以堪之？祸必及子[②]！"

请观于周乐[③]。使工为之歌《周南》、《召南》[④]，曰："美哉[⑤]！始基之矣[⑥]，犹未也[⑦]。然勤而不怨矣[⑧]。"为之歌《邶》、《鄘》、《卫》[⑨]，曰："美哉，渊乎！忧而不困者也[⑩]。吾闻卫康叔、武公之德如是，是其《卫风》乎[⑪]？"为之歌《王》[⑫]，曰："美哉！思而不惧，其周之东乎[⑬]？"为之歌《郑》[⑭]，曰："美哉！其细已甚，民弗堪也，是其先亡乎[⑮]！"为之歌《齐》[⑯]，曰："美哉，泱泱乎，大风也哉[⑰]！表东海者，其大公乎[⑱]！国未可量也[⑲]。"为之歌《豳》[⑳]，曰："美哉，荡乎！乐而不淫，其周公之东乎[㉑]？"为之歌《秦》[㉒]，曰："此之谓夏声。夫能夏则大，大之至也，其周之旧乎[㉓]？"为之歌《魏》[㉔]，曰："美哉，沨沨乎！大而婉，险而易行，以德辅此，则明主也[㉕]。"为之歌《唐》[㉖]，曰："思深哉！其有陶唐氏之遗民乎？不然，何忧之远也[㉗]。非令德之后，谁能若是？"为之歌《陈》[㉘]，曰："国无主，其能久乎[㉙]？"自《郐》以下无讥焉[㉚]。为之歌《小雅》[㉛]，曰："美哉！思而不贰[㉜]，怨而不言[㉝]，其周德之衰乎[㉞]？犹有先王之遗民焉[㉟]。"为之歌《大雅》[㊱]，曰："广哉，熙熙乎[㊲]！曲而有直体[㊳]，其文王之德乎[㊴]？"为之歌《颂》[㊵]，曰："至矣哉[㊶]！直而不倨[㊷]，曲而不屈[㊸]，迩而不偪[㊹]，远而不携[㊺]，迁而不淫[㊻]，复而不厌[㊼]，哀而不愁[㊽]，乐而不荒[㊾]，用而不匮[㊿]，广而不宣[51]，施而不费[52]，取而不贪[53]，处而不底[54]，行而不流[55]，五声和[56]，八风平[57]，节有度，守有序[58]，盛德之所同也[59]。”见舞《象箾》《南籥》者[60]，曰：“美哉！犹有憾[61]。”见舞《大武》者[62]，曰：“美哉！周之盛也，其若此乎？”见舞《韶濩》者[63]，曰：“圣人之弘也，而犹有惭德，圣人之难也[64]。”见舞《大夏》者[65]，曰：“美哉！勤而不德，非禹其谁能修之[66]？”见舞《韶箾》者[67]，曰：“德至矣哉！大矣，如天之无不帱也[68]，如地之无不载也，虽甚盛德，其蔑以加于此矣。观止矣！若有他乐，吾不敢请已[69]！”

其出聘也，通嗣君也[70]。故遂聘于齐，说晏平仲，谓之曰：“子速纳邑与政[71]！无邑无政，乃免于难。齐国之政，将有所归，未获所归，难未歇也[72]。”故晏子因陈桓子以纳政与邑，是以免于栾、高之难[73]。

聘于郑，见子产，如旧相识，与之缟带，子产献纻衣焉[74]。谓子产曰：“郑之执政侈，难将至矣！政必及子。子为政，慎之以礼。不然，郑国将败[75]。”

适卫，说蘧瑗[76]、史狗[77]、史鰌[78]、公子荆、公叔发[79]、公子朝，曰：“卫多君子，未有患也。”

自卫如晋，将宿于戚[80]。闻钟声焉，曰：“异哉！吾闻之也：‘辩而不德，必加于戮[81]。’夫子获罪于君以在此[82]，惧犹不足，而又何乐？夫子之在此也，犹燕之巢于幕上[83]。君又在殡，而可以乐乎[84]？”遂去之[85]。文子闻之，终身不听琴瑟[86]。

适晋，说赵文子、韩宣子、魏献子，曰：“晋国其萃于三族乎[87]！”说叔向，将行，谓叔向曰：“吾子勉之！君侈而多良，大夫皆富，政将在家[88]。吾子好直，必思自免于难。”

①不得以寿死。○说，音悦。寿，音授。 ②为昭四年竖牛作乱起本。 ③鲁以周公故，有天子礼乐。 ④此皆各依其本国歌所常用声曲。○召，上照切；本亦作邵。 ⑤美其声。 ⑥《周南》、《召南》，王化之基。 ⑦犹有商纣，未尽善也。○尽，津忍切。 ⑧未能安乐，然其音不怨怒。○乐，音洛。 ⑨武王伐纣，分其地为三监。三监叛，周公灭之，更封康叔，并三监之地。故三国尽被康叔之化。○鄘，音容。被，皮义切。 ⑩渊，深也。亡国之音哀以思，其民困。卫康叔、武公德化深远，虽遭宣公淫乱、懿公灭亡，民犹秉义，不至于困。○思，息嗣切，下忧思同。 ⑪康叔，周公弟。武公，康叔九世孙。皆卫之令德君也。听声以为别，故有疑言。○别，彼列切。 ⑫《王》，《黍离》也。幽王遇西戎之祸，平王东迁，王政不行于天下，风俗下与诸侯同，故不为《雅》。⑬宗周陨灭，故忧思。犹有先王之遗风，故不惧。○陨，于敏切。⑭《诗》第七。 ⑮美其有治政之音。讥其烦碎，知不能久。○治，直吏切。 ⑯《诗》第八。 ⑰泱泱，弘大之声。○泱，於良切，又於郎切；韦昭，於康切。 ⑱大公封齐，为东海之表式。○大，音泰。 ⑲言其或将复兴。○复，扶又切，下复讥同。 ⑳《诗》第十五。豳，周之旧国。在新平漆县东北。○豳，彼贫切。 ㉑荡乎，荡然也。乐而不淫，言有节。周公遭管、蔡之变，东征三年，为成王陈后稷先公不敢荒淫，以成王业。故言其周公之东乎。○乐，音岳，又音洛，下而又何乐、而可以乐同。为，于伪切。王，如字，又于况切。 ㉒《诗》第十一。后仲尼删定，故不同。○删，所奸切。 ㉓秦本在西戎汧、陇之西，秦仲始有车马礼乐，去戎狄之音，而有诸夏之声，故谓之夏声。及襄公佐周平王东迁，而受其故地，故曰周之旧。○汧，苦贤切。去，起吕切，又如字。 ㉔《诗》第九。魏，姬姓国。闵元年，晋献公灭之。 ㉕沨沨，中庸之声。婉，约也。险当为俭，字之误也。大而约，则俭节易行。惜其国小无明君也。○沨，扶弓切；徐，敷剑切；韦昭音凡。婉，纡阮切。险，依《注》音俭。易，以豉切。㉖《诗》第十。《唐》，晋诗。 ㉗晋本唐国，故有尧之遗风。忧深思远，情发于声。○思，息嗣切。 ㉘《诗》第十二。 ㉙淫声放荡，无所畏

忌。故曰国无主。 ㉚《郐》第十三。《曹》第十四。言季子闻此二国歌，不复讥论之，以其微也。○ 郐，古外切。 ㉛《小雅》，小正，亦乐歌之常。 ㉜ 思文武之德，无贰叛之心。 ㉝ 有哀音。 ㉞ 衰，小也。㉟ 谓有殷王馀俗，故未大。 ㊱《大雅》陈文王之德以正天下。㊲ 熙熙，和乐声。 ㊳ 论其声。 ㊴《雅》、《颂》所以咏盛德形容，故但歌其美者，不皆歌变雅。 ㊵《颂》者，以其成功告于神明。 ㊶ 言道备。○ 至矣哉，一本无矣字。 ㊷ 倨傲。○ 倨，音据；徐音居。傲，五报切。 ㊸ 屈，桡。○ 桡，乃孝切。 ㊹ 谦退。○ 偪，彼力切。㊺ 携，贰。 ㊻ 淫，过荡。 ㊼ 常日新。○ 厌，於艳切；徐，於赡切。㊽ 知命。 ㊾ 节之以礼。 ㊿ 德弘大。○ 匮，其位切。 51 不自显。 52 因民所利而利之。○ 施，始豉切。费，芳味切。 53 义然后取。 54 守之以道。○ 底，丁礼切。 55 制之以义。 56 宫、商、角、征、羽，谓之五声。○ 征，张里切。 57 八方之气，谓之八风。58 八音克谐，节有度也。无相夺伦，守有序也。 59《颂》有殷、鲁，故曰盛德之所同。 60《象箾》，舞所执。《南籥》，以籥舞也。皆文王之乐。○ 箾，音朔。籥，羊略切。 61 美哉，美其容也。文王恨不及己致大平。○ 憾，本亦作感，胡暗切。大，音泰。 62 武王乐。 63 殷汤乐。○ 韶，上昭切；本或作招，音同。濩，音护，又户郭切。 64 惭于始伐。65 禹之乐。 66 尽力沟洫，勤也。○ 洫，况域切。 67 舜乐。○ 箾，音箫。 68 帱，覆也。○ 帱，徒报切。 69 鲁用四代之乐，故及《韶箾》而季子知其终也。季札贤明才博，在吴虽已涉见此乐歌之文，然未闻中国雅声，故请此周乐，欲听其声，然后依声以参时政，知其兴衰也。闻秦诗谓之夏声，闻《颂》曰五声和、八风平，皆论声以参政也。舞毕，知其乐终，是素知其篇数。 70 吴子馀祭嗣立。 71 纳，归之公。○ 说，音悦，下同。 72 歇，尽也。○ 难，乃旦切，下同。歇，许谒切。 73 难在昭八年。 74 大带也。吴地贵缟，郑地贵纻。故各献己所贵，示损己而不为彼货利。○ 缟，古老切；徐，古到切，缯也。纻，直吕切。 75 侈，谓伯有。 76 蘧伯玉。○ 蘧，其居切。瑗，于眷切。 77 史朝之子文子。

○ 朝，如字，下子朝同。 ⑺ 史鱼。○ 鳕，音秋。 ⑲ 公叔文子。⑳ 戚，孙文子之邑。 ⑧ 辩，犹争也。○ 争，争斗之争。 ⑫ 孙文子以戚叛。 ⑬ 言至危。○ 幕，音莫。 ⑭ 献公卒未葬。 ⑮ 不止宿。 ⑯ 闻义能改。 ⑰ 言晋国之政，将集于三家。○ 萃，在醉切，集也。 ⑱ 富必厚施，故政在家。○ 施，式豉切。

秋九月，齐公孙虿、公孙灶放其大夫高止于北燕[①]。乙未，出。书曰："出奔。"罪高止也[②]。高止好以事自为功，且专，故难及之[③]。

① 虿，子尾。灶，子雅。放者，宥之以远。○ 虿，敕迈切。宥，音又。② 实放书奔，所以示罪。 ③ ○ 好，呼报切。

冬，孟孝伯如晋，报范叔也[①]。

① 范叔，士鞅也。此年夏来聘。

为高氏之难故，高竖以卢叛[①]。十月庚寅，闾丘婴帅师围卢。高竖曰："苟使高氏有后，请致邑[②]。"齐人立敬仲之曾孙酀[③]，良敬仲也[④]。十一月乙卯，高竖致卢而出奔晋，晋人城绵而寘旃[⑤]。

郑伯有使公孙黑如楚[⑥]，辞曰："楚、郑方恶，而使余往，是杀余也。"伯有曰："世行也[⑦]。"子皙曰："可则往，难则已，何世之有？"伯有将强使之。子皙怒，将伐伯有氏，大夫和之。十二月己巳，郑大夫盟于伯有氏。禆谌曰："是盟也，其与几何[8]？《诗》曰：'君子屡盟，乱是用长。'今是长乱之道也。祸未歇也，必三年而后能纾[9]。"然明曰："政将焉往？"裨谌曰："善之代不善，天命也，其焉辟子产[10]？举不踰等，则位班也[11]。择善而举，则世隆也[12]。天又除之，夺伯有魄[13]。子西即世，将焉辟之？天祸郑久矣，其必使子产息之，乃犹可以戾[14]。不然，将亡矣。"

① 竖，高止子。○ 为，于伪切，下《注》为子产同。竖，上主切。 ② 还邑于君。 ③ 敬仲，高傒。○ 鄢，於显切。傒，音兮。 ④ 良，犹贤也。 ⑤ 晋人善其致邑。○ 绵，音绵。寘，之豉切。旃，之然切。 ⑥ 黑，子皙。○ 皙，星历切。 ⑦ 言女世为行人。○ 女，音汝。 ⑧ 言不能久也。裨谌，郑大夫。○ 强，其丈切。裨，婢支切。谌，本亦作湛，市林切。与，如字，或音预。几，居岂切。 ⑨ 纾，解也。○ 屡，力住切。长，丁丈切，下同。纾，直吕切；徐音舒。解，音蟹。 ⑩ 言政必归子产。○ 焉，於虔切，下同。 ⑪ 子产位班次应知政。 ⑫ 世所高也。 ⑬ 丧其精神，为子产驱除。○ 丧，息浪切。驱，丘具切，又如字。除，直据切，或如字。 ⑭ 戾，定也。

经

三十年春，王正月，楚子使薳罢来聘[1]。

夏四月，蔡世子般弑其君固[2]。

五月甲午，宋灾[3]。

宋伯姬卒。

天王杀其弟佞夫[4]。

王子瑕奔晋[5]。

秋七月，叔弓如宋，葬宋共姬[6]。

郑良霄出奔许⑦。自许入于郑⑧。

郑人杀良霄。

冬十月,葬蔡景公⑨。

晋人、齐人、宋人、卫人、郑人、曹人、莒人、邾人、滕人、薛人、杞人、小邾人会于澶渊,宋灾故⑩。

① ○ 罢,音皮。 ② ○ 般,音班。 ③ 天火曰灾。 ④ 称弟,以恶王残骨肉。○ 佞,乃定切。恶,乌路切,下恶宋同,又如字。 ⑤ 不言出奔,周无外。 ⑥ 共姬,从夫谥也。叔弓,叔老之子。卿共葬事,礼过厚;三月而葬,速。○ 共,音恭,《注》皆同。 ⑦ 耆酒荒淫。书名,罪之。○ 耆,市志切。 ⑧ 不言复入,独还无兵。○ 复,扶又切。 ⑨ 无《传》。 ⑩ 会未有言其事者,此言宋灾故,以恶宋人不克己自责,而出会求财。○ 澶,市然切;《字林》音丈仙切,云,澶水在宋。

传

三十年春,王正月,楚子使薳罢来聘,通嗣君也①。穆叔问:"王子之为政何如②?"对曰:"吾侪小人,食而听事,犹惧不给命而不免于戾,焉与知政?"固问焉,不告。穆叔告大夫曰:"楚令尹将有大事,子荡将与焉③,助之匿其情矣④。"

① 郏敖即位。 ② 王子围为令尹。○ 问王子之为政,一本作问王子围之为政;服虔、王肃本同。 ③ 子荡,薳罢。○ 侪,仕皆切。焉,於虔切。与,音预,下将与、与于同。 ④ 子围素贵,郏敖微弱,诸侯皆知其将为乱,故穆叔问之。○ 匿,女力切。

子产相郑伯以如晋,叔向问郑国之政焉。对曰:"吾得见与否，在此岁也。驷、良方争，未知所成[①]。若有所成，吾得见，乃可知也。”叔向曰：“不既和矣乎？”对曰：“伯有侈而愎[②]，子皙好在人上，莫能相下也。虽其和也，犹相积恶也，恶至无日矣[③]。”

① 驷氏，子皙也。良氏，伯有也。○ 相，息亮切。争，争斗之争，下《注》驷、良争同。 ② 愎，很也。○ 愎，彼力切。很，胡垦切。 ③ 为此年秋良霄出奔《传》。○ 好，呼报切。下，户嫁切。

二月癸未，晋悼夫人食舆人之城杞者[①]。绛县人或年长矣，无子，而往与于食。有与疑年，使之年[②]。曰：“臣小人也，不知纪年。臣生之岁，正月甲子朔，四百有四十五甲子矣，其季于今三之一也[③]。”吏走问诸朝[④]，师旷曰：“鲁叔仲惠伯会郤成子于承匡之岁也[⑤]。是岁也，狄伐鲁。叔孙庄叔于是乎败狄于鹹，获长狄侨如及虺也、豹也，而皆以名其子。七十三年矣[⑥]。”史赵曰：“亥有二首六身[⑦]，下二如身，是其日数也[⑧]。”士文伯曰：“然则二万六千六百有六旬也[⑨]。”

赵孟问其县大夫，则其属也[⑩]。召之，而谢过焉，曰：“武不才，任君之大事，以晋国之多虞，不能由吾子[⑪]，使吾子辱在泥涂久矣，武之罪也。敢谢不才。”遂仕之，使助为政。辞以老。与之田，使为君复陶[⑫]，以为绛县师[⑬]，而废其舆尉[⑭]。于是，鲁使者在晋，归以语诸大夫。季武子曰：“晋未可媮也[⑮]。有赵孟以为大夫，有伯瑕以为佐[⑯]，有史赵、师旷而咨度焉，有叔向、女齐以师保其君。其朝多君子，其庸可媮乎？勉事之而后可[⑰]。”

① 舆，众也。城杞在往年。○ 食，音嗣。舆，音余。　② 使言其年。○ 长，丁丈切。　③ 所称正月，谓夏正月也。三分六甲之一，得甲子、甲戌，尽癸未。○ 夏，户雅切。　④ 皆不知，故问之。○ 吏走，一本作使走，如字，疾速之意也；一曰走，使之人也；服虔、王肃本作吏，云，吏不知历者。　⑤ 在文十一年。　⑥ 叔孙侨如、叔孙豹，皆取长狄名。○ 鹹，音咸。侨，其骄切。虺，虚鬼切。　⑦ 史赵，晋大史。亥字二画在上，并三六为身，如算之六。○ 画，音获。并，步顶切。　⑧ 下亥上二画，竖置身旁。　⑨ 文伯，士弱之子。　⑩ 属赵武。　⑪ 由，用也。⑫ 复陶，主衣服之官。○ 复，音服，又音福。　⑬ 县师，掌地域，辨其夫家人民。　⑭ 以役孤老故。　⑮ 媮，薄也。○ 使，所吏切。语，鱼据切。媮，他侯切。　⑯ 伯瑕，士文伯。　⑰《传》言晋所以不失诸侯，且明历也。○ 度，待洛切。

夏四月己亥，郑伯及其大夫盟①。君子是以知郑难之不已也②。

① 驷、良争故。　② 郑伯微弱，不能制其臣下，君臣诅盟，故曰乱未已。○ 难，乃旦切。诅，侧虑切。

蔡景侯为大子般娶于楚，通焉。大子弑景侯①。

① 终子产言有子祸也。○ 为，于伪切。娶，七住切。

初，王儋季卒①，其子括将见王而叹②。单公子愆期为灵王御士，过诸廷③，闻其叹而言曰："乌乎！必有此夫④！"入以告王，且曰："必杀之！不慼而愿大，视躁而足高，心在他矣。不杀，必害。”王曰：“童子何知?”及灵王崩，儋括欲立王子佞夫[⑤]，佞夫弗知。戊子，儋括围蔿，逐成愆[⑥]。成愆奔平畤[⑦]。五月癸巳，尹言多、刘毅、单蔑、甘过、巩成杀佞夫[⑧]。括、瑕、廖奔晋[⑨]。书曰：“天王杀其弟佞夫。”罪在王也[⑩]。

① 儋季，周灵王弟。○ 儋，丁甘切。　② 括除服，见灵王，入朝而叹。○ 括，古活切。见，贤遍切。　③ 愆期行过王廷。○ 单，音善。愆，起虔切。廷，音庭。　④ 欲有此朝廷之权。○ 乌乎，本又作呜呼，音同。夫，音扶。　⑤ 佞夫，灵王子，景王弟。○ 躁，早报切。　⑥ 成愆，蔿邑大夫。○ 蔿，于委切。　⑦ 平畤，周邑。○ 畤，音止，又音市；本或作畴。　⑧ 五子，周大夫。○ 过，音戈。巩，九勇切。　⑨ 括、廖不书，贱也。○ 廖，力彫切，又敕留切。　⑩ 佞夫不知故。《经》书在宋灾下，从赴。

或叫于宋大庙[①]，曰：“譆譆！出出[②]！”鸟鸣于亳社[③]，如曰：“譆譆[④]。”甲午，宋大灾。宋伯姬卒，待姆也[⑤]。君子谓：“宋共姬，女而不妇。女待人[⑥]，妇义事也[⑦]。”

① 叫，呼也。○ 叫，古吊切。大，音泰，一本无大字。呼，火故切。② 譆譆，热也。出出，戒伯姬。○ 譆，许其切。出，如字；郑注《周礼》引此作诎诎；刘昌宗亦音出。　③ 殷社。○ 亳，步各切。　④ 皆火妖也。⑤ 姆，女师。○ 姆，徐音茂；《字林》，亡又切，又音母。　⑥ 待人而行。⑦ 义，从宜也。伯姬时年六十左右。

六月，郑子产如陈涖盟。归，复命。告大夫曰：“陈，亡国也，不可与也[①]。聚禾粟，缮城郭，恃此二者，而不抚其民。其君弱植，公子侈，大子卑，大夫敖，政多门[②]，以介于大国[③]，能无亡乎？不过十年矣[④]。"

① 不可与结好。○ 好，呼报切。　② 政不由一人。○ 缮，上战切。植，徐，直吏切，又时力切。敖，五报切；本亦作慠；服本作放，云，淫放也。③ 介，间也。○ 介，音界。　④ 为昭八年楚灭陈《传》。

秋七月，叔弓如宋，葬共姬也[①]。

① 伤伯姬之遇灾，故使卿共葬。○ 共，音恭。

郑伯有耆酒，为窟室[①]，而夜饮酒，击钟焉，朝至未已。朝者曰："公焉在[②]？"其人曰："吾公在壑谷[③]。"皆自朝布路而罢[④]。既而朝[⑤]，则又将使子皙如楚，归而饮酒。庚子，子皙以驷氏之甲伐而焚之。伯有奔雍梁[⑥]，醒而后知之，遂奔许。大夫聚谋。子皮曰："《仲虺之志》[⑦]云：'乱者取之，亡者侮之。推亡固存，国之利也。'罕、驷、丰同生[⑧]。伯有汰侈，故不免[⑨]。"

人谓子产："就直助强[⑩]！"子产曰："岂为我徒[⑪]。国之祸难，谁知所敝？或主强直，难乃不生[⑫]。姑成吾所[⑬]。"辛丑，子产敛伯有氏之死者而殡之，不及谋而遂行[⑭]。印段从之[⑮]。子皮止之。众曰："人不我顺，何止焉？"子皮曰："夫子礼于死者，况生者乎？"遂自止之。壬寅，子产入。癸卯，子石入[⑯]。皆受盟于子皙氏。

乙巳，郑伯及其大夫盟于大宫⑰。盟国人于师之梁之外⑱。伯有闻郑人之盟己也怒，闻子皮之甲不与攻己也喜，曰："子皮与我矣。"癸丑，晨，自墓门之渎入⑲，因马师颉介于襄库，以伐旧北门⑳。驷带率国人以伐之㉑。皆召子产㉒。子产曰："兄弟而及此，吾从天所与㉓。"伯有死于羊肆㉔，子产襚之，枕之股而哭之，敛而殡诸伯有之臣在市侧者。既而葬诸斗城㉕。子驷氏欲攻子产，子皮怒之曰："礼，国之干也，杀有礼，祸莫大焉。"乃止㉖。

于是游吉如晋还，闻难不入㉗，复命于介。八月甲子，奔晋。驷带追之，及酸枣。与子上盟，用两珪质于河㉘。使公孙肸入盟大夫。己巳，复归㉙。书曰："郑人杀良霄。"不称大夫，言自外入也㉚。

于子蟜之卒也㉛，将葬，公孙挥与裨灶晨会事焉㉜。过伯有氏，其门上生莠。子羽曰："其莠犹在乎㉝？"于是岁在降娄，降娄中而旦㉞。裨灶指之曰："犹可以终岁㉟，岁不及此次也已㊱。"及其亡也，岁在娵訾之口㊲。其明年，乃及降娄。

仆展从伯有，与之皆死㊳。羽颉出奔晋，为任大夫㊴。鸡泽之会㊵，郑乐成奔楚，遂适晋。羽颉因之，与之比，而事赵文子，言伐郑之说焉。以宋之盟故，不可㊶。子皮以公孙鉏为马师㊷。

① 窟室，地室。○ 耆，市志切。窟，口忽切。　② 家臣，故谓伯有为公。○ 焉在，於虔切。　③ 壑谷，窟室。○ 壑，呼洛切。　④ 布路，分散。○ 罢，皮买切；徐，扶彼切。　⑤ 伯有朝郑君。　⑥ 雍梁，郑地。○ 雍，於用切。　⑦ 仲虺，汤左相。○ 醒，星顶切。相，息亮切。

⑧ 罕，子皮。驷，子晳。豐，公孙段也。三家本同母兄弟。○ 侮，亡甫切。⑨ 三家同出，而伯有孤特，又汰侈，所以亡。○ 汰，音泰。 ⑩ 时谓子晳直，三家强。 ⑪ 徒，党也。言不以驷、良为党。 ⑫ 言能强能直，则可弭难。今三家未能，则伯有方争。○ 难，乃旦切。弭，弥氏切。争，争斗之争。 ⑬ 欲以无所附著为所。○ 著，直略切。 ⑭ 不与于国谋。○ 敛，力艳切。与，音预，下不与同。 ⑮ 义子产。 ⑯ 子石，印段。⑰ 大宫，祖庙。 ⑱ 师之梁，郑城门。 ⑲ 墓门，郑城门。○ 渎，徐音豆。 ⑳ 马师颉，子羽孙。○ 颉，户结切。介，音界。 ㉑ 驷带，子西之子，子晳之宗主。 ㉒ 驷氏、伯有俱召。 ㉓ 兄弟恩等，故无所偏助。 ㉔ 羊肆，市列。 ㉕ 斗城，郑地名。○ 襚，音遂。枕，之鸩切。股，音古。 ㉖ 敛葬伯有为有礼。 ㉗ 惧祸并及。○ 难，乃旦切。 ㉘ 子上，驷带也。沈珪于河，为信也。酸枣，陈留县。与子上用两珪质于河。○ 质，如字，一音致。一本作与子上盟，绝句；用两珪质于河，别为句。沈，音鸩，又如字。 ㉙ 游吉归也。○ 肸，许乙切。 ㉚ 既出，位绝。非复郑大夫。○ 复，音扶又切。 ㉛ 子蟜，公孙虿。卒在十九年。○ 蟜，居表切。 ㉜ 会葬事。○ 挥，许韦切。 ㉝ 子羽，公孙挥。以莠喻伯有。伯有侈，知其不能久存。○ 莠，羊九切，草也。㉞ 降娄，奎娄也。周七月，今五月。降娄中而天明。○ 降，户江切。奎，苦圭切。 ㉟ 指降娄也。岁星十二年而一终。 ㊱ 不及降娄。㊲ 娵訾，营室东壁。二十八年，岁星淫在玄枵，今三十年在娵訾，是岁星停在玄枵二年。○ 娵，子须切。訾，子斯切。壁，音璧。枵，许骄切。㊳ 仆展，郑大夫，伯有党。 ㊴ 羽颉，马师颉。任，晋县。今属广平郡。○ 任，音壬。 ㊵ 在三年。 ㊶ 宋盟约弭兵故。○ 比，毗志切。㊷ 鉏，子罕之子。代羽颉。○ 鉏，仕居切。

楚公子围杀大司马芳掩而取其室①。申无宇曰："王子必不免②。善人，国之主也。王子相楚国，将善是封殖，而虐之，是祸国也。且司马，令尹之偏[3]，而王之四体也[4]。绝民之主，去身之偏，艾王之体，以祸其国，无不祥大焉！何以得免[5]？"

① 芳掩二十五年为大司马。　② 无宇，芋尹。○ 芋，于付切。　③ 偏，佐也。○ 相，息亮切，下相之同。　④ 俱股肱也。　⑤ 为昭十三年楚弑灵王《传》。○ 去，起吕切。艾，鱼废切。

为宋灾故，诸侯之大夫会，以谋归宋财。冬十月，叔孙豹会晋赵武、齐公孙虿、宋向戌、卫北宫佗[1]、郑罕虎[2]及小邾之大夫，会于澶渊。既而无归于宋，故不书其人。君子曰："信其不可不慎乎！澶渊之会，卿不书，不信也夫。诸侯之上卿，会而不信，宠名皆弃，不信之不可也如是[3]！《诗》曰：'文王陟降，在帝左右。'信之谓也[4]。又曰：'淑慎尔止，无载尔伪。'不信之谓也[5]。"书曰"某人某人会于澶渊，宋灾故"，尤之也[6]。不书鲁大夫，讳之也[7]。

① 佗，北宫括之子。○ 佗，徒河切。　② 虎，子皮。　③ 宠，谓族也。○ 不信也夫，音扶；一读以夫为下句首。　④《诗·大雅》。言文王所以能上接天，下接人，动顺帝者，唯以信。　⑤ 逸《诗》也。言当善慎举止，无载行诈伪。　⑥《传》云：既而无归。所以释诸侯大夫之不书也。又云：宋灾故，尤之。所以释向戌之并贬也。戌为正卿，深致火灾，烧杀其夫人，未闻克己之意，而以求财合诸侯，故与不归财者同文。　⑦ 向戌既以灾求财，诸大夫许而不归，客主皆贬。君子以尊尊之义也，君亲有隐，故略不书鲁大夫以示例。

郑子皮授子产政[1]，辞曰："国小而偪[2]，族大宠多，不可为也[3]。"子皮曰："虎帅以听，谁敢犯子？子善相之，国无小[4]，小能事大，国乃宽[5]。"

子产为政，有事伯石，赂与之邑[6]。子大叔曰："国，皆其国也。奚独赂焉[7]？"子产曰："无欲实难[8]。皆得其欲，以从其事，而要其成。非我有成，其在人乎[9]？何爱于邑，邑将焉往[10]？"子大叔曰："若四国何[11]？"子产曰："非相违也，而相从也[12]，四国何尤焉？《郑书》有之[13]曰：'安定国家，必大焉先[14]。'姑先安大，以待其所归[15]。"既，伯石惧而归邑，卒与之[16]。伯有既死，使大史命伯石为卿，辞。大史退，则请命焉[17]。复命之，又辞。如是三，乃受策入拜。子产是以恶其为人也[18]，使次己位[19]。

子产使都鄙有章[20]，上下有服[21]，田有封洫[22]，庐井有伍[23]。大人之忠俭者[24]，从而与之。泰侈者，因而毙之[25]。丰卷将祭，请田焉。弗许[26]，曰："唯君用鲜[27]，众给而已[28]。"子张怒[29]，退而征役[30]。子产奔晋，子皮止之而逐丰卷。丰卷奔晋。子产请其田里[31]，三年而复之，反其田里及其入焉[32]。从政一年，舆人诵之曰："取我衣冠而褚之[33]，取我田畴而伍之。孰杀子产，吾其与之[34]！"及三年，又诵之曰："我有子弟，子产诲之。我有田畴，子产殖之[35]。子产而死，谁其嗣之[36]？"

① 伯有死，子皮知政，以子产贤，故让之。　② 偪近大国。○ 偪，彼力切。近，附近之近。　③ 为，犹治也。　④ 言在治政。○ 治，直吏切。　⑤ 为大所恤故也。　⑥ 伯石，公孙段。有事，欲使之。

⑦ 言郑大夫共忧郑国事，何为独赂之。 ⑧ 言人不能无欲。 ⑨ 言成犹在我，非在他。○ 要，一遥切。 ⑩ 言犹在国。○ 焉，於虔切。 ⑪ 恐为四邻所笑。 ⑫ 言赂以邑，欲为和顺。 ⑬ 郑国史书。 ⑭ 先和大族，而后国家安。 ⑮ 要其成也。 ⑯ 卒，终也。 ⑰ 请大史更命己。 ⑱ 恶其虚饰。○ 复，扶又切。三，息暂切，又如字。策，初革切。恶，乌路切。 ⑲ 畏其作乱，故宠之。 ⑳ 国都及边鄙，车服尊卑各有分部。○ 分，扶运切。 ㉑ 公卿大夫，服不相踰。 ㉒ 封，疆也。洫，沟也。○ 洫，况域切。疆，居良切。 ㉓ 庐，舍也。九夫为井。使五家相保。 ㉔ 谓卿大夫。○ 大人，本或作大夫者非。 ㉕ 因其有罪而毙踣之。○ 踣，蒲北切。 ㉖ 田，猎也。○ 卷，眷勉切；徐，居阮切。 ㉗ 鲜，野兽。 ㉘ 众臣祭，以刍豢为足。○ 刍，初俱切。豢，音患。牛羊曰刍，犬豕曰豢。 ㉙ 子张，豐卷。 ㉚ 召兵，欲攻子产。 ㉛ 请于公不没入。 ㉜ 田里所收入。 ㉝ 褚，畜也。奢侈者畏法，故畜藏。○ 褚，张吕切。畜，敕六切，又许六切，本又作蓄，同。 ㉞ 并畔为畴。○ 并，蒲杏切，又蒲顶切。 ㉟ 殖，生也。○ 殖，时力切；徐，是吏切，此协下韵。 ㊱ 嗣，续也。《传》言郑所以兴。

经

三十有一年春，王正月。

夏六月辛巳，公薨于楚宫[①]。

秋九月癸巳，子野卒[②]。

己亥，仲孙羯卒。

冬十月，滕子来会葬[③]。

癸酉，葬我君襄公。

十有一月，莒人弑其君密州[④]。

① 公不居先君之路寝，而安所乐，失其所也。○ 乐，音洛，又音岳，又五教切。　② 不书葬，未成君。　③ 诸侯会葬，非礼。　④ 不称弑者主名，君无道也。○ 弑，申志切。

传

三十一年春，王正月，穆叔至自会[1]，见孟孝伯，语之曰："赵孟将死矣。其语偷，不似民主[2]。且年未盈五十，而谆谆焉如八九十者，弗能久矣[3]。若赵孟死，为政者其韩子乎[4]！吾子盍与季孙言之，可以树善，君子也[5]。晋君将失政矣，若不树焉，使早备鲁[6]，既而政在大夫，韩子懦弱，大夫多贪，求欲无厌，齐、楚未足与也，鲁其惧哉！"孝伯曰："人生几何？谁能无偷？朝不及夕，将安用树？"穆叔出而告人曰："孟孙将死矣。吾语诸赵孟之偷也，而又甚焉[7]。"又与季孙语晋故[8]，季孙不从。

及赵文子卒[9]，晋公室卑，政在侈家。韩宣子为政，不能图诸侯。鲁不堪晋求，谗慝弘多，是以有平丘之会[10]。

① 澶渊会还。　② 偷，苟且。○ 语，鱼据切，下吾语诸同。偷，他侯切。　③ 成二年战于鞌，赵朔已死，于是赵文子始生。至襄三十年会澶渊，盖年四十七八。故言未盈五十。○ 谆，徐，之闰切，或音之纯切。④ 韩子，韩起。　⑤ 言韩起有君子之德，今方知政，可素往立善。○ 盍，户臘切。　⑥ 使韩子早为鲁备。　⑦ 言朝不及夕，偷之甚也。○ 懦，乃乱切。厌，於盐切。几，居岂切；本或作民生无几何。朝，如字。⑧ 如与孟孙言。　⑨ 在昭元年。　⑩ 平丘会在昭十三年，晋人执季孙意如。○ 慝，他得切。

齐子尾害闾丘婴，欲杀之，使帅师以伐阳州[①]。我问师故[②]。夏五月，子尾杀闾丘婴以说于我师[③]。工偻灑、渻竈、孔虺、贾寅出奔莒[④]。出群公子[⑤]。

① 阳州，鲁地。 ② 鲁以师往，问齐何故伐我。 ③ 言伐鲁者，婴所为也。伐阳州不书，不成伐。○ 说，如字。 ④ 四子，婴之党。○ 偻，力侯切。灑，所蟹切，旧所绮切。渻，生领切；徐作省，所幸切，又息井切，又音销。虺，许鬼切。 ⑤ 为昭十年栾、高之难，复群公子起本。○ 难，乃旦切。

公作楚宫[①]。穆叔曰："《大誓》云：'民之所欲，天必从之[②]。'君欲楚也夫！故作其宫。若不复適楚，必死是宫也。"六月辛巳，公薨于楚宫。叔仲带窃其拱璧[③]，以与御人，纳诸其怀而从取之，由是得罪[④]。立胡女敬归之子子野[⑤]，次于季氏。秋九月癸巳，卒，毁也[⑥]。

己亥，孟孝伯卒[⑦]。

立敬归之娣齐归之子公子裯[⑧]，穆叔不欲，曰："大子死，有母弟则立之，无则立长[⑨]。年钧择贤，义钧则卜，古之道也[⑩]。非適嗣，何必娣之子[⑪]？且是人也，居丧而不哀，在慼而有嘉容，是谓不度。不度之人，鲜不为患。若果立之，必为季氏忧。"武子不听，卒立之。比及葬，三易衰，衰衽如故衰[⑫]。于是昭公十九年矣，犹有童心。君子是以知其不能终也[⑬]。

① 適楚，好其宫，归而作之。○ 好，呼报切。 ② 今《尚书·大誓》

亦无此文，故诸儒疑之。○ 大，音泰；本亦作泰。 ③ 拱璧，公大璧。○ 夫，音扶。复，扶又切。拱，九勇切。 ④ 得罪，谓鲁人薄之，故子孙不得志于鲁。 ⑤ 胡，归姓之国。敬归，襄公妾。 ⑥ 过哀毁瘠，以致灭性。○ 瘠，在亦切。 ⑦ 终穆叔言。 ⑧ 齐，谥。裯，昭公名。○ 娣，大计切。裯，直由切。 ⑨ 立庶子，则以年。○ 长，丁丈切。⑩ 先人事，后卜筮也。义钧，谓贤等。 ⑪ 言子野非適嗣。○ 適，丁历切。 ⑫ 言其嬉戏无度。○ 鲜，息浅切。比，必利切。三，如字，又息暂切。衰，本又作縗，亦作𧝓，同，七雷切。衽，而甚切；袵，而鸩切，裳下也。嬉，许其切。 ⑬ 为昭二十五年公孙于齐《传》。

冬十月，滕成公来会葬，惰而多涕①。子服惠伯曰："滕君将死矣！怠于其位，而哀已甚，兆于死所矣②。能无从乎③？"癸酉，葬襄公。

① 惰，不敬也。○ 惰，徒卧切。涕，他礼切。 ② 有死兆。③ 为昭三年滕子卒《传》。

公薨之月，子产相郑伯以如晋，晋侯以我丧故，未之见也。子产使尽坏其馆之垣而纳车马焉。士文伯让之曰："敝邑以政刑之不修，寇盗充斥①，无若诸侯之属辱在寡君者何？是以令吏人完客所馆②，高其闬闳③，厚其墙垣，以无忧客使④。今吾子坏之，虽从者能戒，其若异客何？以敝邑之为盟主，缮完葺墙⑤，以待宾客，若皆毁之，其何以共命？寡君使匄请命⑥。"对曰："以敝邑褊小，介于大国⑦，诛求无时⑧，是以不敢宁居，悉索敝赋，以来会时事⑨。逢执事之不间，而未得见，又不获闻命，未知见时，不敢输币，亦不敢暴露。其输之，则君之府实也，非荐陈之，不敢输也[10]。其暴露之，则恐燥湿之不时而朽蠹，以重敝邑之罪。侨闻文公之为盟主也[11]，宫室卑庳，无观台榭，以崇大诸侯之馆。馆如公寝，库厩缮修，司空以时平易道路[12]，圬人以时塓馆宫室[13]。诸侯宾至，甸设庭燎[14]，仆人巡宫[15]，车马有所[16]，宾从有代[17]，巾车脂辖[18]，隶人牧圉，各瞻其事[19]，百官之属，各展其物[20]。公不留宾，而亦无废事[21]，忧乐同之，事则巡之[22]，教其不知，而恤其不足。宾至如归，无宁菑患[23]？不畏寇盗，而亦不患燥湿。今铜鞮之宫数里[24]，而诸侯舍于隶人[25]。门不容车，而不可踰越[26]。盗贼公行，而天疠不戒[27]。宾见无时，命不可知。若又勿坏，是无所藏币以重罪也。敢请执事，将何所命之[28]？虽君之有鲁丧，亦敝邑之忧也[29]。若获荐币[30]，修垣而行[31]，君之惠也。敢惮勤劳？"

文伯复命[32]，赵文子曰："信[33]！我实不德，而以隶人之垣以赢诸侯[34]，是吾罪也。"使士文伯谢不敏焉。晋侯见郑伯有加礼[35]，厚其宴好而归之。乃筑诸侯之馆。

叔向曰："辞之不可以已也如是夫！子产有辞，诸侯赖之，若之何其释辞也？《诗》曰：'辞之辑矣，民之协矣。辞之绎矣，民之莫矣[36]。'其知之矣[37]。"

① 充，满；斥，见。言其多。〇 相，息亮切。尽，子忍切。坏，音怪，下同。馆，古乱切，字从食；《字林》又云，客舍也，旁作舍，非。垣，音袁，墙也。见，贤遍切。　② 馆，舍也。〇 令，力呈切。完，音丸。　③ 闳，门也。〇 闬，户旦切；《说文》云，闾也，汝南平舆县里门曰闬；沈云，闭也。闳，获耕切；杜云，门也；《尔雅》云，衡门谓之闳，是也；又云，所以止扉谓之闳。然

《尔雅》本止扉之名或作阁字，读者因改《左传》皆作各音。案，下文云门不容车，此云高其闬闳，俱谓门耳，于义自通，无为穿凿。 ④ 无令客使忧寇盗。○ 使，所吏切。 ⑤ 葺，覆也。○ 从，才用切，下宾从同。葺，侵入切；徐音集，又子入切，谓以草覆墙。 ⑥ 请问毁垣之命。○ 共，音恭。匄，本又作丐，古害切，士文伯名也。今传本皆作匄字，或作丐字，《释例》亦然。解者云，士文伯是范氏之族，不应与范宣子同名，作丐是也。案，士文伯字伯瑕。又春秋时人，名字皆相配。楚令尹阳丐字子瑕，即与文伯名字正同。又郑有驷乞字子瑕，匄与乞义同，则作匄者是。又案，鲁有仲婴齐，是庄公之孙。又有公孙婴齐，是文公之孙。仲婴齐于公孙婴齐为从祖，同时同名。郑有公孙段字子石，又云伯石；印段字伯石，《传》又谓之二子石。然印段即公孙段从父兄弟之子，尚同名字，伯瑕与宣子何废同乎？ ⑦ 介，间也。○ 褊，必浅切。介，音界。 ⑧ 诛，责也。 ⑨ 随时来朝会。○ 索，所白切，又悉各切。 ⑩ 荐陈，犹献见也。○ 间，音闲。见，贤遍切，下同。暴，步卜切。 ⑪ 侨，子产名。文公，晋重耳。○ 燥，素早切。蠹，丁故切，虫败也。重，直用切，及下重罪同。侨，其骄切。重耳，直龙切。 ⑫ 易，治也。○ 庳，音婢，亦音卑。观，古乱切。榭，音谢；本亦作谢；土高曰台，有木曰榭。厩，九又切。易，以豉切。 ⑬ 圬人，涂者。塓，涂也。○ 圬，本作污，同，音乌。塓，莫历切。 ⑭ 庭燎，设火于庭。○ 甸，徒遍切。燎，力妙切；徐，力遥切，又力吊切。庭燎，大烛。 ⑮ 巡宫，行夜。○ 行，下孟切，下巡行同。 ⑯ 有所处。 ⑰ 代客役。 ⑱ 巾车，主车之官。○ 巾，如字；刘昌宗《周礼》，音居觐切。辖，户瞎切。 ⑲ 瞻视客所当得。○ 瞻，之廉切。 ⑳ 展，陈也。谓群官各陈其物以待宾。 ㉑ 宾得速去，则事不废。 ㉒ 巡，行也。○ 乐，音洛。 ㉓ 言见遇如此，宁当复有菑患邪？无宁，宁也。○ 菑，音灾。复，扶又切。 ㉔ 铜鞮，晋离宫。○ 鞮，丁兮切。数，所主切。 ㉕ 舍如隶人舍。 ㉖ 门庭之内迫迮，又有墙垣之限。○ 迮，侧百切。 ㉗ 疠，犹灾也。言水潦无时。○ 潦，音老。 ㉘ 问晋命己所止之宜。○ 见，贤遍切。 ㉙ 言郑与鲁，亦有同姓之忧。 ㉚ 荐，进也。

㉛ 行，去也。 ㉜ 反命于晋君。 ㉝ 信如子产言。 ㉞ 羸，受也。○ 羸，音盈。 ㉟ 礼加敬。 ㊱《诗·大雅》。言辞辑睦则民协同，辞说绎则民安定。莫，犹定也。○ 夫，音扶；读者亦以夫为下句首。辑，音集，又七入切。绎，又作怿，音亦。 ㊲ 谓诗人知辞之有益。

郑子皮使印段如楚，以适晋告，礼也①。

① 得事大国之礼。

莒犁比公生去疾及展舆①，既立展舆②，又废之。犁比公虐，国人患之。十一月，展舆因国人以攻莒子，弑之，乃立③。去疾奔齐，齐出也④。展舆，吴出也⑤。书曰："莒人弑其君买朱鉏⑥。"言罪之在也⑦。

① 犁比，莒子密州之号。 ② 立以为世子。 ③ 展舆立为君。○ 弑，音试；本或作乃自立者误。 ④ 母，齐女也。 ⑤ 为明年奔吴《传》。 ⑥ 买朱鉏，密州之字。○ 鉏，仕居切。 ⑦ 罪在鉏也。《传》始例申明君臣书弑，今者父子，故复重明例。○ 复，扶又切。重，直用切。

吴子使屈狐庸聘于晋①，通路也②。赵文子问焉，曰："延州来季子其果立乎③？巢陨诸樊④，阍戕戴吴⑤，天似启之，何如？"对曰："不立。是二王之命也，非启季子也。若天所启，其在今嗣君乎⑥！甚德而度，德不失民⑦，度不失事⑧，民亲而事有序，其天所启也。有吴国者，必此君之子孙实终之。季子，守节者也。虽有国，不立⑨。"

① 狐庸，巫臣之子也。成七年，適吴为行人。○ 屈，君勿切。狐，音胡。 ② 通吴、晋之路。 ③ 延、州来，季札邑。 ④ 在二十五年。○ 陨，于敏切。 ⑤ 在二十九年。戴吴，馀祭。○ 阍，音昏。戕，在良切。祭，侧界切。 ⑥ 嗣君，谓夷末。 ⑦ 民归德。 ⑧ 审事情。⑨ 言其三兄虽欲传国与之，终不肯立。○ 传，直专切。

十二月，北宫文子相卫襄公以如楚[①]，宋之盟故也[②]。过郑，印段迋劳于棐林，如聘礼而以劳辞[③]。文子入聘[④]。子羽为行人，冯简子与子大叔逆客[⑤]。事毕而出，言于卫侯曰："郑有礼，其数世之福也。其无大国之讨乎！《诗》云：'谁能执热，逝不以濯[⑥]。'礼之于政，如热之有濯也。濯以救热，何患之有[⑦]？"

子产之从政也，择能而使之。冯简子能断大事。子大叔美秀而文[⑧]。公孙挥能知四国之为[⑨]，而辨于其大夫之族姓、班位、贵贱、能否，而又善为辞令。裨谌能谋，谋于野则获[⑩]，谋于邑则否[⑪]。郑国将有诸侯之事，子产乃问四国之为于子羽，且使多为辞令。与裨谌乘以適野，使谋可否。而告冯简子，使断之。事成，乃授子大叔使行之，以应对宾客。是以鲜有败事。北宫文子所谓有礼也[⑫]。

① 文子，北宫佗。襄公，献公子。○ 相，息亮切。 ② 晋、楚之从交相见也。 ③ 用聘礼而用郊劳之辞。○ 过，五禾切。迋，于况切。劳，力报切。棐，芳尾切，本又作斐。 ④ 报印段。 ⑤ 逆文子。⑥《诗·大雅》。濯，以水濯手。○ 数，所主切。濯，直角切。 ⑦ 此以上文子辞。○ 上，时掌切。 ⑧ 其貌美，其才秀。○ 断，丁乱切。⑨ 知诸侯所欲为。 ⑩ 得所谋也。○ 裨，婢支切。谌，市林切。

⑪ 此才性之敝。　⑫《传》迹子产行事，以明北宫文子之言。○ 乘，绳证切。鲜，息浅切。

郑人游于乡校①，以论执政②。然明谓子产曰："毁乡校，如何③？"子产曰："何为？夫人朝夕退而游焉，以议执政之善否。其所善者，吾则行之。其所恶者，吾则改之。是吾师也。若之何毁之？我闻忠善以损怨④，不闻作威以防怨⑤。岂不遽止，然犹防川⑥，大决所犯，伤人必多，吾不克救也。不如小决使道⑦，不如吾闻而药之也⑧。"然明曰："蔑也今而后知吾子之信可事也。小人实不才。若果行此，其郑国实赖之。岂唯二三臣？"仲尼闻是语也，曰："以是观之，人谓子产不仁，吾不信也⑨。"

① 乡之学校。○ 校，户孝切。郑国谓学为校。　② 论其得失。　③ 患人于中谤议国政。○ 谤，布浪切。　④ 为忠善，则怨谤息。○ 夫，音扶。朝，直遥切，旧如字。恶，乌路切，又如字。　⑤ 欲毁乡校，即作威。　⑥ 遽，畏惧也。○ 遽，其据切。　⑦ 道，通也。○ 道，音导。　⑧ 以为己药石。　⑨ 仲尼以二十二年生，于是十岁，长而后闻之。○ 长，丁丈切。

子皮欲使尹何为邑①。子产曰："少，未知可否②。"子皮曰："愿，吾爱之，不吾叛也③。使夫往而学焉，夫亦愈知治矣④。"子产曰："不可。人之爱人，求利之也。今吾子爱人则以政⑤，犹未能操刀而使割也，其伤实多⑥。子之爱人，伤之而已，其谁敢求爱于子？子于郑国，栋也，栋折榱崩，侨将厌焉，敢不尽言。子有美锦，不使人学製焉[7]。大官、大邑，身之所庇也，而使学者製焉。其为美锦，不亦多乎[8]？侨闻学而后入政，未闻以政学者也。若果行此，必有所害。譬如田猎，射御贯则能获禽[9]，若未尝登车射御，则败绩厌覆是惧，何暇思获？”子皮曰：“善哉！虎不敏。吾闻君子务知大者远者，小人务知小者近者。我，小人也。衣服附在吾身，我知而慎之。大官、大邑所以庇身也，我远而慢之[10]。微子之言，吾不知也。他日我曰：‘子为郑国，我为吾家，以庇焉其可也。’今而后知不足[11]。自今，请虽吾家，听子而行。”子产曰：“人心之不同，如其面焉。吾岂敢谓子面如吾面乎？抑心所谓危，亦以告也。”子皮以为忠，故委政焉。子产是以能为郑国[12]。

① 为邑大夫。 ② 尹何年少。○ 少，诗照切。 ③ 愿，谨善也。○ 愿，音願。 ④ 夫，谓尹何。○ 治，直吏切，下《注》之治同。 ⑤ 以政与之。 ⑥ 多自伤。○ 操，七刀切。其伤实多，一本作其伤多。 ⑦ 製，裁也。○ 栋，丁弄切。榱，所追切，椽也。厌，本又作压，於甲切；徐，於辄切。製，音制。 ⑧ 言官邑之重，多于美锦。○ 庇，必利切，又音祕。 ⑨ 贯，习也。○ 贯，古乱切。 ⑩ 慢，易也。○ 覆，芳服切。易，以豉切。 ⑪ 自知谋虑不足谋其家。 ⑫《传》言子产之治，乃子皮之力。

卫侯在楚，北宫文子见令尹围之威仪，言于卫侯曰：“令尹似君矣！将有他志①。虽获其志，不能终也。《诗》云：‘靡不有初，鲜克有终。’终之实难，令尹其将不免？”公曰：“子何以知之?”对曰:“《诗》云:‘敬慎威仪,惟民之则。’令尹无威仪,民无则焉。民所不则,以在民上,不可以终。”公曰:“善哉！何谓威仪?”对曰:“有威而可畏谓之威,有仪而可象谓之仪。君有君之威仪,其臣畏而爱之,则而象之,故能有其国家,令闻长世。臣有臣之威仪,其下畏而爱之,故能守其官职,保族宜家。顺是以下皆如是,是以上下能相固也。《卫诗》曰:‘威仪棣棣,不可选也[②]。’言君臣、上下、父子、兄弟、内外、大小皆有威仪也。《周诗》曰:‘朋友攸摄,摄以威仪[③]。’言朋友之道,必相教训以威仪也。《周书》数文王之德[④]曰:‘大国畏其力,小国怀其德。’言畏而爱之也。《诗》云:‘不识不知,顺帝之则。’言则而象之也[⑤]。纣囚文王七年,诸侯皆从之囚。纣于是乎惧而归之。可谓爱之。文王伐崇,再驾而降为臣[⑥],蛮夷帅服。可谓畏之。文王之功,天下诵而歌舞之。可谓则之。文王之行,至今为法。可谓象之。有威仪也。故君子在位可畏,施舍可爱,进退可度,周旋可则,容止可观,作事可法,德行可象,声气可乐,动作有文,言语有章,以临其下,谓之有威仪也[⑦]。”

① 言语瞻视,行步不常。　② 《诗·邶风》。棣棣,富而闲也。选,数也。○ 鲜,息浅切。闻,音问,本亦作问。《卫诗》,此《邶风》刺卫顷公,故曰《卫诗》。棣,本又作逮,直计切。选,息兖切。数,所主切,下同。　③《诗·大雅》。攸,所也。摄,佐也。　④ 逸《书》。　⑤《大雅》又言文王行事,无所斟酌,唯在则象上天。○ 斟,之林切。　⑥ 文王闻崇德乱而伐之,三旬不降,退修教而复伐之,因垒而降。○ 降,户江切。复,扶又切。　⑦ ○ 行,下孟切。乐,音洛,又音岳。

春秋经传集解第二十

昭公一

〇 昭公名裯，襄公子，母齐归。在位二十五年，逊于齐。在外八年，凡三十二年，薨于乾侯。《谥法》，威仪恭明曰昭。

经

元年春，王正月，公即位①。

叔孙豹会晋赵武、楚公子围、齐国弱、宋向戌、卫齐恶、陈公子招、蔡公孙归生、郑罕虎、许人、曹人于虢②。

三月，取郓③。

夏，秦伯之弟鍼出奔晋④。

六月丁巳，邾子华卒⑤。

晋荀吴帅师败狄于大卤⑥。

秋，莒去疾自齐入于莒⑦。

莒展舆出奔吴⑧。

叔弓帅师疆郓田⑨。

葬邾悼公⑩。

冬十有一月己酉，楚子麇卒⑪。

楚公子比出奔晋⑫。

① 无《传》。 ② 招实陈侯母弟，不称弟者，义与庄二十五年公子友同。今读旧书，则楚当先晋，而先书赵武者，亦取宋盟贵武之信，故尚之也。卫在陈、蔡上，先至于会。○ 招，常遥切。虢，瓜百切。先，悉荐切。③ 不称将帅，将卑师少。书取，言易也。○ 郓，音运。将，子匠切。帅，所类切。易，以豉切。 ④ 称弟，罪秦伯。○ 鍼，其廉切。 ⑤ 无《传》。三同盟。 ⑥ 大卤，大原晋阳县。○ 大，如字；徐音泰。卤，音鲁。《穀梁传》云，中国曰大原，夷狄曰大卤。 ⑦ 国逆而立之曰入。○ 去，起吕切。 ⑧ 弑君贼。未会诸侯，故不称爵。○ 莒展舆出奔吴，一本作莒展出奔吴。 ⑨ 春取郓，今正其封疆。○ 疆，居良切，《注》同。 ⑩ 无《传》。 ⑪ 楚以疟疾赴，故不书弑。○ 麇，九伦切。疟，音虐。弑，申志切；或作杀，音同。 ⑫ 书名，罪之。

传

元年春，楚公子围聘于郑，且娶于公孙段氏，伍举为介①。将入馆②，郑人恶之③。使行人子羽与之言，乃馆于外④。既聘，将以众逆⑤。子产患之，使子羽辞曰："以敝邑褊小，不足以容从者，请墠听命⑥！"令尹命大宰伯州犁对曰："君辱贶寡大夫围，谓围：'将使丰氏抚有而室⑦。'围布几筵，告于庄、共之庙而来⑧。若野赐之，是委君贶于草莽也！是寡大夫不得列于诸卿也⑨！不宁唯是，又使围蒙其先君⑩，将不得为寡君老⑪，其蔑以复矣。唯大夫图之！"子羽曰："小国无罪，恃实其罪⑫。将恃大国之安靖己，而无乃包藏祸心以图之。小国失恃而惩诸侯，使莫不憾者，距违君命，而有所壅塞不行是惧⑬！不然，敝邑，馆人之属也⑭，其敢爱丰氏之祧⑮？"伍举知其有备也，请垂櫜而入⑯。许之。正月乙未，入逆而出，遂会于虢⑰，寻宋之盟也⑱。

祁午谓赵文子曰："宋之盟，楚人得志于晋[19]。今令尹之不信，诸侯之所闻也。子弗戒，惧又如宋[20]。子木之信称于诸侯，犹诈晋而驾焉[21]，况不信之尤者乎[22]？楚重得志于晋，晋之耻也。子相晋国以为盟主，于今七年矣[23]！再合诸侯[24]，三合大夫[25]，服齐、狄，宁东夏[26]，平秦乱[27]，城淳于[28]，师徒不顿，国家不罢，民无谤讟[29]，诸侯无怨，天无大灾，子之力也。有令名矣，而终之以耻，午也是惧。吾子其不可以不戒！"文子曰："武受赐矣[30]！然宋之盟，子木有祸人之心，武有仁人之心，是楚所以驾于晋也。今武犹是心也，楚又行僭[31]，非所害也。武将信以为本，循而行之。譬如农夫，是穮是蓘[32]，虽有饥馑，必有丰年[33]。且吾闻之：'能信不为人下。'吾未能也[34]。《诗》曰：'不僭不贼，鲜不为则。'信也[35]。能为人则者，不为人下矣。吾不能是难，楚不为患。"

楚令尹围请用牲，读旧书，加于牲上而已[36]。晋人许之。三月甲辰，盟。楚公子围设服离卫[37]。叔孙穆子曰："楚公子美矣，君哉[38]！"郑子皮曰："二执戈者前矣[39]！"蔡子家曰："蒲宫有前，不亦可乎[40]？"楚伯州犁曰："此行也，辞而假之寡君[41]。"郑行人挥曰："假不反矣[42]！"伯州犁曰："子姑忧子皙之欲背诞也[43]。"子羽曰："当璧犹在，假而不反，子其无忧乎[44]？"齐国子曰："吾代二子愍矣[45]！"陈公子招曰："不忧何成，二子乐矣[46]。"卫齐子曰："苟或知之，虽忧何害[47]？"宋合左师曰："大国令，小国共。吾知共而已[48]。"晋乐王鲋曰："《小旻》之卒章善矣，吾从之[49]。"

退会，子羽谓子皮曰："叔孙绞而婉[50]，宋左师简而礼[51]，乐王鲋字而敬[52]，子与子家持之[53]，皆保世之主也。齐、卫、陈大夫其不免乎？国子代人忧，子招乐忧，齐子虽忧弗害。夫弗及而忧，与可忧而乐，与忧而弗害，皆取忧之道也，忧必及之。《大誓》曰：'民之所欲，天必从之[54]。'三大夫兆忧，忧能无至乎[55]？言以知物，其是之谓矣[56]。"

① 伍举，椒举。介，副也。○ 娶，七住切。介，音界。 ② 就客舍。③ 知楚怀诈。○ 恶，乌路切。 ④ 舍城外。 ⑤ 以兵入逆妇。⑥ 欲于城外除地为墠，行昏礼。○ 褊，必浅切。从，才用切。墠，音善。⑦ 豐氏，公孙段。○ 贶，音况。 ⑧ 庄王，围之祖。共王，围之父。○ 几，本亦作机。筵，音延。共，音恭。 ⑨ 言不得从卿礼。○ 莽，莫荡切。 ⑩ 蒙，欺也。告先君而来，不得成礼于女氏之庙，故以为欺先君。⑪ 大臣称老。惧辱命而黜退。 ⑫ 恃大国而无备，则是罪。 ⑬ 言己失所恃，则诸侯惩恨以距君命，壅塞不行，所惧唯此。○ 惩，直升切。憾，户暗切。壅，本又作雍，於勇切。 ⑭ 馆人，守舍人也。 ⑮ 祧，远祖庙。○ 祧，他彫切。 ⑯ 垂櫜示无弓。○ 櫜，古刀切。 ⑰ 虢，郑地。 ⑱ 宋盟在襄二十七年。 ⑲ 得志，谓先歃。午，祁奚子。○ 歃，所洽切。 ⑳ 恐楚复得志。○ 复，扶又切，下虽复同。㉑ 驾，犹陵也。诈，谓衷甲。○ 驾，如字，又音加，下同。衷，音忠。㉒ 尤，甚也。 ㉓ 襄二十五年始为政。以春言，故云七年。○ 重，直用切。相，息亮切。 ㉔ 襄二十五年会夷仪，二十六年会澶渊。 ㉕ 襄二十七年会于宋，三十年会澶渊及今会虢也。 ㉖ 襄二十八年齐侯、白狄朝晋。○ 夏，户雅切。 ㉗ 襄二十六年秦、晋为成。 ㉘ 襄二十九年城杞之淳于，杞迁都。○ 淳，音纯。 ㉙ 谤，诽也。○ 罢，音皮。谤，音独。诽，芳畏切。 ㉚ 受午言。 ㉛ 僭，不信。○ 僭，子念切。㉜ 穮，耘也。壅苗为蓘。○ 穮，彼骄切。蓘，古本切。耘，音云，除草也。㉝ 言耕鉏不以水旱息，必获丰年之收。○ 馑，其靳切。鉏，仕居切。收，手

又切，又如字。　㉞ 自恐未能信也。　㉟《诗·大雅》。僭，不信。贼，害人也。○ 鲜，息浅切。　㊱ 旧书，宋之盟书。楚恐晋先歃，故欲从旧书。加于牲上，不歃血。《经》所以不书盟。○ 难，乃旦切，下《注》同。㊲ 设君服，二人执戈陈于前以自卫。离，陈也。　㊳ 美服似君。㊴ 礼：国君行，有二执戈者在前。　㊵ 公子围在会，特缉蒲为王殿屋，屏蔽以自殊异。言既造王宫而居之，虽服君服，无所怪也。○ 缉，七入切。㊶ 闻诸大夫讥之，故言假以饰令尹过。　㊷ 言将遂为君。　㊸ 襄三十年，郑子皙杀伯有，背命放诞，将为国难。言子且自忧此，无为忧令尹不反戈。○ 背，音佩。诞，音但。　㊹ 子羽，行人挥。当璧，谓弃疾。事在昭十三年。言弃疾有当璧之命，围虽取国，犹将有难，不无忧也。　㊺ 国子，国弱也。二子，谓王子围及伯州犁。围此冬便篡位，不能自终。州犁亦寻为围所杀。故言可愍。○ 篡，初患切。　㊻ 言以忧生事，事成而乐。○ 乐，音洛，下乐忧、而乐并同。　㊼ 齐子，齐恶。言先知为备，虽有忧难，无所损害。　㊽ 共承大国命，不能知其祸福。○ 共，音恭，下及《注》同。　㊾《小旻》，《诗·小雅》。其卒章义取非唯暴虎冯河之可畏也，不敬小人亦危殆。王鲋从斯义，故不敢讥议公子围。○ 鲋，音附。旻，亡巾切。冯，皮冰切。　㊿ 绞，切也。讥其似君，反谓之美，故曰婉。○ 绞，古卯切。婉，纡阮切。　51 无所臧否，故曰简。共事大国，故曰礼。○ 否，悲矣切，旧方九切。　52 字，爱也。不犯凶人，所以自爱敬。53 子，子皮。子家，蔡公孙归生。持之，言无所取与。○ 持，如字；本或作特，误。　54 逸《书》。　55 开忧兆也。　56 物，类也。察言以知祸福之类。八年，陈招杀大子。国弱、齐恶，当身各无患。○ 当，丁浪切。

季武子伐莒，取郓[1]，莒人告于会。楚告于晋曰："寻盟未退[2]，而鲁伐莒，渎齐盟[3]，请戮其使[4]。"乐桓子相赵文子[5]，欲求货于叔孙而为之请，使请带焉[6]。弗与。梁其踁曰："货以藩身，子何爱焉[7]？"叔孙曰："诸侯之会，卫社稷也。

我以货免，鲁必受师[8]。是祸之也，何卫之为？人之有墙，以蔽恶也[9]。墙之隙坏，谁之咎也[10]？卫而恶之，吾又甚焉[11]。虽怨季孙，鲁国何罪[12]？叔出季处，有自来矣，吾又谁怨[13]？然鲋也贿，弗与不已。”召使者，裂裳帛而与之，曰：“带其褊矣[14]。”

赵孟闻之，曰：“临患不忘国，忠也[15]。思难不越官，信也[16]。图国忘死，贞也[17]。谋主三者，义也[18]。有是四者，又可戮乎[19]？”乃请诸楚曰：“鲁虽有罪，其执事不辟难[20]，畏威而敬命矣[21]。子若免之，以劝左右可也。若子之群吏处不辟污[22]，出不逃难[23]，其何患之有？患之所生，污而不治，难而不守，所由来也。能是二者，又何患焉？不靖其能，其谁从之[24]？鲁叔孙豹可谓能矣，请免之以靖能者。子会而赦有罪[25]，又赏其贤[26]，诸侯其谁不欣焉望楚而归之，视远如迩？疆埸之邑，一彼一此，何常之有[27]？王伯之令也[28]，引其封疆[29]，而树之官[30]。举之表旗[31]，而著之制令[32]。过则有刑，犹不可壹。于是乎虞有三苗[33]，夏有观、扈[34]，商有姺、邳[35]，周有徐、奄[36]。自无令王，诸侯逐进[37]，狎主齐盟，其又可壹乎[38]？恤大舍小，足以为盟主[39]，又焉用之[40]？封疆之削，何国蔑有？主齐盟者，谁能辩焉[41]？吴、濮有衅，楚之执事，岂其顾盟[42]？莒之疆事，楚勿与知。诸侯无烦，不亦可乎？莒、鲁争郓，为日久矣，苟无大害于其社稷，可无亢也[43]。去烦宥善，莫不竞劝。子其图之！”固请诸楚，楚人许之，乃免叔孙[44]。

① 兵未加莒而郓服，故书取而不言伐。 ② 寻弭兵之盟。 ③ 渎，慢也。○ 渎，徒木切。 ④ 时叔孙豹在会，欲戮之。○ 使，所吏切，下《注》其使、出使、下召使同。 ⑤ 桓子，乐王鲋。相，佐也。○ 相，息亮切。 ⑥ 难指求货，故以带为辞。○ 为，于伪切，下《注》为诸同。 ⑦ 踁，叔孙家臣。○ 踁，古定切。藩，方元切。 ⑧ 言不戮其使，必伐其国。 ⑨ 喻己为国卫，如墙为人蔽。 ⑩ 咎在墙。○ 隙，去逆切。咎，其九切。 ⑪ 罪甚墙。 ⑫ 怨季孙之伐莒。 ⑬ 季孙守国，叔孙出使，所从来久。今遇此戮，无所怨也。 ⑭ 言带褊尽，故裂裳，示不相逆。○ 贿，呼罪切。 ⑮ 谓言鲁国何罪。 ⑯ 谓言叔出季处。○ 难，乃旦切，下同。 ⑰ 谓不以货免。 ⑱ 三者，忠、信、贞。 ⑲ 并义而四。 ⑳ 执事，谓叔孙。 ㉑ 谓不敢辟戮。 ㉒ 污，劳事。○ 污，音乌。 ㉓ 不苟免。 ㉔ 安靖贤能，则众附从。 ㉕ 不伐鲁。 ㉖ 赦叔孙。 ㉗ 言今衰世，疆埸无定主。○ 疆，居良切，下同。埸，音亦。 ㉘ 言三王、五伯有令德时。 ㉙ 引，正也。正封界。 ㉚ 树，立也。立官以守国。 ㉛ 旌旗以表贵贱。○ 旗，音其。 ㉜ 为诸侯作制度法令，使不得相侵犯。 ㉝ 三苗，饕餮，放三危者。○ 饕，吐刀切。餮，吐结切。 ㉞ 观国，今顿丘卫县。扈在始平鄠县。《书序》曰：启与有扈战于甘之野。○ 夏，户雅切。观，音馆，旧音官。扈，音户。鄠，音户。 ㉟ 二国，商诸侯。邳，今下邳县。○ 姺，西典切，又西礼切。邳，皮悲切。 ㊱ 二国皆嬴姓。《书序》曰：成王伐淮夷，遂践奄。徐即淮夷。○ 嬴，音盈。 ㊲ 逐，犹竞也。 ㊳ 强弱无常，故更主盟。○ 狎，户甲切。更，音庚。 ㊴ 大，谓篡弑灭亡之祸。 ㊵ 焉用治小事。○ 焉，於虔切。 ㊶ 辩，治也。 ㊷ 吴在东，濮在南。今建宁郡南有濮夷。衅，过也。○ 濮，音卜。衅，许靳切。 ㊸ 亢，御。○ 与，音预。亢，苦浪切；徐又音刚。御，鱼吕切。 ㊹ ○ 去，起吕切。

令尹享赵孟，赋《大明》之首章①。赵孟赋《小宛》之二章[②]。事毕，赵孟谓叔向曰："令尹自以为王矣，何如[③]？"对曰："王弱，令尹强，其可哉[④]！虽可，不终。"赵孟曰："何故？"对曰："强以克弱而安之，强不义也[⑤]。不义而强，其毙必速。《诗》曰：'赫赫宗周，褒姒灭之。'强不义也[⑥]。令尹为王，必求诸侯。晋少懦矣[⑦]，诸侯将往。若获诸侯，其虐滋甚[⑧]。民弗堪也，将何以终？夫以强取[⑨]，不义而克，必以为道[⑩]。道以淫虐，弗可久已矣[⑪]！"

①《大明》，《诗·大雅》。首章言文王明明照于下，故能赫赫盛于上。令尹意在首章，故称首章以自光大。　②《小宛》，《诗·小雅》。二章取其"各敬尔仪，天命不又"。言天命一去，不可复还，以戒令尹。○宛，纡阮切。复，扶又切。　③问将能成否。　④言可成。　⑤安于胜君，是强而不义。　⑥《诗·小雅》。褒姒，周幽王后。幽王惑焉，而行不义，遂至灭亡。言虽赫赫盛强，不义足以灭之。○姒，音似。灭，如字；《诗》作威，音呼悦切。　⑦懦，弱也。○懦，乃乱切。　⑧滋，益也。⑨取不以道。　⑩以不义为道。　⑪为十三年楚弑灵王《传》。

夏四月，赵孟、叔孙豹、曹大夫入于郑[①]，郑伯兼享之。子皮戒赵孟[②]，礼终，赵孟赋《瓠叶》[③]。子皮遂戒穆叔，且告之[④]。穆叔曰："赵孟欲一献[⑤]，子其从之！"子皮曰："敢乎[⑥]？"穆叔曰："夫人之所欲也，又何不敢[⑦]。"及享，具五献之笾豆于幕下[⑧]。赵孟辞[⑨]，私于子产[⑩]曰："武请于冢宰矣[⑪]。"乃用一献。赵孟为客，礼终乃宴[⑫]。穆叔赋《鹊巢》[⑬]。赵孟曰："武不堪也。"又赋《采蘩》[⑭]，曰："小国为蘩，大国省穑而用之，其何实非命[⑮]。"子皮赋《野有死麕》之卒章[⑯]。赵孟赋《常棣》[17]，且曰："吾兄弟比以安，尨也可使无吠[18]。"穆叔、子皮及曹大夫兴，拜[19]，举兕爵曰："小国赖子，知免于戾矣[20]。"饮酒乐。赵孟出，曰："吾不复此矣[21]。"

① 会罢过郑。○ 过，古禾切。　② 戒享期。　③ 受所戒，礼毕而赋诗。《瓠叶》，《诗·小雅》。义取古人不以微薄废礼，虽瓠叶兔首，犹与宾客享之。○ 瓠，户故切。享，许丈切，又普庚切。　④ 告以赵孟赋《瓠叶》。　⑤《瓠叶》诗义取薄物而以献酬，知欲一献。　⑥ 言不敢。　⑦ 夫人，赵孟。○ 夫，音扶。　⑧ 朝聘之制，大国之卿五献。○ 幕，武博切。　⑨ 赵孟自以今非聘郑，故辞五献。　⑩ 私语。　⑪ 冢宰，子皮。请，谓赋《瓠叶》。　⑫ 卿会公侯，享宴皆折俎，不体荐。○ 折，徐，之设切。　⑬《鹊巢》，《诗·召南》。言鹊有巢而鸠居之。喻晋君有国，赵孟治之。　⑭ 亦《诗·召南》。义取蘩菜薄物，可以荐公侯。享其信，不求其厚。○ 蘩，音烦。　⑮ 穆叔言小国微薄犹蘩菜，大国能省爱用之而不弃，则何敢不从命。○ 穑，爱也。省，所景切；徐，所幸切。　⑯《野有死麕》，《诗·召南》。卒章曰："舒而脱脱兮，无感我帨兮，无使尨也吠。"脱脱，安徐。帨，佩巾。义取君子徐以礼来，无使我失节，而使狗惊吠。喻赵孟以义抚诸侯，无以非礼相加陵。○ 麕，亦作麏，九伦切。脱，吐外切。帨，始锐切。尨，武江切。吠，扶废切。　⑰《常棣》，《诗·小雅》。取其"凡今之人，莫如兄弟"，言欲亲兄弟之国。○ 棣，直计切。　⑱ 受子皮之诗。○ 比，毗志切，下《注》德比同。　⑲ 三大夫皆兄弟国。兴，起也。⑳ 兕爵所以罚不敬。言小国蒙赵孟德比以安，自知免此罚戮。○ 兕，徐履切。戾，力计切，下同。　㉑ 不复见此乐。○ 乐，音洛。复，扶又切，下复年同。

天王使刘定公劳赵孟于颍，馆于雒汭[1]。刘子曰："美哉禹功[2]，明德远矣。微禹，吾其鱼乎！吾与子弁冕端委，以治民临诸侯，禹之力也[3]。子盍亦远绩禹功，而大庇民乎[4]？”对曰：“老夫罪戾是惧，焉能恤远？吾侪偷食，朝不谋夕，何其长也[5]？”刘子归以语王曰：“谚所谓老将至而耄及之者[6]，其赵孟之谓乎！为晋正卿，以主诸侯，而侪于隶人，朝不谋夕[7]，弃神人矣[8]。神怒民叛，何以能久？赵孟不复年矣[9]。神怒，不歆其祀；民叛，不即其事。祀事不从，又何以年[10]？”

① 王，周景王。定公，刘夏。颍水出阳城县。雒汭在河南巩县南。水曲流为汭。〇劳，力报切，下以劳同。颍，营井切。汭，如锐切。夏，户雅切。　② 见河、雒而思禹功。　③ 弁冕，冠也。端委，礼衣。言今得共服冠冕有国家者，皆由禹之力。〇弁冕端委，本亦作弁端委。　④ 劝赵孟使纂禹功。〇盍，户臘切。远绩禹功，本或作远绩功。庇，必利切。⑤ 言欲苟免目前，不能念长久。〇焉，於虔切。　⑥ 八十曰耄。耄，乱也。　⑦ 言其自比于贱人，而无恤民之心。　⑧ 民为神主，不恤民，故神人皆去。　⑨ 言将死，不复见明年。　⑩ 为此冬赵孟卒起本。

叔孙归[1]，曾夭御季孙以劳之。旦及日中不出[2]。曾夭谓曾阜[3]曰：“旦及日中，吾知罪矣。鲁以相忍为国也，忍其外不忍其内，焉用之[4]？”阜曰：“数月于外[5]，一旦于是，庸何伤？贾而欲赢，而恶嚣乎[6]？”阜谓叔孙曰：“可以出矣！”叔孙指楹曰：“虽恶是，其可去乎？”乃出见之[7]。

① 虢会归。　② 恨季孙伐莒，使己几被戮。〇夭，於兆切。几，音祈。　③ 曾阜，叔孙家臣。　④ 欲受楚戮，是忍其外。日中不出，是不忍其内。　⑤ 言叔孙劳役在外数月。〇数，所主切。　⑥ 言譬如商贾求赢利者，不得恶諠嚣之声。〇贾，音古。赢，音盈，《注》同。恶，乌路

切，下同。嚣，许骄切；徐，五高切。諠，或作讙，呼端切。　⑦ 楹，柱也。以谕鲁有季孙，犹屋有柱。○ 楹，音盈。去，起吕切。

郑徐吾犯之妹美[1]，公孙楚聘之矣[2]，公孙黑又使强委禽焉[3]。犯惧，告子产。子产曰："是国无政，非子之患也。唯所欲与。"犯请于二子，请使女择焉。皆许之。子皙盛饰入，布币而出[4]。子南戎服入，左右射，超乘而出。女自房观之，曰："子皙信美矣，抑子南夫也[5]。夫夫妇妇，所谓顺也。"适子南氏。子皙怒。既而櫜甲以见子南，欲杀之而取其妻。子南知之，执戈逐之。及冲，击之以戈[6]。子皙伤而归，告大夫曰："我好见之，不知其有异志也，故伤。"

大夫皆谋之。子产曰："直钧，幼贱有罪。罪在楚也[7]。"乃执子南而数之，曰："国之大节有五，女皆奸之[8]。畏君之威，听其政，尊其贵，事其长，养其亲，五者所以为国也。今君在国，女用兵焉，不畏威也。奸国之纪，不听政也[9]。子皙上大夫，女嬖大夫，而弗下之，不尊贵也。幼而不忌，不事长也[10]。兵其从兄，不养亲也。君曰：'余不女忍杀，宥女以远。'勉速行乎，无重而罪！"五月庚辰，郑放游楚于吴。将行子南，子产咨于大叔[11]。大叔曰："吉不能亢身，焉能亢宗[12]？彼国政也，非私难也。子图郑国，利则行之，又何疑焉？周公杀管叔而蔡蔡叔[13]，夫岂不爱？王室故也。吉若获戾，子将行之，何有于诸游[14]？"

① 犯，郑大夫。　② 楚，子南。穆公孙。　③ 禽，雁也。纳采用雁。○ 强，其丈切。　④ 布陈贽币。子皙，公孙黑。○ 贽，音至。

⑤ 言丈夫。○ 乘，绳证切。　⑥ 冲，交道。○ 橐，古刀切；本或作衷，丁隆切。冲，尺容切。　⑦ 先聘，子南直也。子南用戈，子皙直也。子产力未能讨，故钧其事，归罪于楚。○ 好，如字，又呼报切。直钧，绝句。⑧ 奸，犯也。○ 女，音汝，下同。奸，音干。　⑨ 奸国之纪，谓伤人。○ 长，丁丈切。养，如字。　⑩ 忌，畏也。○ 嬖，必计切。下，户嫁切。⑪ 大叔，游楚之兄子。○ 从，如字，又才用切。重，直用切，又直勇切。⑫ 亢，蔽也。○ 亢，苦浪切。　⑬ 蔡，放也。○ 难，乃旦切。而蔡蔡叔，上蔡字音素葛切；《说文》作𥻍，音同，字从殺下米，云，𥻍，𥻍，散之也。会杜义。下蔡叔，如字。　⑭ 为二年郑杀公孙黑《传》。○ 夫，音扶。

秦后子有宠于桓，如二君于景[①]。其母曰："弗去，惧选[②]。"癸卯，鍼适晋，其车千乘。书曰："秦伯之弟鍼出奔晋。"罪秦伯也[③]。后子享晋侯[④]，造舟于河[⑤]，十里舍车[⑥]，自雍及绛[⑦]。归取酬币[⑧]，终事八反[⑨]。司马侯问焉，曰："子之车，尽于此而已乎？"对曰："此之谓多矣！若能少此，吾何以得见[⑩]？"女叔齐以告公[⑪]，且曰："秦公子必归。臣闻君子能知其过，必有令图。令图，天所赞也。"

后子见赵孟。赵孟曰："吾子其曷归[⑫]？"对曰："鍼惧选于寡君，是以在此，将待嗣君。"赵孟曰："秦君何如？"对曰："无道。"赵孟曰："亡乎？"对曰："何为？一世无道，国未艾也[⑬]。国于天地，有与立焉[⑭]。不数世淫，弗能毙也。"赵孟曰："天乎？"对曰："有焉。"赵孟曰："其几何？"对曰："鍼闻之，国无道而年穀和熟，天赞之也[⑮]。鲜不五稔[⑯]。"赵孟视荫曰："朝夕不相及，谁能待五[⑰]？"后子出而告人曰："赵孟将死矣。主民，翫岁而愒日[⑱]，其与几何[⑲]？"

① 后子，秦桓公子，景公母弟鍼也。其权宠如两君。　② 选，数也。恐景公数其罪而加戮。〇 选，息转切；徐，素短切，下同。数，所主切，下数世同。　③ 罪失教。〇 乘，绳证切。　④ 为晋侯设享礼。〇 为，于伪切。　⑤ 造舟为梁，通秦、晋之道。〇 造，七报切；李巡注《尔雅》云，比其舡而度也；郭云，并舟为桥。　⑥ 一舍八乘，为八反之备。⑦ 雍、绛相去千里，用车八百乘。〇 雍，於用切。　⑧ 备九献之仪。始礼自齎其一，故续送其八酬酒币。〇 齎，子兮切；本又作賫，同。　⑨ 每十里以八乘车，各以次载币相授而还，不径至，故言八反。千里用车八百乘，其二百乘以自随，故言千乘。《传》言秦鍼之出，极奢富以成礼，欲尽敬于所赴。〇 还，音环。径，古定切。　⑩ 言己坐车多，故出奔。〇 见，贤遍切。坐，才卧切。　⑪ 叔齐，司马侯。〇 女，音汝。　⑫ 问何时当归。　⑬ 艾，绝也。〇 艾，鱼废切。　⑭ 言欲辅助之者多。⑮ 赞，佐助也。〇 几，居岂切。　⑯ 鲜，少也。少尚当历五年，多则不啻。〇 稔，而甚切。啻，始豉切。　⑰ 荫，日景也。赵孟意衰，以日景自喻。故言朝夕不相及，谁能待五。〇 荫，於金切；本亦作阴。朝夕，如字。景，如字，又於领切。　⑱ 翫、愒，皆贪也。〇 翫，五唤切；《说文》云，习厌也；字又作玩。愒，苦盖切。　⑲ 言不能久。〇 与，如字，又音预。

郑为游楚乱故[①]，六月丁巳，郑伯及其大夫盟于公孙段氏。罕虎、公孙侨、公孙段、印段、游吉、驷带私盟于闺门之外，实薰隧[②]。公孙黑强与于盟，使大史书其名，且曰七子[③]。子产弗讨[④]。

① 游楚，子南。〇 为，于伪切。　② 闺门，郑城门。薰隧，门外道名。实之者，为明年子产数子晳罪，称薰隧盟起本。〇 闺，音圭。薰，许云切。隧，音遂。数，色主切，又色具切。　③ 自欲同于六卿，故曰七子。〇 强，其丈切。与，音预。　④ 子晳强，讨之恐乱国。

晋中行穆子败无终及群狄于大原[①]，崇卒也[②]。将战，魏舒曰："彼徒我车，所遇又阨[③]，以什共车必克[④]。困诸阨，又克[⑤]。请皆卒[⑥]，自我始。"乃毁车以为行[⑦]，五乘为三伍[⑧]。荀吴之嬖人不肯即卒，斩以徇[⑨]。为五陈以相离，两于前，伍于后，专为右角，参为左角，偏为前拒[⑩]，以诱之。翟人笑之[⑪]。未陈而薄之，大败之[⑫]。

① 即大卤也。无终，山戎。〇 大，音泰。　② 崇，聚也。〇 卒，子忽切。　③ 地险不便车。〇 阨，本又作隘，於懈切。便，婢面切。　④ 更增十人，以当一车之用。〇 什，音十。共，音恭。　⑤ 车每困于阨道，今去车，故为必克。〇 去，起吕切。　⑥ 去车为步卒。　⑦ 魏舒先自毁其属车为步陈。〇 行，户郎切。陈，直觐切，下五陈、未陈同。　⑧ 乘车者，车三人，五乘十五人。今改去车，更以五人为伍，分为三伍。〇 乘，绳证切。　⑨ 魏舒辄斩之，荀吴不恨，所以能立功。〇 徇，辞俊切。　⑩ 皆临时处置之名。〇 拒，九甫切。　⑪ 笑其失常。　⑫《传》言荀吴能用善谋。

莒展舆立，而夺群公子秩。公子召去疾于齐。秋，齐公子鉏纳去疾[①]，展舆奔吴[②]。

① 齐虽纳去疾，莒人先召之，故从国逆例书入。去疾奔齐，在襄三十一年。　② 吴外孙。

叔弓帅师疆郓田，因莒乱也[①]。于是莒务娄、瞀胡及公子灭明以大厖与常仪靡奔齐[②]。君子曰："莒展之不立，弃人也夫[③]！人可弃乎？《诗》曰：'无竞维人。'善矣[④]。"

① 此春取郓,今正其疆界。○ 疆,居良切。　② 三子,展舆党。大厖、常仪靡,莒二邑。○ 务娄,並如字;务,又音谋,一音无。瞀,徐音茂,一音谋。厖,武江切。　③ 夺群公子秩,是弃人。○ 夫,音扶。　④《诗》,《周颂》。言惟得人,则国家强。

晋侯有疾,郑伯使公孙侨如晋聘,且问疾。叔向问焉,曰:"寡君之疾病,卜人曰:'实沈、台骀为祟。'史莫之知,敢问此何神也?"子产曰:"昔高辛氏有二子,伯曰阏伯,季曰实沈①,居于旷林,不相能也②。日寻干戈,以相征讨③。后帝不臧④,迁阏伯于商丘,主辰⑤。商人是因,故辰为商星⑥。迁实沈于大夏,主参⑦。唐人是因,以服事夏、商⑧。其季世曰唐叔虞⑨。当武王邑姜方震大叔⑩,梦帝谓己:'余命而子曰虞⑪,将与之唐,属诸参,而蕃育其子孙。'及生,有文在其手曰'虞',遂以命之。及成王灭唐而封大叔焉,故参为晋星⑫。由是观之,则实沈,参神也。昔金天氏有裔子曰昧,为玄冥师,生允格、台骀⑬。台骀能业其官⑭,宣汾、洮⑮,障大泽⑯,以处大原⑰。帝用嘉之,封诸汾川⑱。沈、姒、蓐、黄,实守其祀⑲。今晋主汾而灭之矣⑳。由是观之,则台骀,汾神也。抑此二者,不及君身。山川之神,则水旱疠疫之灾,于是乎禜之㉑。日月星辰之神,则雪霜风雨之不时,于是乎禜之㉒。若君身,则亦出入饮食哀乐之事也。山川星辰之神,又何为焉㉓?侨闻之,君子有四时:朝以听政㉔,昼以访问㉕,夕以修令㉖,夜以安身。于是乎节宣其气㉗,勿使有所壅闭湫底,以露其体㉘。兹心不爽,而昏乱百度㉙。今无乃壹之㉚,则生疾矣。侨又闻之,内官不及同姓㉛,其生不殖㉜。

美先尽矣，则相生疾[33]，君子是以恶之。故《志》曰：'买妾不知其姓，则卜之。'违此二者，古之所慎也[34]。男女辨姓，礼之大司也[35]。今君内实有四姬焉[36]，其无乃是也乎？若由是二者，弗可为也已[37]。四姬有省犹可，无则必生疾矣[38]。"叔向曰："善哉！肸未之闻也。此皆然矣。"

叔向出，行人挥送之[39]。叔向问郑故焉，且问子晳。对曰："其与几何[40]？无礼而好陵人，怙富而卑其上，弗能久矣[41]。"

晋侯闻子产之言，曰："博物君子也。"重贿之。

① 高辛，帝喾。○ 骀，他才切。祟，息遂切。阏，於葛切。喾，苦毒切。 ② 旷林，地阙。○ 能，如字，又奴代切。 ③ 寻，用也。 ④ 后帝，尧也。臧，善也。 ⑤ 商丘，宋地。主祀辰星。辰，大火也。 ⑥ 商人，汤先相土封商丘，因阏伯故国，祀辰星。○ 相，息亮切。 ⑦ 大夏，今晋阳县。○ 夏，户雅切。参，所林切。 ⑧ 唐人若刘累之等。累迁鲁县，此在大夏。 ⑨ 唐人之季世，其君曰叔虞。 ⑩ 邑姜，武王后，齐大公之女。怀胎为震。大叔，成王之弟叔虞。○ 震，本又作娠，之慎切，又音申。大，音泰。胎，他来切。 ⑪ 帝，天。取唐君之名。 ⑫ 叔虞封唐，是为晋侯。○ 属，之玉切。蕃，音烦。"叔虞封唐是为晋侯"，案《史记》，叔虞封唐侯，叔虞之子燮父改为晋侯。 ⑬ 金天氏，帝少皞。裔，远也。玄冥，水官。昧为水官之长。○ 裔，以制切。昧，音妹。少，诗照切。皞，户老切。长，丁丈切，下殖长同。 ⑭ 纂昧之业。○ 纂，子管切。 ⑮ 宣，犹通也。汾、洮，二水名。○ 汾，扶云切。洮，他刀切。 ⑯ 陂障之。○ 障，之尚切，又音章。陂，彼皮切。 ⑰ 大原，晋阳也。台骀之所居。 ⑱ 帝，颛顼。○ 颛，音专。顼，许玉切。 ⑲ 四国，台骀之后。○ 沈，音审。姒，音似。 ⑳ 灭四国。 ㉑ 有水旱之灾，则禜祭山川

之神若台骀者。《周礼》：四曰禜祭。为营欑，用币，以祈福祥。○ 疠，音例。疫，音役。禜，音咏；徐又音营。欑，子官切。 ㉒ 星辰之神，若实沈者。 ㉓ 言实沈、台骀不为君疾。○ 乐，音洛。 ㉔ 听国政。○ 朝，如字。 ㉕ 问可否。 ㉖ 念所施。 ㉗ 宣，散也。 ㉘ 湫，集也。底，滞也。露，羸也。壹之则血气集滞而体羸露。○ 壅，於勇切。湫，子小切；徐音秋，又在酒切；服云，著也。底，丁礼切；服云，止也。羸，劣危切。 ㉙ 兹，此也。爽，明也。百度，百事之节。 ㉚ 同四时也。 ㉛ 内官，嫔御。○ 嫔，婢人切。 ㉜ 殖，长也。 ㉝ 同姓之相与，先美矣。美极则尽，尽则生疾。 ㉞ 壹四时，取同姓。二者，古人所慎。○ 恶，如字，又乌路切。取，七住切。 ㉟ 辨，别也。○ 别，彼列切。 ㊱ 同姓姬四人。 ㊲ 为，治也。 ㊳ 据异姓，去同姓，故言省。○ 省，所景切；徐，所幸切。去，起吕切。 ㊴ 送叔向。 ㊵ 言将败不久。○ 与，如字，又音预。几，居岂切。 ㊶ 为明年郑杀公孙黑《传》。○ 好，呼报切。怙，音户。

晋侯求医于秦。秦伯使医和视之，曰："疾不可为也。是谓：'近女室，疾如蛊[①]。非鬼非食，惑以丧志[②]。良臣将死，天命不祐[③]。'"公曰："女不可近乎？"对曰："节之。先王之乐，所以节百事也，故有五节[④]，迟速本末以相及，中声以降，五降之后，不容弹矣[⑤]。于是有烦手淫声，慆堙心耳，乃忘平和，君子弗听也[⑥]。物亦如之[⑦]，至于烦，乃舍也已，无以生疾[⑧]。君子之近琴瑟，以仪节也，非以慆心也[⑨]。天有六气[⑩]，降生五味[⑪]，发为五色[⑫]，徵为五声[⑬]，淫生六疾[⑭]。六气曰阴、阳、风、雨、晦、明也。分为四时，序为五节[⑮]。过则为菑，阴淫寒疾[⑯]，阳淫热疾[⑰]，风淫末疾[⑱]，雨淫腹疾[⑲]，晦淫惑疾[⑳]，明淫心疾[㉑]。女，阳物而晦时，淫则生内热惑蛊之疾[22]。今君不节不时，能无及此乎？”

出告赵孟。赵孟曰：“谁当良臣？”对曰：“主是谓矣！主相晋国，于今八年，晋国无乱，诸侯无阙，可谓良矣。和闻之，国之大臣，荣其宠禄，任其大节，有菑祸兴而无改焉[23]，必受其咎。今君至于淫以生疾，将不能图恤社稷，祸孰大焉！主不能御，吾是以云也[24]。”

赵孟曰：“何谓蛊？”对曰：“淫溺惑乱之所生也[25]。于文，皿虫为蛊[26]，穀之飞亦为蛊[27]；在《周易》，女惑男，风落山，谓之《蛊》䷑[28]。皆同物也[29]。”赵孟曰：“良医也。”厚其礼而归之[30]。

① 蛊，惑疾。○ 近，附近之近。蛊，音古。　② 惑女色而失志。○ 丧，息浪切。　③ 良臣不匡救君过，故将死而不为天所祐。○ 祐，音右。　④ 五声之节。　⑤ 此谓先王之乐得中声，声成五降而息也。降，罢退。○ 降，音绛，或音户江切。弹，徒丹切，又徒旦切。　⑥ 五降而不息，则杂声并奏。所谓郑、卫之声。○ 慆，吐刀切。堙，音因。⑦ 言百事皆如乐，不可失节。　⑧ 烦不舍，则生疾。○ 舍，音捨。⑨ 为心之节仪，使动不过度。　⑩ 谓阴、阳、风、雨、晦、明也。　⑪ 谓金味辛，木味酸，水味咸，火味苦，土味甘，皆由阴阳风雨而生。　⑫ 辛色白，酸色青，咸色黑，苦色赤，甘色黄。发，见也。○ 见，贤遍切。　⑬ 白声商，青声角，黑声羽，赤声徵，黄声宫。徵，验也。○ 徵，张里切。⑭ 淫，过也。滋味声色所以养人，然过则生害。　⑮ 六气之化，分而序之，则成四时，得五行之节。　⑯ 寒过则为冷。○ 菑，音灾。　⑰ 热过则喘渴。○ 喘，昌兖切。　⑱ 末，四支也。风为缓急。　⑲ 雨湿之气为溲注。○ 溲，息列切，下如字。　⑳ 晦，夜也。为宴寝过节，则心惑乱。　㉑ 明，昼也。思虑烦多，心劳生疾。○ 思，息利切。　㉒ 女常

随男，故言阳物。家道常在夜，故言晦时。　㉓ 改，改行以救蓄。〇 相，息亮切。行，下孟切。　㉔ 云主将死。〇 咎，其九切。御，本亦作御，鱼吕切。　㉕ 溺，沈没于嗜欲。〇 溺，乃狄切。嗜，时志切。　㉖ 文，字也。皿，器也。器受虫害者为蛊。〇 皿，命景切；《说文》读若猛；《字林》音猛。　㉗ 穀久积则变为飞虫，名曰蛊。　㉘《巽》下《艮》上，《蛊》。《巽》为长女，为风。《艮》为少男，为山。少男而说长女，非匹，故惑。山木得风而落。〇 巽，音逊。艮，古恨切。长，丁丈切。少，诗照切。说，音悦。㉙ 物，犹类也。　㉚ 赠贿之礼。

楚公子围使公子黑肱、伯州犁城犨、栎、郏[①]，郑人惧。子产曰："不害。令尹将行大事[②]，而先除二子也[③]。祸不及郑，何患焉？"

冬，楚子围将聘于郑，伍举为介。未出竟，闻王有疾而还。伍举遂聘。十一月己酉，公子围至，入问王疾，缢而弑之[④]。遂杀其二子幕及平夏[⑤]。右尹子干出奔晋[⑥]。宫厩尹子皙出奔郑[⑦]。杀大宰伯州犁于郏。葬王于郏，谓之郏敖[⑧]。使赴于郑，伍举问应为后之辞焉[⑨]。对曰："寡大夫围。"伍举更之曰："共王之子围为长[⑩]。"

子干奔晋，从车五乘。叔向使与秦公子同食[⑪]，皆百人之饩[⑫]。赵文子曰："秦公子富[⑬]。"叔向曰："底禄以德[⑭]，德钧以年，年同以尊。公子以国，不闻以富。且夫以千乘去其国，强御已甚。《诗》曰：'不侮鳏寡，不畏强御[⑮]。'秦、楚，匹也。"使后子与子干齿[⑯]。辞曰："鍼惧选，楚公子不获，是以皆来，亦唯命[⑰]。且臣与羁齿，无乃不可乎[⑱]？史佚有言曰：'非羁何忌[⑲]？'"

楚灵王即位，薳罢为令尹，薳启彊为大宰[20]。郑游吉如楚，葬郏敖，且聘立君。归，谓子产曰："具行器矣[21]！楚王汰侈而自说其事，必合诸侯。吾往无日矣。"子产曰："不数年，未能也[22]。"

① 黑肱，王子围之弟子晳也。犨县属南阳。郏县属襄城。栎，今河南阳翟县。三邑本郑地。○ 犨，尺州切。栎，音历；徐，失灼切。郏，古洽切。② 谓将弑君。 ③ 二子，谓黑肱、伯州犁。 ④ 缢，绞也。孙卿曰：以冠缨绞之。《长历》推己酉，十二月六日。《经》、《传》皆言十一月，月误也。○ 介，音界。竟，音境。缢，一豉切。弑，申志切。绞，古卯切。⑤ 皆郏敖子。○ 幕，音莫。夏，户雅切。 ⑥ 子干，王子比。 ⑦ 因筑城而去。○ 廄，居又切。 ⑧ 郏敖，楚子麇。 ⑨ 问赴者。⑩ 伍举更赴辞，使从礼。此告终称嗣，不以篡弑赴诸侯。○ 共，音恭。长，丁丈切。 ⑪ 食禄同。○ 从，才用切。乘，绳证切。 ⑫ 百人，一卒也。其禄足百人。○ 饩，许气切。卒，子忽切。 ⑬ 谓秦鍼富强，秩禄不宜与子干同。 ⑭ 底，致也。○ 底，音旨。 ⑮《诗·大雅》。侮，陵也。○ 夫，音扶。侮，亡甫切。鳏，古颜切。 ⑯ 以年齿为高下而坐。⑰ 不获，不得自安。言俱奔，事有优劣，唯主人命所处。谦辞。 ⑱ 后子先来仕，欲自同于晋臣，为主人。子干后来奔，以为羁旅之客。⑲ 忌，敬也。欲谦以自别。○ 佚，音逸。别，音彼列切。 ⑳ 灵王，公子围也。即位易名熊虔。○ 罢，音皮。彊，音其良切，又居良切。 ㉑ 行器，会备。 ㉒ 为四年会申《传》。○ 汰，音泰。说，徐音悦，又始悦切。数，所主切。

十二月，晋既烝[①]。赵孟适南阳，将会孟子馀[②]。甲辰朔，烝于温[③]。庚戌卒[④]。郑伯如晋吊，及雍乃复[⑤]。

① 烝，冬祭也。○ 烝，之承切。　② 孟子馀，赵衰。赵武之曾祖。其庙在晋之南阳温县，往会祭之。○ 衰，初危切。　③ 赵氏烝祭，甲辰十二月朔。晋既烝，赵孟乃烝其家庙，则晋烝当在甲辰之前。《传》言十二月，月误。　④ 十二月七日。终刘定公、秦后子之言。　⑤ 吊赵氏。盖赵氏辞之而还。《传》言大夫强，诸侯畏而吊之。○ 雍，於用切。

经

二年春，晋侯使韩起来聘。

夏，叔弓如晋①。

秋，郑杀其大夫公孙黑②。

冬，公如晋，至河乃复③。

季孙宿如晋④。

① 叔弓，叔老子。　② 书名，恶之。薰隧盟，子产不讨，遂以为卿。故书之。○ 恶，乌路切。　③ 吊少姜也。晋人辞之，故还。○ 少，诗照切，《传》放此。　④ 致襚服也。公实以秋行，冬还乃书。○ 襚，音遂。

传

二年春，晋侯使韩宣子来聘①，且告为政而来见，礼也②。观书于大史氏，见《易象》与《鲁春秋》，曰："周礼尽在鲁矣③。吾乃今知周公之德，与周之所以王也④。"公享之。季武子赋《绵》之卒章⑤。韩子赋《角弓》⑥。季武子拜曰："敢拜子之弥缝敝邑，寡君有望矣⑦。"武子赋《节》之卒章⑧。既享，宴于季氏，有嘉树焉，宣子誉之⑨。武子曰："宿敢不封殖此树，以无忘《角弓》⑩。"遂赋《甘棠》⑪。宣子曰："起不堪也，无以及召公。”

宣子遂如齐纳币⑫。见子雅。子雅召子旗⑬，使见宣子。宣子曰：“非保家之主也，不臣⑭。”见子尾。子尾见彊⑮。宣子谓之如子旗⑯。大夫多笑之。唯晏子信之，曰：“夫子，君子也⑰。君子有信，其有以知之矣⑱。”自齐聘于卫。卫侯享之，北宫文子赋《淇澳》⑲。宣子赋《木瓜》⑳。

① 公即位故。 ② 代赵武为政。虽盟主，而修好同盟，故曰礼。○ 见，贤遍切。好，呼报切。 ③《易象》，上下经之《象辞》。《鲁春秋》，史记之策书。《春秋》遵周公之典以序事，故曰周礼尽在鲁矣。 ④《易象》、《春秋》，文王、周公之制。当此时，儒道废，诸国多阙，唯鲁备。故宣子适鲁而说之。○ 王，于况切；周弘正，依字读。说，音悦。 ⑤《绵》，《诗·大雅》。卒章义取文王有四臣，故能以绵绵致兴盛。以晋侯比文王，以韩子比四辅。○ 四臣：大颠、闳夭、散宜生、南宫适。四辅谓先后、奔走、疏附、御侮。 ⑥《角弓》，《诗·小雅》。取其“兄弟昏姻，无胥远矣”，言兄弟之国宜相亲。 ⑦ 弥缝，犹补合也。谓以兄弟之义。○ 缝，扶恭切。合，如字，一音阁。 ⑧《节》，《诗·小雅》。卒章取“式讹尔心，以畜万邦”，以言晋德可以畜万邦。○ 节，才结切；徐，又如字。讹，五禾切。 ⑨ 誉其好也。○ 誉，音馀。 ⑩ 封，厚也。殖，长也。○ 长，丁丈切。 ⑪《甘棠》，《诗·召南》。召伯息于甘棠之下，诗人思之而爱其树。武子欲封殖嘉树如甘棠，以宣子比召公。○ 召，上照切。 ⑫ 为平公聘少姜。○ 为，于伪切，下为之同。 ⑬ 子旗，子雅之子。 ⑭ 志气亢。○ 见，贤遍切，下见彊同。亢，苦浪切。 ⑮ 彊，子尾之子。 ⑯ 亦不臣。 ⑰ 夫子，韩起。 ⑱ 为十年齐栾施、高彊来奔张本。 ⑲《淇澳》，《诗·卫风》。美武公也。言宣子有武公之德。○ 淇，音其。澳，於六切。 ⑳《木瓜》亦《卫风》。义取于欲厚报以为好。○ 好，呼报切，后《注》皆同。

夏四月，韩须如齐逆女①。齐陈无宇送女，致少姜。少姜有宠于晋侯，晋侯谓之少齐②。谓陈无宇非卿③，执诸中都④。少姜为之请曰："送从逆班⑤，畏大国也，犹有所易，是以乱作⑥。"

① 须，韩起之子。逆少姜。 ② 为立别号，所以宠异之。○ 少，诗照切。 ③ 欲使齐以適夫人礼送少姜。○ 適，丁历切。 ④ 中都，晋邑。在西河界休县东南。○ 界，音介。休，许虯切。 ⑤ 班，列也。⑥ 韩须，公族大夫。陈无宇，上大夫。言齐畏晋，改易礼制，使上大夫送，遂致此执辱之罪。盖少姜谦以示讥。

叔弓聘于晋，报宣子也①。晋侯使郊劳②。辞曰："寡君使弓来继旧好，固曰：'女无敢为宾！'彻命于执事，敝邑弘矣③，敢辱郊使？请辞④。"致馆。辞曰："寡君命下臣来继旧好，好合使成，臣之禄也⑤。敢辱大馆⑥？"叔向曰："子叔子知礼哉！吾闻之曰：'忠信，礼之器也。卑让，礼之宗也⑦。'辞不忘国，忠信也⑧。先国后己，卑让也⑨。《诗》曰：'敬慎威仪，以近有德。'夫子近德矣⑩。"

① 此春韩宣子来聘。 ②《聘礼》：宾至近郊，君使卿劳之。○ 劳，力报切。 ③ 彻，达也。○ 女，音汝，下《注》同。 ④ 辞郊劳。○ 使，所吏切。 ⑤ 得通君命，则于己为荣禄。 ⑥ 敢，不敢。⑦ 宗，犹主也。 ⑧ 谓称旧好。 ⑨ 始称敝邑之弘，先国也。次称臣之禄，后己也。 ⑩《诗·大雅》。○ 近，附近之近。

秋，郑公孙黑将作乱，欲去游氏而代其位①，伤疾作而不果[②]。驷氏与诸大夫欲杀之[③]。子产在鄙闻之，惧弗及，乘遽而至[④]。使吏数之[⑤]曰："伯有之乱[⑥]，以大国之事，而未尔讨也[⑦]。尔有乱心，无厌，国不女堪。专伐伯有，而罪一也。昆弟争室，而罪二也[⑧]。薰隧之盟，女矫君位，而罪三也[⑨]。有死罪三，何以堪之？不速死，大刑将至。"再拜稽首辞曰："死在朝夕，无助天为虐。"子产曰："人谁不死。凶人不终，命也。作凶事，为凶人。不助天，其助凶人乎？"请以印为褚师[⑩]。子产曰："印也若才，君将任之。不才，将朝夕从女。女罪之不恤，而又何请焉？不速死，司寇将至。"七月壬寅，缢。尸诸周氏之衢[⑪]，加木焉[⑫]。

① 游氏，大叔之族。黑为游楚所伤，故欲害其族。○ 去，起吕切。 ② 前年游楚所击创。○ 创，初良切。 ③ 驷氏，黑之族。 ④ 遽，传驿。○ 遽，其据切；《尔雅》云，驲，遽，传也。孙炎《注》云，传，车；驿，马。传，中恋切。驿，音亦。 ⑤ 责数其罪。 ⑥ 在襄三十一年。 ⑦ 务共大国之命，不暇治女罪。○ 共，音恭。 ⑧ 谓争徐吾犯之妹。○ 厌，於盐切。 ⑨ 谓使大史书七子。○ 矫，居表切。 ⑩ 印，子皙之子。褚师，市官。○ 朝，如字。印，一刃切。褚，张吕切。 ⑪ 衢，道也。○ 衢，其于切。 ⑫ 书其罪于木，以加尸上。

晋少姜卒。公如晋，及河。晋侯使士文伯来辞曰："非伉俪也[①]。请君无辱！"公还，季孙宿遂致服焉[②]。叔向言陈无宇于晋侯曰："彼何罪[③]？君使公族逆之，齐使上大夫送之。犹曰不共，君求以贪。国则不共[④]，而执其使。君刑已颇，何以为盟主[⑤]？且少姜有辞[⑥]。"冬十月，陈无宇归[⑦]。十一月，郑印段如晋吊[8]。

① 晋侯溺于所幸，为少姜行夫人之服，故诸侯吊。不敢以私烦诸侯，故止之。○ 伉，苦浪切。俪，力计切。　② 致少姜之襚服。公以末秋行，始冬还，还乃书之，故《经》在冬。　③ 彼，无宇。　④ 逆卑于送，是晋国不共。　⑤ 颇，不平。○ 使，所吏切。颇，普多切。　⑥ 谓请无宇之辞。　⑦ 晋侯赦之。　⑧ 吊少姜。

经

三年春，王正月丁未，滕子原卒[1]。

夏，叔弓如滕。

五月，葬滕成公[2]。

秋，小邾子来朝。

八月，大雩。

冬，大雨雹[3]。

北燕伯款出奔齐[4]。

① 襄二十五年盟重丘。○ 重，直恭切。　② 卿共小国之葬，礼过厚。葬襄公，滕子来会，故鲁厚报之。○ 共，音恭，《传》仿此。　③ 无《传》。记灾。○ 雨，于付切。雹，蒲学切。　④ 不书大夫逐之而言奔，罪之也。书名，从告。

传

三年春，王正月，郑游吉如晋，送少姜之葬。梁丙与张趯见之[1]。梁丙曰："甚矣哉！子之为此来也[2]。"子大叔曰："将得已乎[3]？昔文、襄之霸也[4]，其务不烦诸侯。令诸侯三岁而聘，五岁而朝，有事而会，不协而盟⑤。君薨，大夫吊，卿共葬事。夫人，士吊，大夫送葬⑥。足以昭礼命事谋阙而已⑦，无加命矣⑧。今嬖宠之丧，不敢择位，而数于守適⑨，唯惧获戾，岂敢惮烦。少齐有宠而死，齐必继室⑩。今兹吾又将来贺，不唯此行也。”张趯曰：“善哉！吾得闻此数也。然自今，子其无事矣。譬如火焉⑪，火中，寒暑乃退⑫。此其极也，能无退乎？晋将失诸侯，诸侯求烦不获⑬。”二大夫退。子大叔告人曰：“张趯有知，其犹在君子之后乎⑭！”

① 二子，晋大夫。○ 趯，他历切。 ② 卿共妾葬，过礼甚。○ 为，于伪切。 ③ 言不得止。 ④ 晋文公、襄公。 ⑤ 明王之制，岁聘间朝，在十三年，今简之。○ 间，间厕之间。 ⑥ 先王之制，诸侯之丧，士吊，大夫送葬。在三十年。盖时俗过制，故文、襄虽节之，犹过于古。 ⑦ 朝聘以昭礼，盟会以谋阙。 ⑧ 命有常。 ⑨ 不敢以其位卑，而令礼数如守適夫人。然则，时適夫人之丧，吊送之礼，已过文、襄之制。○ 数，所具切；徐，所主切。適，丁历切；本或作嫡，下同。令，力呈切。 ⑩ 继室，复荐女。○ 复，扶又切，下不出音者皆同。 ⑪ 火，心星。 ⑫ 心以季夏昏中而暑退，季冬旦中而寒退。 ⑬ 言将不能复烦诸侯。 ⑭ 讥其无隐讳。○ 知，音智。

丁未，滕子原卒。同盟，故书名①。

① 同盟于襄之世，亦应从同盟之礼。故《传》发之。

齐侯使晏婴请继室于晋①，曰：“寡君使婴曰：‘寡人愿事君,朝夕不倦,将奉质币,以无失时,则国家多难,是以不获[2]。不腆先君之適[3],以备内官,焜燿寡人之望,则又无禄,早世陨命,寡人失望。君若不忘先君之好,惠顾齐国,辱收寡人,徼福于大公、丁公[4],照临敝邑,镇抚其社稷,则犹有先君之適[5]及遗姑姊妹[6]若而人[7]。君若不弃敝邑,而辱使董振择之,以备嫔嫱,寡人之望也[8]。'"

韩宣子使叔向对曰:"寡君之愿也。寡君不能独任其社稷之事,未有伉俪。在缞绖之中,是以未敢请[9]。君有辱命,惠莫大焉。若惠顾敝邑,抚有晋国,赐之内主,岂唯寡君,举群臣实受其贶。其自唐叔以下,实宠嘉之[10]。"

既成昏[11],晏子受礼[12]。叔向从之宴,相与语。叔向曰:"齐其何如[13]?"晏子曰:"此季世也,吾弗知。齐其为陈氏矣[14]!公弃其民,而归于陈氏[15]。齐旧四量,豆、区、釜、钟。四升为豆,各自其四,以登于釜[16]。釜十则钟[17]。陈氏三量,皆登一焉,钟乃大矣[18]。以家量贷,而以公量收之[19]。山木如市,弗加于山。鱼盐蜃蛤,弗加于海[20]。民参其力,二入于公,而衣食其一[21]。公聚朽蠹,而三老冻馁[22]。国之诸市,屦贱踊贵[23]。民人痛疾,而或燠休之[24],其爱之如父母,而归之如流水,欲无获民,将焉辟之?箕伯、直柄、虞遂、伯戏[25],其相胡公、大姬,已在齐矣[26]。"

叔向曰:"然。虽吾公室,今亦季世也。戎马不驾,卿无军行[27]。公乘无人,卒列无长[28]。庶民罢敝,而宫室滋侈[29]。道殣相望[30],而女富溢尤[31]。民闻公命,如逃寇仇。栾、郤、胥、原、狐、续、庆、伯,降在皂隶[32]。政在家门[33],民无所依。君日不悛，以乐慆忧[34]。公室之卑，其何日之有[35]？谗鼎之铭[36]曰：'昧旦丕显，后世犹怠[37]。'况日不悛，其能久乎？"

晏子曰："子将若何[38]？"叔向曰："晋之公族尽矣。肸闻之，公室将卑，其宗族枝叶先落，则公从之。肸之宗十一族[39]，唯羊舌氏在而已。肸又无子[40]。公室无度[41]，幸而得死[42]，岂其获祀[43]？"

① 复以女继少姜。 ② 不得自来。○ 朝，如字。质，徐，之二切，又如字。难，乃旦切。 ③ 谓少姜。○ 腆，他典切。 ④ 徼，要也。二公，齐先君。言收恤寡人，则先君与之福也。○ 焜，胡本切，又音昆；服云，明也。燿，羊照切；服云，照也。陨，于敏切。好，呼报切。徼，古尧切。大，音泰。要，一遥切。 ⑤ 適夫人之女。 ⑥ 遗，馀也。 ⑦ 言如常人，不敢誉。○ 誉，音馀。 ⑧ 董，正也。振，整也。嫔嫱，妇官。○ 振，之刃切，一音真。嫱，本又作廧，在良切。 ⑨ 制夫人之服，则葬讫，君臣乃释服。○ 任，音壬。缞，本亦作衰，七雷切。绖，直结切。 ⑩ 唐叔，晋之祖。○ 贶，音况。 ⑪ 许昏成。 ⑫ 受宾享之礼。 ⑬ 问兴衰。 ⑭ 不知其他，唯知齐将为陈氏。○《释文》：吾弗知，绝句。⑮ 弃民不恤。 ⑯ 四豆为区，区斗六升。四区为釜，釜六斗四升。登，成也。○ 量，音亮。区，乌侯切。 ⑰ 六斛四斗。 ⑱ 登，加也。加一，谓加旧量之一也。以五升为豆，五豆为区，五区为釜。则区二斗，釜八斗，钟八斛。○《释文》：旧本以五升为豆，四豆为区，四区为釜。直加豆为五升，而区釜自大。故杜云区二斗、釜八斗是也。本或作五豆为区、五区为釜者，为加旧豆区为五，亦与杜《注》相会。非于五升之豆，又五五而加也。⑲ 贷厚而收薄。○ 贷，他代切。 ⑳ 贾如在山、海，不加贵。○ 蜃，食轸切。蛤，古答切。贾，音嫁。 ㉑ 言公重赋敛。○ 参，七南切，又音三。敛，力验切。 ㉒ 三老，谓上寿、中寿、下寿。皆八十已上，不见养

遇。○ 聚，徐，在喻切，又在主切。蠹，丁故切。三老，服云，工老、商老、农老也。冻，丁贡切。馁，奴罪切。寿，音授。上，时掌切。 ㉓ 踊，刖足者屦。言刑多。○ 屦，九具切。踊，音勇。刖，音月，又五刮切。 ㉔ 燠休，痛念之声。谓陈氏也。○ 燠，於喻切；徐音忧，又於到切，一音於六切。休，虚喻切；徐，许留切。贾云，燠，厚也；休，美也。 ㉕ 四人，皆舜后，陈氏之先。○ 焉，於虔切。戏，许宜切。 ㉖ 胡公，四人之后，周始封陈之祖。大姬，其妃也。言陈氏虽为人臣，然将有国。其先祖鬼神已与胡公共在齐。○ 相，息亮切；服如字。大，音泰。 ㉗ 言晋衰弱，不能征讨救诸侯。○ 行，户郎切。 ㉘ 百人为卒。言人皆非其人，非其长。○ 乘，绳证切。卒，子忽切。长，丁丈切。 ㉙ 滋，益也。○ 罢，音皮。侈，尺氏切，又昌氏切。 ㉚ 饿死为殣。○ 殣，音觐；《说文》云，道中死者，人所覆也；《毛诗》作墐；《传》云，墐，路冢也。 ㉛ 女，嬖宠之家。 ㉜ 八姓，晋旧臣之族也。皂隶，贱官。○ 郤，去逆切。皂，才早切。隶，力计切。 ㉝ 大夫专政。 ㉞ 慆，藏也。悛，改也。○ 悛，七全切。乐，音洛，又音岳。慆，他刀切。 ㉟ 言今至。 ㊱ 谗，鼎名也。○ 谗，士咸切；服云，疾谗之鼎也。 ㊲ 昧旦，早起也。丕，大也。言夙兴以务大显，后世犹解怠。○ 昧，音妹。丕，普悲切。解，佳卖切。 ㊳ 问何以免此难。○ 日，人实切。难，乃旦切。 ㊴ 同祖为宗。○ 肸，许乙切。 ㊵ 无贤子。 ㊶ 无法度。 ㊷ 言得以寿终为幸。 ㊸ 言必不得祀。

初，景公欲更晏子之宅，曰："子之宅近市，湫隘嚣尘，不可以居[①]，请更诸爽垲者[②]。"辞曰："君之先臣容焉[③]，臣不足以嗣之，于臣侈矣[④]。且小人近市，朝夕得所求，小人之利也。敢烦里旅[⑤]？"公笑曰："子近市，识贵贱乎？"对曰："既利之，敢不识乎？"公曰："何贵何贱？"于是景公繁于刑[⑥]，有鬻踊者。故对曰："踊贵屦贱。"既已告于君，故与叔向语而称之[⑦]。景公为是省于刑。君子曰："仁人之言，其利博哉。晏子一言而齐侯省刑。《诗》曰：'君子如祉，乱庶遄已[⑧]。'其是之谓乎？"

及晏子如晋，公更其宅，反则成矣。既拜[⑨]，乃毁之而为里室，皆如其旧[⑩]。则使宅人反之[⑪]。"且谚曰：'非宅是卜，唯邻是卜[⑫]。'二三子先卜邻矣[⑬]，违卜不祥。君子不犯非礼[⑭]，小人不犯不祥，古之制也。吾敢违诸乎？"卒复其旧宅。公弗许。因陈桓子以请，乃许之[⑮]。

① 湫，下。隘，小。嚣，声。尘，土。○ 近，附近之近。湫，子小切；徐音秋，又在酒切。隘，於卖切。嚣，许骄切，又五高切。 ② 爽，明。塏，燥。○ 塏，苦代切。燥，素早切。 ③ 先臣，晏子之先人。 ④ 侈，奢也。 ⑤ 旅，众也。不敢劳众为己宅。○ 朝，如字。 ⑥ 繁，多也。⑦《传》护晏子，令不与张趯同讥。○ 鬻，羊六切，卖也。令，力呈切。⑧《诗·小雅》。如，行也。祉，福也。遄，疾也。言君子行福，则庶几乱疾止也。○ 为，于伪切。省，所景切。祉，音耻。遄，市专切。 ⑨ 拜谢新宅。 ⑩ 本坏里室以大晏子之宅，故复之。○ 坏，音怪。复，音服，下卒复、其复、欲复同。 ⑪ 还其故室。○ 还，音环。 ⑫ 卜良邻。○ 谚，音彦。 ⑬ 二三子，谓邻人。 ⑭ 去俭即奢为非礼。⑮《传》言齐、晋之衰，贤臣怀忧。且言陈氏之兴。

夏四月，郑伯如晋，公孙段相，甚敬而卑，礼无违者。晋侯嘉焉，授之以策[①]曰："子豐有劳于晋国[②]，余闻而弗忘。赐女州田[③]，以胙乃旧勋。"伯石再拜稽首，受策以出。君子曰："礼，其人之急也乎？伯石之汰也[④]，一为礼于晋，犹荷其禄，况以礼终始乎？《诗》曰：'人而无礼，胡不遄死。'其是之谓乎？"

初，州县，栾豹之邑也[⑤]。及栾氏亡，范宣子、赵文子、韩宣子皆欲之。文子曰："温，吾县也[⑥]。"二宣子曰："自郤称以别，三传矣[⑦]。晋之别县不唯州，谁获治之[⑧]？"文子病之，乃舍之。二子曰："吾不可以正议而自与也。"皆舍之。及文子为政，赵获曰："可以取州矣[⑨]。"文子曰："退[⑩]！二子之言，义也[⑪]。违义，祸也。余不能治余县，又焉用州？其以徼祸也。君子曰：'弗知实难[⑫]。'知而弗从，祸莫大焉。有言州必死。"

丰氏故主韩氏[⑬]，伯石之获州也，韩宣子为之请之，为其复取之之故[⑭]。

① 策，赐命之书。 ② 子丰，段之父。 ③ 州县，今属河内郡。○ 女，音汝。 ④ 汰，骄也。 ⑤ 豹，栾盈族。○ 荷，户可切，又音可。 ⑥ 州本属温。温，赵氏邑。 ⑦ 郤称，晋大夫，始受州。自是州与温别，至今传三家。○ 称，尺证切。以别，绝句。 ⑧ 言县邑既别甚多，无有得追而治取之。 ⑨ 获，赵文子之子。○ 舍，音赦，又音捨。 ⑩ 使获退也。 ⑪ 二子，二宣子也。 ⑫ 患不知祸所起。 ⑬ 故，犹旧也。丰氏至晋，旧以韩氏为主人。 ⑭ 后若还晋，因自欲取之。为七年丰氏归州张本。○ 为，于伪切，下为其、复为、《注》为之、为平皆同。

五月，叔弓如滕，葬滕成公，子服椒为介。及郊，遇懿伯之忌，敬子不入[①]。惠伯曰："公事有公利，无私忌。椒请先入。"乃先受馆，敬子从之[②]。

① 忌，怨也。懿伯，椒之叔父。敬子，叔弓也。叔弓礼椒，为之辟仇。

○ 辟，音避。　② 惠伯，子服椒也。《传》言叔弓之有礼。

晋韩起如齐逆女①。公孙虿为少姜之有宠也，以其子更公女而嫁公子②。人谓宣子："子尾欺晋，晋胡受之？"宣子曰："我欲得齐而远其宠，宠将来乎③？"

① 为平公逆。　② 更嫁公女。○ 虿，敕迈切。　③ 宠，谓子尾。○ 远，于万切。

秋七月，郑罕虎如晋，贺夫人，且告曰："楚人日征敝邑，以不朝立王之故①。敝邑之往，则畏执事，其谓寡君，'而固有外心'。其不往，则宋之盟云②。进退罪也。寡君使虎布之③。"宣子使叔向对曰："君若辱有寡君，在楚何害？修宋盟也。君苟思盟，寡君乃知免于戾矣。君若不有寡君，虽朝夕辱于敝邑，寡君猜焉④。君实有心，何辱命焉⑤？君其往也！苟有寡君，在楚犹在晋也。"

张趯使谓大叔曰："自子之归也⑥，小人粪除先人之敝庐，曰：'子其将来！'今子皮实来，小人失望。"大叔曰："吉贱不获来⑦，畏大国、尊夫人也。且孟曰：'而将无事。'吉庶几焉⑧。"

① 楚灵王新立。　② 云交相见。　③ 布，陈也。　④ 猜，疑也。○ 猜，七才切。　⑤ 言若有事晋心，至楚可不须告。　⑥ 归在此年春。　⑦ 贱，非上卿。○ 粪，甫问切。　⑧ 孟，张趯也。庶几如趯言。

小邾穆公来朝。季武子欲卑之[①]，穆叔曰："不可。曹、滕、二邾，实不忘我好。敬以逆之，犹惧其贰。又卑一睦焉[②]，逆群好也。其如旧而加敬焉！《志》曰：'能敬无灾。'又曰：'敬逆来者，天所福也。'"季孙从之。

① 不欲以诸侯礼待之。　② 一睦，谓小邾。○《释文》：实不忘我好，绝句；一读以好字向下。好，呼报切，下群好同。

八月，大雩，旱也。

齐侯田于莒[①]，卢蒲嫳见，泣且请曰："余发如此种种，余奚能为[②]？"公曰："诺，吾告二子[③]。"归而告之。子尾欲复之。子雅不可，曰："彼其发短而心甚长，其或寝处我矣[④]。"九月，子雅放卢蒲嫳于北燕[⑤]。

① 莒，齐东竟。○ 竟，音境。　② 嫳，庆封之党。襄二十八年，放之于竟。种种，短也。自言衰老，不能复为害。○ 嫳，普结切，又匹舌切。见，贤遍切。种，亦作董，章勇切。　③ 二子，子雅、子尾。　④ 言不可信。　⑤ 恐其复作乱。

燕简公多嬖宠，欲去诸大夫而立其宠人。冬，燕大夫比以杀公之外嬖[①]。公惧，奔齐。书曰："北燕伯款出奔齐。"罪之也[②]。

① 比，相亲比。○ 去，起吕切。比，毗志切。　② 款罪轻于卫衎，重于蔡朱。故举中示例。○ 衎，苦旦切。

十月，郑伯如楚，子产相。楚子享之，赋《吉日》[1]。既享，子产乃具田备，王以田江南之梦[2]。

①《吉日》，《诗·小雅》，宣王田猎之诗。楚王欲与郑伯共田，故赋之。○相，息亮切。　②楚之云梦跨江南北。○梦，如字；徐，莫公切。

齐公孙竈卒[1]。司马竈见晏子[2]，曰："又丧子雅矣。"晏子曰："惜也，子旗不免，殆哉[3]！姜族弱矣，而妫将始昌[4]。二惠竞爽，犹可[5]，又弱一个焉，姜其危哉[6]！"

①竈，子雅。　②司马竈，齐大夫。　③以其不臣。○丧，息浪切。　④妫，陈氏。○妫，九危切。　⑤子雅、子尾皆齐惠公之孙也。竞，强也。爽，明也。　⑥○个，古贺切。

春秋经传集解第二十一

昭公二

经

四年春，王正月，大雨雹①。

夏，楚子、蔡侯、陈侯、郑伯、许男、徐子、滕子、顿子、胡子、沈子、小邾子、宋世子佐、淮夷会于申②。

楚人执徐子③。

秋七月，楚子、蔡侯、陈侯、许男、顿子、胡子、沈子、淮夷伐吴④。

执齐庆封杀之⑤。

遂灭赖。

九月，取鄫⑥。

冬十有二月乙卯，叔孙豹卒。

① 当雪而雹，故以为灾而书之。○ 雨，于付切，《传》大雨雹同。雹，蒲学切。　② 楚灵王始合诸侯。○ 沈，音审。　③ 称人以执，以不道于其民告。　④ 因申会以伐吴。不言诸侯者，郑、徐、滕、小邾、宋不在故也。胡，国。汝阴县西北有胡城。　⑤ 楚子欲行霸，为齐讨庆封，故称齐。○ 为，于伪切。　⑥ 鄫，莒邑。《传》例曰：克邑不用师徒曰取。○ 鄫，才陵切。

传

四年春，王正月，许男如楚，楚子止之[①]，遂止郑伯，复田江南，许男与焉[②]。使椒举如晋求诸侯，二君待之[③]。椒举致命曰："寡君使举曰，日君有惠，赐盟于宋[④]曰，晋、楚之从，交相见也。以岁之不易[⑤]，寡人愿结欢于二三君[⑥]。使举请间。君若苟无四方之虞[⑦]，则愿假宠以请于诸侯[⑧]。"

晋侯欲勿许。司马侯曰："不可。楚王方侈，天或者欲逞其心，以厚其毒而降之罚，未可知也。其使能终，亦未可知也。晋、楚唯天所相[⑨]，不可与争。君其许之，而修德以待其归。若归于德，吾犹将事之，况诸侯乎？若適淫虐，楚将弃之[⑩]，吾又谁与争？"公曰："晋有三不殆，其何敌之有[⑪]？国险而多马，齐、楚多难[⑫]。有是三者，何乡而不济？"对曰："恃险与马，而虞邻国之难，是三殆也。四岳[⑬]、三涂[⑭]、阳城[⑮]、大室[⑯]、荆山[⑰]、中南[⑱]，九州之险也，是不一姓[⑲]。冀之北土[⑳]，马之所生，无兴国焉。恃险与马，不可以为固也，从古以然。是以先王务修德音以亨神人[㉑]，不闻其务险与马也。邻国之难，不可虞也。或多难以固其国，启其疆土；或无难以丧其国，失其守宇[㉒]。若何虞难。齐有仲孙之难而获桓公，至今赖之[㉓]。晋有里、丕之难而获文公，是以为盟主[㉔]。卫、邢无难，敌亦丧之[㉕]。故人之难，不可虞也。恃此三者，而不修政德，亡于不暇，又何能济？君其许之！纣作淫虐，文王惠和，殷是以陨，周是以兴，夫岂争诸侯？"乃许楚使。使叔向对曰："寡君有社稷之事，是以不获春秋时见[㉖]。诸侯，君实有之，何辱命焉。"椒举遂请昏[㉗]，晋侯许之。

楚子问于子产曰："晋其许我诸侯乎？"对曰："许君。晋君少安，不在诸侯㉘。其大夫多求㉙，莫匡其君。在宋之盟，又曰如一㉚，若不许君，将焉用之㉛？"王曰："诸侯其来乎？"对曰："必来。从宋之盟，承君之欢，不畏大国㉜，何故不来？不来者，其鲁、卫、曹、邾乎？曹畏宋，邾畏鲁，鲁、卫偪于齐而亲于晋，唯是不来。其馀，君之所及也，谁敢不至㉝？"王曰："然则吾所求者，无不可乎？"对曰："求逞于人，不可㉞。与人同欲，尽济㉟。"

① 欲与俱田。　② 前年楚子已与郑伯田江南，故言复。○ 复，扶又切。与，音预。　③ 二君，郑、许。　④ 宋盟在襄二十七年。⑤ 不易，言有难。○ 易，以豉切，《注》同。难，乃旦切。　⑥ 欲得诸侯，谋事补阙。○ 欢，唤端切。　⑦ 虞，度也。○ 间，徐音闲，又如字。度，待洛切。　⑧ 欲借君之威宠以致诸侯。　⑨ 相，助也。○ 侈，昌氏切，又尺氏切。逞，敕景切。相，息亮切。　⑩ 弃，不以为君。⑪ 殆，危也。○ 殆，直改切。　⑫ 多篡弑之难。○ 篡，初患切。弑，申志切。　⑬ 东岳岱，西岳华，南岳衡，北岳恒。○ 乡，许亮切；本又作嚮。岳，音岳。岱，音代，在兖州。华，如字，又胡化切，在雍州。衡，如字，在荆州。恒，如字，本或作常，在冀州。案，作恒者是也。北岳本名恒山，汉为文帝讳，改作常耳。　⑭ 在河南陆浑县南。○《释文》：三涂，山名，大行、轘辕、崤渑也。浑，户昏切，又户困切。　⑮ 在阳城县东北。　⑯ 在河南阳城县西南。○ 大，音泰，下大室同。大室即中岳嵩高山也，在豫州。⑰ 在新城泲乡县南。○ 泲，音市，又音尔；《汉书音义》音稚，或一音隶，则当水旁作尔，恐非；本或作渫，字误也。　⑱ 在始平武功县南。⑲ 虽是天下至险，无德则灭亡。　⑳ 燕、代。○ 燕，乌贤切。㉑ 亨，通也。○ 亨，许庚切。　㉒ 于国则四垂为宇。○ 疆，居良切。丧，息浪切。　㉓ 仲孙，公孙无知。事在庄九年。　㉔ 里克、丕郑，事

在僖九年。○ 伾，普悲切。 ㉕ 闵二年，狄灭卫。僖二十五年，卫灭邢。○ 邢，音刑。 ㉖ 言不得自往，谦辞。○ 纣，直九切。陨，于敏切。楚使，所吏切。向，许丈切。见，贤遍切，下《注》朝见、昏见同。 ㉗ 盖楚子遣举时，兼使求昏。 ㉘ 安于小，小不能远图。○ 少，如字。 ㉙ 贪也。 ㉚ 晋、楚同也。 ㉛ 焉用宋盟。○ 焉，於虔切。 ㉜ 大国，晋也。 ㉝ 言楚威力所能及。○ 偪，彼力切。 ㉞ 逞，快也。求人以快意，人必违之。 ㉟ 为下会申《传》。

大雨雹。季武子问于申豐曰："雹可御乎[①]？"对曰："圣人在上，无雹，虽有，不为灾。古者，日在北陆而藏冰[②]；西陆，朝觌而出之[③]。其藏冰也，深山穷谷，固阴沍寒，于是乎取之[④]。其出之也，朝之禄位，宾食丧祭，于是乎用之[⑤]。其藏之也，黑牡、秬黍，以享司寒[⑥]。其出之也，桃弧、棘矢，以除其灾[⑦]。其出入也时，食肉之禄，冰皆与焉[⑧]。大夫命妇，丧浴用冰[⑨]。祭寒而藏之[⑩]，献羔而启之[⑪]，公始用之[⑫]。火出而毕赋[⑬]。自命夫、命妇，至于老疾，无不受冰[⑭]。山人取之，县人传之[⑮]，舆人纳之，隶人藏之[⑯]。夫冰以风壮[⑰]，而以风出[⑱]。其藏之也周[⑲]，其用之也徧[⑳]，则冬无愆阳[㉑]，夏无伏阴[㉒]，春无凄风[㉓]，秋无苦雨[㉔]，雷出不震[㉕]，无菑霜雹，疠疾不降[㉖]，民不夭札[㉗]。今藏川池之冰，弃而不用[㉘]。风不越而杀，雷不发而震[㉙]。雹之为菑，谁能御之？《七月》之卒章，藏冰之道也[㉚]。"

① 御，止也。申豐，鲁大夫。○ 御，鱼吕切，下御之同。 ② 陆，道也。谓夏十二月，日在虚危，冰坚而藏之。○ 夏，户雅切，下同。 ③ 谓夏三月，日在昴毕，蛰虫出而用冰。春分之中，奎星朝见东方。○ 朝，如字。

觌,徒历切。昴,音卯。蛰,直立切。虫,除中切。奎,苦圭切。 ④ 沍,闭也。必取积阴之冰,所以道达其气,使不为灾。○ 沍,户故切。道,音导。 ⑤ 言不独共公。○ 共,音恭。 ⑥ 黑牡,黑牲也。秬,黑黍也。司寒,玄冥北方之神,故物皆用黑。有事于冰,故祭其神。○ 牡,茂后切。秬,音巨。冥,亡丁切。 ⑦ 桃弓、棘箭,所以禳除凶邪,将御至尊故。○ 弧,音胡。禳,如羊切。邪,似嗟切。 ⑧ 食肉之禄,谓在朝廷治其职事就官食者。○ 与,音预。 ⑨ 命妇,大夫妻。○ 浴,音欲。 ⑩ 享司寒。○ 祭寒而藏之,本或作祭司寒者,非。 ⑪ 谓二月春分,献羔祭韭,始开冰室。○ 韭,音九。 ⑫ 公先用,优尊。 ⑬ 火星昏见东方,谓三月、四月中。 ⑭ 老,致仕在家者。 ⑮ 山人,虞官。县人,遂属。○ 传,直专切。 ⑯ 舆、隶皆贱官。○ 舆,音余。 ⑰ 冰因风寒而坚。○ 壮,侧亮切。 ⑱ 顺春风而散用。 ⑲ 周,密也。 ⑳ 及老疾。○ 徧,音遍。 ㉑ 愆,过也。谓冬温。○ 愆,起虔切。 ㉒ 伏阴谓夏寒。 ㉓ 凄,寒也。○ 凄,七西切。 ㉔ 霖雨,为人所患苦。○ 霖,音林。 ㉕ 震,霆也。○ 霆,音亭,又音挺,又亭佞切。 ㉖ 疠,恶气也。○ 菑,音灾。疠,音例。 ㉗ 短折为夭,夭死为札。○ 札,侧八切,又音截;《字林》作壮列切。 ㉘ 既不藏深山穷穀之冰,又火出不毕赋,有馀则弃之。 ㉙ 越,散也。言阴阳失序,雷风为害。○ 杀,如字,又色界切;徐,色例切。 ㉚《七月》,《诗·豳风》。卒章曰,"二之日凿冰冲冲",谓十二月凿而取之。"三之日纳于凌阴",凌阴,冰室也。"四之日其蚤,献羔祭韭",谓二月春分,蚤开冰室,以荐宗庙。○ 豳,彼贫切。凿,在洛切。冲,直忠切。凌,陵证切,一音陵。蚤,音早。韭,音九。

夏,诸侯如楚,鲁、卫、曹、邾不会。曹、邾辞以难,公辞以时祭,卫侯辞以疾[①]。郑伯先待于申[②]。六月丙午,楚子合诸侯于申。椒举言于楚子曰:"臣闻诸侯无归,礼以为归。今君始得诸侯,其慎礼矣。霸之济否,在此会也。夏启有钧台之享[3]，商汤有景亳之命[4]，周武有孟津之誓[5]，成有岐阳之蒐[6]，康有酆宫之朝[7]，穆有涂山之会[8]，齐桓有召陵之师[9]，晋文有践土之盟[10]。君其何用？宋向戌、郑公孙侨在，诸侯之良也，君其选焉[11]。"王曰："吾用齐桓[12]。"

王使问礼于左师与子产。左师曰："小国习之，大国用之，敢不荐闻[13]？"献公合诸侯之礼六[14]。子产曰："小国共职，敢不荐守？"献伯、子、男会公之礼六[15]。君子谓合左师善守先代，子产善相小国。王使椒举侍于后，以规过[16]。卒事，不规。王问其故，对曰："礼，吾所未见者有六焉，又何以规[17]？"

宋大子佐后至，王田于武城，久而弗见。椒举请辞焉[18]。王使往曰："属有宗祧之事于武城[19]，寡君将堕币焉，敢谢后见[20]。"徐子，吴出也，以为贰焉，故执诸申[21]。

楚子示诸侯侈[22]，椒举曰："夫六王、二公之事[23]，皆所以示诸侯礼也。诸侯所由用命也。夏桀为仍之会，有缗叛之[24]。商纣为黎之蒐，东夷叛之[25]。周幽为大室之盟，戎狄叛之[26]。皆所以示诸侯汰也，诸侯所由弃命也。今君以汰，无乃不济乎？"王弗听。

子产见左师曰："吾不患楚矣，汰而愎谏[27]，不过十年。"左师曰："然。不十年侈，其恶不远，远恶而后弃[28]。善亦如之，德远而后兴[29]。"

① 如子产言。○ 难，乃旦切。 ② 自楚先至会地。 ③ 启，禹子也。河南阳翟县南有钧台陂，盖启享诸侯于此。○ 夏，户雅切，《注》仿此。钧，音均。陂，彼宜切。 ④ 河南巩县西南有汤亭。或言亳即偃师。

〇 亳，步各切。巩，九勇切。 ⑤ 将伐纣也。〇《释文》：盂，本又作盟，音盂。 ⑥ 周成王归自奄，大蒐于岐山之阳。岐山在扶风美阳县西北。〇 岐，其宜切。蒐，所求切。 ⑦ 酆在始平鄠县东，有灵台，康王于是朝诸侯。〇 酆，芳弓切。 ⑧ 周穆王会诸侯于涂山。涂山在寿春东北。 ⑨ 在僖四年。〇 召，上照切。 ⑩ 在僖二十八年。 ⑪ 选择所用。〇 向，舒亮切。戌，音恤。侨，其骄切。 ⑫ 用会召陵之礼。 ⑬ 言所闻，谦示所未行。 ⑭ 其礼六仪也。宋爵公，故献公礼。 ⑮ 郑，伯爵，故献伯、子、男会公之礼。其礼同，所从言之异。〇 共，音恭。守，手又切。 ⑯ 规正二子之过。〇 相，息亮切。 ⑰ 左师、子产所献六礼，楚皆未尝行。 ⑱ 请王辞谢之。 ⑲ 言为宗庙田猎。〇 属，章玉切，適也。祧，他彫切。为，于伪切。 ⑳ 恨其后至，故言将因诸侯会，布币乃相见。《经》并书宋大子佐，知此言在会前。〇 堕，许规切，布也；服云，输也。见，如字，又贤遍切。 ㉑ 言楚子以疑罪执诸侯。 ㉒ 自奢侈。 ㉓ 六王，启、汤、武、成、康、穆也。二公，齐桓、晋文。 ㉔ 仍、缗，皆国名。〇 仍，而承切。缗，亡巾切。 ㉕ 黎，东夷国名。〇 黎，力兮切。 ㉖ 大室，中岳。 ㉗ 愎，很也。〇 汰，音泰。愎，皮逼切。很，胡垦切。 ㉘ 恶及远方，则人弃之。 ㉙ 为十三年楚弑其君《传》。

秋七月，楚子以诸侯伐吴。宋大子、郑伯先归[①]。宋华费遂、郑大夫从[②]。使屈申围朱方[③]，八月甲申，克之。执齐庆封而尽灭其族[④]。

将戮庆封。椒举曰："臣闻无瑕者可以戮人。庆封唯逆命，是以在此[⑤]，其肯从于戮乎[⑥]？播于诸侯，焉用之[⑦]？"王弗听，负之斧钺，以徇于诸侯，使言曰："无或如齐庆封，弑其君，弱其孤，以盟其大夫[⑧]。"庆封曰："无或如楚共王之庶子围，弑其君兄之子麇而代之，以盟诸侯。"王使速杀之。

遂以诸侯灭赖。赖子面缚衔璧，士袒，舆榇从之，造于中军[⑨]。王问诸椒举。对曰："成王克许[⑩]，许僖公如是，王亲释其缚，受其璧，焚其榇。"王从之[⑪]。迁赖于鄢[⑫]。楚子欲迁许于赖，使鬥韦龟与公子弃疾城之而还[⑬]。申无宇曰："楚祸之首，将在此矣。召诸侯而来，伐国而克，城竟莫校[⑭]。王心不违，民其居乎[⑮]？民之不处，其谁堪之？不堪王命，乃祸乱也。"

①《经》所以更叙诸侯也。时晋之属国皆归，独言二国者，郑伯久于楚，宋大子不得时见，故慰遣之。○ 见，贤遍切，又如字。 ② 从伐吴以答见慰。○ 费，扶味切。从，才用切。 ③ 朱方，吴邑，齐庆封所封也。屈申，屈荡之子。○ 屈，居勿切。 ④ 庆封以襄二十八年奔吴，八月无甲申，日误。 ⑤ 逆命，谓性不恭顺。 ⑥ 言不肯默而从戮。⑦ 播，扬也。○ 播，波佐切，又波可切；徐云，字或作幡，敷袁切。焉，於虔切。 ⑧ 齐崔杼弑君，庆封其党也。故以弑君罪责之。○ 钺，音越。徇，似俊切。杼，直吕切。 ⑨ 中军，王所将。○ 共，音恭。麇，九伦切。袒，音但。榇，初觐切，棺也。造，七报切。将，子匠切。 ⑩ 在僖六年。⑪ 从举言。○ 缚，如字，旧扶卧切。 ⑫ 鄢，楚邑。○ 鄢，於晚切，又於建切。 ⑬ 为许城也。韦龟，子文之玄孙。○ 为，于伪切。 ⑭ 谓筑城于外竟，诸侯无与争。○ 竟，音境。争，争斗之争。 ⑮ 言将有事不得安也。

九月，取鄫，言易也。莒乱，著丘公立而不抚鄫，鄫叛而来，故曰取。凡克邑不用师徒曰取[①]。

① 著丘公，去疾也。不书奔者，溃散而来，将帅微也。重发例者，以通叛而自来。○ 易，以豉切。著，直居切；徐，直据切。去，起吕切。溃，户对

切。帅,所类切。重,直用切。

郑子产作丘赋①。国人谤之②曰:“其父死于路③,己为虿尾④。以令于国,国将若之何?”子宽以告⑤。子产曰:“何害?苟利社稷,死生以之⑥。且吾闻为善者不改其度,故能有济也。民不可逞,度不可改⑦。《诗》曰:‘礼义不愆,何恤于人言⑧。’吾不迁矣⑨。”浑罕曰:“国氏其先亡乎⑩!君子作法于凉,其敝犹贪⑪,作法于贪,敝将若之何⑫?姬在列者⑬,蔡及曹、滕其先亡乎!偪而无礼⑭。郑先卫亡,偪而无法⑮。政不率法,而制于心;民各有心,何上之有⑯?”

① 丘,十六井,当出马一匹,牛三头。今子产别赋其田,如鲁之田赋。田赋在哀十一年。 ② 谤,毁也。 ③ 谓子国为尉氏所杀。 ④ 谓子产重赋,毒害百姓。○ 虿,敕迈切。 ⑤ 子宽,郑大夫。 ⑥ 以,用也。 ⑦ 度,法也。 ⑧ 逸《诗》。子产自以为权制济国,于礼义无愆。 ⑨ 迁,移也。 ⑩ 浑罕,子宽。○ 浑,侯温切。罕,徐,许但切。 ⑪ 凉,薄也。○ 凉,音良;徐音亮。 ⑫ 言不可久行。 ⑬ 在列国也。 ⑭ 蔡偪楚,曹、滕偪宋。 ⑮ 偪晋、楚。 ⑯ 子产权时救急,浑罕讥之正道。

冬,吴伐楚,入棘、栎、麻①,以报朱方之役②。楚沈尹射奔命于夏汭③,箴尹宜咎城钟离④,薳启彊城巢,然丹城州来⑤。东国水,不可以城,彭生罢赖之师⑥。

① 棘、栎、麻,皆楚东鄙邑。谯国酂县东北有棘亭,汝阴新蔡县东北有栎亭。○ 栎,力狄切;徐,失灼切。酂,才河切。 ② 朱方役在此年秋。

③ 夏汭，汉水曲入江，今夏口也。吴兵在东北，楚盛兵在东南，以绝其后。○ 射，食夜切，又音食亦切，又音夜。夏，户雅切。汭，如锐切。 ④ 宜咎，本陈大夫，襄二十四年奔楚。○ 箴，之林切。咎，其九切。 ⑤ 然丹，郑穆公孙，襄十九年奔楚。○ 薳，于委切。彊，其良切，又居良切。⑥ 彭生，楚大夫。罢鬥韦龟城赖之师。○ 罢，皮买切；徐，甫绮切。

初，穆子去叔孙氏，及庚宗①，遇妇人，使私为食而宿焉。问其行，告之故，哭而送之②。适齐，娶于国氏③，生孟丙、仲壬。梦天压己，弗胜④。顾而见人，黑而上偻⑤，深目而豭喙⑥，号之曰“牛助余”，乃胜之。旦而皆召其徒，无之⑦。且曰：“志之⑧。”及宣伯奔齐，馈之⑨。宣伯曰：“鲁以先子之故⑩，将存吾宗，必召女。召女何如？”对曰：“愿之久矣⑪。”鲁人召之，不告而归。既立⑫，所宿庚宗之妇人，献以雉⑬。问其姓⑭。对曰：“余子长矣，能奉雉而从我矣⑮。”召而见之，则所梦也。未问其名，号之曰“牛”，曰“唯”。皆召其徒，使视之，遂使为竖⑯。有宠，长使为政⑰。公孙明知叔孙于齐⑱，归，未逆国姜，子明取之⑲。故怒其子，长而后使逆之⑳。田于丘莸㉑，遂遇疾焉。竖牛欲乱其室而有之，强与孟盟，不可㉒。叔孙为孟钟，曰：“尔未际㉓，飨大夫以落之㉔。”既具㉕，使竖牛请日㉖。入，弗谒㉗。出，命之日㉘。及宾至，闻钟声。牛曰：“孟有北妇人之客㉙。”怒，将往。牛止之。宾出，使拘而杀诸外㉚。牛又强与仲盟，不可。仲与公御莱书观于公㉛，公与之环㉜，使牛入示之㉝。入，不示。出，命佩之。牛谓叔孙：“见仲而何㉞？”叔孙曰：“何为㉟？”曰：“不见。既自见矣㊱，公与之环而佩之矣。”遂逐之，奔齐。疾急，命召仲，牛许而不召。

杜泄见，告之饥渴，授之戈[37]。对曰："求之而至，又何去焉[38]？"竖牛曰："夫子疾病，不欲见人。"使寘馈于个而退[39]。牛弗进，则置虚，命彻[40]。十二月癸丑，叔孙不食。乙卯卒[41]。牛立昭子而相之[42]。

公使杜泄葬叔孙。竖牛赂叔仲昭子与南遗[43]，使恶杜泄于季孙而去之[44]。杜泄将以路葬，且尽卿礼[45]。南遗谓季孙曰："叔孙未乘路，葬焉用之？且冢卿无路，介卿以葬，不亦左乎[46]？"季孙曰："然。"使杜泄舍路[47]。不可。曰："夫子受命于朝，而聘于王[48]。王思旧勋而赐之路[49]。复命而致之君[50]。君不敢逆王命而后赐之，使三官书之。吾子为司徒，实书名[51]。夫子为司马，与工正书服[52]。孟孙为司空，以书勋[53]，今死而弗以，是弃君命也。书在公府而弗以，是废三官也。若命服，生弗敢服，死又不以，将焉用之？"乃使以葬。

季孙谋去中军，竖牛曰："夫子固欲去之[54]。"

① 成十六年辟侨如之难奔齐。庚宗，鲁地。○ 难，乃旦切。 ② 妇人闻而哭之。 ③ 国氏，齐正卿，姜姓。○ 娶，七住切。 ④ 穆子梦也。○ 压，於甲切，又於辄切。胜，音升。 ⑤ 上偻，肩伛。○ 偻，力主切。伛，纡甫切。 ⑥ 口象猪。○ 豭，音加。喙，许秽切。 ⑦ 徒，从者。○ 号，胡到切，又户刀切。从，才用切。 ⑧ 志，识也。○ 识，申志切，一音式。 ⑨ 宣伯，侨如，穆子之兄。成十六年奔齐，穆子馈宣伯。○ 馈，求位切，饷也。 ⑩ 先子，宣伯先人。 ⑪ 言兄始为乱，己则有今日之愿，盖忿言。○ 女，音汝。 ⑫ 在齐生孟丙、仲壬，鲁召之，立为卿，襄二年始见《经》。○ 见，贤遍切，下接见同。 ⑬ 献穆子。⑭ 问有子否。○《释文》：问其姓，女生曰姓，姓谓子也。 ⑮ 襄二年，竖

生五六岁。○长，丁丈切。奉，芳勇切。　⑯竖，小臣也。《传》言从梦未必吉。○唯，维癸切；徐，以水切。唯，应辞，犹咏也。竖，上主切。　⑰为家政。　⑱公孙明，齐大夫子明也，与叔孙相亲知。　⑲国姜，孟、仲母。○取，七住切，又如字。　⑳子孟丙、仲壬。　㉑丘莸，地名。○莸，音由。　㉒欲使从己，孟不肯。○强，其丈切。　㉓际，接也。孟未与诸大夫相接见。○为，于伪切，又如字。　㉔以豭豬血衅钟曰落。○衅，许覲切。　㉕飨礼具。　㉖请飨日。　㉗谒，白也。　㉘诈命日。　㉙北妇人，国姜也。客谓公孙明。　㉚杀孟丙。○拘，音俱。　㉛莱书，公御士名。仲与之私游观于公宫。○莱，音来，人姓名。观，古乱切，《注》同，又如字。　㉜赐玉环。　㉝示叔孙。　㉞而何，如何。○见，贤遍切，下洩见同。　㉟怪牛言。　㊱言仲已自往见公。　㊲杜洩，叔孙氏宰也。牛不食叔孙，叔孙怒，欲使杜洩杀之。○洩，息列切。食，音嗣。　㊳言求食可得，无为去竖牛。盖杜洩力不能去，设辞以免。○去，起吕切，《注》及下同。　㊴寘，置也。个，东西厢。○寘，之豉切；本或作奠。个，古贺切，谓厢屋。厢，本又作箱，息羊切。　㊵写器令空，示若叔孙已食，命去之。○令，力呈切。　㊶三日绝粮。　㊷昭子，豹之庶子叔孙婼也。○相，息亮切。婼，敕略切。　㊸昭子，叔仲带也。南遗，季氏家臣。○赂，音路。　㊹憎洩不与己同志。○恶，乌路切。　㊺路，王所赐叔孙车。　㊻冢卿，谓季孙。介，次也。左，不便。○焉，於虔切，下焉用同。介，音界。左，如字，旧音佐。便，婢面切。　㊼舍，置也。○舍，式夜切，或音捨。　㊽在襄二十四年。夫子，谓叔孙。　㊾感其有礼，以念其先人。　㊿豹不敢自乘。　51谓季孙也。书名，定位号。○复，扶又切。　52谓叔孙也。服，车服之器，工正所书。　53勋，功也。　54诬叔孙以媚季孙。○媚，眉冀切。

经

五年春，王正月，舍中军[1]。

楚杀其大夫屈申[2]。

公如晋。

夏，莒牟夷以牟娄及防兹来奔[3]。

秋七月，公至自晋。

戊辰，叔弓帅师败莒师于蚡泉[4]。

秦伯卒[5]。

冬，楚子、蔡侯、陈侯、许男、顿子、沈子、徐人、越人伐吴。

① 襄十一年始立中军。○ 舍，音捨，《传》同。 ② 书名，罪之。 ③ 城阳平昌县西南有防亭，姑幕县东北有兹亭。○ 牟，亡侯切。幕，亡博切。 ④ 蚡泉，鲁地。○ 蚡，扶粉切。 ⑤ 无《传》，不书名，未同盟。

传

五年春，王正月，舍中军，卑公室也[1]。毁中军于施氏，成诸臧氏[2]。初作中军，三分公室而各有其一[3]。季氏尽征之[4]，叔孙氏臣其子弟[5]，孟氏取其半焉[6]。及其舍之也，四分公室，季氏择二[7]，二子各一。皆尽征之，而贡于公[8]。以书使杜洩告于殡[9]，曰："子固欲毁中军，既毁之矣，故告。"杜洩曰："夫子唯不欲毁也，故盟诸僖闳，诅诸五父之衢[10]。"受其书而投之[11]，帅士而哭之[12]。叔仲子谓季孙曰："带受命于子叔孙曰，葬鲜者自西门[13]。"季孙命杜洩[14]。杜洩曰："卿丧自朝，鲁礼也[15]。吾子为国政，未改礼，而又迁之[16]。群臣惧死，不敢自也[17]。"既葬而行[18]。

仲至自齐[19]，季孙欲立之。南遗曰："叔孙氏厚则季氏薄。彼实家乱，子勿与知，不亦可乎？”南遗使国人助竖牛以攻诸大库之庭[20]。司宫射之，中目而死。竖牛取东鄙三十邑，以与南遗[21]。

昭子即位，朝其家众，曰：“竖牛祸叔孙氏，使乱大从[22]，杀適立庶，又披其邑，将以赦罪[23]，罪莫大焉。必速杀之。”竖牛惧，奔齐。孟仲之子杀诸塞关之外[24]，投其首于宁风之棘上[25]。

仲尼曰：“叔孙昭子之不劳，不可能也[26]。周任有言曰：‘为政者不赏私劳，不罚私怨。’《诗》云：‘有觉德行，四国顺之[27]。’”

初，穆子之生也，庄叔以《周易》筮之[28]，遇《明夷》䷣[29]之《谦》䷎[30]，以示卜楚丘[31]。曰：“是将行[32]，而归为子祀[33]。以谗人入，其名曰牛，卒以馁死。《明夷》，日也[34]。日之数十[35]，故有十时，亦当十位。自王已下，其二为公，其三为卿[36]。日上其中[37]，食日为二[38]，旦日为三[39]。《明夷》之《谦》，明而未融，其当旦乎[40]。故曰为子祀[41]。日之《谦》当鸟，故曰明夷于飞[42]。明而未融，故曰垂其翼[43]。象日之动，故曰君子于行[44]。当三在旦，故曰三日不食[45]。《离》，火也。《艮》，山也。《离》为火，火焚山，山败[46]。于人为言[47]，败言为谗[48]。故曰有攸往。主人有言，言必谗也[49]。纯《离》为牛[50]。世乱谗胜，胜将适《离》，故曰其名曰牛[51]。《谦》不足，飞不翔[52]，垂不峻，翼不广[53]。故曰其为子后乎[54]。吾子，亚卿也，抑少不终[55]。”

①罢中军,季孙氏称左师,孟氏称右师,叔孙氏则自以叔孙为军名。 ②季孙不欲亲其议,敕二家会诸大夫发毁置之计,又取其令名。○臧,子郎切。 ③三家各有一军家属。 ④无所入于公。 ⑤以父兄归公。 ⑥复以子弟之半归公。○复,扶又切。 ⑦简择取二分。○分,扶运切,或如字。 ⑧国人尽属三家,三家随时献公而已。 ⑨告叔孙之柩。○殡,必刃切。柩,其又切。 ⑩皆在襄十一年。○闳,音宏。诅,侧虑切。衢,其俱切。 ⑪投,掷也。○掷,直亦切。 ⑫痛叔孙之见诬。 ⑬不以寿终为鲜。西门,非鲁朝正门。○鲜,音仙;徐,息浅切。寿,音授。 ⑭命使从西门。 ⑮从生存朝觐之正路。 ⑯迁,易也。 ⑰自,从也。 ⑱善杜泄能辟祸。 ⑲闻丧而来。 ⑳攻仲壬也。鲁城内有大庭氏之虚,于其上作库。○与,音预。虚,起居切。 ㉑取叔孙氏邑。○射,食亦切。中,丁仲切。 ㉒使从于乱。○《释文》:使乱大从,如字;服云,使乱大和顺之道也。 ㉓披,析也。谓以邑与南遗。昭子不知竖牛饿杀其父,故但言其见罪。○适,丁历切,本又作嫡。披,普皮切。析,星历切。见,贤遍切。 ㉔齐、鲁界上关。○塞,悉代切。 ㉕宁风,齐地。 ㉖不以立己为功劳,据其所言善之,时鲁人不以饿死语昭子。○语,鱼据切。 ㉗《诗·大雅》。觉,直也,言德行直则四方顺从之。○任,音壬。行,下孟切。 ㉘庄叔,穆子父得臣也。 ㉙《离》下《坤》上,《明夷》。○坤,苦门切。 ㉚《艮》下《坤》上,《谦》。《明夷》初九变为《谦》。○艮,古恨切。 ㉛楚丘,卜人姓名。 ㉜行,出奔。 ㉝奉祭祀。 ㉞《离》为日。夷,伤也。日明伤。○馁,奴罪切,饿也。 ㉟甲至癸。 ㊱日中当王,食时当公,平旦为卿,鸡鸣为士,夜半为皂,人定为舆,黄昏为隶,日入为僚,晡时为仆,日昳为台,隅中日出,阙不在第。尊王公,旷其位。○皂,才早切。舆,音余。僚,力凋切。晡,布吴切。昳,田结切。 ㊲日中盛明,故以当王。 ㊳公位。 ㊴卿位。 ㊵融,朗也。《离》在《坤》下,日在地中之象。又变为《谦》,谦道卑退,故曰明而未融。日明未融,故曰其当旦乎。 ㊶庄叔,卿也。卜豹为卿,故知为子祀。 ㊷《离》为日、为

鸟,《离》变为《谦》,日光不足,故当鸟。鸟飞行,故曰于飞。 ㊸ 于日为未融,于鸟为垂翼。 ㊹《明夷》初九,得位有应,君子象也。在明伤之世,居谦下之位,故将辟难而行。○ 应,应对之应。谦,如字,又遐嫁切。难,乃旦切。 ㊺ 旦位在三,又非食时,故曰三日不食。 ㊻《离》、《艮》合体故。○ 败,必迈切,又如字。 ㊼《艮》为言。 ㊽ 为《离》所焚,故言败。 ㊾《离》变为《艮》,故言有所往。往而见烧,故主人有言。言而见败,故必谗言。○ 攸,音由。 ㊿《易》,《离》上《离》下,《离》,畜牝牛,吉。故言纯《离》为牛。○ 牝,频忍切,旧扶死切。 (51)《离》焚山则《离》胜,譬世乱则谗胜,山焚则《离》独存,故知名牛也。竖牛非牝牛,故不吉。 (52) 谦道冲退,故飞不远翔。 (53) 峻,高也。翼垂下,故不能广远。 (54) 不远翔,故知不远去。 (55) 旦日,正卿之位,庄叔父子世为亚卿,位不足以终尽卦体,盖引而致之。

楚子以屈申为贰于吴,乃杀之[①]。以屈生为莫敖[②],使与令尹子荡如晋逆女。过郑,郑伯劳子荡于汜,劳屈生于菟氏[③]。晋侯送女于邢丘。子产相郑伯,会晋侯于邢丘[④]。

① 造生贰心。 ② 生,屈建子。 ③ 汜、菟氏皆郑地。○ 过,古禾切。劳,力报切,后皆同。汜,徐,扶严切。菟,大胡切。 ④《传》言楚强,诸侯畏敬其使。○ 相,息亮切。使,所吏切。

公如晋[①],自郊劳至于赠贿[②],无失礼[③]。晋侯谓女叔齐曰:"鲁侯不亦善于礼乎?"对曰:"鲁侯焉知礼!"公曰:"何为? 自郊劳至于赠贿,礼无违者,何故不知?"对曰:"是仪也,不可谓礼。礼所以守其国,行其政令,无失其民者也。今政令在家[④],不能取也。有子家羁,弗能用也[⑤]。奸大国之盟，陵虐小国[6]。利人之难[7]，不知其私[8]。公室四分，民食于他[9]。思莫在公，不图其终[10]。为国君，难将及身，不恤其所。礼之本末，将于此乎在[11]，而屑屑焉习仪以亟[12]。言善于礼，不亦远乎？"君子谓："叔侯于是乎知礼[13]。"

① 即位而往见。○ 见，贤遍切。　② 往有郊劳，去有赠贿。○ 贿，呼罪切。　③ 揖让之礼。　④ 在大夫。○ 女，音汝。焉，於虔切。⑤ 羁，庄公玄孙懿伯也。○ 羁，居宜切。　⑥ 谓伐莒取郓。○ 奸，音干。郓，音运。　⑦ 谓往年莒乱而取鄫。○ 难，乃旦切，下及注同。⑧ 不自知有私难。　⑨ 他，谓三家也。言鲁君与民无异。　⑩ 无为公谋终始者。○ 思，息吏切，谓群臣虑也，又如字。为，于伪切。　⑪ 在恤民与忧国。　⑫ 言以习仪为急。○ 屑，先结切。亟，纪力切。⑬ 时晋侯亦失政，叔齐以此讽谏。○ 讽，芳凤切；本亦作风，音同。

晋韩宣子如楚送女，叔向为介。郑子皮、子大叔劳诸索氏[1]。大叔谓叔向曰："楚王汰侈已甚，子其戒之。"叔向曰："汰侈已甚，身之灾也，焉能及人？若奉吾币帛，慎吾威仪，守之以信，行之以礼，敬始而思终，终无不复[2]。从而不失仪[3]，敬而不失威，道之以训辞，奉之以旧法，考之以先王[4]，度之以二国[5]，虽汰侈，若我何？"

及楚，楚子朝其大夫曰："晋，吾仇敌也。苟得志焉，无恤其他。今其来者，上卿、上大夫也。若吾以韩起为阍[6]，以羊舌肸为司宫[7]，足以辱晋，吾亦得志矣，可乎？"大夫莫对。薳启彊曰："可。苟有其备，何故不可？耻匹夫不可以无备，况耻国乎？是以圣王务行礼，不求耻人。朝聘有珪[8]，享覜有璋[9]，小有述职[10]，大有巡功[11]，设机而不倚，爵盈而不饮[12]，宴有好货[13]，飧有陪鼎[14]，入有郊劳[15]，出有赠贿[16]，礼之至也。国家之败，失之道也，则祸乱兴[17]。城濮之役[18]，晋无楚备，以败于邲[19]。邲之役，楚无晋备，以败于鄢[20]。自鄢以来，晋不失备，而加之以礼，重之以睦[21]，是以楚弗能报而求亲焉。既获姻亲，又欲耻之，以召寇仇，备之若何[22]？谁其重此[23]？若有其人，耻之可也[24]。若其未有，君亦图之。晋之事君，臣曰可矣。求诸侯而麇至[25]，求昏而荐女[26]，君亲送之，上卿及上大夫致之。犹欲耻之，君其亦有备矣。不然，奈何？韩起之下，赵成、中行吴、魏舒、范鞅、知盈[27]；羊舌肸之下，祁午、张趯、籍谈、女齐、梁丙、张骼、辅跞、苗贲皇，皆诸侯之选也[28]。韩襄为公族大夫，韩须受命而使矣[29]。箕襄、邢带[30]、叔禽、叔椒、子羽[31]，皆大家也。韩赋七邑，皆成县也[32]。羊舌四族，皆强家也[33]。晋人若丧韩起、杨肸，五卿、八大夫[34]辅韩须、杨石[35]，因其十家九县[36]，长毂九百[37]，其馀四十县，遗守四千[38]，奋其武怒，以报其大耻，伯华谋之[39]，中行伯、魏舒帅之[40]，其蔑不济矣。君将以亲易怨[41]，实无礼以速寇，而未有其备，使群臣往遗之禽，以逞君心，何不可之有？”王曰：“不穀之过也，大夫无辱[42]。”厚为韩子礼。王欲敖叔向以其所不知，而不能[43]。亦厚其礼。

韩起反，郑伯劳诸圉[44]。辞不敢见，礼也[45]。

① 河南成皋县东有大索城。○ 介，音界。大，音泰。索，悉洛切。② 事皆可复行。○ 焉，於虔切。　③ 从，顺也。　④ 以先王之礼成其好。○ 道，音导。好，呼报切。　⑤ 度晋、楚之势而行之。○ 度，待洛

切。 ⑥ 刖足使守门。○ 仇，音求。阍，音昏。刖，音月，又五刮切。⑦ 加宫刑。○ 肸，许乙切。 ⑧ 珪以为信。 ⑨ 享，飨也。頫，见也。既朝聘而享见也。臣为君使执璋。○ 頫，他吊切；徐，他彫切。璋，音章。享、飨，并许丈切；郑、服皆以享为献耳。见，贤遍切。为，于伪切。使，所吏切。 ⑩ 诸侯適天子曰述职。○《释文》云：述职，述其所治国之功职也。 ⑪ 天子巡守曰巡功。○《释文》：巡功，巡所守之功绩。守，手又切。 ⑫ 言务行礼。○ 机，音几。倚，於绮切。 ⑬ 宴饮以货为好，衣服车马，在客所无。○ 好，呼报切，下同。 ⑭ 热食为飧。陪，加也。加鼎所以厚殷勤。○ 飧，音孙。陪，薄回切；徐，扶杯切。 ⑮ 宾至，逆劳之于郊。 ⑯ 去则赠之以货贿。 ⑰ 失朝聘宴好之道。⑱ 在僖二十八年。○ 濮，音卜。 ⑲ 在宣十二年，言兵祸始于城濮。○ 邲，皮必切。 ⑳ 在成十六年。○ 鄢，於晚切。 ㉑ 君臣和也。○ 重，直用切。 ㉒ 言何以为备。○ 姻，音因。 ㉓ 言怨重。㉔ 谓有贤人以敌晋，则可耻之。 ㉕ 麇，群也。○ 麇，丘陨切，又其郧切。 ㉖ 荐，进也。 ㉗ 五卿位在韩起之下，皆三军之将佐也。成，赵武之子。吴，荀偃之子。○ 行，户郎切。鞅，於丈切。知，音智。将，子匠切。 ㉘ 言非凡人。○ 趯，他历切。骼，古百切，或音各。跞，力狄切，又力各切；本又作栎，同。贲，扶云切。选，息恋切。 ㉙ 襄，韩无忌子也，为公族大夫。须，起之门子，年虽幼，已任出使。○ 使，所吏切，下注同。任，音壬。 ㉚ 二人韩氏族。 ㉛ 皆韩起庶子。 ㉜ 成县，赋百乘也。○《释文》：韩赋七邑。韩襄，起之兄子。箕襄、邢带二人，韩氏族。韩须、叔禽、叔椒、子羽四人，皆韩起子。凡七人，人一邑。乘，绳证切，下皆同。 ㉝ 四族，铜鞮伯华、叔向、叔鱼、叔虎兄弟四人。○ 鞮，丁兮切。㉞ 五卿，赵成以下；八大夫，祁午以下。○ 丧，息浪切。杨肸，叔向本羊舌氏，食采于杨，故又号杨肸也。 ㉟ 石，叔向子食我也。○ 食，音嗣。㊱ 韩氏七，羊舌氏四，而言十家，举大数也。羊舌四家，共二县，故但言强家。 ㊲ 长毂，戎车也，县百乘。○ 毂，古木切。 ㊳ 计遗守国者尚有四千乘。○ 遗，唯季切。 ㊴ 伯华，叔向兄。 ㊵ 伯，中行吴。

㊶ 失婚姻之亲。 ㊷ 谢薳启彊。 ㊸ 言叔向之多知。○ 敖，五报切。叔向以其所不知，绝句。多知，如字，又音智。 ㊹ 圉，郑地名。 ㊺ 奉使君命未反故。○ 见，贤遍切。

郑罕虎如齐，娶于子尾氏[①]。晏子骤见之。陈桓子问其故，对曰："能用善人，民之主也[②]。"

① 自为逆也。○ 娶，七住切。为，于伪切。 ② 谓授子产政。○ 骤，仕救切。

夏，莒牟夷以牟娄及防兹来奔。非卿而书，尊地也[①]。莒人愬于晋[②]。晋侯欲止公。范献子曰："不可。人朝而执之，诱也。讨不以师，而诱以成之，惰也。为盟主而犯此二者，无乃不可乎？请归之，间而以师讨焉[③]。"乃归公。秋七月，公至自晋。

① 尊，重也。重地，故书。以名其人终为不义。 ② 愬鲁受牟夷。○ 愬，悉路切。 ③ 间，暇也。○ 诱，音酉。惰，徒卧切。间，音闲，注同，又如字。

莒人来讨[①]，不设备。戊辰，叔弓败诸蚡泉，莒未陈也[②]。

① 讨受牟夷。 ② 嫌君臣异，故重发例。○ 陈，直觐切。重，直用切。

冬十月，楚子以诸侯及东夷伐吴，以报棘、栎、麻之役[①]。

薳射以繁扬之师，会于夏汭[②]。越大夫常寿过帅师会楚子于琐[③]。闻吴师出，薳启彊帅师从之[④]，遽不设备，吴人败诸鹊岸[⑤]。

楚子以驲至于罗汭[⑥]。吴子使其弟蹶由犒师[⑦]，楚人执之，将以衅鼓。王使问焉，曰："女卜来吉乎？"对曰："吉。寡君闻君将治兵于敝邑，卜之以守龟，曰，余亟使人犒师，请行以观王怒之疾徐，而为之备，尚克知之[⑧]。龟兆告吉，曰，克可知也。君若驩焉，好逆使臣，滋敝邑休怠[⑨]，而忘其死，亡无日矣。今君奋焉震电冯怒[⑩]，虐执使臣，将以衅鼓，则吴知所备矣。敝邑虽羸，若早修完[⑪]，其可以息师[⑫]。难易有备，可谓吉矣。且吴社稷是卜，岂为一人。使臣获衅军鼓，而敝邑知备，以御不虞，其为吉孰大焉。国之守龟，其何事不卜[⑬]？一臧一否，其谁能常之？城濮之兆，其报在邲[⑭]。今此行也，其庸有报志[⑮]。"乃弗杀。

楚师济于罗汭，沈尹赤会楚子，次于莱山。薳射帅繁扬之师，先入南怀，楚师从之。及汝清[⑯]，吴不可入[⑰]。楚子遂观兵于坻箕之山[⑱]。是行也，吴早设备，楚无功而还，以蹶由归。楚子惧吴，使沈尹射待命于巢，薳启彊待命于雩娄，礼也[⑲]。

① 役在四年。　② 会楚子。○ 射，食夜切，又食亦切。　③ 琐，楚地。○ 过，古禾切。琐，素果切。　④ 从吴师也。　⑤ 庐江舒县有鹊尾渚。○ 遽，其据切。岸，五旦切。　⑥ 驲，传也。罗，水名。○ 驲，人实切。传，中恋切。　⑦ 犒，劳。○ 蹶，居卫切。犒，苦报切。⑧ 言吴令龟如此。○ 衅，许觐切。女，音汝。守，手又切，下同。亟，纪力

切。　⑨休，解也。○好，呼报切。使，所吏切，下同。解，佳买切。⑩冯，盛也。○冯，皮冰切；徐，敷冰切。　⑪完器备。○羸，力危切。完，音丸。　⑫息楚之师。　⑬言常卜。○易，以豉切。为，于伪切。御，鱼吕切。　⑭城濮战，楚卜吉，其效乃在邲。○否，悲矣切，旧方有切。　⑮言吴有报楚意。　⑯南怀、汝清，皆楚界。○莱，音来。⑰有备。　⑱观，示也。○观，旧音官，读《尔雅》者，皆官唤切。坻，直夷切。　⑲善有备。○雩，音于；徐，况于切；如淳同；韦昭音虚。娄，力侯切；徐，力俱切；如淳音楼。

秦后子复归于秦[①]，景公卒故也[②]。

①元年奔晋。　②终五稔之言。○稔，而甚切。

经

六年春，王正月，杞伯益姑卒[①]。

葬秦景公。

夏，季孙宿如晋。

葬杞文公[②]。

宋华合比出奔卫[③]。

秋九月，大雩。

楚薳罢帅师伐吴[④]。

冬，叔弓如楚。

齐侯伐北燕。

①再同盟。　②无《传》。　③合比事君不以道，自取奔亡，书名罪之。○华，户化切。比，如字，又毗志切。　④○罢，音皮。

传

六年春，王正月，杞文公卒，吊如同盟，礼也[①]。大夫如秦，葬景公，礼也[②]。

① 鲁怨杞因晋取其田，而今不废丧纪，故礼之。 ② 合先王士吊大夫送葬之礼。

三月，郑人铸刑书[①]。叔向使诒子产书[②]曰："始吾有虞于子[③]，今则已矣[④]。昔先王议事以制，不为刑辟，惧民之有争心也[⑤]。犹不可禁御，是故闲之以义[⑥]，纠之以政[⑦]，行之以礼，守之以信，奉之以仁[⑧]，制为禄位以劝其从[⑨]，严断刑罚以威其淫[⑩]。惧其未也，故诲之以忠，耸之以行[⑪]，教之以务[⑫]，使之以和[⑬]，临之以敬，涖之以强[⑭]，断之以刚[⑮]。犹求圣哲之上，明察之官[⑯]，忠信之长，慈惠之师，民于是乎可任使也，而不生祸乱。民知有辟，则不忌于上[⑰]，并有争心，以征于书，而徼幸以成之[⑱]，弗可为矣[⑲]。夏有乱政而作《禹刑》，商有乱政而作《汤刑》[⑳]，周有乱政而作《九刑》[㉑]，三辟之兴，皆叔世也[㉒]。今吾子相郑国，作封洫[㉓]，立谤政[㉔]，制参辟，铸刑书[㉕]，将以靖民，不亦难乎？《诗》曰：'仪式刑文王之德，日靖四方[㉖]。'又曰：'仪刑文王，万邦作孚[㉗]。'如是，何辟之有[㉘]？民知争端矣，将弃礼而征于书[㉙]。锥刀之末，将尽争之[㉚]。乱狱滋丰，贿赂并行，终子之世，郑其败乎！肸闻之，国将亡，必多制[㉛]，其此之谓乎！"复书曰："若吾子之言[㉜]。侨不才，不能及子孙，吾以救世也。既不承命，敢忘大惠[㉝]？"

士文伯曰："火见，郑其火乎[34]。火未出而作火以铸刑器[35]，藏争辟焉。火如象之，不火何为[36]？"

①铸刑书于鼎，以为国之常法。○铸，之树切。　②诒，遗也。○诒，以之切。遗，唯季切。　③虞，度也。言准度子产以为己法。○度，待洛切，下同。　④已，止也。　⑤临事制刑，不豫设法也。法豫设则民知争端。○辟，婢亦切，下皆同。争，争斗之争。　⑥闲，防也。○御，鱼吕切。　⑦纠，举也。　⑧奉，养也。　⑨劝从教。⑩淫，放也。○断，丁乱切。　⑪耸，惧也。○耸，息勇切。行，下孟切。　⑫时所急。　⑬说以使民。○说，音悦。　⑭施之于事为涖。○涖，音利，又音类。　⑮义断恩。　⑯上，公、王也。官，卿、大夫也。　⑰权移于法，故民不畏上。○长，丁丈切。　⑱因危文以生争，缘徼幸以成其巧伪。○徼，本又作邀，古尧切。　⑲为，治也。⑳夏、商之乱，著禹、汤之法，言不能议事以制。○夏，户雅切。　㉑周之衰亦为刑书，谓之《九刑》。　㉒言刑书不起于始盛之世。　㉓在襄三十年。○相，息亮切。洫，况域切。　㉔作丘赋，在四年。○谤，布浪切。　㉕制参辟，谓用三代之末法。○参，七南切，一音三。㉖《诗·颂》。言文王以德为仪式，故能日有安靖四方之功。刑，法也。○靖，音静。　㉗《诗·大雅》。言文王作仪法为天下所信。孚，信也。㉘言《诗》唯以德与信，不以刑也。　㉙以刑书为征。　㉚锥刀末，喻小事。○锥，音隹。尽，如字。　㉛数改法。○数，所角切。㉜复，报也。　㉝以见箴戒为惠。○箴，之林切。　㉞火，心星也。周五月昏见。○见，贤遍切。　㉟刑器，鼎也。　㊱象，类也。同气相求，火未出而用火，相感而致灾。

夏，季孙宿如晋，拜莒田也[1]。晋侯享之，有加笾[2]。武子退，使行人告曰："小国之事大国也，苟免于讨，不敢求贶[3]。得贶不过三献[4]。今豆有加，下臣弗堪，无乃戾也[5]。”韩宣子曰：“寡君以为驩也[6]。”对曰：“寡君犹未敢[7]，况下臣，君之隶也，敢闻加贶？”固请彻加而后卒事。晋人以为知礼，重其好货[8]。

① 谢前年受牟夷邑，不见讨。 ② 笾豆之数，加于常礼。 ③ 贶，赐也。〇 贶，音况。 ④《周礼》：大夫三献。 ⑤ 惧以不堪为罪。 ⑥ 以加礼致驩心。〇 驩，音欢。 ⑦ 未敢当此加也。 ⑧ 宴好之货。〇 好，呼报切。

宋寺人柳有宠[1]，大子佐恶之。华合比曰：“我杀之[2]。”柳闻之，乃坎用牲埋书[3]，而告公曰：“合比将纳亡人之族[4]，既盟于北郭矣。”公使视之，有焉，遂逐华合比。合比奔卫。于是华亥欲代右师[5]，乃与寺人柳比，从为之征曰：“闻之久矣[6]。”公使代之[7]。见于左师[8]，左师曰：“女夫也，必亡[9]！女丧而宗室，于人何有？人亦于女何有[10]？《诗》曰：‘宗子维城，毋俾城坏，毋独斯畏[11]。’女其畏哉[12]！”

① 有宠于平公。〇 寺，本又作侍。柳，良九切，寺人名。 ② 故以求媚大子。〇 恶，乌路切。 ③ 诈为盟处。〇 处，昌虑切。 ④ 亡人，华臣也。襄十七年奔卫。 ⑤ 亥，合比弟。欲得合比处。 ⑥ 闻合比欲纳华臣。〇 比，毗志切。 ⑦ 代合比为右师。 ⑧ 左师，向戌。〇 见，贤遍切，又如字。 ⑨ 夫谓华亥。〇 女，音汝，下并《注》同。夫，方于切。 ⑩ 言人亦不能爱女。〇 丧，息浪切。 ⑪《诗·大雅》。言宗子之固若城。俾，使也。〇 俾，必尔切。 ⑫ 为二十年华亥出奔《传》。

六月丙戌，郑灾[1]。

① 终士文伯之言。

楚公子弃疾如晋，报韩子也[1]。过郑，郑罕虎、公孙侨、游吉从郑伯以劳诸柤。辞不敢见[2]。固请见之，见，如见王[3]，以其乘马八匹私面[4]。见子皮如上卿[5]，以马六匹。见子产，以马四匹。见子大叔，以马二匹[6]。禁刍牧采樵，不入田[7]，不樵树，不采蓺[8]，不抽屋，不强匄。誓曰："有犯命者，君子废，小人降[9]。"舍不为暴，主不慁宾[10]。往来如是。郑三卿皆知其将为王也[11]。

韩宣子之适楚也，楚人弗逆。公子弃疾及晋竟，晋侯将亦弗逆。叔向曰："楚辟我衷[12]，若何效辟？《诗》曰：'尔之教矣，民胥效矣[13]。'从我而已，焉用效人之辟？《书》曰：'圣作则[14]。'无宁以善人为则[15]，而则人之辟乎？匹夫为善，民犹则之，况国君乎？"晋侯说，乃逆之[16]。

① 报前年送女。　② 不敢当国君之劳。柤，郑地。○ 过，古卧切，又古禾切。从，才用切，或如字。劳，力报切，下同。柤，侧加切。见，贤遍切，下见王、《注》见郑、见王、私见同。　③ 见郑伯如见楚王，言弃疾共而有礼。　④ 私见郑伯。○ 乘，绳证切。　⑤ 如见楚卿。　⑥ 降杀以两。○ 杀，所界切。　⑦ 不犯田种。○ 刍，初俱切。樵，似遥切。⑧ 蓺，种也。　⑨ 君子则废黜不得居位，小人则退给下剧也。○ 抽，敕留切。强，其丈切，又其良切。匄，本或作丐，音盖，乞也；《说文》作匄；逯安说，亡人为匄。黜，敕律切。　⑩ 慁，患也。○ 慁，户困切。　⑪ 三卿，罕虎、公孙侨、游吉。　⑫ 辟，邪也。衷，正也。○ 竟，音境。辟，匹

亦切,下同。衷,音忠。邪,似嗟切。　⑬《诗·小雅》。言上教下效。○ 效,户孝切。　⑭ 逸《书》。则,法也。○ 焉,於虔切。　⑮ 无宁,宁也。　⑯《传》言叔向知礼。○ 说,音悦。

秋九月,大雩,旱也。

徐仪楚聘于楚①。楚子执之,逃归。惧其叛也,使薳洩伐徐②。吴人救之。令尹子荡帅师伐吴,师于豫章,而次于乾谿③。吴人败其师于房钟④,获宫厩尹弃疾⑤。子荡归罪于薳洩而杀之⑥。

① 仪楚,徐大夫。　② 薳洩,楚大夫。○ 洩,息列切。　③ 乾谿,在谯国城父县南,楚东竟。○ 谿,苦兮切。父,音甫。　④ 房钟,吴地。　⑤ 鬥韦龟之父。○ 厩,九又切。　⑥ 归罪于薳洩,不以败告,故不书。

冬,叔弓如楚聘,且吊败也①。

① 吊为吴所败。

十一月,齐侯如晋,请伐北燕也①。士匄相士鞅,逆诸河,礼也②。晋侯许之。十二月,齐侯遂伐北燕,将纳简公③。晏子曰:"不入。燕有君矣,民不贰。吾君贿,左右谄谀,作大事不以信,未尝可也④。"

① 告盟主。　② 士匄,晋大夫。相为介,得敬逆来者之礼。○ 匄,古害切;本或作丐。相,息亮切。鞅,於丈切。今传本皆作士匄相士鞅,古

本士匄或作王正。董遇、王肃本同。学者皆以士匄是范宣子，即士鞅之父，不应取其父同姓名人以为介，今传本误也。依王正为是。王元规云，古人质，口不言之耳，何妨为介也。案士文伯是士鞅之族，亦名匄，无妨。今相范鞅，即文伯也。然士文伯名，古本或有作正者。解见前卷襄三十一年。介，音界。　③ 简公，北燕伯。三年出奔齐。　④ 为明年暨齐平《传》。○ 谄，敕检切。谀，羊朱切。

经

七年春，王正月，暨齐平①。

三月，公如楚。叔孙婼如齐涖盟②。

夏四月甲辰朔，日有食之。

秋八月戊辰，卫侯恶卒③。

九月，公至自楚。

冬十有一月癸未，季孙宿卒。

十有二月癸亥，葬卫襄公。

① 暨，与也。燕与齐平。前年冬，齐伐燕，间无异事，故不重言燕，从可知。○ 暨，其器切，《传》同。重，直用切。　② 无《传》。公将远適楚，故叔孙如齐寻旧好。○ 婼，敕略切；徐音释。好，呼报切。　③ 元年，大夫盟于虢。

传

七年春，王正月，暨齐平，齐求之也①。癸巳，齐侯次于虢②。燕人行成曰："敝邑知罪，敢不听命？先君之敝器，请以谢罪③。"公孙皙曰："受服而退，俟衅而动，可也④。"二月戊午，盟于濡上⑤。燕人归燕姬⑥，赂以瑶瓮、玉椟、斝耳，不克而还[7]。

① 齐伐燕,燕人赂之,反从求平,如晏子言。 ② 虢,燕竟。○ 虢,瓜百切。竟,音境。 ③ 敝器,瑶瓮、玉椟之属。○ 瑶,音遥。瓮,乌送切;徐,於容切。椟,徒木切。 ④ 晳,齐大夫。○ 晳,星历切;徐,思益切。衅,许觐切。 ⑤ 濡水出高阳县东北,至河间鄚县入易水。○ 濡,徐音须;《说文》,女于切,一音而又切,又而于切。鄚,音莫;本又作莫。⑥ 嫁女与齐侯。 ⑦ 瑶,玉也。椟,匮也。斝耳,玉爵。○ 斝,古雅切,又音嫁;《礼记》,夏曰醆,殷曰斝,周曰爵;《说文》,斝从斗。匮,其位切。

楚子之为令尹也,为王旌以田[1]。芋尹无宇断之曰:"一国两君,其谁堪之?"及即位,为章台之宫,纳亡人以实之[2]。无宇之阍入焉[3]。无宇执之,有司弗与[4],曰:"执人于王宫,其罪大矣。"执而谒诸王[5]。王将饮酒[6],无宇辞曰:"天子经略[7],诸侯正封[8],古之制也。封略之内,何非君土。食土之毛,谁非君臣[9]。故《诗》曰:'普天之下,莫非王土。率土之滨,莫非王臣[10]。'天有十日[11],人有十等[12],下所以事上,上所以共神也。故王臣公,公臣大夫,大夫臣士,士臣皂,皂臣舆,舆臣隶,隶臣僚,僚臣仆,仆臣台,马有圉,牛有牧[13],以待百事。今有司曰,女胡执人于王宫,将焉执之?周文王之法曰,有亡荒阅[14],所以得天下也。吾先君文王[15],作《仆区》之法[16],曰盗所隐器[17],与盗同罪,所以封汝也[18]。若从有司,是无所执逃臣也。逃而舍之,是无陪台也[19]。王事无乃阙乎?昔武王数纣之罪,以告诸侯曰,纣为天下逋逃主,萃渊薮[20],故夫致死焉[21]。君王始求诸侯而则纣,无乃不可乎?若以二文之法取之，盗有所在矣㉒。”王曰：“取而臣以往㉓，盗有宠，未可得也㉔。”遂赦之㉕。

① 析羽为旌，王旌游至于轸。○ 旌，音精。析，星历切。游，音留。轸，之忍切。 ② 章台，南郡华容县。○ 芋，于付切。断，音短。 ③ 有罪亡人章华宫。 ④ 王有司也。 ⑤ 执无宇也。 ⑥ 遇其欢也。 ⑦ 经营天下，略有四海，故曰经略。 ⑧ 封疆有定分。○ 疆，居良切。分，扶问切。 ⑨ 毛，草也。 ⑩《诗·小雅》。滨，涯也。○ 普，本或作溥，音同；《毛传》云，大也。滨，音宾。涯，五佳切。 ⑪ 甲至癸。 ⑫ 王至台。 ⑬ 养马曰圉，养牛曰牧。○ 共，音恭。圉，鱼吕切。 ⑭ 荒，大也。阅，蒐也。有亡人当大蒐其众。○ 女，音汝。焉，於虔切。阅，音悦。蒐，所求切。 ⑮ 楚文王。 ⑯《仆区》，刑书名。○ 区，乌侯切；徐，如字。服云，仆，隐也；区，匿也。为隐匿亡人之法也。 ⑰ 隐盗所得器。 ⑱ 行善法，故能启疆北至汝水。 ⑲ 言皆将逃。 ⑳ 萃，集也。天下逋逃，悉以纣为渊薮，集而归之。○ 数，色具切，又色主切。逋，布吴切。萃，在醉切。薮，素口切。 ㉑ 人欲致死讨纣。○ 夫，音扶，又方于切。 ㉒ 言王亦为盗。 ㉓ 往，去也。 ㉔ 盗有宠，王自谓，为葬灵王张本。 ㉕ 赦无宇。

楚子成章华之台，愿与诸侯落之①。大宰薳启彊曰：“臣能得鲁侯。”薳启彊来召公，辞曰：“昔先君成公，命我先大夫婴齐曰：‘吾不忘先君之好，将使衡父照临楚国，镇抚其社稷，以辑宁尔民。’婴齐受命于蜀②，奉承以来，弗敢失陨，而致诸宗祧③，曰，我先君共王，引领北望，日月以冀④。传序相授，于今四王矣⑤。嘉惠未至，唯襄公之辱临我丧⑥。孤与其二三臣，悼心失图⑦，社稷之不皇，况能怀思君德⑧！今君若步玉趾，辱见寡君[9]，宠灵楚国，以信蜀之役，致君之嘉惠，是寡君既受贶矣，何蜀之敢望[10]！其先君鬼神，实嘉赖之，岂唯寡君。君若不来，使臣请问行期[11]，寡君将承质币而见于蜀，以请先君之贶[12]。”

公将往，梦襄公祖[13]。梓慎曰：“君不果行。襄公之适楚也，梦周公祖而行。今襄公实祖，君其不行。”子服惠伯曰：“行。先君未尝适楚，故周公祖以道之。襄公适楚矣，而祖以道君，不行，何之？”

三月，公如楚，郑伯劳于师之梁[14]。孟僖子为介，不能相仪[15]。及楚，不能答郊劳[16]。

① 宫室始成，祭之为落。台今在华容城内。 ② 蜀盟在成二年。衡父，公衡。○ 好，呼报切。辑，音集，又七入切。 ③ 言奉成公此语以告宗庙。○ 陨，于敏切。祧，他凋切。 ④ 冀鲁朝。○ 共，音恭。⑤ 四王，共、康、郏敖及灵王。○ 传，直专切。郏，古洽切。 ⑥ 襄公二十八年，如楚临康王丧。 ⑦ 在哀丧故。 ⑧ 皇，暇也。言有大丧，多不暇。 ⑨ 趾，足也。 ⑩ 言但欲使君来，不敢望如蜀复有质子。○ 复，扶又切。质，音致，又如字。 ⑪ 问鲁见伐之期。○ 使，所吏切。⑫ 请，问也。○ 质，音至；徐，之二切，又如字。见，贤遍切。 ⑬ 祖，祭道神。 ⑭ 郑城门。○ 道，音导。劳，力报切。 ⑮ 僖子，仲孙貜。○ 介，音界。相，息亮切。貜，俱缚切，又俱碧切。 ⑯ 为下僖子病不能相礼张本。

夏四月甲辰朔，日有食之。晋侯问于士文伯曰：“谁将当日食？”对曰：“鲁、卫恶之[1]，卫大鲁小。”公曰：“何故？”对曰：“去卫地，如鲁地[2]。于是有灾，鲁实受之[3]。其大咎，其卫君乎，鲁将上卿[④]。”公曰：“《诗》所谓‘彼日而食，于何不臧’者，何也[⑤]？”对曰：“不善政之谓也。国无政，不用善，则自取谪于日月之灾[⑥]。故政不可不慎也。务三而已，一曰择人[⑦]，二曰因民[⑧]，三曰从时[⑨]。”

① 受其凶恶。○ 恶，如字，或乌路切，非也。　② 卫地，豕韦也。鲁地，降娄也。日食于豕韦之末，及降娄之始乃息，故祸在卫大，在鲁小也。周四月，今二月，故曰在降娄。○ 降，户江切。　③ 灾发于卫，而鲁受其馀祸。　④ 八月卫侯卒，十一月季孙宿卒。○ 咎，其九切。　⑤ 感日食而问《诗》。　⑥ 谪，谴也。○ 谪，直革切。谴，遣战切。　⑦ 择贤人。　⑧ 因民所利而利之。　⑨ 顺四时之所务。

晋人来治杞田[①]，季孙将以成与之[②]。谢息为孟孙守，不可[③]。曰：“人有言曰，虽有挈瓶之知，守不假器，礼也[④]。夫子从君，而守臣丧邑[⑤]，虽吾子亦有猜焉[⑥]。”季孙曰：“君之在楚，于晋罪也[⑦]。又不听晋，鲁罪重矣。晋师必至，吾无以待之，不如与之，间晋而取诸杞[⑧]。吾与子桃[⑨]，成反，谁敢有之？是得二成也。鲁无忧而孟孙益邑，子何病焉？”辞以无山，与之莱、柞[⑩]，乃迁于桃[⑪]。晋人为杞取成[⑫]。

① 前女叔侯不尽归，今公適楚，晋人恨，故复来治杞田。○ 复，扶又切，下复伐同。　② 成，孟氏邑，本杞田。　③ 谢息，僖子家臣。○ 为，于伪切，下为杞同。守，手又切，下守臣同。　④ 挈瓶，汲者，喻小知。为人守器，犹知不以借人。○ 挈，苦结切。瓶，蒲丁切。知，音智，《注》小知同。汲，音急。借，子夜切。　⑤ 夫子，谓孟僖子，从公如楚。○ 丧，息浪切。　⑥ 言季孙亦将疑我不忠。○ 猜，七才切。　⑦ 言

晋罪君之在楚。 ⑧ 候晋间隙,可复伐杞取之。○ 间,如字。 ⑨ 鲁国下县东南有桃虚。○ 虚,起居切。 ⑩ 莱、柞,二山。○ 莱,音来。柞,子洛切,又音昨。 ⑪ 谢息迁也。 ⑫ 不书,非公命。

楚子享公于新台①,使长鬣者相②,好以大屈③。既而悔之。薳启彊闻之,见公。公语之,拜贺。公曰:"何贺?"对曰:"齐与晋、越欲此久矣。寡君无适与也,而传诸君。君其备御三邻④,慎守宝矣,敢不贺乎?"公惧,乃反之⑤。

① 章华台也。 ② 鬣,鬚也。欲光夸鲁侯。○ 鬣,力辄切。相,息亮切。鬚,音须。夸,苦华切。 ③ 宴好之赐。大屈,弓名。○ 好,呼报切,《注》同。屈,居勿切。大屈,弓名;服同,又云,大曲也;贾云,宝金可以为剑,出大屈地。 ④ 言齐、晋、越将伐鲁而取之。○ 见,贤遍切。语,鱼据切。适,丁历切。传,直专切。御,鱼吕切。 ⑤《传》言楚灵不信,所以不终。

郑子产聘于晋。晋侯有疾。韩宣子逆客,私焉①曰:"寡君寝疾,于今三月矣,并走群望②,有加而无瘳。今梦黄熊入于寝门,其何厉鬼也?"对曰:"以君之明,子为大政,其何厉之有?昔尧殛鲧于羽山③,其神化为黄熊,以入于羽渊,实为夏郊,三代祀之④。晋为盟主,其或者未之祀也乎⑤?"韩子祀夏郊⑥。晋侯有间⑦,赐子产莒之二方鼎⑧。

① 私语。 ② 晋所望祀山川,皆走往祈祷。○ 祈,音其。祷,丁老切,又丁报切。 ③ 羽山在东海祝其县西南。○ 瘳,敕留切。熊,音雄,兽名,亦作能,如字,一音奴。能,三足鳖也。解者云,兽非入水之物,故是

鳖也。一曰，既为神，何妨是兽。案，《说文》及《字林》皆云，能，熊属，足似鹿。然则能既熊属，又为鳖类，今本作能者，胜也。东海人祭禹庙，不用熊白及鳖为膳，斯岂鲧化为二物乎？殛，纪力切，诛也；本又作极，音义同。鲧，古本切，《注》同。　④ 鲧，禹父，夏家郊祭之，历殷、周二代，又通在群神之数，并见祀。○ 夏，户雅切，并《注》同。　⑤ 言周衰，晋为盟主，得佐天子祀群神。　⑥ 祀鲧。　⑦ 间，差也。○ 差，初卖切。⑧ 方鼎，莒所贡。

子产为丰施归州田于韩宣子[①]，曰："日君以夫公孙段为能任其事，而赐之州田，今无禄早世，不获久享君德。其子弗敢有，不敢以闻于君，私致诸子[②]。"宣子辞。子产曰："古人有言曰，其父析薪，其子弗克负荷[③]。施将惧不能任其先人之禄，其况能任大国之赐？纵吾子为政而可，后之人若属有疆埸之言，敝邑获戾[④]，而丰氏受其大讨。吾子取州，是免敝邑于戾，而建寘丰氏也。敢以为请[⑤]。"宣子受之，以告晋侯。晋侯以与宣子。宣子为初言，病有之[⑥]，以易原县于乐大心[⑦]。

① 丰施，郑公孙段之子。三年，晋以州田赐段。○ 为，于伪切，下为初言同。　② 此年正月，公孙段卒。○ 夫，音扶。任，音壬，下同。③ 荷，担也，以微薄喻贵重。○ 析，星历切。荷，本亦作何，河可切，又音河。担，丁甘切。　④ 恐后代宣子者，将以郑取晋邑罪郑。○ 疆，居良切。埸，音亦。　⑤《传》言子产贞而不谅。　⑥ 初言谓与赵文子争州田。　⑦ 乐大心，宋大夫。原，晋邑，以赐乐大心也。

郑人相惊以伯有，曰"伯有至矣"，则皆走，不知所往[①]。

铸刑书之岁二月[②]，或梦伯有介而行[③]，曰："壬子，余将杀带也[④]。明年壬寅，余又将杀段也[⑤]。"及壬子，驷带卒。国人益惧。齐、燕平之月[⑥]壬寅，公孙段卒，国人愈惧。其明月，子产立公孙泄及良止以抚之，乃止[⑦]。子大叔问其故。子产曰："鬼有所归，乃不为厉，吾为之归也。"大叔曰："公孙泄何为[⑧]？"子产曰："说也，为身无义而图说[⑨]。从政有所反之，以取媚也[⑩]。不媚不信[⑪]，不信，民不从也。"

及子产适晋，赵景子问焉[⑫]，曰："伯有犹能为鬼乎？"子产曰："能。人生始化曰魄[⑬]，既生魄，阳曰魂[⑭]。用物精多，则魂魄强[⑮]。是以有精爽，至于神明[⑯]。匹夫匹妇强死，其魂魄犹能冯依于人，以为淫厉[⑰]。况良霄我先君穆公之胄，子良之孙，子耳之子，敝邑之卿，从政三世矣。郑虽无腆[⑱]，抑谚曰蕞尔国[⑲]，而三世执其政柄，其用物也弘矣，其取精也多矣。其族又大，所冯厚矣[⑳]。而强死，能为鬼，不亦宜乎[㉑]？"

① 襄三十年，郑人杀伯有。言其鬼至。　② 在前年。　③ 介，甲也。○ 介，音界。　④ 驷带助子皙杀伯有。壬子，六年三月三日。　⑤ 公孙段，丰氏党。壬寅，此年正月二十八日。　⑥ 此年正月。　⑦ 公孙泄，子孔之子也。襄十九年，郑杀子孔。良止，伯有子也，立以为大夫，使有宗庙。○ 泄，息列切。　⑧ 子孔不为厉，问何为复立泄。○ 复，扶又切。　⑨ 伯有无义，以妖鬼故立之。恐惑民，并立泄，使若自以大义存诛绝之后者，以解说民心。○ 说，如字；徐，始锐切。　⑩ 民不可使知之，故治政或当反道以求媚于民。○ 治，直吏切。　⑪ 说而后信之。○ 说，音悦。　⑫ 景子，晋中军佐赵成。　⑬ 魄，形也。○ 魄，普白切。　⑭ 阳，神气也。　⑮ 物，权势。　⑯ 爽，明也。　⑰ 强

死，不病也。人谓匹夫匹妇贱身。○ 强，其丈切，下同。冯，皮冰切，下同。⑱ 腆，厚也。○ 胄，直又切。从政三世矣，子良公子去疾生子耳公孙辄，辄生伯有良霄，三世为郑卿。腆，他典切。 ⑲ 蕞，小貌。○ 蕞，在最切。⑳ 良霄魂魄所冯者贵重。○ 柄，彼命切。 ㉑《传》言子产之博敏。

子皮之族饮酒无度①，故马师氏与子皮氏有恶②。齐师还自燕之月③，罕朔杀罕魋④。罕朔奔晋。韩宣子问其位于子产⑤。子产曰："君之羁臣，苟得容以逃死，何位之敢择？卿违，从大夫之位⑥，罪人以其罪降⑦，古之制也。朔于敝邑，亚大夫也，其官，马师也⑧。获戾而逃，唯执政所寘之。得免其死，为惠大矣。又敢求位？"宣子为子产之敏也，使从嬖大夫⑨。

① 相尚以奢，相困以酒。 ② 马师氏，公孙鉏之子罕朔也。襄三十年，马师颉出奔，公孙鉏代之为马师，与子皮俱同一族。○ 鉏，仕居切。颉，户结切。 ③ 在此年二月。 ④ 魋，子皮弟。○ 魋，徒回切。⑤ 问朔可使在何位。 ⑥ 谓以礼去者，降位一等。 ⑦ 罪重则降多。⑧ 大夫位，马师职。 ⑨ 为子产故使降一等，不以罪降。○ 寘，之豉切。为，于伪切，《注》同。嬖，必计切。

秋八月，卫襄公卒。晋大夫言于范献子曰："卫事晋为睦①，晋不礼焉，庇其贼人而取其地②，故诸侯贰。《诗》曰：'鹡鸰在原，兄弟急难③。'又曰：'死丧之威，兄弟孔怀④。'兄弟之不睦，于是乎不吊⑤，况远人，谁敢归之？今又不礼于卫之嗣⑥，卫必叛我，是绝诸侯也。"献子以告韩宣子。宣子说，使献子如卫吊，且反戚田⑦。卫齐恶告丧于周，且请命。王使成简公如卫吊[8]。且追命襄公曰："叔父陟恪，在我先王之左右，以佐事上帝[9]。余敢忘高圉、亚圉[10]？"

① 睦，和也。　② 贼人，孙林父。其地，戚也。○ 庇，必利切，又音祕。　③《诗·小雅》。鹏鸰，鹡渠也。飞则鸣，行则摇。喻兄弟相救于急难，不可自舍。○ 鹏，本又作即，精亦切。鸰，本又作令，力丁切。难，如字，又乃旦切。摇，音遥，又以照切。　④ 威，畏也。言有死丧则兄弟宜相怀思。　⑤ 不相吊恤。　⑥ 嗣，新君也。　⑦《传》言戚田所由还卫。○ 说，音悦。还，音环。　⑧ 简公，王卿士也。　⑨ 陟，登也。恪，敬也。帝，天也。叔父谓襄公。命如今之哀策。○ 恪，苦各切。⑩ 二圉，周之先也。为殷诸侯，亦受殷王追命者。○ 圉，鱼吕切。

九月，公至自楚。孟僖子病不能相礼[1]，乃讲学之[2]，苟能礼者从之。及其将死也[3]，召其大夫[4]，曰："礼，人之幹也。无礼，无以立。吾闻将有达者曰孔丘[5]，圣人之后也[6]，而灭于宋[7]。其祖弗父何，以有宋而授厉公[8]。及正考父[9]佐戴、武、宣[10]，三命兹益共[11]。故其鼎铭云[12]：'一命而偻，再命而伛，三命而俯[13]。循墙而走[14]，亦莫余敢侮[15]。饘于是，鬻于是，以餬余口[16]。'其共也如是。臧孙纥有言[17]曰：'圣人有明德者，若不当世，其后必有达人[18]。'今其将在孔丘乎？我若获没[19]，必属说与何忌于夫子，使事之[20]而学礼焉，以定其位[21]。"故孟懿子与南宫敬叔师事仲尼。仲尼曰："能补过者，君子也。《诗》曰：'君子是则是效[22]。'孟僖子可则效已矣。"

①不能相仪答郊劳，以此为己病。○《释文》：病不能相礼，本或作病不能礼。相，息亮切。劳，力报切。　②讲，习也。　③二十四年，孟僖子卒，《传》终言之。　④僖子属大夫。　⑤僖子卒时，孔丘年三十五。　⑥圣人，殷汤。　⑦孔子六代祖孔父嘉，为宋督所杀，其子奔鲁。　⑧弗父何，孔父嘉之高祖，宋闵公之子，厉公之兄。何適嗣当立，以让厉公。○適，丁历切。　⑨弗父何之曾孙。　⑩三人皆宋君。⑪三命，上卿也。言位高益共。　⑫考父庙之鼎。　⑬俯共于伛，伛共于偻。○偻，力主切。伛，纡甫切。　⑭言不敢安行。　⑮其共如是，亦不敢侮慢之。○侮，亡甫切。　⑯于是鼎中为饘鬻。饘鬻，餬属，言至俭。○饘，之然切。鬻，之六切；孙炎云，淖糜也。餬，音胡。⑰纥，武仲也。　⑱圣人之后，有明德而不当大位，谓正考父。⑲得以寿终。　⑳说，南宫敬叔。何忌，孟懿子。皆僖子之子。○属，音烛。说，音悦。　㉑知礼则位安。　㉒《诗·小雅》。

单献公弃亲用羁[1]。

冬十月辛酉，襄、顷之族杀献公而立成公[2]。

①献公，周卿士，单靖公之子，顷公之孙。羁，寄客也。○单，音善。②襄公，顷公之父。成公，献公弟。○顷，音倾。

十一月，季武子卒。晋侯谓伯瑕[1]曰："吾所问日食，从之，可常乎[2]？"对曰："不可。六物不同[3]，民心不壹[4]，事序不类[5]，官职不则[6]，同始异终，胡可常也？《诗》曰：'或燕燕居息，或憔悴事国[7]。'其异终也如是。"公曰："何谓六物？"对曰："岁、时、日、月、星、辰是谓也。"公曰："多语寡人辰，而莫同。何谓辰？"对曰："日月之会是谓辰[8]，故以配日[9]。"

① 伯瑕，士文伯。　② 卫侯、武子皆卒故。　③ 各异时。　④ 政教殊。　⑤ 有变易。　⑥ 治官居职非一法。　⑦《诗·小雅》。言不同。○ 憔，在遥切，《诗》作尽。瘁，在醉切。　⑧ 一岁日月十二会，所会谓之辰。○ 语，鱼据切。　⑨ 谓以子丑配甲乙。

卫襄公夫人姜氏无子[1]，嬖人婤姶生孟絷。孔成子梦康叔谓己："立元[2]，余使羁之孙圉与史苟相之[3]。"史朝亦梦康叔谓己："余将命而子苟与孔烝鉏之曾孙圉相元。"史朝见成子，告之梦，梦协[4]。晋韩宣子为政，聘于诸侯之岁[5]，婤姶生子，名之曰元。孟絷之足不良，能行[6]。孔成子以《周易》筮之，曰："元尚享卫国，主其社稷[7]。"遇《屯》䷂[8]。又曰："余尚立絷，尚克嘉之[9]。"遇《屯》䷂之《比》䷇[10]。以示史朝。史朝曰："元亨，又何疑焉[11]。"成子曰："非长之谓乎[12]？"对曰："康叔名之，可谓长矣[13]。孟非人也，将不列于宗，不可谓长[14]。且其《繇》曰'利建侯[15]'。嗣吉何建？建非嗣也[16]。二卦皆云[17]，子其建之。康叔命之，二卦告之。筮袭于梦，武王所用也，弗从何为[18]？弱足者居[19]。侯主社稷，临祭祀，奉民人，事鬼神，从会朝，又焉得居？各以所利，不亦可乎[20]？"故孔成子立灵公。十二月癸亥，葬卫襄公[21]。

① 姜氏，宣姜。　② 成子，卫卿，孔达之孙烝鉏也。元，孟絷弟，梦时元未生。○ 婤，音周，又直周切；徐，敕周切。姶，乌答切。絷，张立切。烝，之承切。　③ 羁，烝鉏子。苟，史朝子。○ 羁，居宜切。相，息亮切。朝，如字。　④ 协，合也。　⑤ 在二年。　⑥ 跛也。○ 跛，波我切。　⑦ 令蓍辞。　⑧《震》下《坎》上，《屯》。○ 屯，张伦切。　⑨ 嘉，善也。　⑩《坤》下《坎》上，《比》。《屯》初九爻变。○ 比，毗志切。

⑪《周易》曰：《屯》，元亨。〇 亨，许庚切。　⑫ 言《屯》之元亨，谓年长，非谓名元。〇 长，丁丈切。　⑬ 善之长也。〇 名，如字；徐，武政切。⑭ 足跛，非全人，不可列为宗主。　⑮《繇》，卦辞。〇 繇，直又切。⑯ 嗣子有常位，故无所卜，又无所建。今以位不定，卜嗣得吉，则当从吉而建之也。〇《释文》：言何建，本或作可建。　⑰ 谓再得《屯》卦，皆有建侯之文。　⑱《外传》云：《大誓》曰，朕梦协朕卜，袭于休祥，戎商必克。此武王辞。　⑲ 跛则偏弱，居其家，不能行。　⑳ 孟跛利居，元吉利建。〇 焉，於虔切。　㉑ 灵公，元也。

春秋经传集解第二十二

昭公三

经

八年春，陈侯之弟招杀陈世子偃师①。

夏四月辛丑，陈侯溺卒②。

叔弓如晋。

楚人执陈行人干征师杀之③。

陈公子留出奔郑④。

秋，蒐于红⑤。

陈人杀其大夫公子过⑥。

大雩⑦。

冬十月壬午，楚师灭陈⑧。

执陈公子招，放之於越⑨。

杀陈孔奂⑩。

葬陈哀公⑪。

① 以首恶从杀例，故称弟，又称世子。○ 招，常遥切。 ② 襄二十七年，大夫盟于宋。○ 溺，乃历切。 ③ 称行人，明非行人罪。○ 干，古丹切。 ④ 留为招所立，未成君而出奔。 ⑤ 革车千乘，不言大者，《经》文阙也。红，鲁地。沛国萧县西有红亭。远，疑。○ 蒐，所求切。红，户东切。乘，绳证切。沛，音贝。 ⑥ 与招共杀偃师，书名，罪之。

○ 过，古禾切。　⑦ 无《传》。不旱而秋雩，过也。　⑧ 不称将帅，不以告。壬午，月十八日。○ 将，子匠切。帅，所类切。　⑨ 无《传》。复称公子，兄已卒。○ 复，扶又切。　⑩ 无《传》。招之党，楚杀之。○ 奂，呼乱切。　⑪ 嬖人袁克葬之。鲁往会，故书。○ 嬖，必计切。

传

八年春，石言于晋魏榆[①]。晋侯问于师旷曰："石何故言？"对曰："石不能言，或冯焉[②]。不然，民听滥也[③]。抑臣又闻之[④]曰：'作事不时，怨讟动于民，则有非言之物而言。'今宫室崇侈，民力彫尽[⑤]，怨讟并作，莫保其性[⑥]。石言，不亦宜乎。"于是晋侯方筑虒祁之宫[⑦]。叔向曰："子野之言，君子哉[⑧]！君子之言，信而有征，故怨远于其身[⑨]。小人之言，僭而无征，故怨咎及之。《诗》曰：'哀哉不能言，匪舌是出，唯躬是瘁[⑩]。哿矣能言，巧言如流，俾躬处休。'其是之谓乎[⑪]。是宫也成，诸侯必叛，君必有咎，夫子知之矣[⑫]。"

① 魏榆，晋地。○ 服云：魏，邑也。榆，州里名。　② 谓有精神冯依石而言。○ 冯，皮冰切。　③ 滥，失也。○ 滥，力暂切。　④ 抑，疑辞。　⑤ 彫，伤也。○ 讟，徒木切。侈，昌氏切，又尺氏切。　⑥ 性，命也。民不敢自保其性命。　⑦ 虒祁，地名，在绛西四十里，临汾水。○ 虒，音斯。祁，巨之切，又臣之切。汾，扶云切。　⑧ 子野，师旷字。⑨ 怨咎远其身也。○ 远，于万切。咎，其九切。　⑩《诗·小雅》也。不能言，谓不知言理，以僭言见退者，其言非不从舌出，以僭而无信，自取瘁病，故哀之。○ 僭，子念切。出，如字，又尺遂切。瘁，在醉切。　⑪ 哿，嘉也。巧言如流，谓非正言而顺叙，以听言见答者。言其可嘉，以信而有征，自取安逸。师旷此言，缘问流转，终归于谏，故以比巧言如流也。当叔

向时,《诗》义如此,故与今说《诗》者小异。○ 哿,古可切,《毛诗传》云,可也。俾,必尔切,本又作卑。休,许虬切,美也。　⑫ 为十年晋侯彪卒《传》。

陈哀公元妃郑姬,生悼大子偃师[1],二妃生公子留,下妃生公子胜。二妃嬖,留有宠,属诸司徒招与公子过[2]。哀公有废疾。三月甲申,公子招、公子过杀悼大子偃师,而立公子留。夏四月辛亥,哀公缢[3]。干征师赴于楚[4],且告有立君,公子胜愬之于楚[5],楚人执而杀之[6]。公子留奔郑。书曰,"陈侯之弟招杀陈世子偃师",罪在招也;"楚人执陈行人干征师杀之",罪不在行人也[7]。

① 元妃,嫡夫人也。○ 嫡,本又作適,丁历切。　② 招及过皆哀公弟也。○ 胜,升证切,又音升。属,音烛。　③ 忧恚自杀。《经》书辛丑,从赴。○ 废,甫肺切。缢,一豉切。恚,一睡切。　④ 干征师,陈大夫。⑤ 以招、过杀偃师告愬也。　⑥ 杀干征师。　⑦ 疑为招赴楚,当同罪,故重发之。○ 为,于伪切,下为子、为之同。重,直用切。

叔弓如晋,贺虒祁也[1]。游吉相郑伯以如晋,亦贺虒祁也。史赵见子大叔曰:"甚哉,其相蒙也[2]! 可吊也,而又贺之?"子大叔曰:"若何吊也? 其非唯我贺,将天下实贺[3]。"

① 贺宫成。　② 蒙,欺也。○ 相,息亮切,下而相同。　③ 言诸侯畏晋,非独郑。○ 若何吊也,本或作若可吊也。

秋,大蒐于红,自根牟至于商、卫,革车千乘[1]。

① 大蒐，数军实，简车马也。根牟，鲁东界。琅邪阳都县有牟乡。商，宋地。鲁西境接宋、卫也。言千乘，明大蒐，且见鲁众之大数也。○ 乘，绳证切。数，色主切。见，贤遍切，下同。

七月甲戌，齐子尾卒，子旗欲治其室①。丁丑，杀梁婴②。八月庚戌，逐子成、子工、子车③，皆来奔④，而立子良氏之宰⑤。其臣曰："孺子长矣⑥，而相吾室，欲兼我也⑦。"授甲将攻之。陈桓子善于子尾，亦授甲，将助之。或告子旗，子旗不信。则数人告。将往，又数人告于道，遂如陈氏。桓子将出矣，闻之而还⑧，游服而逆之⑨，请命⑩。对曰："闻彊氏授甲将攻子，子闻诸？"曰："弗闻。""子盍亦授甲？无宇请从⑪。"子旗曰："子胡然？彼孺子也，吾诲之犹惧其不济，吾又宠秩之⑫。其若先人何？子盍谓之⑬？《周书》曰：'惠不惠，茂不茂⑭。'康叔所以服弘大也⑮。"桓子稽颡曰："顷、灵福子⑯，吾犹有望⑰。"遂和之如初⑱。

① 子旗，栾施也。欲并治子尾之家政。　② 梁婴，子尾家宰。　③ 三子，齐大夫，子尾之属。子成，顷公子固也。子工，成之弟铸也。子车，顷公之孙捷也。○ 顷，音倾，下同。铸，之树切。捷，在接切。　④ 不书，非卿。　⑤ 子良，子尾之子高彊也。子旗为子良立宰。　⑥ 孺子谓子良。○ 孺，而树切；本亦作孺。长，丁丈切。　⑦ 兼，并也。　⑧ 闻子旗至。○ 数，色主切，下同。　⑨ 去戎备，著常游戏之服。○ 去，起吕切。著，张略切。　⑩ 问桓子所至。　⑪ 无宇，桓子名。○ 盍，胡臘切。从，才用切。　⑫ 谓为之立宰。　⑬ 谓之使无攻我。⑭《周书》《康诰》也。言当施惠于不惠者，劝勉于不勉者。茂，勉也。⑮ 服，行也。　⑯ 顷公、灵公，栾氏所事之君。○ 稽，音启。颡，素党切。

⑰ 望子旗惠及己。　⑱ 和栾、高二家。

陈公子招归罪于公子过而杀之[①]。九月，楚公子弃疾帅师奉孙吴围陈[②]，宋戴恶会之[③]。冬十一月壬午，灭陈[④]。舆嬖袁克，杀马毁玉以葬[⑤]。楚人将杀之，请寘之[⑥]。既又请私[⑦]，私于幄，加绖于颡而逃[⑧]。使穿封戌为陈公[⑨]，曰："城麇之役，不谄[⑩]。"侍饮酒于王。王曰："城麇之役，女知寡人之及此，女其辟寡人乎[⑪]？"对曰："若知君之及此，臣必致死礼，以息楚国[⑫]。"晋侯问于史赵曰："陈其遂亡乎？"对曰："未也。"公曰："何故？"对曰："陈，颛顼之族也[⑬]。岁在鹑火，是以卒灭，陈将如之[⑭]。今在析木之津，犹将复由[⑮]。且陈氏得政于齐，而后陈卒亡[⑯]。自幕至于瞽瞍，无违命[⑰]。舜重之以明德，寘德于遂[⑱]，遂世守之。及胡公不淫，故周赐之姓，使祀虞帝[⑲]。臣闻盛德必百世祀，虞之世数未也。继守将在齐，其兆既存矣[⑳]。"

① 言招所以不死而得放。　② 孙吴，悼大子偃师之子惠公。③ 戴恶，宋大夫。　④ 壬午，十月十八日。《传》言十一月，误。⑤ 舆，众也。袁克，嬖人之贵者，欲以非礼厚葬哀公。　⑥ 寘马、玉。○ 寘，之豉切。　⑦ 私尽君臣恩。　⑧ 幄，帐也。逃不欲为楚臣。○ 幄，於角切。绖，直结切。　⑨ 戌，楚大夫。灭陈为县，使戌为县公。○ 穿，音川。戌，音恤。　⑩ 城麇役在襄二十六年。戌与灵王争皇颉。○ 麇，九伦切。谄，敕检切。颉，户结切。　⑪ 及此，谓为王。○ 女，音汝，下同。　⑫ 息，宁静也。　⑬ 陈祖舜，舜出颛顼。○ 颛，音专。顼，许玉切。　⑭ 颛顼氏以岁在鹑火而灭，火盛而水灭。○ 鹑，市春切。⑮ 箕、斗之间有天汉，故谓之析木之津。由，用也。○ 析，星历切。复，扶

又切，一音服。　⑯ 物莫能两盛。　⑰ 幕，舜之先。瞽瞍，舜父。从幕至瞽瞍间无违天命废绝者。○ 幕，音莫。瞽，音古。瞍，素口切。⑱ 遂，舜后，盖殷之兴，存舜之后而封遂，言舜德乃至于遂。○ 重，直用切。⑲ 胡公满，遂之后也，事周武王，赐姓曰妫，封诸陈，绍舜后。○ 妫，九危切。　⑳ 言陈氏兴盛于齐，形兆已见。○ 见，贤遍切。

经

九年春，叔弓会楚子于陈①。

许迁于夷②。

夏四月，陈灾③。

秋，仲孙貜如齐④。

冬，筑郎囿⑤。

① 以事往，非行会礼。　② 许畏郑欲迁，故以自迁为文。　③ 天火曰灾。陈既已灭，降为楚县，而书陈灾者，犹晋之梁山、沙鹿崩，不书晋，灾害系于所灾所害，故以所在为名。　④ ○ 貜，俱缚切；徐，俱碧切。⑤ ○ 囿，音又，苑也，于郎地筑苑，旧于目切。

传

九年春，叔弓、宋华亥、郑游吉、卫赵黡会楚子于陈①。

① 楚子在陈，故四国大夫往。非盟主所召，不行会礼，故不总书。○ 黡，于减切。

二月庚申，楚公子弃疾迁许于夷，实城父①，取州来淮北之田以益之②。伍举授许男田。然丹迁城父人于陈，以夷濮西田益之[3]。迁方城外人于许[4]。

① 此时改城父为夷，故《传》实之。城父县属谯郡。 ② 益许田。 ③ 以夷田在濮水西者与城父人。○ 濮，音卜。 ④ 成十五年，许迁于叶因谓之许。今许迁于夷，故以方城外人实其处。《传》言灵王使民不安。○ 叶，始涉切。处，昌虑切。

周甘人与晋阎嘉争阎田[1]。晋梁丙、张趯率阴戎伐颍[2]。王使詹桓伯辞于晋[3]，曰："我自夏以后稷，魏、骀、芮、岐、毕，吾西土也[4]。及武王克商，蒲姑、商奄，吾东土也[5]。巴、濮、楚、邓，吾南土也。肃慎、燕、亳，吾北土也[6]。吾何迩封之有[7]？文、武、成、康之建母弟，以蕃屏周，亦其废队是为[8]，岂如弁髦而因以敝之[9]。先王居梼杌于四裔，以御螭魅[10]，故允姓之奸，居于瓜州[11]。伯父惠公归自秦，而诱以来[12]，使偪我诸姬，入我郊甸，则戎焉取之[13]。戎有中国，谁之咎也[14]？后稷封殖天下，今戎制之，不亦难乎[15]？伯父图之。我在伯父，犹衣服之有冠冕，木水之有本原，民人之有谋主也[16]。伯父若裂冠毁冕，拔本塞原，专弃谋主，虽戎狄其何有余一人[17]？"

叔向谓宣子曰："文之伯也，岂能改物[18]？翼戴天子而加之以共[19]。自文以来，世有衰德而暴灭宗周[20]，以宣示其侈，诸侯之贰，不亦宜乎？且王辞直，子其图之。"宣子说。

王有姻丧[21]，使赵成如周吊，且致阎田与襚[22]，反颍俘。王亦使宾滑执甘大夫襄以说于晋。晋人礼而归之[23]。

①甘人，甘大夫襄也。阎嘉，晋阎县大夫。○阎，以廉切。 ②阴戎，陆浑之戎。颍，周邑。○趯，他历切。 ③辞，责让之。桓伯，周大夫。○詹，之廉切。 ④在夏世以后稷功，受此五国为西土之长。骀在始平武功县所治釐城，岐在扶风美阳县西北。○夏，户雅切。骀，他来切，依字应作邰。芮，如锐切。岐，其宜切。长，丁丈切，下师长同。治，直吏切。釐，本又作斄，他来切，又音来，又力之切。 ⑤乐安博昌县北有蒲姑城。○蒲，如字，一音薄。奄，於检切。乐，音洛。 ⑥肃慎，北夷，在玄菟北三千馀里。○巴，必加切。燕，於贤切。亳，步各切。 ⑦迩，近也。 ⑧为后世废队，兄弟之国，当救济之。○蕃，方元切。屏，必井切。队，直类切。为，于伪切。 ⑨童子垂髦始冠，必三加冠，成礼而弃其始冠，故言弁髦因以敝之。○弁，皮彦切；本又作卞。髦，音毛。冠，古乱切。 ⑩言梼杌，略举四凶之一，下言四裔，则三苗在其中。○梼，徒刀切。杌，五忽切。裔，以制切。御，鱼吕切。螭，敕知切。魅，本又作鬽，武冀切。 ⑪允姓，阴戎之祖，与三苗俱放三危者。瓜州，今敦煌。○瓜，古华切。敦，都门切。煌，音皇。 ⑫僖十五年，晋惠公自秦归。二十二年，秦、晋迁陆浑之戎于伊川。 ⑬邑外为郊，郊外为甸。言戎取周郊甸之地。○偪，彼力切。甸，徒遍切。焉，於虔切，又如字。 ⑭咎在晋。○咎，其九切。 ⑮后稷修封疆，殖五穀，今戎得之，唯以畜牧。○殖，时力切。疆，居良切。畜，许又切，又许六切。牧，音目，又音茂。 ⑯民人谋主，宗族之师长。 ⑰伯父犹然，则虽戎狄，无所可责。晋率阴戎伐周邑，故云然。 ⑱言文公虽伯，未能改正朔，易服色。○伯，如字，又音霸。 ⑲翼，佐也。 ⑳宗周，天子。 ㉑外亲之丧。○说，音悦。 ㉒襚，送死衣。○襚，音遂。 ㉓宾滑，周大夫。○俘，芳夫切。滑，乎八切，又于八切。说，如字，又音悦。

夏四月，陈灾。郑裨竈曰："五年，陈将复封。封五十二年而遂亡。"子产问其故。对曰："陈，水属也①，火，水妃也[②]，而楚所相也[③]。今火出而火陈[④]，逐楚而建陈也[⑤]。妃以五成，故曰五年[⑥]。岁五及鹑火，而后陈卒亡，楚克有之，天之道也，故曰五十二年[⑦]。”

① 陈，颛顼之后，故为水属。〇 复，扶又切，下《注》复封同。　② 火畏水，故为之妃。〇 妃，芳非切，又音配。　③ 相，治也。楚之先祝融，为高辛氏火正，主治火事。〇 相，息亮切，《注》同。　④ 火，心星也。火出，于周为五月，而以四月出者，以《长历》推，前年误置闰。　⑤ 水得妃而兴，陈兴则楚衰，故曰逐楚而建陈。　⑥ 妃，合也。五行各相妃合，得五而成，故五岁而陈复封。为十三年陈侯吴归于陈《传》。〇 妃，音配，《注》同。　⑦ 是岁岁在星纪，五岁及大梁，而陈复封。自大梁四岁而及鹑火，后四周四十八岁，凡五及鹑火，五十二年。天数以五为纪，故五及鹑火，火盛水衰。

晋荀盈如齐逆女[①]，还，六月，卒于戏阳[②]。殡于绛，未葬。晋侯饮酒，乐。膳宰屠蒯趋入，请佐公使尊[③]。许之[④]。而遂酌以饮工[⑤]，曰：“女为君耳，将司聪也[⑥]。辰在子卯，谓之疾日[⑦]。君彻宴乐，学人舍业，为疾故也。君之卿佐，是谓股肱。股肱或亏，何痛如之[⑧]？女弗闻而乐，是不聪也[⑨]。”又饮外嬖嬖叔[⑩]曰：“女为君目，将司明也[⑪]。服以旌礼[⑫]，礼以行事[⑬]，事有其物[⑭]，物有其容[⑮]。今君之容，非其物也[⑯]，而女不见，是不明也。”亦自饮也，曰：“味以行气，气以实志[⑰]，志以定言[⑱]，言以出令。臣实司味，二御失官，而君弗命，臣之罪也[⑲]。”公说，彻酒。初，公欲废知氏而立其外嬖，为是悛而止。秋八月，使荀跞佐下军以说焉[⑳]。

① 自为逆。○ 为，于伪切。 ② 魏郡内黄县北有戏阳城。○ 戏，许宜切。 ③ 公之使人执尊酌酒，请为之佐。○ 乐，音洛。屠，音徒，《礼记》作杜。蒯，苦怪切。使，如字，亦所吏切。 ④ 公许之。 ⑤ 工，乐师师旷也。○ 饮，於鸩切，下又饮同。 ⑥ 乐所以聪耳。○ 女，音汝，下同。 ⑦ 疾，恶也。纣以甲子丧，桀以乙卯亡，故国君以为忌日。○ 丧，息浪切。 ⑧ 言痛疾过于忌日。○ 舍，音捨。为，于伪切，下为是同。 ⑨ 不闻是义而作乐。 ⑩ 外都大夫之嬖者。 ⑪ 职在外，故主视。 ⑫ 旌，表也。 ⑬ 事，政令。 ⑭ 物，类也。 ⑮ 容，貌也。 ⑯ 有卿佐之丧而作乐欢会，故曰非其物。 ⑰ 气和则志充。 ⑱ 在心为志，发口为言。 ⑲ 工与嬖叔，侍御君者。失官，不聪明。 ⑳ 跞，荀盈之子知文子也。佐下军，代父也。说，自解说。○ 公说，音悦。知，音智，下同。悛，七全切。跞，本又作栎，力狄切；徐音洛。

孟僖子如齐殷聘，礼也①。

① 自叔老聘齐至今二十年，礼意久旷。今修盛聘，以无忘旧好，故曰礼。○ 好，呼报切。

冬，筑郎囿，书时也。季平子欲其速成也，叔孙昭子曰："《诗》曰：'经始勿亟，庶民子来①。'焉用速成？其以勦民也②。无囿犹可，无民其可乎？"

①《诗·大雅》。言文王始经营灵台，非急疾之。众民自以子义来，劝乐为之。○ 亟，纪力切。乐，如字，又五教切，一音洛。 ② 勦，劳也。○ 焉，於虔切。勦，初交切，又子小切。

经

十年春，王正月。

夏，齐栾施来奔①。

秋七月，季孙意如、叔弓、仲孙貜帅师伐莒②。

戊子，晋侯彪卒③。

九月，叔孙婼如晋，葬晋平公④。

十有二月甲子，宋公成卒⑤。

① 耆酒好内，以取败亡，故书名。○ 耆，市志切，《传》同。好，呼报切。 ② 三大夫皆卿，故书之。季孙为主，二子从之。 ③ 五同盟。○ 彪，彼虬切。 ④ 三月而葬，速。 ⑤ 十一同盟也。无冬，史阙文。○ 成，音城，何休音恤。

传

十年春，王正月，有星出于婺女①。郑裨竈言于子产曰："七月戊子，晋君将死。今兹岁在颛顼之虚②，姜氏、任氏实守其地③。居其维首，而有妖星焉，告邑姜也④。邑姜，晋之妣也。天以七纪⑤，戊子，逢公以登，星斯于是乎出⑥。吾是以讥之⑦。"

① 客星也，不书，非孛。○ 婺，武付切。孛，蒲对切。 ② 岁，岁星也。颛顼之虚谓玄枵。○ 裨，婢支切。虚，起鱼切。枵，许骄切。 ③ 姜，齐姓。任，薛姓。齐、薛二国守玄枵之地。○ 任，音壬。 ④ 客星居玄枵之维首。邑姜，齐大公女，晋唐叔之母。星占，婺女为既嫁之女，织女为处女。邑姜，齐之既嫁女，妖星在婺女，齐得岁，故知祸归邑姜。○ 大，音泰。 ⑤ 二十八宿，面七。○ 妣，必履切。宿，音秀。 ⑥ 逢公，殷

诸侯居齐地者。逢公将死，妖星出婺女，时非岁星所在，故齐自当祸，而以戊子日卒。　⑦ 为晋侯彪卒《传》。

齐惠栾、高氏皆耆酒①，信内多怨②，强于陈、鲍氏而恶之③。夏，有告陈桓子曰："子旗、子良将攻陈、鲍。"亦告鲍氏。桓子授甲而如鲍氏，遭子良醉而骋④，遂见文子⑤，则亦授甲矣。使视二子⑥，则皆将饮酒。桓子曰："彼虽不信⑦，闻我授甲，则必逐我。及其饮酒也，先伐诸？"陈、鲍方睦，遂伐栾、高氏。

子良曰："先得公，陈、鲍焉往⑧？"遂伐虎门⑨。晏平仲端委立于虎门之外⑩，四族召之，无所往⑪。其徒曰："助陈、鲍乎？"曰："何善焉⑫？""助栾、高乎？"曰："庸愈乎⑬？""然则归乎？"曰："君伐焉归？"公召之而后入。公卜使王黑以灵姑銔率，吉。请断三尺焉而用之⑭。五月庚辰，战于稷⑮，栾、高败，又败诸庄⑯。国人追之，又败诸鹿门⑰。栾施、高彊来奔⑱。陈、鲍分其室。

晏子谓桓子："必致诸公。让，德之主也，让之谓懿德。凡有血气，皆有争心，故利不可强⑲，思义为愈。义，利之本也，蕴利生孽⑳。姑使无蕴乎，可以滋长。"桓子尽致诸公，而请老于莒㉑。

桓子召子山㉒，私具幄幕器用从者之衣屦㉓，而反棘焉㉔。子商亦如之，而反其邑。子周亦如之，而与之夫于㉕。反子城、子公、公孙捷㉖，而皆益其禄。凡公子、公孙之无禄者，私分之邑㉗。国之贫约孤寡者，私与之粟。曰："《诗》云，'陈锡载周'，能施也㉘。桓公是以霸㉙。"

公与桓子莒之旁邑，辞[30]。穆孟姬为之请高唐，陈氏始大[31]。

① 栾、高二族，皆出惠公。 ② 说妇人言，故多怨。○ 说，音悦。 ③ 恶陈、鲍。○ 恶，乌路切。 ④ 欲及子良醉，故骋告鲍文子。○ 骋，敕领切。 ⑤ 文子，鲍国。 ⑥ 二子，子旗、子良。 ⑦ 彼，传言者。○ 传，直专切。 ⑧ 欲以公自辅助。○ 先伐诸，一本无伐字。焉，於虔切。 ⑨ 欲入，公不听，故伐公门。 ⑩ 端委，朝服。 ⑪ 四族，栾、高、陈、鲍。 ⑫ 言无善义可助。 ⑬ 罪恶不差于陈、鲍。○ 差，初卖切。 ⑭ 王黑，齐大夫。灵姑钚，公旗名。断三尺，不敢与君同。○ 钚，扶眉切，又音平。率，所律切；徐，所类切。断，丁管切。 ⑮ 稷，祀后稷之处。○ 稷，地名。六国时齐有稷下馆。处，昌虑切。 ⑯ 庄，六轨之道。 ⑰ 鹿门，齐城门。 ⑱ 高彊不书，非卿。 ⑲ 不可强取。○ 争，争斗之争。强，其丈切。 ⑳ 蕰，畜也。孽，妖害也。○ 蕰，纡粉切。孽，鱼列切。畜，敕六切。 ㉑ 莒，齐邑。○ 长，丁丈切。 ㉒ 子山、子商、子周，襄三十一年子尾所逐群公子。 ㉓ 私具，不告公。○ 幄，於角切。幕，音莫。从，才用切。屦，九具切。 ㉔ 棘，子山故邑，齐国西安县东有戟里亭。 ㉕ 子周本无邑，故更与之。济南于陵县西北有于亭。 ㉖ 三子，八年子旗所逐。 ㉗ 桓子以己邑分之。 ㉘《诗·大雅》。言文王能布陈大利以赐天下，行之周徧。○ 载，如字，《诗》作哉；毛云，哉，载也；郑云，始也。施，始豉切，下《注》同。徧，音遍。 ㉙ 齐桓公亦能施以致霸。 ㉚ 让不受。 ㉛ 穆孟姬，景公母。《传》言陈氏所以兴。○ 为，于伪切。

秋七月，平子伐莒取郠[1]，献俘，始用人于亳社[2]。臧武仲在齐，闻之曰："周公其不飨鲁祭乎！周公飨义，鲁无义。《诗》曰：'德音孔昭，视民不佻[3]。'佻之谓甚矣，而壹用之，将谁福哉[4]!”

① 郠,莒地。取郠,不书,公见讨于平丘,鲁讳之。○ 郠,古杏切。② 以人祭殷社。○ 俘,芳夫切。亳,步洛切。 ③《诗·小雅》。佻,偷也。言明德君子必爱民。○ 视,如字;《诗》作示。佻,他彫切。 ④ 壹,同也,同人于畜牲。○ 畜,许六切。

戊子,晋平公卒[1]。郑伯如晋,及河,晋人辞之。游吉遂如晋[2]。

① 如裨竈之言。 ② 礼,诸侯不相吊,故辞。

九月,叔孙婼、齐国弱、宋华定、卫北宫喜、郑罕虎、许人、曹人、莒人、邾人、薛人、杞人、小邾人如晋,葬平公也[1]。郑子皮将以币行[2]。子产曰:“丧焉用币?用币必百两[3],百两必千人,千人至将不行[4]。不行,必尽用之[5]。几千人而国不亡[6]?”子皮固请以行。既葬,诸侯之大夫欲因见新君。叔孙昭子曰:“非礼也。”弗听。叔向辞之曰:“大夫之事毕矣[7]。而又命孤,孤斩焉在衰绖之中[8]。其以嘉服见,则丧礼未毕。其以丧服见,是重受吊也。大夫将若之何?”皆无辞以见。子皮尽用其币,归谓子羽曰:“非知之实难,将在行之[9]。夫子知之矣,我则不足[10]。《书》曰:‘欲败度,纵败礼[11]。’我之谓矣。夫子知度与礼矣,我实纵欲而不能自克也[12]。”

昭子至自晋,大夫皆见。高彊见而退[13]。昭子语诸大夫曰："为人子，不可不慎也哉！昔庆封亡，子尾多受邑而稍致诸君，君以为忠而甚宠之。将死，疾于公宫⑭，辇而归，君亲推之⑮。其子不能任，是以在此。忠为令德，其子弗能任，罪犹及之，难不慎也。丧夫人之力，弃德旷宗，以及其身，不亦害乎⑯。《诗》曰：'不自我先，不自我后。'其是之谓乎⑰。"

①《经》不书诸侯大夫者，非盟会。 ② 见新君之贽。○ 见，贤遍切，下得见同。贽，音至。 ③ 载币用车百乘。○ 焉，於虔切。乘，绳证切。 ④ 行，用也。 ⑤ 不得见新君，将自费用尽。○ 费，芳味切。⑥ 言千人之费不可数。○ 几，居岂切。数，所角切。 ⑦ 送葬礼毕。⑧ 既葬，未卒哭，故犹服斩衰。○ 衰，七雷切，本又作缞。绖，直结切。⑨ 言不患不知，患不能行。○ 见，如字，又贤遍切。重，直用切。见，贤遍切，下同。 ⑩ 言已由子产之戒，既知其不可，而遂行之，是我之不足。⑪ 逸《书》。○ 败，必迈切。 ⑫ 欲因丧以庆新君，故纵而行之，不能自胜。○ 胜，音升。 ⑬ 高彊，子良。 ⑭ 在公宫被疾。○ 语，鱼据切。 ⑮ 推其车而送之。○ 推，如字，又他回切。 ⑯ 夫人谓子尾。旷，空也。○ 任，音壬，下同。丧，息浪切。夫，音扶。 ⑰《诗·小雅》。言祸乱不在他，正当己身。以喻高彊身自取此祸。

冬十二月，宋平公卒。初，元公恶寺人柳，欲杀之①。及丧，柳炽炭于位②，将至，则去之③。比葬，又有宠④。

① 元公，平公大子佐也。○ 恶，乌路切。寺，又作侍。 ② 以温地。○ 炽，尺志切。炭，吐旦切。 ③ 使公坐其处。○ 去，起吕切。处，昌虑切。 ④ 言元公好恶无常。○ 比，必利切。好，呼报切。恶，乌路切。

经

十有一年春，王二月，叔弓如宋，葬宋平公。

夏四月丁巳，楚子虔诱蔡侯般杀之于申[①]。

楚公子弃疾帅师围蔡。

五月甲申，夫人归氏薨[②]。

大蒐于比蒲[③]。

仲孙貜会邾子盟于祲祥[④]。

秋，季孙意如会晋韩起、齐国弱、宋华亥、卫北宫佗、郑罕虎、曹人、杞人于厥慭[⑤]。

九月己亥，葬我小君齐归[⑥]。

冬十有一月丁酉，楚师灭蔡，执蔡世子有以归，用之[⑦]。

① 蔡侯虽弑父而立，楚子诱而杀之，刑其群士，蔡大夫深怨，故以楚子名告。○ 虔，其连切。般，音班。弑，申志切，《传》放此。 ② 昭公母，胡女，归姓。 ③ ○ 比，音毗；徐，扶夷切。 ④ 祲祥，地阙。○ 祲，子鸩切；徐，又七林切。 ⑤ 厥慭，地阙。○ 佗，徒河切。慭，鱼靳切；徐，五巾切，又五辖切。 ⑥ 齐，谥。○ 齐，如字。 ⑦ 用之，杀以祭山。

传

十一年春，王二月，叔弓如宋，葬平公也[①]。

① 嫌以聘事行，故《传》具之。

景王问于苌弘曰："今兹诸侯，何实吉？何实凶[①]？"对曰:"蔡凶。此蔡侯般弑其君之岁也。岁在豕韦[②],弗过此矣[③]。楚将有之,然壅也[④]。岁及大梁,蔡复楚凶,天之道也[⑤]。"

楚子在申,召蔡灵侯。灵侯将往。蔡大夫曰:"王贪而无信,唯蔡于感[⑥],今币重而言甘,诱我也,不如无往。"蔡侯不可。三月丙申,楚子伏甲而飨蔡侯于申,醉而执之。夏四月丁巳,杀之,刑其士七十人。公子弃疾帅师围蔡[⑦]。

韩宣子问于叔向曰:"楚其克乎?"对曰:"克哉!蔡侯获罪于其君[⑧],而不能其民[⑨],天将假手于楚以毙之[⑩],何故不克?然肸闻之,不信以幸,不可再也。楚王奉孙吴以讨于陈曰,将定而国。陈人听命,而遂县之[⑪]。今又诱蔡而杀其君,以围其国,虽幸而克,必受其咎,弗能久矣。桀克有缗以丧其国,纣克东夷而陨其身[⑫]。楚小位下,而亟暴于二王,能无咎乎?天之假助不善,非祚之也,厚其凶恶而降之罚也。且譬之如天,其有五材而将用之,力尽而敝之,是以无拯,不可没振[⑬]。"

① 苌弘,周大夫。○ 苌,直良切。　② 襄三十年,蔡世子般弑其君,岁在豕韦,至今十三岁,岁复在豕韦。般即灵侯也。○ 复,扶又切,下岁复同。　③ 言蔡凶不过此年。　④ 蔡近楚,故知楚将有之。楚无德而享大利,所以壅积其恶。○ 壅,於勇切。　⑤ 楚灵王弑立之岁在大梁,到昭十三年,岁复在大梁,美恶周必复,故知楚凶。　⑥ 蔡近楚之大国,故楚常恨其不服顺。　⑦《传》言楚子无道。○ 重,直用切。　⑧ 谓弑父而立。　⑨ 不能施德。　⑩ 借楚手以讨蔡。○ 毙,婢世切。⑪ 事在八年。　⑫ 纣为黎之蒐,东夷叛之;桀为仍之会,有缗叛之。故

伐而克之。○ 缗,武巾切。丧,息浪切,下且丧同。陨,于敏切。 ⑬ 金木水火土五者为物,用久则必有敝尽,尽则弃捐,故言无拯。拯,犹救助也。不可没振,犹没不可复振。○ 亟,欺冀切,数也。咎,其久切。胙,本又作祚,在路切。拯,拯济之拯。振,之慎切。捐,以专切。救,本亦作捄,音救。不可复振,扶又切;本亦无此字。

五月,齐归薨,大蒐于比蒲,非礼也。

孟僖子会邾庄公盟于祲祥,修好,礼也①。泉丘人有女梦以其帷幕孟氏之庙②,遂奔僖子,其僚从之③。盟于清丘之社,曰:"有子,无相弃也④。"僖子使助薳氏之簉⑤。反自祲祥,宿于薳氏,生懿子及南宫敬叔于泉丘人。其僚无子,使字敬叔⑥。

① 蒐非存亡之由,故临丧不宜为之。盟会以安社稷,故丧盟谓之礼。○ 好,呼报切。 ② 泉丘,鲁邑。○ 梦以其帷,位悲切;一本作梦以帷。幕,音莫。 ③ 邻女为僚友者,随而奔僖子。○ 僚,力彫切。 ④ 二女自共盟。 ⑤ 簉,副倅也。薳氏之女为僖子副妾,别居在外,故僖子纳泉丘人女,令副助之。○ 薳,为彼切,又作芀。簉,本又作莲,初又切;《说文》,簉从艹。倅,七对切。令,力呈切。 ⑥ 字,养也,似双生。○ 生,如字,或所敬切。

楚师在蔡①,晋荀吴谓韩宣子曰:"不能救陈,又不能救蔡,物以无亲②,晋之不能,亦可知也已!为盟主而不恤亡国,将焉用之?"

秋,会于厥慭,谋救蔡也③。郑子皮将行。子产曰:"行不远,不能救蔡也。蔡小而不顺,楚大而不德,天将弃蔡以壅楚。盈而罚之[4]，蔡必亡矣。且丧君而能守者，鲜矣。三年，王其有咎乎！美恶周必复，王恶周矣[5]。”晋人使狐父请蔡于楚，弗许[6]。

① 向四月之师。○ 向，本又作曏。　② 物，事也。　③ 不书救蔡，不果救。○ 焉，於虔切。　④ 盈楚恶。　⑤ 元年，楚子弑君而立，岁在大梁。后三年，十三岁，岁星周，复于大梁。○ 鲜，息浅切。复，扶又切；本或作复在。　⑥ 狐父，晋大夫。○ 狐，音胡。

单子会韩宣子于戚[1]，视下言徐。叔向曰：“单子其将死乎。朝有著定[2]，会有表[3]，衣有襘，带有结[4]。会朝之言，必闻于表著之位，所以昭事序也。视不过结、襘之中，所以道容貌也。言以命之，容貌以明之，失则有阙。今单子为王官伯，而命事于会，视不登带，言不过步，貌不道容，而言不昭矣。不道不共，不昭不从[5]，无守气矣[6]。”

① 单子，单成公。　② 著定，朝内列位常处，谓之表著。○ 著，张虑切；徐，治居切。处，昌虑切。　③ 野会，设表以为位。　④ 襘，领会；结，带结也。○ 襘，古外切；《说文》云，带所结也。　⑤ 貌正曰共，言顺曰从。○ 道，音导。　⑥ 为此年冬单子卒起本。

九月，葬齐归，公不慼。晋士之送葬者，归以语史赵。史赵曰：“必为鲁郊[1]。”侍者曰：“何故？”曰：“归，姓也。不思亲，祖不归也[2]。”叔向曰：“鲁公室其卑乎。君有大丧，国不废蒐[3]。有三年之丧，而无一日之慼。国不恤丧，不忌君也[④]。君无慼容，不顾亲也。国不忌君，君不顾亲，能无卑乎？殆其失国[⑤]。”

① 言昭公必出在郊野，不能有国。○ 语，鱼据切。　② 姓，生也。言不思亲则不为祖考所归祐。○ 祐，音又。　③ 谓蒐比蒲。　④ 忌，畏也。　⑤ 为二十五年公孙于齐《传》。

冬十一月，楚子灭蔡，用隐大子于冈山[①]。申无宇曰：“不祥。五牲不相为用，况用诸侯乎[②]？王必悔之[③]。”

① 蔡灵公之大子，蔡侯庐之父。○ 冈，音刚。庐，力吴切。　② 五牲，牛、羊、豕、犬、鸡。○ 为，于伪切，或如字。　③ 悔为暴虐。

十二月，单成公卒[①]。

① 终叔向之言。

楚子城陈、蔡、不羹[①]。使弃疾为蔡公。王问于申无宇曰：“弃疾在蔡，何如？”对曰：“择子莫如父，择臣莫如君。郑庄公城栎而寘子元焉，使昭公不立[②]。齐桓公城穀而寘管仲焉，至于今赖之[③]。臣闻五大不在边，五细不在庭[④]。亲不在外，羁不在内。今弃疾在外，郑丹在内[⑤]。君其少戒。”王曰：“国有大城，何如？”对曰：“郑京、栎实杀曼伯[⑥]，宋萧、亳实杀子游[⑦]，齐渠丘实杀无知[⑧]，卫蒲、戚实出献公[⑨]，若由是观之，则害于国。末大必折[⑩]，尾大不掉，君所知也[⑪]。”

① 襄城县东南有不羹城,定陵西北有不羹亭。○ 羹,旧音郎,《汉书·地理志》作更字。　② 子元,郑公子。庄公寘子元于栎。桓十五年,厉公因之以杀栎大夫檀伯,遂居栎,卒使昭公不安位而见杀。○ 栎,力狄切。寘,之豉切。檀,徒丹切。　③ 城穀在庄三十二年。　④ 上古金木水火土谓之五官。玄鸟氏、丹鸟氏亦有五。又以五鸠鸠民,五雉为五工正,盖立官之本也。末世随事施职,是以官无常数。今无宇称习古言,故云五大也。言五官之长,专盛过节,则不可居边。细弱不胜任,亦不可居朝廷。○ 长,丁丈切。胜,音升。　⑤ 襄十九年,丹奔楚。　⑥ 曼伯,檀伯也。厉公得栎,又并京。○ 曼,音万。　⑦ 在庄十二年。　⑧ 在庄九年。渠丘,今齐国西安县也,齐大夫雍廪邑。　⑨ 蒲,甯殖邑;戚,孙林父邑。出献公在襄十四年。○ 出,如字;徐音黜。　⑩ 折其本。　⑪ 为十三年陈、蔡作乱《传》。○ 掉,徒吊切。

经

十有二年春,齐高偃帅师纳北燕伯于阳①。

三月壬申,郑伯嘉卒②。

夏,宋公使华定来聘③。

公如晋,至河乃复④。

五月,葬郑简公⑤。

楚杀其大夫成熊⑥。

秋七月。

冬十月,公子慭出奔齐⑦。

楚子伐徐⑧。

晋伐鲜虞⑨。

① 三年,燕伯出奔齐。高偃,高傒玄孙,齐大夫。阳即唐,燕别邑。中

山有唐县。不言于燕,未得国都。○ 傒,音奚。 ② 五同盟。 ③ 定,华椒孙。 ④ 晋人以莒故辞公。 ⑤ 三月而葬,速。 ⑥《传》在葬简公上,《经》从赴。○ 熊,音雄。 ⑦ 书名,谋乱故也。○ 慭,鱼觐切;一读为整,正领切。 ⑧ 不书围,以乾谿师告。 ⑨ 不书将帅,史阙文。○ 将,子匠切。帅,所类切。

传

十二年春,齐高偃纳北燕伯款于唐,因其众也①。

① 言因唐众欲纳之,故得先入唐。

三月,郑简公卒。将为葬除①,及游氏之庙②,将毁焉。子大叔使其除徒执用以立,而无庸毁③。曰:"子产过女,而问何故不毁,乃曰,不忍庙也!诺,将毁矣④!"既如是,子产乃使辟之。司墓之室,有当道者⑤。毁之,则朝而堋⑥;弗毁,则日中而堋。子大叔请毁之,曰:"无若诸侯之宾何⑦?"子产曰:"诸侯之宾,能来会吾丧,岂惮日中?无损于宾,而民不害,何故不为?"遂弗毁,日中而葬。君子谓:"子产于是乎知礼。礼无毁人以自成也⑧。"

① 除葬道。○ 为,于伪切。 ② 游氏,子大叔族。 ③ 用,毁庙具。 ④ 教毁庙者之辞。○ 女,音汝。 ⑤ 简公别营葬地,不在郑先公旧墓,故道有临时迂直也。司墓之室,郑之掌公墓大夫徒属之家。○ 迂,音于,一音於。 ⑥ 堋,下棺。○ 朝,如字。堋,北邓切;徐,甫赠切;礼家作窆,彼验切,义同。 ⑦ 不欲久留宾。 ⑧ ○ 惮,徒旦切。

夏，宋华定来聘，通嗣君也[①]。享之，为赋《蓼萧》，弗知，又不答赋[②]。昭子曰："必亡。宴语之不怀[③]，宠光之不宣[④]，令德之不知，同福之不受，将何以在[⑤]？"

① 宋元公新即位。　② 《蓼萧》，《诗·小雅》。义取"燕笑语兮，是以有誉处兮"，乐与华定燕语也。又曰"既见君子，为龙为光"，欲以宠光宾也。又曰"宜兄宜弟，令德寿凯"，言宾有令德，可以寿乐也。又"和鸾雍雍，万福攸同"，言欲与宾同福禄也。〇 为，于伪切。蓼，音六。乐，音洛。③ 怀，思也。　④ 宣，扬也。　⑤ 为二十年华定出奔《传》。

齐侯、卫侯、郑伯如晋，朝嗣君也[①]。公如晋[②]，至河乃复。取郠之役[③]，莒人愬于晋，晋有平公之丧，未之治也。故辞公。公子慭遂如晋[④]。晋侯享诸侯，子产相郑伯，辞于享，请免丧而后听命[⑤]。晋人许之，礼也[⑥]。晋侯以齐侯宴，中行穆子相[⑦]。投壶，晋侯先。穆子曰："有酒如淮，有肉如坻[⑧]。寡君中此，为诸侯师。"中之。齐侯举矢曰："有酒如渑，有肉如陵[⑨]。寡人中此，与君代兴[⑩]。"亦中之。伯瑕谓穆子[⑪]曰："子失辞。吾固师诸侯矣，壶何为焉？其以中儁也[⑫]。齐君弱吾君，归弗来矣[⑬]。"穆子曰："吾军帅强御，卒乘竞劝，今犹古也，齐将何事[⑭]？"公孙傁趋进曰："日旰君勤，可以出矣。"以齐侯出[⑮]。

① 晋昭公新立。　② 亦欲朝嗣君。　③ 在十年。　④ 慭，鲁大夫。如晋不书，还不复命而奔，故史不书于策。　⑤ 简公未葬。〇 相，息亮切。　⑥ 善晋不夺孝子之情。　⑦ 穆子，荀吴。

⑧ 淮，水名。坻，山名。○ 淮，旧如字，四渎水也。学者皆以淮、坻之韵不切，云淮当为潍。潍，齐地水名。下称渑，亦是齐国水也。案，渑是齐水，齐侯称之。荀吴既非齐人，不应远举潍水。古韵缓，作淮足得，无劳改也。坻，直疑切；徐，直夷切；《诗》云，宛在水中坻；坻，水中高地。 ⑨ 渑水出齐国临淄县北，入时水。陵，大阜也。○ 中，丁仲切，下同。渑，音绳。时，如字，本或作溡，音同。 ⑩ 代，更也。○ 更，音庚。 ⑪ 伯瑕，士文伯。 ⑫ 言投壶中，不足为儁异。 ⑬ 欲与晋君代兴，是弱之。○ 齐君弱吾君，轻吾君以为弱也。 ⑭ 言晋德不衰于古，齐不事晋，将无所事。○ 帅，所类切。御，鱼吕切。卒，子忽切。乘，绳证切。 ⑮ 偻，齐大夫。《传》言晋之衰。○ 偻，素口切；徐，所流切。旰，古旦切。

楚子谓成虎，若敖之馀也，遂杀之[①]。或谮成虎于楚子，成虎知之而不能行。书曰："楚杀其大夫成虎。"怀宠也[②]。

① 成虎，令尹子玉之孙，与鬥氏同出于若敖。宣四年，鬥椒作乱，今楚子信谮而托讨若敖之馀。 ② 解《经》所以书名。

六月，葬郑简公[①]。

①《传》终子产辞享，明既葬则为免丧。《经》书五月，误。

晋荀吴伪会齐师者，假道于鲜虞，遂入昔阳[①]。秋八月壬午，灭肥，以肥子绵皋归[②]。

① 鲜虞，白狄别种，在中山新市县。昔阳，肥国都，乐平沾县东有昔阳城。○ 种，章勇切。沾，音张廉切；韦昭音拈；《字林》，他兼切。 ② 肥，

白狄也。绵皋，其君名。巨鹿下曲阳县西南有肥累城。为下晋伐鲜虞起。○ 皋，古刀切。累，劣彼切，又力辄切。

周原伯绞虐其舆臣，使曹逃[①]。冬十月壬申朔，原舆人逐绞而立公子跪寻[②]，绞奔郊[③]。

① 原伯绞，周大夫原公也。舆，众也。曹，群也。○ 绞，古卯切。② 跪寻，绞弟。○ 跪，求委切，又音诡。　③ 郊，周地。

甘简公无子，立其弟过[①]。过将去成、景之族[②]。成、景之族赂刘献公[③]。丙申，杀甘悼公[④]，而立成公之孙鳝[⑤]。丁酉，杀献大子之傅、庾皮之子过[⑥]。杀瑕辛于市，及宫嬖绰、王孙没、刘州鸠、阴忌、老阳子[⑦]。

① 甘简公，周卿士。○ 过，古禾切，下子过同。　② 成公、景公皆过之先君。○ 去，起吕切。　③ 欲使杀过。刘献公亦周卿士，刘定公子。④ 悼公，即过。　⑤ 鳝，平公。○ 鳝，音秋。　⑥ 过，刘献公大子之傅。　⑦ 六子，周大夫，及庾过皆甘悼公之党。《传》言周衰，原、甘二族所以遂微。

季平子立而不礼于南蒯[①]。南蒯谓子仲[②]："吾出季氏，而归其室于公[③]，子更其位[④]，我以费为公臣。"子仲许之。南蒯语叔仲穆子，且告之故[⑤]。季悼子之卒也，叔孙昭子以再命为卿[⑥]。及平子伐莒，克之，更受三命[⑦]。叔仲子欲构二家[⑧]，谓平子曰："三命逾父兄，非礼也[⑨]。"平子曰："然。"故使昭子[⑩]。昭子曰："叔孙氏有家祸，杀适立庶，故婼也及此[11]。若因祸以毙之，则闻命矣[12]。若不废君命，则固有著矣[13]。"昭子朝而命吏曰："婼将与季氏讼，书辞无颇[14]。"季孙惧，而归罪于叔仲子。故叔仲小、南蒯、公子慭谋季氏。慭告公，而遂从公如晋[15]。南蒯惧不克，以费叛如齐。子仲还及卫，闻乱，逃介而先[16]。及郊，闻费叛，遂奔齐[17]。

南蒯之将叛也，其乡人或知之，过之而叹[18]，且言曰："恤恤乎，湫乎，攸乎[19]。深思而浅谋，迩身而远志，家臣而君图[20]，有人矣哉[21]！"

南蒯枚筮之[22]，遇《坤》䷁[23]之《比》䷇[24]，曰："黄裳元吉[25]。"以为大吉也，示子服惠伯曰："即欲有事，何如？"惠伯曰："吾尝学此矣，忠信之事则可，不然必败。外强内温，忠也[26]。和以率贞，信也[27]。故曰'黄裳元吉'。黄，中之色也。裳，下之饰也。元，善之长也。中不忠，不得其色[28]。下不共，不得其饰[29]。事不善，不得其极[30]。外内倡和为忠[31]，率事以信为共[32]，供养三德为善[33]，非此三者弗当[34]。且夫《易》不可以占险，将何事也，且可饰乎[35]？中美能黄，上美为元，下美则裳，参成可筮[36]。犹有阙也，筮虽吉，未也[37]。"

将适费，饮乡人酒[38]。乡人或歌之曰："我有圃，生之杞乎[39]！从我者子乎[40]，去我者鄙乎，倍其邻者耻乎[41]！已乎已乎，非吾党之士乎[42]！"

平子欲使昭子逐叔仲小[43]。小闻之，不敢朝。昭子命吏谓小待政于朝，曰："吾不为怨府[44]。"

① 蒯，南遗之子，季氏费邑宰。○ 蒯，苦怪切。费，音秘。 ② 子仲，公子慭。 ③ 室，季氏家财。 ④ 更，代也。○ 更，音庚。

⑤ 穆子,叔仲带之子,叔仲小也。语以欲出季氏,以不见礼故。○ 语,鱼据切。　⑥ 悼子,季武子之子,平子父也。《传》言叔孙之见命,乃在平子为卿之前。　⑦ 十年,平子伐莒,以功加三命。昭子不伐莒,亦以例加为三命。　⑧ 欲构使相憎。　⑨ 言昭子受三命,自踰其先人。　⑩ 使昭子自贬黜。　⑪ 祸在四年。○ 適,丁历切。　⑫ 言因乱讨己,不敢辞。　⑬ 著,位次。　⑭ 颇,偏也。○ 颇,普何切。　⑮ 慭,子仲。⑯ 介,副使也。○ 介,音界。使,所吏切。　⑰ 言及郊,解《经》所以书出。　⑱ 乡人过蒯而叹。　⑲ 恤恤,忧患。湫,愁隘。攸,悬危之貌。○ 湫,子小切;徐,在酒切,一音秋。攸,如字;徐,以帚切。隘,於卖切。悬,音玄,本又作县。　⑳ 家臣而图人君之事,故言思深而谋浅,身近而志远。○ 思,息嗣切。　㉑ 言今有此人,微以感之。　㉒ 不指其事,汎卜吉凶。○ 汎,芳剑切。　㉓《坤》下《坤》上,《坤》。　㉔《坤》下《坎》上,《比》。《坤》六五爻变。　㉕《坤》六五《爻辞》。　㉖《坎》险故强,《坤》顺故温。强而能温,所以为忠。　㉗ 水和而土安正。和、正,信之本也。　㉘ 言非黄。○ 长,丁丈切。　㉙ 不为裳。　㉚ 失中德。㉛ 不相违也。○ 倡,昌亮切。和,户卧切。　㉜ 率犹行也。　㉝ 三德,谓正直、刚克、柔克也。○ 供,九用切。养,余亮切。　㉞ 非忠信善不当此卦。○ 当,如字,或丁浪切。　㉟ 夫《易》,犹此《易》,谓黄裳元吉之卦。问其何事,欲令从下之饰。○ 夫,音扶。令,力呈切。　㊱ 参美尽备,吉可如筮。○ 参,七南切,又音三。　㊲ 有阙,谓不参成。㊳ 南蒯自其家还適费。○ 饮,於鸩切。　㊴ 言南蒯在费,欲为乱,如杞生于园圃,非宜也。杞,世所谓枸杞也。○ 圃,布古切。杞,音起。枸,音苟,本又作狗。　㊵ 子,男子之通称。言从己可不失今之尊。○ 称,尺证切。　㊶ 邻,犹亲也。○ 倍,音佩。　㊷ 已乎已乎,言自遂不改。㊸ 欲以自解说。　㊹ 言不能为季氏逐小,生怨祸之聚。为明年叔弓围费《传》。○ 为,于伪切。

楚子狩于州来[①],次于颍尾[②],使荡侯、潘子、司马督、嚣尹午、陵尹喜帅师围徐以惧吴[3]。楚子次于乾谿[4]，以为之援。雨雪，王皮冠，秦复陶[5]，翠被[6]，豹舄[7]，执鞭以出[8]，仆析父从[9]。

右尹子革夕[10]，王见之，去冠被，舍鞭[11]。与之语曰："昔我先王熊绎[12]，与吕级[13]、王孙牟[14]、燮父[15]、禽父[16]，并事康王[17]，四国皆有分，我独无有[18]。今吾使人于周，求鼎以为分，王其与我乎？"对曰："与君王哉。昔我先王熊绎，辟在荆山[19]，筚路蓝缕，以处草莽。跋涉山林，以事天子。唯是桃弧、棘矢，以共御王事[20]。齐，王舅也[21]。晋及鲁、卫，王母弟也。楚是以无分，而彼皆有。今周与四国服事君王，将唯命是从，岂其爱鼎！"王曰："昔我皇祖伯父昆吾，旧许是宅[22]。今郑人贪赖其田，而不我与。我若求之，其与我乎？"对曰："与君王哉。周不爱鼎，郑敢爱田？"王曰："昔诸侯远我而畏晋，今我大城陈、蔡、不羹，赋皆千乘，子与有劳焉。诸侯其畏我乎？"对曰："畏君王哉。是四国者，专足畏也[23]，又加之以楚，敢不畏君王哉？"

工尹路请曰："君王命剥圭以为鏚柲[24]，敢请命[25]。"王入视之。

析父谓子革："吾子，楚国之望也！今与王言如响，国其若之何[26]？"子革曰："摩厉以须，王出，吾刃将斩矣[27]。"

王出，复语。左史倚相趋过[28]。王曰："是良史也，子善视之。是能读《三坟》、《五典》、《八索》、《九丘》[29]。"对曰："臣尝问焉。昔穆王欲肆其心[30]，周行天下，将皆必有车辙马迹焉。祭公谋父作《祈招》之诗，以止王心[31]。王是以获没于祗宫㉜。臣问其诗而不知也。若问远焉，其焉能知之？”王曰：“子能乎？”对曰：“能。其诗曰：‘祈招之愔愔，式昭德音㉝。思我王度，式如玉，式如金㉞。形民之力，而无醉饱之心㉟。’”

王揖而入，馈不食，寝不寐，数日㊱。不能自克，以及于难㊲。仲尼曰：“古也有志，克己复礼，仁也。信善哉！楚灵王若能如是，岂其辱于乾谿？”

① 狩，冬猎也。○ 狩，本亦作守，手又切。　② 颍水之尾，在下蔡西。　③ 五子，楚大夫。徐，吴与国，故围之以偪吴。○ 潘，普干切。督，本亦作裻，音笃。嚣，五刀切；徐，许骄切。　④ 在谯国城父县南。⑤ 秦所遗羽衣也。○ 援，于眷切。雨，于付切。王皮冠，一本作楚子皮冠。复，音服，一音福。陶，徒刀切。遗，唯季切。　⑥ 以翠羽饰被。○ 被，普义切。　⑦ 以豹皮为履。○ 舄，音昔。　⑧ 执鞭以教令。○ 鞭，必绵切，或革旁作更者，五孟切，非也。　⑨ 楚大夫。○ 析，星历切。从，才用切。　⑩ 子革，郑丹。夕，莫见。○ 莫，音暮。见，贤遍切。⑪ 敬大臣。○ 去，起吕切。舍，音捨。　⑫ 楚始封君。○ 绎，音亦。⑬ 齐大公之子丁公。○ 级，音急；本亦作伋。　⑭ 卫康叔子康伯。⑮ 晋唐叔之子。○ 燮，素协切。父，音甫。　⑯ 周公子伯禽。⑰ 康王，成王子。　⑱ 四国，齐、晋、鲁、卫。分，珍宝之器。○ 分，扶问切，下同。　⑲ 在新城沶乡县南。○ 辟，匹亦切。沶，音市，又音示。⑳ 桃弧、棘矢，以御不祥。言楚在山林，少所出有。○ 筚，音必。蓝，力甘切。缕，力主切。莽，武党切。跋，蒲末切。共，音恭。御，鱼吕切。㉑ 成王母，齐大公女。　㉒ 陆终氏生六子，长曰昆吾，少曰季连。季连，楚之祖，故谓昆吾为伯父。昆吾尝居许地，故曰旧许是宅。○ 长，丁丈切。少，诗照切。尝，一本作曾，才能切。　㉓ 四国，陈、蔡、二不羹。○ 远，于万切。羹，音郎。乘，绳证切。与，音预。　㉔ 钺，斧也。柲，柄也。破

圭玉以饰斧柄。○ 剥,邦角切。鏚,音戚。柲,音秘。 ㉕ 请制度之命。㉖ 讥其顺王心如响应声。○ 响,许丈切。应,应对之应。 ㉗ 以己喻锋刃,欲自摩厉以斩王之淫慝。○ 慝,他得切。 ㉘ 倚相,楚史名。○ 复,扶又切。倚,於绮切;徐,其绮切。相,息亮切。 ㉙ 皆古书名。○ 坟,扶云切。索,所白切,本又作素。 ㉚ 周穆王。肆,极也。 ㉛ 谋父,周卿士。祈父,周司马,世掌甲兵之职,招其名。祭公方谏游行,故指司马官而言。此《诗》逸。○ 行,如字,又下孟切。辙,直列切。祭,侧界切。招,常遥切,又音昭。父,音甫。 ㉜ 获没,不见篡弑。○ 祇,音支,又音祁。篡,初患切。弑,申志切。 ㉝ 愔愔,安和貌。式,用也。昭,明也。○ 焉能,於虔切。愔,一心切;徐,於林切。 ㉞ 金玉,取其坚重。㉟ 言国之用民,当随其力任,如金冶之器,随器而制形。故言形民之力,去其醉饱过盈之心。○ 冶,音也。去,起吕切。 ㊱ 深感子革之言。○ 馈,其位切。数,色主切。 ㊲ 克,胜也。○ 难,乃旦切。胜,升证切,又音升。

晋伐鲜虞,因肥之役也[①]。

① 肥役在此年。

春秋经传集解第二十三

昭公四

经

十有三年春，叔弓帅师围费①。

夏四月，楚公子比自晋归于楚，弑其君虔于乾谿②。

楚公子弃疾杀公子比③。

秋，公会刘子、晋侯、齐侯、宋公、卫侯、郑伯、曹伯、莒子、邾子、滕子、薛伯、杞伯、小邾子于平丘④。

八月甲戌，同盟于平丘⑤。

公不与盟⑥。

晋人执季孙意如以归。

公至自会⑦。

蔡侯庐归于蔡⑧。

陈侯吴归于陈⑨。

冬十月，葬蔡灵公⑩。

公如晋，至河乃复⑪。

吴灭州来⑫。

① 不书南蒯以费叛，不以告庙。○ 费，音祕。　② 比去晋而不送，书归者，依陈，蔡以入，言陈、蔡犹列国也。比归而灵王死，故书弑其君。灵

王无道而弑称臣，比非首谋而反书弑，比虽胁立，犹以罪加也。灵王死在五月，又不在乾谿，楚人生失灵王，故本其始祸以赴之。○ 谿，苦兮切。 ③ 比虽为君，而未列于诸侯，故不称爵。杀不称人，罪弃疾。 ④ 平丘在陈留长垣县西南。○ 垣，音袁。 ⑤ 书同，齐服故。 ⑥ 鲁不堪晋求，谗慝弘多，公不与盟，非国恶，故不讳。○ 与，音预。慝，他得切。 ⑦ 无《传》。 ⑧ ○ 庐，音卢，又力居切。 ⑨ 陈、蔡皆受封于楚，故称爵。诸侯纳之曰归。 ⑩ 蔡复，而后以君礼葬之。 ⑪ 晋人辞公。 ⑫ 州来，楚邑。用大师焉曰灭。

传

十三年春，叔弓围费，弗克，败焉①。平子怒，令见费人执之以为囚俘。冶区夫曰："非也②。若见费人，寒者衣之，饥者食之。为之令主，而共其乏困。费来如归，南氏亡矣。民将叛之，谁与居邑？若惮之以威，惧之以怒，民疾而叛，为之聚也。若诸侯皆然，费人无归，不亲南氏，将焉入矣？"平子从之。费人叛南氏③。

① 为费人所败。不书，讳之。 ② 区夫，鲁大夫。○ 俘，芳夫切。冶，音也。区，乌侯切，又丘于切。 ③ 费叛南氏在明年。《传》善区夫之谋，终言其效。○ 衣，於既切。食，音嗣。共，音恭。惮，待旦切。为，于伪切。焉，於虔切。效，户孝切。

楚子之为令尹也，杀大司马薳掩而取其室①。及即位，夺薳居田②。迁许而质许围③。蔡洧有宠于王，王之灭蔡也，其父死焉④，王使与于守而行⑤。申之会，越大夫戮焉⑥。王夺鬥韦龟中犫⑦，又夺成然邑而使为郊尹⑧。蔓成然故事蔡公[9]。故薳氏之族及薳居、许围、蔡洧、蔓成然，皆王所不礼也。因群丧职之族，启越大夫常寿过作乱[10]，围固城，克息舟，城而居之[11]。

观起之死也，其子从在蔡，事朝吴[12]，曰："今不封蔡，蔡不封矣。我请试之[13]。"以蔡公之命召子干、子皙[14]，及郊而告之情[15]，强与之盟，入袭蔡。蔡公将食，见之而逃[16]。观从使子干食，坎用牲，加书，而速行[17]。己徇于蔡[18]曰："蔡公召二子，将纳之，与之盟而遣之矣，将师而从之[19]。"蔡人聚，将执之[20]。辞曰："失贼成军，而杀余何益？"乃释之[21]。朝吴曰："二三子若能死亡，则如违之，以待所济[22]。若求安定，则如与之，以济所欲[23]。且违上，何适而可[24]。"众曰："与之。"乃奉蔡公，召二子而盟于邓[25]，依陈、蔡人以国[26]。楚公子比[27]、公子黑肱[28]、公子弃疾[29]、蔓成然、蔡朝吴帅陈、蔡、不羹、许、叶之师，因四族之徒[30]，以入楚。

及郊，陈、蔡欲为名，故请为武军[31]。蔡公知之曰："欲速。且役病矣，请藩而已。"乃藩为军[32]。蔡公使须务牟与史猈先入，因正仆人杀大子禄及公子罢敌[33]。公子比为王，公子黑肱为令尹，次于鱼陂[34]。公子弃疾为司马，先除王宫。使观从从师于乾谿，而遂告之[35]。且曰："先归复所，后者劓[36]。"师及訾梁而溃[37]。

王闻群公子之死也，自投于车下曰："人之爱其子也，亦如余乎？"侍者曰："甚焉，小人老而无子，知挤于沟壑矣[38]。"王曰："余杀人子多矣，能无及此乎？"右尹子革曰："请待于郊，以听国人[39]。"王曰："众怒不可犯也。"曰："若入于大都而乞师于诸侯。”王曰：“皆叛矣。”曰：“若亡于诸侯，以听大国之图君也。”王曰：“大福不再，祇取辱焉。”然丹乃归于楚[40]。

王沿夏，将欲入鄢[41]。芋尹无宇之子申亥曰：“吾父再奸王命[42]，王弗诛，惠孰大焉？君不可忍，惠不可弃，吾其从王。”乃求王，遇诸棘闱以归[43]。夏五月癸亥，王缢于芋尹申亥氏[44]。申亥以其二女殉而葬之。

观从谓子干曰：“不杀弃疾，虽得国，犹受祸也。”子干曰：“余不忍也。”子玉曰：“人将忍子[45]，吾不忍俟也。”乃行。

国每夜骇曰：“王入矣[46]！”乙卯夜，弃疾使周走而呼曰：“王至矣[47]！”国人大惊。使蔓成然走告子干、子晳曰：“王至矣！国人杀君司马，将来矣[48]！君若早自图也，可以无辱。众怒如水火焉，不可为谋。”又有呼而走至者曰：“众至矣！”二子皆自杀[49]。

丙辰，弃疾即位，名曰熊居。葬子干于訾，实訾敖[50]。杀囚，衣之王服而流诸汉，乃取而葬之，以靖国人。使子旗为令尹[51]。

① 在襄三十年。○ 薳，子委切。掩，於检切。　② 居，掩之族。言薳氏所以怨。　③ 迁许在九年。围，许大夫。○ 质，音致。　④ 楚灭蔡在十一年。洧仕楚，其父在国，故死。○ 洧，于轨切。　⑤ 使洧守国，王行至乾谿。○ 与，音预。守，手又切。　⑥ 申会在四年。　⑦ 韦龟，令尹子文玄孙。中犨，邑名。○ 犨，尺州切。　⑧ 成然，韦龟子。郊尹，治郊竟大夫。○ 竟，音境。　⑨ 蔡公，弃疾也。故，犹旧也。韦龟以弃疾有当璧之命，故使成然事之。○ 蔓，音万。　⑩ 常寿过，申会所戮者。○ 丧，息浪切。过，古禾切。　⑪ 息舟，楚邑城之坚固者。

⑫ 观起死在襄二十二年。朝吴，故蔡大夫声子之子。○ 从，如字。朝，如字。 ⑬ 观从以父死怨楚，故欲试作乱。 ⑭ 二子皆灵王弟。元年，子干奔晋，子皙奔郑。○ 皙，星历切。 ⑮ 告以蔡公不知谋。 ⑯ 不知其故，惊起辟之。○ 强，其丈切。 ⑰ 使子干居蔡公之床、食蔡公之食，并伪与蔡公盟之征验以示众。 ⑱ 己，观从也。○ 己，音纪。徇，似俊切。 ⑲ 诈言蔡公将以师助二子。 ⑳ 执观从。 ㉑ 贼谓子干、子皙也。言蔡公已成军，杀己不解罪。 ㉒ 言若能为灵王死亡，则可违蔡公之命，以待成败如何。○ 为，于伪切。 ㉓ 言与蔡公则可得安定。 ㉔ 言不可违上也。上谓蔡公。 ㉕ 颍川召陵县西南有邓城。二子，子干、子皙。 ㉖ 国陈、蔡而依之。 ㉗ 子干。 ㉘ 子皙。○ 肱，古弘切。 ㉙ 蔡公。 ㉚ 四族，薳氏、许围、蔡洧、蔓成然。○ 羹，音郎。叶，始涉切。 ㉛ 欲筑垒壁以示后人，为复雠之名。○ 垒，力轨切。壁，本亦作辟，音壁。 ㉜ 藩，篱也。○ 藩，方元切。篱，本亦作离，力知切。 ㉝ 须务牟、史猈，楚大夫，蔡公之党也。正仆，大子之近官。○ 牟，亡侯切。猈，皮皆切；徐，扶蟹切，又扶移切，或扶瞻切，本或作篺，音同。罢，音皮；徐，甫绮切，又蒲买切。 ㉞ 竟陵县城西北有甘鱼陂。○ 陂，彼宜切。 ㉟ 从乾谿之师，告使叛灵王。 ㊱ 劓，截鼻。○ 劓，鱼器切。 ㊲ 灵王还至訾梁而众散。○ 訾，子斯切。溃，户内切。㊳ 挤，队也。○ 挤，子细切；《说文》云，排也，又子礼切。壑，许各切。队，直类切。 ㊴ 听国人之所与。 ㊵ 然丹，子革。弃王而归楚。○ 祇，音支。 ㊶ 夏，汉别名。顺流为沿，顺汉水南至鄢。○ 沿，以全切。夏，户雅切。鄢，徐，於建切，又於晚切。入，本又作至。 ㊷ 谓断王旌，执人于章华宫。○ 芋，于付切；徐，又音羽。奸，音干。断，丁管切。 ㊸ 棘，里名。闱，门也。○ 闱，音韦。孔晁云，棘，楚邑；闱，巷门。 ㊹ 癸亥，五月二十六日，皆在乙卯、丙辰后。《传》终言之，《经》书四月，误。○ 缢，一豉切。 ㊺ 子玉，观从。○ 殉，似俊切。谓子干曰，本或作谓子干。㊻ 相恐以灵王也。○ 骇，户楷切。恐，丘勇切。 ㊼ 周，徧也。乙卯，十八日。○ 呼，好故切。徧，音遍。 ㊽ 司马谓弃疾也。言司马见杀以恐

子干。 ㊾ 不书弑君，位未定也。○ 弑，申志切。 ㊿ 不成君，无号谥者，楚皆谓之敖。○ 熊，音雄。 (51) 子旗，蔓成然。○ 衣，於既切。旗，音其。

楚师还自徐[①]，吴人败诸豫章，获其五帅[②]。

① 前年围徐之师。 ② 定二年，楚人伐吴师于豫章。吴人见舟于豫章，而潜师于巢以军楚师于豫章。又柏举之役，吴人舍舟于淮汭，而自豫章与楚夹汉，此皆当在江北淮水南，盖后徙在江南豫章。○ 帅，所类切。谓荡侯、潘子、司马督、嚣尹午、陵尹喜五人。见，贤遍切。汭，如锐切。

平王封陈、蔡，复迁邑[①]，致群赂[②]，施舍宽民，宥罪举职[③]。召观从，王曰："唯尔所欲[④]。"对曰："臣之先，佐开卜。"乃使为卜尹[⑤]。

使枝如子躬聘于郑，且致犨、栎之田[⑥]。事毕，弗致[⑦]。郑人请曰："闻诸道路，将命寡君以犨、栎，敢请命。"对曰："臣未闻命。"既复，王问犨、栎。降服而对[⑧]曰："臣过失命，未之致也。"王执其手曰："子毋勤。姑归，不穀有事，其告子也[⑨]。"

他年芋尹申亥以王柩告，乃改葬之。

初，灵王卜，曰："余尚得天下[⑩]。"不吉，投龟诟天而呼曰："是区区者而不余畀[⑪]，余必自取之。"民患王之无厌也，故从乱如归。

初，共王无冢適[⑫]，有宠子五人，无適立焉。乃大有事于群望[⑬]，而祈曰："请神择于五人者，使主社稷。"乃徧以璧见于群望曰："当璧而拜者，神所立也，谁敢违之？"既乃与巴姬密埋璧于大室之庭[14]，使五人齊，而长入拜[15]。康王跨之[16]。灵王肘加焉。子干、子晳皆远之。平王弱，抱而入，再拜，皆厌纽[17]。鬥韦龟属成然焉[18]，且曰："弃礼违命，楚其危哉[19]。"

子干归，韩宣子问于叔向曰："子干其济乎？"对曰："难。"宣子曰："同恶相求，如市贾焉，何难[20]？"对曰："无与同好，谁与同恶[21]？取国有五难：有宠而无人，一也[22]；有人而无主，二也[23]；有主而无谋，三也[24]；有谋而无民，四也[25]；有民而无德，五也[26]。子干在晋十三年矣，晋、楚之从，不闻达者，可谓无人[27]。族尽亲叛，可谓无主[28]。无衅而动，可谓无谋[29]。为羁终世，可谓无民[30]。亡无爱征，可谓无德[31]。王虐而不忌[32]，楚君子干涉五难以弑旧君，谁能济之[33]？有楚国者，其弃疾乎！君陈、蔡，城外属焉[34]。苛慝不作，盗贼伏隐，私欲不违[35]，民无怨心。先神命之[36]，国民信之，芈姓有乱，必季实立，楚之常也。获神，一也[37]。有民，二也[38]。令德，三也[39]。宠贵，四也[40]。居常，五也[41]。有五利以去五难，谁能害之？子干之官，则右尹也。数其贵宠，则庶子也。以神所命，则又远之。其贵亡矣[42]，其宠弃矣[43]，民无怀焉[44]，国无与焉[45]，将何以立？"宣子曰："齐桓、晋文，不亦是乎[46]？"对曰："齐桓，卫姬之子也，有宠于僖[47]。有鲍叔牙、宾须无、隰朋以为辅佐，有莒、卫以为外主[48]，有国、高以为内主[49]。从善如流[50]，下善齐肃[51]，不藏贿[52]，不从欲[53]，施舍不倦[54]，求善不厌，是以有国，不亦宜乎？我先君文公，狐季姬之子也，有宠于献。好学而不贰[55]，生十七年，有士五人[56]。有先大夫子馀、子犯以为腹心[57]，有魏犫、贾佗以为股肱[58]，有齐、宋、秦、楚以为外主[59]，有栾、郤、狐、先以为内主[60]。亡十九年，守志弥笃。惠、怀弃民[61]，民从而与之。献无异亲，民无异望[62]，天方相晋，将何以代文？此二君者，异于子干。共有宠子，国有奥主[63]。无施于民，无援于外，去晋而不送，归楚而不逆，何以冀国[64]？"

① 复九年所迁邑。 ② 始举事时所货赂。○ 赂，音路。 ③ 举职，修废官。○ 宥，音又。 ④ 观从教子干杀弃疾，弃疾今召用之，明在君为君之义。○ 为，于伪切。 ⑤ 佐卜人开龟兆。 ⑥ 犫、栎，本郑邑，楚中取之。平王新立，故还以赂郑。○ 栎，力狄切。 ⑦ 知郑自说服，不复须赂故。○ 说，音悦。复，扶又切，下复使同。 ⑧ 降服，如今解冠也，谢违命。 ⑨ 王善其有权，有事将复使之。○ 毋，音无。⑩ 尚，庶几。○ 柩，其久切。 ⑪ 区区，小天下。○ 诟，本又作訽，呼豆切；馀，许后切。呼，火故切。畀，必利切；馀，甫至切，与也。 ⑫ 冢，大也。○ 厌，於盐切。共，音恭。適，丁历切，下无適同。 ⑬ 群望，星辰山川。 ⑭ 巴姬，共王妾。大室，祖庙。○ 徧，音遍。见，贤遍切，下《注》微见同。巴，必加切。埋，亡皆切。大，音泰。 ⑮ 从长幼以次拜。○ 齊，侧皆切，本又作齋。长，丁丈切。 ⑯ 过其上也。○ 跨，苦化切。⑰ 微见璧纽以为审识。○ 肘，中九切。远，于万切。厌，於甲切；馀，於辄切。纽，女九切。识，申志切，又如字。 ⑱ 知其将立，故托其子。○ 属，音烛。 ⑲ 弃立长之礼，违当璧之命，终致灵王之乱。 ⑳ 宣子谓弃疾亲恃子干，共同好恶，故言如市贾同利以相求。○ 贾，音古。好，如字，又呼报切。恶，乌路切，下皆仿此。 ㉑ 言弃疾本不与子干同好，则亦不得同恶。 ㉒ 宠须贤人而固。 ㉓ 虽有贤人，当须内主为应。○ 应，应对之应。 ㉔ 谋，策谋也。 ㉕ 民，众。 ㉖ 四者既备，当以德成。 ㉗ 晋、楚之士从子干游，皆非达人。 ㉘ 无亲族在楚。

㉙ 召子干时，楚未有大衅。○ 衅，许靳切。 ㉚ 终身羁客在晋，是无民。 ㉛ 楚人无爱念之者。 ㉜ 灵王暴虐，无所畏忌，将自亡。 ㉝ 言楚借君子干以弑灵王，终无能成。 ㉞ 城，方城也。时穿封戌既死，弃疾并领陈事。 ㉟ 不以私欲违民事。○ 苛，音何；本或作荷，音同。慝，他得切。 ㊱ 先神，谓群望。 ㊲ 当璧拜。○ 芈，弥尔切。 ㊳ 民信之。 ㊴ 无苛慝。 ㊵ 贵妃子。 ㊶ 弃疾，季。 ㊷ 位不尊。○ 去，起吕切。数，所主切。远，于万切。亡，音无，又如字。 ㊸ 父既没故。 ㊹ 非令德。 ㊺ 无内主。 ㊻ 皆庶贱。 ㊼ 卫姬，齐僖公妾。 ㊽ 齐桓出奔莒、卫，有舅氏之助。 ㊾ 国氏、高氏，齐上卿。 ㊿ 言其疾也。 [51] 齐，严也。肃，敬也。○ 下，遐嫁切。齐，侧皆切。 [52] 清也。○ 贿，呼罪切。 [53] 俭也。○ 从，子用切。 [54] 施舍，犹言布恩德。 [55] 言笃志。○ 厌，於艳切。好，呼报切。 [56] 狐偃、赵衰、颠颉、魏武子、司空季子，五士从出。○ 衰，初危切。颉，户结切。从，才用切。 [57] 子馀，赵衰。子犯，狐偃。 [58] 魏犨，魏武子也。称五人而说四士，贾佗又不在本数，盖叔向所贤。○ 佗，徒河切。 [59] 齐妻以女，宋赠以马，楚王享之，秦伯纳之。○ 妻，七计切。 [60] 谓栾枝、郤縠、狐突、先轸也。○ 栾，鲁官切。郤，去逆切。縠，户木切。 [61] 惠公、怀公不恤民也。 [62] 献公之子九人，唯文公在。 [63] 谓弃疾也。○ 相，息亮切。共，音恭。奥，乌报切。 [64]《传》言子干所以蒙弑君之名，弃疾所以得国。○ 施，式豉切。

晋成虒祁[1]，诸侯朝而归者，皆有贰心[2]。为取郠故[3]，晋将以诸侯来讨。叔向曰："诸侯不可以不示威[4]。"乃并征会，告于吴。秋，晋侯会吴子于良[5]。水道不可，吴人辞，乃还[6]。七月丙寅，治兵于邾南，甲车四千乘[7]，羊舌鲋摄司马[8]，遂合诸侯于平丘。

子产、子大叔相郑伯以会。子产以幄幕九张行[9]。子大叔以四十，既而悔之，每舍损焉。及会，亦如之[10]。

次于卫地，叔鲋求货于卫，淫刍荛者[11]。卫人使屠伯馈叔向羹与一箧锦[12]，曰："诸侯事晋，未敢携贰，况卫在君之宇下[13]，而敢有异志？刍荛者异于他日，敢请之[14]。"叔向受羹反锦[15]，曰："晋有羊舌鲋者，渎货无厌[16]，亦将及矣[17]。为此役也[18]，子若以君命赐之，其已。"客从之。未退，而禁之[19]。

晋人将寻盟，齐人不可[20]。晋侯使叔向告刘献公[21]曰："抑齐人不盟，若之何？"对曰："盟以底信[22]。君苟有信，诸侯不贰，何患焉？告之以文辞，董之以武师，虽齐不许，君庸多矣[23]。天子之老，请帅王赋，元戎十乘，以先启行[24]。迟速唯君[25]。"叔向告于齐曰："诸侯求盟，已在此矣。今君弗利，寡君以为请。"对曰："诸侯讨贰，则有寻盟。若皆用命，何盟之寻[26]？"叔向曰："国家之败，有事而无业，事则不经[27]。有业而无礼，经则不序[28]。有礼而无威，序则不共[29]。有威而不昭，共则不明[30]。不明弃共，百事不终，所由倾覆也[31]。是故明王之制，使诸侯岁聘以志业[32]，间朝以讲礼[33]，再朝而会以示威[34]，再会而盟以显昭明[35]。志业于好[36]，讲礼于等[37]，示威于众[38]，昭明于神[39]，自古以来，未之或失也。存亡之道，恒由是兴。晋礼主盟[40]，惧有不治，奉承齐牺[41]，而布诸君，求终事也[42]。君曰：'余必废之，何齐之有？'唯君图之，寡君闻命矣！"齐人惧，对曰："小国言之，大国制之，敢不听从？既闻命矣，敬共以往，迟速唯君。"

叔向曰："诸侯有间矣[43]，不可以不示众。"八月辛未，治兵[44]，建而不旆[45]。壬申，复旆之。诸侯畏之[46]。

邾人、莒人愬于晋曰："鲁朝夕伐我，几亡矣[47]。我之不共，鲁故之以[48]。"晋侯不见公，使叔向来辞曰："诸侯将以甲戌盟，寡君知不得事君矣，请君无勤[49]。"子服惠伯对曰："君信蛮夷之诉[50]，以绝兄弟之国，弃周公之后，亦唯君。寡君闻命矣。"叔向曰："寡君有甲车四千乘在，虽以无道行之，必可畏也。况其率道，其何敌之有？牛虽瘠，偾于豚上，其畏不死[51]？南蒯、子仲之忧，其庸可弃乎[52]？若奉晋之众，用诸侯之师，因邾、莒、杞、鄫之怒[53]，以讨鲁罪，间其二忧[54]，何求而弗克？"鲁人惧，听命[55]。

甲戌，同盟于平丘，齐服也[56]。令诸侯日中造于除[57]。癸酉，退朝[58]。子产命外仆速张于除[59]，子大叔止之，使待明日。及夕，子产闻其未张也，使速往，乃无所张矣[60]。

及盟，子产争承[61]曰："昔天子班贡，轻重以列[62]，列尊贡重，周之制也[63]，卑而贡重者，甸服也[64]。郑，伯男也。而使从公侯之贡[65]，惧弗给也。敢以为请。诸侯靖兵，好以为事[66]。行理之命[67]，无月不至。贡之无艺[68]，小国有阙，所以得罪也。诸侯修盟，存小国也。贡献无极，亡可待也。存亡之制，将在今矣。"自日中以争，至于昏，晋人许之。

既盟，子大叔咎之曰："诸侯若讨，其可渎乎[69]？"子产曰："晋政多门[70]，贰偷之不暇，何暇讨[71]？国不竞亦陵，何国之为[72]？"

公不与盟[73]。晋人执季孙意如，以幕蒙之[74]，使狄人守之。司铎射[75]怀锦，奉壶饮冰以蒲伏焉。守者御之，乃与之锦而入[76]。晋人以平子归，子服湫从[77]。

子产归，未至，闻子皮卒，哭，且曰："吾已[78]无为为善矣，唯夫子知我[79]。"仲尼谓："子产于是行也，足以为国基矣。《诗》曰：'乐旨君子，邦家之基[80]。'子产，君子之求乐者也。"且曰："合诸侯，艺贡事，礼也[81]。"

① 在八年。○ 虒，音斯。　② 贱其奢也。　③ 取郠在十年。○ 为，于伪切。郠，工杏切。　④ 知晋德薄，欲以威服之。　⑤ 下邳有良城县。○ 邳，皮悲切。　⑥ 辞不会。　⑦ 三十万人。○ 乘，绳证切，下及《注》同。　⑧ 鲋，叔向弟也。摄，兼官。○ 鲋，音附。　⑨ 幄幕，军旅之帐。○ 幄，於角切。幕，音莫。四合象宫室曰幄，在上曰幕。　⑩ 亦九张也。《传》言子产之適宜，大叔之从善。　⑪ 欲使卫患之而致货。○ 刍，初俱切；《说文》云，刈草也。荛，如遥切。饲牲曰刍，草薪曰荛。　⑫ 屠伯，卫大夫。○ 屠，音徒。馈，其位切。箧，苦协切。　⑬ 屋宇之下，喻近也。　⑭ 请止之。　⑮ 受羹示不逆其意，且非货。　⑯ 渎，数也。○ 渎，徒木切。厌，於盐切。数，音朔。　⑰ 将及祸。　⑱ 役，事也。○ 为，如字，或于伪切。　⑲ 禁刍荛者。　⑳ 有贰心故。　㉑ 献公，王卿士刘子。　㉒ 厎，致也。○ 厎，音旨。　㉓ 董，督也。庸，功也。讨之有辞，故功多也。　㉔ 天子大夫称老。元戎，戎车在前者。启，开也。行，道也。　㉕ 欲佐晋讨齐。　㉖ 托用命以拒晋。　㉗ 业，贡赋之业。　㉘ 须礼而有次序。　㉙ 礼须威严而后共。　㉚ 威须昭告神明而后信义著。　㉛ 信义不明则弃威，不威弃礼。无礼无经，无经无业，故百事不成。○ 覆，芳服切。　㉜ 志，识也。岁聘以修其职业。　㉝ 三年而一朝，正班爵之义，率长幼之序。○ 间，间厕之间。长，丁丈切。　㉞ 六年而一会，以训上下之则，制财用之节。　㉟ 十二年而一盟，所以昭信义也。凡八聘四朝再会，王一巡守，盟于方嶽之下。○ 守，手又切。嶽，音岳。　㊱ 聘也。○ 好，呼报切。　㊲ 朝也。　㊳ 会也。　㊴ 盟也。　㊵ 依先王、先公旧礼，主诸侯

盟。 ㊶ 齐盟之牺牲。○ 治，直吏切，旧如字。牺，许宜切。 ㊷ 终，竟也。 ㊸ 间，隙也。 ㊹ 习战。 ㊺ 建立旌旗，不曳其旆。旆。游也。○ 旆，步贝切。 ㊻ 军将战则旆，故曳旆以恐之。○ 复，扶又切。恐，丘勇切。 ㊼ 自昭公即位，邾、鲁同好，又不朝夕伐莒，无故怨愬。晋人信之，所谓谗慝弘多。○ 愬，音素。朝夕，如字。几，音祈。 ㊽ 不共晋贡，以鲁故也。○ 共，音恭，下同。 ㊾ 托谦辞以绝鲁。 ㊿ 蛮夷，谓邾、莒。 (51) 偾，仆也。○ 瘠，在亦切。偾，方问切。仆，音付，又蒲北切。 (52) 弃，犹忘也。 (53) 四国近鲁，数以小事相忿。鄫已灭，其民犹存，故并以恐鲁。○ 鄫，才陵切。近，附近之近。数，音朔。 (54) 因南蒯、子仲二忧为间隙。 (55) 不敢与盟。○ 与，音预，下不与同。 (56)《经》所以称同。 (57) 除地为坛，盟会处。○ 造，七报切。坛，本或作墠，音善。处，昌虑切。 (58) 先盟朝晋。○ 先，悉荐切。 (59) 张幄幕。 (60) 地已满也。《传》言子产每事敏于大叔。 (61) 承，贡赋之次。 (62) 列，位也。 (63) 公侯地广，故所贡者多。 (64) 甸服，谓天子畿内共职贡者。 (65) 言郑国在甸服外，爵列伯子男，不应出公侯之贡。 (66) 靖，息也。○ 好，呼报切。 (67) 行理，使人通聘问者。○ 使，所吏切。 (68) 艺，法制。 (69) 渎，易也。○ 咎，其九切。易，以豉切。 (70) 政不出一家。 (71) 贰，不壹。偷，苟且。 (72) 不竞争则为人所侵陵，不成为国。○ 争，争斗之争，下争竞同。 (73) 信邾、莒之诉，欲讨鲁故。 (74) 蒙，裹也。○ 裹，音果。 (75) 鲁大夫。○ 铎，待洛切。射，食亦切，又食夜切。 (76) 蒲伏窃往，饮季孙。冰，箭筩盖，可以取饮。○ 奉，芳勇切。蒲，本又作匍，同，步都切；又音扶；本亦作扶。伏，本又作匐，同，蒲北切，又音服。守，手又切，又如字。御，鱼吕切。饮，於鸩切。筩，音童，又音勇。 (77) 湫，子服惠伯，从至晋。○ 湫，子小切；徐音椒，又子鸟切。案，子服湫又作子服椒，止一人耳。从，才用切。 (78) 已，犹决竟。 (79) 言子皮知己之善。 (80)《诗·小雅》。言乐与君子为治，乃国家之基本。○ 治，直吏切。 (81) 嫌争竞不顺，故以礼明之。

鲜虞人闻晋师之悉起也[①]，而不警边，且不修备[②]。晋荀吴自著雍以上军侵鲜虞，及中人，驱冲竞[③]，大获而归[④]。

① 五年《传》曰：遗守四千。今甲车四千乘，故为悉起。 ② 言夷狄无谋。〇 警，音景。 ③ 中山望都县西北有中人城。驱冲车与狄争逐。④ 为十五年晋伐鲜虞起。

楚之灭蔡也，灵王迁许、胡、沈、道、房、申于荆焉。平王即位，既封陈、蔡，而皆复之，礼也[①]。隐大子之子庐归于蔡，礼也[②]。悼大子之子吴归于陈，礼也[③]。

① 灭蔡在十一年。许、胡、沈，小国也。道、房、申，皆故诸侯，楚灭以为邑。荆，荆山也。《传》言平王得安民之礼。汝南有吴防县，即防国。② 隐大子，大子有也。庐，蔡平侯。 ③ 悼大子，偃师也。吴，陈惠公。

冬十月，葬蔡灵公，礼也[①]

① 国复，成礼以葬也。此陈、蔡事，《传》皆言礼，嫌楚所封不得比诸侯，故明之。

公如晋。荀吴谓韩宣子曰："诸侯相朝，讲旧好也。执其卿而朝其君，有不好焉，不如辞之。"乃使士景伯辞公于河[①]。

① 景伯，士文伯之子弥牟也。〇 好，呼报切。

吴灭州来。令尹子期请伐吴，王弗许，曰：“吾未抚民人，未事鬼神，未修守备，未定国家，而用民力，败不可悔。州来在吴，犹在楚也。子姑待之[①]。”

①《传》言平王所以能有国。○ 守，手又切。

季孙犹在晋，子服惠伯私于中行穆子[①]曰：“鲁事晋何以不如夷之小国？鲁，兄弟也，土地犹大，所命能具。若为夷弃之，使事齐、楚，其何瘳于晋[②]？亲亲与大，赏共罚否，所以为盟主也。子其图之。谚曰：‘臣一主二[③]。’吾岂无大国[④]？”穆子告韩宣子，且曰：“楚灭陈、蔡，不能救，而为夷执亲，将焉用之？”乃归季孙。惠伯曰：“寡君未知其罪，合诸侯而执其老[⑤]。若犹有罪，死命可也[⑥]。若曰无罪而惠免之，诸侯不闻，是逃命也，何免之为？请从君惠于会[⑦]。”宣子患之，谓叔向曰：“子能归季孙乎？”对曰：“不能。鲋也能[⑧]。”乃使叔鱼。叔鱼见季孙曰：“昔鲋也得罪于晋君，自归于鲁君[⑨]。微武子之赐，不至于今[⑩]。虽获归骨于晋，犹子则肉之，敢不尽情？归子而不归，鲋也闻诸吏，将为子除馆于西河[⑪]，其若之何？”且泣[⑫]。平子惧，先归。惠伯待礼[⑬]。

① 私与之语。 ② 瘳，差也。○ 为，于伪切，下为夷、将为同。瘳，敕留切。差，初卖切。 ③ 言一臣必有二主，道不合，得去事他国。○ 谚，音彦。 ④ 言非独晋可事。 ⑤ 老，尊卿称。○ 焉，於虔切。称，尺证切。 ⑥ 死晋命也。 ⑦ 欲得盟会见遣，不欲私去。 ⑧ 鲋，叔鱼。 ⑨ 盖襄二十一年坐叔虎与栾氏党，并得罪。○ 坐，才卧

切。 ⑩ 武子，季平子祖父。 ⑪ 西使近河。○ 近，附近之近。 ⑫ 泣以信其言。 ⑬ 待见遣之礼。

经

十有四年春，意如至自晋[①]。

三月，曹伯滕卒[②]。

夏四月[③]。

秋，葬曹武公[④]。

八月，莒子去疾卒[⑤]。

冬，莒杀其公子意恢[⑥]。

① 书至者喜得免。 ② 无《传》。四同盟。 ③ 无《传》。 ④ 无《传》。 ⑤ 未同盟。○ 去，起吕切。 ⑥ 以祸乱告，不必系于为卿，故虽公子亦书。意恢与乱君为党，故书名恶之。○ 恢，苦回切。恶，乌路切。

传

十四年春，意如至自晋，尊晋罪己也[①]。尊晋罪己，礼也[②]。

① 以舍族为尊晋罪己。○ 舍，音捨。 ② 礼，修己而不责人。

南蒯之将叛也，盟费人。司徒老祁、虑癸[①]伪废疾，使请于南蒯曰："臣愿受盟而疾兴，若以君灵不死，请待间而盟[②]。"许之。二子因民之欲叛也，请朝众而盟[③]。遂劫南蒯曰:“群臣不忘其君④,畏子以及今,三年听命矣。子若弗图,费人不忍其君,将不能畏子矣⑤。子何所不逞欲?请送子⑥。”请期五日⑦。遂奔齐。侍饮酒于景公。公曰:“叛夫⑧!”对曰:“臣欲张公室也⑨。”子韩晳曰⑩:“家臣而欲张公室,罪莫大焉⑪。”司徒老祁、虑癸来归费⑫。齐侯使鲍文子致之⑬。

① 二人,南蒯家臣。○ 祁,巨夷切;《字林》,上夷切。 ② 间,差也。○ 差,初卖切。 ③ 欲因合众以作乱。 ④ 君,谓季氏。○ 劫,居业切。 ⑤ 不能复畏子。○《释文》:畏子以及今,绝句。复,扶又切。⑥ 送使出奔。 ⑦ 南蒯请期,冀有变。 ⑧ 戏之。 ⑨ 张,强也。⑩ 齐大夫。○ 晳,星历切。 ⑪ 言越职。 ⑫ 归鲁。 ⑬ 南蒯虽叛,费人不从,未专属齐。二子逐蒯而复其旧,故《经》不书归费。齐使文子致邑,欲以假好,非事实也。○ 好,呼报切。

夏,楚子使然丹简上国之兵于宗丘,且抚其民①。分贫振穷②,长孤幼,养老疾,收介特③,救灾患,宥孤寡④,赦罪戾,诘奸慝⑤,举淹滞⑥。礼新叙旧⑦,禄勋合亲⑧,任良物官⑨。使屈罢简东国之兵于召陵⑩,亦如之⑪。好于边疆⑫,息民五年,而后用师,礼也。

① 上国,在国都之西,西方居上流,故谓之上国。宗丘,楚地。② 分,与也。振,救也。○ 分,如字;徐,甫问切。 ③ 介特,单身民也。收聚不使流散。○ 长,丁丈切。介,音界,又古贺切。单,音丹。 ④ 宽其赋税。○ 宥,音又。税,始锐切。 ⑤ 诘,责问也。○ 戾,力计切。诘,起吉切。慝,他得切。 ⑥ 淹滞,有才德而未叙者。 ⑦ 新,羁旅

也。 ⑧ 勋,功也。亲,九族。 ⑨ 物,事也。 ⑩ 兵在国都之东者。○ 罢,音皮。召,上照切。 ⑪ 如然丹。 ⑫ 结好四邻。○ 好,呼报切。疆,居良切。

秋八月,莒著丘公卒,郊公不慼①。国人弗顺,欲立著丘公之弟庚舆②。蒲馀侯恶公子意恢而善于庚舆③,郊公恶公子铎而善于意恢④。公子铎因蒲馀侯而与之谋曰:"尔杀意恢,我出君而纳庚舆。"许之⑤。

① 郊公,著丘公子。○ 著,直居切;徐,直据切。 ② 庚舆,莒共公。○ 舆,音余,本亦作与。共,音恭。 ③ 蒲馀侯,莒大夫兹夫也。意恢,莒群公子。○ 恶,乌路切。 ④ 铎亦群公子。○ 铎,待洛切。⑤ 为下冬杀意恢《传》。

楚令尹子旗有德于王,不知度①。与养氏比,而求无厌②。王患之。九月甲午,楚子杀鬥成然,而灭养氏之族。使鬥辛居郧,以无忘旧勋③。

① 有佐立之德。 ② 养氏,子旗之党,养由基之后。○ 比,毗志切。厌,於盐切;本又作餍。 ③ 辛,子旗之子郧公辛。○ 郧,音云。

冬十二月,蒲馀侯兹夫杀莒公子意恢,郊公奔齐。公子铎逆庚舆于齐。齐隰党、公子鉏送之,有赂田①。

① 莒赂齐以田。○ 鉏,仕居切。

晋邢侯与雍子争鄐田[①]，久而无成。士景伯如楚[②]，叔鱼摄理[③]。韩宣子命断旧狱，罪在雍子。雍子纳其女于叔鱼，叔鱼蔽罪邢侯[④]。邢侯怒，杀叔鱼与雍子于朝。宣子问其罪于叔向。叔向曰："三人同罪，施生戮死可也[⑤]。雍子自知其罪而赂以买直，鲋也鬻狱，邢侯专杀，其罪一也。己恶而掠美为昏[⑥]，贪以败官为墨[⑦]，杀人不忌为贼[⑧]。《夏书》曰：'昏、墨、贼，杀[⑨]。'皋陶之刑也。请从之。"乃施邢侯而尸雍子与叔鱼于市。

仲尼曰："叔向，古之遗直也[⑩]。治国制刑，不隐于亲[⑪]，三数叔鱼之恶，不为末减[⑫]。曰义也夫，可谓直矣[⑬]。平丘之会，数其贿也[⑭]，以宽卫国，晋不为暴。归鲁季孙，称其诈也[⑮]，以宽鲁国，晋不为虐。邢侯之狱，言其贪也，以正刑书，晋不为颇。三言而除三恶，加三利[⑯]，杀亲益荣[⑰]，犹义也夫[⑱]？"

① 邢侯，楚申公巫臣之子也。雍子，亦故楚人。○ 鄐，许六切，又超六切。　② 士景伯，晋理官。　③ 摄，代景伯。　④ 蔽，断也。○ 断，丁乱切。蔽，必世切；徐，甫世切；王，补弟切。　⑤ 施，行罪也。⑥ 掠，取也。昏，乱也。○ 鬻，羊六切，卖也。掠，音亮。　⑦ 墨，不洁之称。○ 败，必迈切，又如字。称，尺证切。　⑧ 忌，畏也。　⑨ 逸《书》。三者皆死刑。　⑩ 言叔向之直，有古人遗风。○ 陶，音遥。施，如字；服云，施罪于邢侯也；孔晁注《国语》云，废也，尸氏切。　⑪ 谓国之大问，己所答当也。至于他事，则宜有隐。○ 当，丁浪切。　⑫ 末，薄也。减，轻也。皆以正言之。○ 数，色具切。为，于伪切。末，武葛切。⑬ 于义未安，直则有之。○ 夫，旧音扶，一读芳于切。　⑭ 谓言渎货无厌。　⑮ 谓言鲋也能。　⑯ 三恶，暴、虐、颇也。三恶除，则三利加。

○ 颇，普何切。　⑰ 荣名益己。　⑱ 三罪唯答宣子问，不可以不正，其馀则以直伤义，故重疑之。○ 重，直用切。

经

十有五年春，王正月，吴子夷末卒[1]。

二月癸酉，有事于武宫。籥入，叔弓卒，去乐卒事[2]。

夏，蔡朝吴出奔郑[3]。

六月丁巳朔，日有食之[4]。

秋，晋荀吴帅师伐鲜虞。

冬，公如晋。

① 无《传》，未同盟。　② 略书有事，为叔弓卒起也。武宫，鲁武公庙，成六年复立之。○ 籥，羊略切。去，起吕切。为，于伪切。复，扶又切。③ 朝吴不远谗人，所以见逐而书名。○ 远，于万切。　④ 无《传》。

传

十五年春，将禘于武公，戒百官[1]。梓慎曰："禘之日，其有咎乎。吾见赤黑之祲，非祭祥也，丧氛也[2]。其在涖事乎[3]？"二月癸酉，禘，叔弓涖事，籥入而卒，去乐卒事，礼也[4]。

① 齐戒。○ 禘，大计切。齐，侧皆切。　② 祲，妖氛也。盖见于宗庙，故以为非祭祥也。氛，恶气也。○ 咎，其九切。祲，子鸩切。氛，芳云切；徐，扶云切。见，贤遍切。　③ 涖，临也。○ 涖，音利。　④ 大臣卒，故为之去乐。○ 去，起吕切。为，于伪切。

楚费无极害朝吴之在蔡也[1]，欲去之。乃谓之曰："王唯信子，故处子于蔡。子亦长矣，而在下位，辱。必求之，吾助子请[2]。"又谓其上之人[3]曰："王唯信吴，故处诸蔡，二三子莫之如也。而在其上，不亦难乎？弗图，必及于难。"夏，蔡人逐朝吴。朝吴出奔郑。王怒曰："余唯信吴，故寘诸蔡。且微吴，吾不及此。女何故去之？"无极对曰："臣岂不欲吴[4]？然而前知其为人之异也[5]。吴在蔡，蔡必速飞。去吴，所以翦其翼也[6]。"

① 朝吴，蔡大夫，有功于楚平王。故无极恐其有宠，疾害之。〇 费，扶味切。 ② 请求上位。〇 长，丁丈切。 ③ 蔡人在上位者。 ④ 非不欲善吴。〇 难，乃旦切。寘，之豉切。女，音汝。 ⑤ 言其多权谋。 ⑥ 以鸟喻也。言吴在蔡，必能使蔡速强而背楚。〇 背，必佩切。

六月乙丑，王大子寿卒[1]。秋八月戊寅，王穆后崩[2]。

① 周景王子。 ② 大子寿之母也。《传》为晋荀跞如周葬穆后起。

晋荀吴帅师伐鲜虞，围鼓[1]。鼓人或请以城叛，穆子弗许。左右曰："师徒不勤，而可以获城，何故不为？"穆子曰："吾闻诸叔向曰：'好恶不愆，民知所适，事无不济[2]。'或以吾城叛，吾所甚恶也。人以城来，吾独何好焉。赏所甚恶，若所好何[3]？若其弗赏，是失信也，何以庇民？力能则进，否则退，量力而行。吾不可以欲城而迩奸，所丧滋多。"使鼓人杀叛人而缮守备。围鼓三月，鼓人或请降，使其民见，曰："犹有食色，姑修而城。”军吏曰：“获城而弗取，勤民而顿兵，何以事君？”穆子曰：“吾以事君也。获一邑而教民怠，将焉用邑？邑以贾怠，不如完旧[4]。贾怠无卒[5]，弃旧不祥。鼓人能事其君，我亦能事吾君。率义不爽[6]，好恶不愆，城可获而民知义所[7]，有死命而无二心，不亦可乎！”鼓人告食竭力尽，而后取之。克鼓而反，不戮一人，以鼓子鸢鞮归[8]。

① 鼓，白狄之别。巨鹿下曲阳县有鼓聚。○ 聚，才喻切。　② 愆，过也。適，归也。○ 好，呼报切。恶，乌路切，或并依字读。愆，起虔切。③ 无以复加所好。○ 复，扶又切。　④ 完，犹保守。○ 庇，必利切，又音秘。丧，息浪切。缮，市战切。守，手又切。降，户江切。见，贤遍切。焉，於虔切。贾，音古。　⑤ 卒，终也。　⑥ 爽，差也。　⑦ 知义所在也。荀吴必其能获，故因以示义。　⑧ 鸢鞮，鼓君名。○ 鸢，本又作戴，悦全切。鞮，丁兮切。

冬，公如晋，平丘之会故也[1]。

① 平丘会，公不与盟，季孙见执。今既得免，故往谢之。○ 与，音预。

十二月，晋荀跞如周，葬穆后，籍谈为介。既葬除丧，以文伯宴，樽以鲁壶[1]。王曰：“伯氏，诸侯皆有以镇抚王室，晋独无有，何也[2]？”文伯揖籍谈[3]，对曰：“诸侯之封也，皆受明器于王室[4]，以镇抚其社稷，故能荐彝器于王[5]。晋居深山，戎狄之与邻，而远于王室。王灵不及，拜戎不暇[6]，其何以献器？”王曰：“叔氏，而忘诸乎[7]？叔父唐叔，成王之母弟也，其反无分乎？密须之鼓，与其大路，文所以大蒐也[8]。阙巩之甲，武所以克商也[9]。唐叔受之以处参虚，匡有戎狄[10]。其后襄之二路[11]，鏚钺秬鬯[12]，彤弓虎贲，文公受之，以有南阳之田[13]，抚征东夏，非分而何？夫有勋而不废[14]，有绩而载[15]，奉之以土田[16]，抚之以彝器[17]，旌之以车服[18]，明之以文章[19]，子孙不忘，所谓福也。福祚之不登叔父，焉在[20]？且昔而高祖孙伯黡，司晋之典籍，以为大政，故曰籍氏[21]。及辛有之二子董之，晋于是乎有董史[22]。女，司典之后也。何故忘之？”籍谈不能对。宾出，王曰：“籍父其无后乎！数典而忘其祖[23]。”

籍谈归，以告叔向。叔向曰：“王其不终乎。吾闻之，所乐必卒焉。今王乐忧，若卒以忧，不可谓终。王一岁而有三年之丧二焉[24]，于是乎以丧宾宴，又求彝器，乐忧甚矣，且非礼也。彝器之来，嘉功之由，非由丧也。三年之丧，虽贵遂服，礼也[25]。王虽弗遂，宴乐以早，亦非礼也[26]。礼，王之大经也。一动而失二礼，无大经矣[27]。言以考典[28]，典以志经，忘经而多言举典，将焉用之[29]？”

① 文伯，荀跞也。鲁壶，鲁所献壶樽。〇 跞，力狄切；本又作栎，同。介，音界。樽，本或作尊，又作罇，並同。 ② 感鲁壶而言也。镇抚王室，谓贡献之物。 ③ 文伯无辞，揖籍谈使对。 ④ 谓明德之分器。〇 分，扶问切，年内同。 ⑤ 荐，献也。彝，常也。谓可常宝之器，若鲁壶之属。〇 彝，以之切。 ⑥ 言王宠灵不见及，故数为戎所加陵。〇 远，于万切，又如字。数，音朔。 ⑦ 叔，籍谈也。 ⑧ 密须，姞姓国也，在安定阴密县。文王伐之，得其鼓路以蒐。〇 蒐，所求切。姞，其吉

切，又其乙切。　⑨ 阙巩国所出铠。○ 巩，九勇切。铠，开代切。　⑩ 参虚，实沈之次。晋之分野。○ 参，所金切。　⑪ 周襄王所赐晋文公大路、戎路。　⑫ 钺，斧也。钺，金钺。秬，黑黍。鬯，香酒。○ 钺，音戚。钺，音越。秬，音巨。鬯，音畅。　⑬ 事在僖二十八年。○ 彤，徒冬切。贲，音奔。　⑭ 加重赏。○ 夏，户雅切。　⑮ 书功于策。　⑯ 有南阳。　⑰ 弓钺之属。　⑱ 襄之二路。　⑲ 旌旗。　⑳ 言福祚不在叔父，当在谁邪？○《释文》：福祚之不登叔父，绝句。焉，於虔切，下将焉同。　㉑ 孙伯黡，晋正卿，籍谈九世祖。○ 黡，於斩切。　㉒ 辛有，周人也。其二子適晋为大史，籍黡与之共董督晋典，因为董氏，董狐其后。　㉓ 忘祖业。○ 女，音汝。数，色主切。　㉔ 天子绝期，唯服三年。故后虽期，通谓之三年丧。○ 乐，音洛。期，居其切。　㉕ 天子诸侯除丧当在卒哭，今王既葬而除，故讥其不遂。　㉖ 言今虽不能遂服，犹当静嘿，而便宴乐，又失礼也。○ 嘿，亡北切，本或作默，同。　㉗ 失二礼，谓既不遂服，又设宴乐。　㉘ 考，成也。　㉙ 为二十二年王室乱《传》。

经

十有六年春，齐侯伐徐。

楚子诱戎蛮子杀之[①]。

夏，公至自晋。

秋八月己亥，晋侯夷卒[②]。

九月，大雩[③]。

季孙意如如晋。

冬十月，葬晋昭公[④]。

① ○ 诱，音酉。　② 未同盟。　③ ○ 雩，音于。　④ 三月而

葬，速。

传

十六年春，王正月，公在晋，晋人止公。不书，讳之也①。

① 犹以取郪故也。公为晋人所执止，故讳不书。

齐侯伐徐。楚子闻蛮氏之乱也，与蛮子之无质也①，使然丹诱戎蛮子嘉杀之，遂取蛮氏。既而复立其子焉，礼也②。

① 质，信也。〇 质，之实切，或音致。 ② 诈之，非也；立其子，礼也。河南新城县东南有蛮城。〇 复，扶又切。

二月丙申，齐师至于蒲隧①。徐人行成。徐子及郯人、莒人会齐侯，盟于蒲隧，赂以甲父之鼎②。叔孙昭子曰："诸侯之无伯，害哉③！齐君之无道也，兴师而伐，远方会之，有成而还，莫之亢也④。无伯也夫。《诗》曰：'宗周既灭，靡所止戾。正大夫离居，莫知我肄⑤。'其是之谓乎⑥！"

① 蒲隧，徐地。下邳取虑县东有蒲如陂。〇 取，音秋。虑，力居切。如淳，取，音陬訾之陬；虑，音郲娄之娄。 ② 甲父，古国名。高平昌邑县东南有甲父亭。徐人得甲父鼎以赂齐。〇 父，音甫。郯，音谈。 ③ 为小国害。 ④ 无亢御。〇 亢，苦浪切。 ⑤《诗·小雅》。戾，定也。肄，劳也。言周旧为天下宗，今乃衰灭，乱无息定。执政大夫离居异心，无有念民劳者。 ⑥《传》言晋之衰。

三月,晋韩起聘于郑,郑伯享之。子产戒之曰:“苟有位于朝,无有不共恪。”孔张后至,立于客间[①]。执政御之[②],適客后。又御之,適县间[③]。客从而笑之。

事毕,富子谏[④]曰:“夫大国之人,不可不慎也,几为之笑而不陵我[⑤]?我皆有礼,夫犹鄙我[⑥]。国而无礼,何以求荣?孔张失位,吾子之耻也。”子产怒曰:“发命之不衷[⑦],出令之不信,刑之颇类[⑧],狱之放纷[⑨],会朝之不敬[⑩],使命之不听[⑪],取陵于大国,罢民而无功,罪及而弗知,侨之耻也。孔张,君之昆孙,子孔之后也[⑫],执政之嗣也[⑬]。为嗣大夫,承命以使,周于诸侯,国人所尊,诸侯所知。立于朝而祀于家[⑭],有禄于国[⑮]。有赋于军[⑯],丧祭有职[⑰],受脤归脤[⑱],其祭在庙,已有著位,在位数世,世守其业,而忘其所,侨焉得耻之[⑲]?辟邪之人而皆及执政,是先王无刑罚也[⑳]。子宁以他规我[㉑]。”

宣子有环,其一在郑商[㉒]。宣子谒诸郑伯[㉓],子产弗与,曰:“非官府之守器也,寡君不知。”子大叔、子羽谓子产曰:“韩子亦无几求[㉔],晋国亦未可以贰。晋国、韩子,不可偷也[㉕]。若属有谗人交斗其间,鬼神而助之,以兴其凶怒,悔之何及?吾子何爱于一环,其以取憎于大国也,盍求而与之?”子产曰:“吾非偷晋而有二心,将终事之,是以弗与,忠信故也。侨闻君子非无贿之难,立而无令名之患。侨闻为国非不能事大字小之难,无礼以定其位之患。夫大国之人,令于小国,而皆获其求,将何以给之?一共一否,为罪滋大[㉖]。大国之求,无礼以斥之,何餍之有?吾且为鄙邑,则失位矣[㉗]。

若韩子奉命以使，而求玉焉，贪淫甚矣，独非罪乎？出一玉以起二罪，吾又失位，韩子成贪，将焉用之？且吾以玉贾罪，不亦锐乎[28]？”

韩子买诸贾人，既成贾矣，商人曰：“必告君大夫。”韩子请诸子产曰：“日起请夫环，执政弗义，弗敢复也[29]。今买诸商人，商人曰，必以闻，敢以为请。”子产对曰：“昔我先君桓公，与商人皆出自周[30]。庸次比耦[31]，以艾杀此地，斩之蓬蒿藜藋，而共处之。世有盟誓，以相信也，曰：‘尔无我叛，我无强贾[32]，毋或匄夺。尔有利市宝贿，我勿与知。’恃此质誓，故能相保，以至于今。今吾子以好来辱，而谓敝邑强夺商人，是教敝邑背盟誓也，毋乃不可乎！吾子得玉而失诸侯，必不为也。若大国令，而共无艺[33]，郑，鄙邑也，亦弗为也[34]。侨若献玉，不知所成，敢私布之[35]。”韩子辞玉曰：“起不敏，敢求玉以徼二罪？敢辞之[36]。”

夏四月，郑六卿饯宣子于郊[37]。宣子曰：“二三君子请皆赋，起亦以知郑志[38]。”子齹赋《野有蔓草》[39]。宣子曰：“孺子善哉，吾有望矣[40]。”子产赋郑之《羔裘》[41]。宣子曰：“起不堪也[42]。”子大叔赋《褰裳》[43]。宣子曰：“起在此，敢勤子至于他人乎[44]？”子大叔拜[45]。宣子曰：“善哉，子之言是[46]。不有是事，其能终乎[47]？”子游赋《风雨》[48]，子旗赋《有女同车》[49]，子柳赋《萚兮》[50]。宣子喜曰：“郑其庶乎[51]。二三君子以君命贶起，赋不出郑志[52]，皆昵燕好也[53]。二三君子，数世之主也，可以无惧矣。”宣子皆献马焉，而赋《我将》[54]。子产拜，使五卿皆拜，曰：“吾子靖乱，敢不拜德？”宣子私觐于子产，以玉与马，曰："子命起舍夫玉，是赐我玉而免吾死也，敢不藉手以拜[55]？"

① 孔张，子孔之孙。 ② 执政，掌位列者。御，止也。 ③ 县，乐肆。○ 县，音玄。 ④ 富子，郑大夫。谏子产也。 ⑤ 言数见笑，则心陵侮我。○ 几，居岂切；服音机。数，音朔。 ⑥ 鄙，贱也。○ 夫，音扶。 ⑦ 衷，当也。○ 衷，丁仲切，又音忠。当，丁浪切，或如字。⑧ 缘事类以成偏颇。○ 颇，普何切。类，如字，又力对切；徐，又力猥切。⑨ 放，纵也。纷，乱也。○ 纷，芳云切。纵，子用切。 ⑩ 谓国无礼敬之心。 ⑪ 下不从上命。 ⑫ 昆，兄也。子孔，郑襄公兄，孔张之祖父。○ 罢，音皮。 ⑬ 子孔尝执郑国之政。 ⑭ 卿得自立庙于家。○ 使，所吏切，下以使同。 ⑮ 受禄邑。 ⑯ 军出，卿赋百乘。○ 乘，绳证切。 ⑰ 有所主。 ⑱ 受脤，谓君祭以肉赐大夫；归脤，谓大夫祭归肉于公，皆社之戎祭也。○ 脤，市轸切。 ⑲ 其祭在庙，谓助君祭。○ 数，色主切。焉，於虔切，下焉用同。 ⑳ 言为过谬者，自应用刑罚。○ 辟，匹亦切。邪，似嗟切。 ㉑ 规，正也。 ㉒ 玉环，同工共朴，自共为双。○ 朴，普角切。 ㉓ 谒，请也。 ㉔ 言所求少。○ 守，手又切。几，居岂切。 ㉕ 偷，薄也。○ 偷，他侯切。 ㉖ 滋，益也。○ 属，音烛。盍，户臘切。难，乃旦切，又如字。共，音恭，下共无同。㉗ 不复成国。○ 餍，於盐切。复，扶又切，下敢复同。 ㉘ 锐，细小也。○ 贾，音古，下强贾同。锐，悦岁切。 ㉙ 复，重求也。○ 贾，音嫁；本或作价。夫，音扶。重，直用切。 ㉚ 郑本在周畿内，桓公东迁，并与商人俱。 ㉛ 庸，用也。用次更相从耦耕。○ 比，毗志切。更，音庚。㉜ 无强市其物。○ 艾，鱼废切。蓬，蒲东切。蒿，呼高切。藜，力兮切。藋，徒吊切。强，其丈切，下强夺同；又其良切，《注》仿此。 ㉝ 艺，法也。○ 毋，音无。匄，古害切，又姑末切，乞也。贿，呼罪切，或作货。与，音预。好，呼报切。背，音佩。 ㉞ 不欲为鄙邑之事。 ㉟ 布，陈也。㊱《传》言子产知礼，宣子能改过。○ 徼，古尧切。 ㊲ 饯，送行饮酒。

○ 饯，贱浅切；《字林》，子扇切。 ㊳ 诗言志也。 ㊴ 子齹，子皮之子婴齐也。《野有蔓草》，《诗·郑风》。取其"邂逅相遇，适我愿兮"。○ 齹，才何切；《字林》，才可切，又士知切。《说文》作𪘹，云，齿差跌也，在河、千多二切。蔓，音万。邂，户卖切。逅，户豆切。 ㊵ 君子相愿，己所望也。○ 孺，如住切。 ㊶ 言郑，别于唐《羔裘》也。取其"彼己之子，舍命不渝"、"邦之彦兮"，以美韩子。○ 别，彼列切。己，音记。舍，音赦，又音捨。渝，羊朱切。 ㊷ 不堪国之司直。 ㊸《褰裳》诗曰："子惠思我，褰裳涉溱。子不我思，岂无他人？"言宣子思己，将有《褰裳》之志；如不我思，亦岂无他人。○ 褰，起虔切。溱，侧巾切。 ㊹ 言己今崇好在此，不复令子适他人。○ 复，扶又切。令，力呈切。 ㊺ 谢宣子之有郑。㊻ 是，《褰裳》。 ㊼ 韩起不欲令郑求他人。子大叔拜以答之，所以晋、郑终善。 ㊽ 子游，驷带之子驷偃也。《风雨》诗取其"既见君子，云胡不夷"。 ㊾ 子旗，公孙段之子丰施也。《有女同车》，取其"洵美且都"，爱乐宣子之志。○ 乐，音洛，又五孝切。 ㊿ 子柳，印段之子印癸也。《萚兮》诗取其"倡予和女"，言宣子倡，己将和从之。○ 萚，他洛切。印，一刃切。倡，昌亮切；本或作唱，同。和，户卧切。女，音汝。 (51) 庶几于兴盛。 (52) 六诗皆《郑风》，故曰不出郑志。○ 贶，音况。 (53) 昵，亲也。赋不出其国，以示亲好。○ 昵，女乙切。 (54)《我将》，《诗·颂》。取其"日靖四方"，"我其夙夜，畏天之威"，言志在靖乱，畏惧天威。○ 数，色主切。 (55) 以玉马藉手拜谢子产。○ 觐，其靳切。舍，音捨。夫，音扶。藉，在夜切。

公至自晋[①]。子服昭伯语季平子[②]曰："晋之公室，其将遂卑矣。君幼弱，六卿强而奢傲，将因是以习。习实为常，能无卑乎？"平子曰："尔幼，恶识国[③]？"

① 晋人听公得归。 ② 昭伯，惠伯之子子服回也，随公从晋还。

○ 语，鱼据切。 ③ 昭伯尚少，平子不信其言。○ 傲，五报切。恶，乌路切。少，诗照切。

秋八月，晋昭公卒[①]。

① 为下平子如晋葬起。

九月，大雩，旱也。

郑大旱，使屠击、祝款、竖柎有事于桑山[①]。斩其木，不雨。子产曰："有事于山，蓺山林也[②]；而斩其木，其罪大矣。"夺之官邑。

① 三子，郑大夫。有事，祭也。○ 屠，音徒。柎，音附，又方于切。 ② 蓺，养护令繁殖。○ 蓺，音艺。令，力呈切。

冬十月，季平子如晋葬昭公。平子曰："子服回之言犹信[①]，子服氏有子哉[②]。"

① 自往见之，乃信回言。 ② 有贤子也。

经

十有七年春，小邾子来朝。

夏六月甲戌朔，日有食之。

秋，郯子来朝。

八月，晋荀吴帅师灭陆浑之戎[①]。

冬，有星孛于大辰[②]。

楚人及吴战于长岸[③]。

① ○ 浑，户门切。 ② 大辰，房心尾也。妖变非常，故书。○ 孛，音佩，一音勃。 ③ 吴、楚两败，莫肯告负，故但书战而不书败也。长岸，楚地。○ 岸，五旦切。

传

十七年春，小邾穆公来朝，公与之燕。季平子赋《采叔》[①]，穆公赋《菁菁者莪》[②]。昭子曰："不有以国，其能久乎[③]？"

①《采叔》，《诗·小雅》。取其"君子来朝，何锡与之"，以穆公喻君子。②《菁菁者莪》，亦《诗·小雅》。取其"既见君子，乐且有仪"，以答《采叔》。○ 菁，子丁切。莪，五河切。乐，音洛。 ③ 嘉其能答赋，言其贤，故能久有国。

夏六月甲戌朔，日有食之。祝史请所用币[①]。昭子曰："日有食之，天子不举[②]，伐鼓于社[③]；诸侯用币于社[④]，伐鼓于朝[⑤]。礼也。"平子御之[⑥]，曰："止也。唯正月朔，慝未作，日有食之，于是乎有伐鼓用币，礼也。其馀则否。"大史曰："在此月也[⑦]。日过分而未至[⑧]，三辰有灾[⑨]。于是乎百官降物[⑩]，君不举，辟移时[⑪]，乐奏鼓[⑫]，祝用币[⑬]，史用辞[⑭]。故《夏书》曰：'辰不集于房[⑮]，瞽奏鼓[⑯]，啬夫驰，庶人走[⑰]。'此月朔之谓也。当夏四月，是谓孟夏[⑱]。"平子弗从。昭子退曰："夫子将有异志，不君君矣[19]。”

①礼，正阳之月日食，当用币于社。故请之。 ②不举盛馔。○馔，仕眷切。 ③责群阴。 ④请上公。 ⑤退自责。 ⑥御，禁也。 ⑦正月，谓建巳正阳之月也。于周为六月，于夏为四月。慝，阴气也。四月纯阳用事，阴气未动而侵阳，灾重，故有伐鼓用币之礼也。平子以为六月非正月，故大史答言在此月也。○正，音政。慝，他得切。夏，户雅切，下当夏同。 ⑧过春分而未夏至。 ⑨三辰，日月星也。日月相侵，又犯是宿，故三辰皆为灾。○宿，音秀。 ⑩降物，素服。 ⑪辟正寝过日食时。 ⑫伐鼓。 ⑬用币于社。 ⑭用辞以自责。 ⑮逸《书》也。集，安也。房，舍也。日月不安其舍则食。 ⑯瞽，乐师。○瞽，音古。 ⑰车马曰驰，步曰走，为救日食备也。○啬，音色。 ⑱言此六月，当夏家之四月。 ⑲安君之灾，故曰有异志。

秋，郯子来朝，公与之宴。昭子问焉，曰：“少皞氏鸟名官，何故也[1]？”郯子曰：“吾祖也，我知之。昔者黄帝氏以云纪，故为云师而云名[2]。炎帝氏以火纪，故为火师而火名[3]。共工氏以水纪，故为水师而水名[4]。大皞氏以龙纪，故为龙师而龙名[5]。我高祖少皞挚之立也，凤鸟适至，故纪于鸟，为鸟师而鸟名。凤鸟氏，历正也[6]。玄鸟氏，司分者也[7]。伯赵氏，司至者也[8]。青鸟氏，司启者也[9]。丹鸟氏，司闭者也[10]。祝鸠氏，司徒也[11]。鴡鸠氏，司马也[12]。鸤鸠氏，司空也[13]。爽鸠氏，司寇也[14]。鹘鸠氏，司事也[15]。五鸠，鸠民者也[16]。五雉，为五工正[17]，利器用，正度量，夷民者也[18]。九扈，为九农正[19]，扈民无淫者也[20]。自颛顼以来，不能纪远，乃纪于近。为民师而命以民事，则不能故也㉑。”仲尼闻之，见于郯子而学之㉒。既而告人曰：“吾闻之，天子失官，学在四夷，犹信㉓。”

① 少皞，金天氏，黄帝之子，己姓之祖也。问何故以鸟名官。〇 少，诗照切。皞，胡老切。己，音纪，又音祀。 ② 黄帝，轩辕氏，姬姓之祖也。黄帝受命有云瑞，故以云纪事，百官师长皆以云为名号。缙云氏盖其一官也。〇 长，丁丈切。缙，音进。 ③ 炎帝，神农氏，姜姓之祖也。亦有火瑞，以火纪事，名百官。 ④ 共工，以诸侯霸有九州者，在神农前，大皞后。亦受水瑞，以水名官。〇 共，音恭。大，音泰，下大皞同。 ⑤ 大皞，伏牺氏，风姓之祖也。有龙瑞，故以龙名官。 ⑥ 凤鸟知天时，故以名历正之官。〇 挚，音至。 ⑦ 玄鸟，燕也。以春分来，秋分去。〇 燕，於见切。 ⑧ 伯赵，伯劳也。以夏至鸣，冬至止。 ⑨ 青鸟，鸧鷃也。以立春鸣，立夏止。〇 鸧，音仓。鷃，亦作鴳，於谏切。 ⑩ 丹鸟，鷩雉也。以立秋来，立冬去，入大水为蜃。上四鸟皆历正之属官。〇 鷩，必灭切。蜃，市轸切。 ⑪ 祝鸠，鷦鸠也。鷦鸠孝，故为司徒，主教民。〇 鷦，音焦；本又作焦，子遥切，又子尧切。 ⑫ 鴡鸠，王鴡也。鸷而有别，故为司马，主法制。〇 鴡，本又作雎，七徐切。鸷，音至，本亦作挚，下同。别，彼列切。 ⑬ 鳲鸠，鴶鵴也。鳲鸠平均，故为司空，平水土。〇 鴶，本亦作秸，简八切，又音吉。鵴，本亦作鞠，居六切。 ⑭ 爽鸠，鹰也。鸷，故为司寇，主盗贼。〇 爽，所丈切。 ⑮ 鹘鸠，鹘鵰也。春来冬去，故为司事。〇 鵰，陟交切，又陟留切，又音彫。 ⑯ 鸠，聚也。治民上聚，故以鸠为名。 ⑰ 五雉，雉有五种。西方曰鷷雉，东方曰鶅雉，南方曰翟雉，北方曰鵗雉，伊、洛之南曰翚雉。〇 种，音勇切。鷷，音存，又音遵；本或作蹲。鶅，侧其切。翟，音狄，又音浊。鵗，本又作希，如字，又丁里切。翚，许韦切。 ⑱ 夷，平也。〇 量，音亮。 ⑲ 扈有九种也。春扈鳻鶞，夏扈窃玄，秋扈窃蓝，冬扈窃黄，棘扈窃丹，行扈唶唶，宵扈啧啧，桑

扈窃脂，老扈鷃鷃。以九扈为九农之号，各随其宜以教民事。○ 扈，音户。鳻，扶云切，又如字。鶞，敕伦切。唶，侧百切，又子夜切，又助额切。啧，音责，又音赜。 ⑳ 扈，止也。止民使不淫放。 ㉑ 颛顼氏，代少皞者，德不能致远瑞，而以民事命官。○ 颛，音专。顼，许玉切。 ㉒ 于是仲尼年二十八。 ㉓ 失官，官不修其职也。《传》言圣人无常师。

晋侯使屠蒯如周，请有事于雒与三涂[1]。苌弘谓刘子曰："客容猛，非祭也。其伐戎乎？陆浑氏甚睦于楚，必是故也。君其备之！"乃警戎备[2]。九月丁卯，晋荀吴帅师涉自棘津[3]，使祭史先用牲于雒。陆浑人弗知，师从之。庚午，遂灭陆浑，数之以其贰于楚也。陆浑子奔楚，其众奔甘鹿[4]。周大获[5]。宣子梦文公携荀吴而授之陆浑，故使穆子帅师，献俘于文宫[6]。

① 屠蒯，晋侯之膳宰也。以忠谏见进。雒，雒水也。三涂，山名，在陆浑南。○ 蒯，苦怪切。雒，音洛。 ② 警戒以备戎也。欲因晋以合势。○ 警，音景。 ③ 河津名。 ④ 甘鹿，周地。 ⑤ 先警戎备，故获。 ⑥ 欲以应梦。○ 俘，芳夫切。应，应对之应。

冬，有星孛于大辰，西及汉[1]。申须曰："彗所以除旧布新也[2]。天事恒象[3]，今除于火，火出必布焉。诸侯其有火灾乎[4]？"梓慎曰："往年吾见之，是其征也[5]，火出而见[6]。今兹火出而章，必火入而伏[7]。其居火也久矣[8]，其与不然乎[9]？火出，于夏为三月[10]，于商为四月，于周为五月。夏数得天[11]，若火作，其四国当之，在宋、卫、陈、郑乎？宋，大辰之虚也[12]；陈，大皞之虚也[13]；郑，祝融之虚也[14]；皆火房也[15]。星孛及汉，汉，水祥也[16]。卫，颛顼之虚也，故为帝丘[17]。其星为大水[18]，水，火之牡也[19]。其以丙子若壬午作乎？水火所以合也[20]。若火入而伏，必以壬午[21]，不过其见之月[22]。"郑裨竈言于子产曰："宋、卫、陈、郑将同日火，若我用瓘斝玉瓒，郑必不火[23]。"子产弗与[24]。

① 夏之八月，辰星见在天汉西。今孛星出辰西，光芒东及天汉。○ 夏，户雅切。见，贤遍切。 ② 申须，鲁大夫。○ 彗，似锐切，又息遂切。 ③ 天道恒以象类告示人。 ④ 今火向伏，故知当须火出，乃布散为灾。○ 向，许亮切，又作嚮。 ⑤ 征，始有形象而微也。 ⑥ 前年火出时。○ 见，贤遍切，下同。 ⑦ 随火没也。 ⑧ 历二年。 ⑨ 言必然也。○ 与，如字，又音预。 ⑩ 谓昏见。 ⑪ 得天正。 ⑫ 大辰，大火。宋分野。○ 虚，起居切。分，扶问切。 ⑬ 大皞居陈，木火所自出。 ⑭ 祝融，高辛氏之火正，居郑。 ⑮ 房，舍也。 ⑯ 天汉，水也。 ⑰ 卫，今濮阳县，昔帝颛顼居之，其城内有颛顼冢。○ 濮，音卜。 ⑱ 卫星营室，营室，水也。 ⑲ 牡，雄也。○ 牡，茂后切。 ⑳ 丙午火，壬子水，水火合而相薄，水少而火多，故水不胜火。○ 薄，本又作搏，音博。 ㉑ 尚未知今孛星当复随火星俱伏不，故言若。○ 复，扶又切。 ㉒ 火见周之五月。 ㉓ 瓘，珪也。斝，玉爵也。瓒，勺也。欲以禳火。○ 裨，婢支切。瓘，古乱切。斝，古雅切。瓒，才旦切。勺，上若切。禳，本亦作攘，如羊切，下同。 ㉔ 以为天灾流行，非禳所息故也。为明年宋、卫、陈、郑灾《传》。

吴伐楚。阳匄为令尹，卜战，不吉[1]。司马子鱼曰："我得上流，何故不吉[2]？且楚故，司马令龟，我请改卜。"令曰："鲂也以其属死之，楚师继之，尚大克之。"吉[3]。战于长岸。

子鱼先死，楚师继之，大败吴师，获其乘舟馀皇[4]。使随人与后至者守之，环而堑之，及泉[5]，盈其隧炭，陈以待命[6]。

吴公子光[7]请于其众曰："丧先王之乘舟，岂唯光之罪，众亦有焉。请藉取之，以救死[8]。"众许之。使长鬣者三人[9]，潜伏于舟侧，曰："我呼馀皇，则对。"师夜从之[10]。三呼，皆迭对[11]。楚人从而杀之，楚师乱。吴人大败之，取馀皇以归[12]。

① 阳匄，穆王曾孙令尹子瑕。○ 匄，古害切。　② 子鱼，公子鲂也。顺江而下，易用胜敌。○ 鲂，音房。易，以豉切。　③ 得吉兆。④ 馀皇，舟名。○ 乘，如字，又绳证切，下同。　⑤ 环，周也。○ 环，如字，又音患。堑，七艳切。　⑥ 隧，出入道。○ 隧，音遂。炭，吐旦切。⑦ 光，诸樊子阖庐。○ 阖，户臘切。庐，力居切。　⑧ 藉众之力以取舟。○ 丧，息浪切。　⑨ 长鬣，多髭鬚。与吴人异形状，诈为楚人。○ 鬣，力辄切。髭，子斯切。鬚，音须。　⑩ 师，吴师也。○ 呼，呼路切，又如字。⑪ 迭，更也。○ 迭，待结切，又音弟。更，音庚。　⑫《传》言吴光有谋。

春秋经传集解第二十四

昭公五

经

十有八年春，王三月，曹伯须卒①。

夏五月壬午，宋、卫、陈、郑灾②。

六月，邾人入鄅③。

秋，葬曹平公。

冬，许迁于白羽④。

① 未同盟而赴以名。 ② 来告，故书。天火曰灾。 ③ 鄅国，今琅邪开阳县。○ 鄅，音禹；许慎、郭璞音矩。琅，音郎，本或作郎。 ④ 自叶迁也，畏郑而乐迁，故以自迁为文。○ 叶，始涉切。

传

十八年春，王二月乙卯，周毛得杀毛伯过①而代之②。苌弘曰："毛得必亡，是昆吾稔之日也，侈故之以③。而毛得以济侈于王都，不亡何待④！"

① 毛伯过，周大夫。得，过之族。○ 过，古禾切。 ② 代居其位。 ③ 昆吾，夏伯也。稔，熟也。侈恶积熟，以乙卯日与桀同诛。○ 苌，直良切。稔，而审切。侈，昌氏切，又尸氏切。夏，户雅切。 ④ 为二十六年

毛伯奔楚《传》。

三月，曹平公卒①。

① 为下会葬见原伯起本。

夏五月，火始昏见①。丙子，风。梓慎曰："是谓融风，火之始也②。七日，其火作乎③？"戊寅，风甚。壬午，大甚。宋、卫、陈、郑皆火。梓慎登大庭氏之库以望之④，曰："宋、卫、陈、郑也。"数日，皆来告火⑤。裨竈曰："不用吾言，郑又将火⑥。"郑人请用之⑦。子产不可。子大叔曰："宝，以保民也。若有火，国几亡。可以救亡，子何爱焉？"子产曰："天道远，人道迩，非所及也，何以知之。竈焉知天道？是亦多言矣，岂不或信⑧？"遂不与，亦不复火⑨。

郑之未灾也，里析告子产曰："将有大祥⑩，民震动，国几亡。吾身泯焉，弗良及也⑪。国迁其可乎？"子产曰："雖可，吾不足以定迁矣⑫。"及火，里析死矣，未葬，子产使輿三十人，迁其柩⑬。火作，子产辞晋公子、公孙于东门⑭。使司寇出新客⑮，禁旧客勿出于宫⑯。使子宽、子上巡群屏摄，至于大宫⑰。使公孙登徙大龟⑱。使祝史徙主祏于周庙，告于先君⑲。使府人、库人各儆其事⑳。商成公儆司宫㉑，出旧宫人，寘诸火所不及㉒。司马、司寇列居火道㉓，行火所焮㉔。城下之人，伍列登城㉕。明日，使野司寇各保其征㉖。郊人助祝史除于国北㉗，禳火于玄冥、回禄㉘，祈于四鄘㉙。书焚室而宽其征，与之材㉚。三日哭，国不市㉛。使行人告于诸侯。

宋、卫皆如是。陈不救火，许不吊灾，君子是以知陈、许之先亡也㉜。

① 火，心星。○ 见，贤遍切。 ② 东北曰融风。融风，木也。木，火母，故曰火之始。 ③ 从丙子至壬午七日。壬午，水火合之日，故知当火作。 ④ 大庭氏，古国名，在鲁城内。鲁于其处作库。高显，故登以望气，参近占以审前年之言。○《释文》：大甚，本或作火甚。处，昌虑切，下祭处同。故登以望气，本或作以望氛气。 ⑤ 言经所以书。○ 数，所主切。 ⑥ 前年裨竈欲用瓘斝禳火，子产不听，今复请用之。○ 禳，如羊切。复，扶又切，下同。 ⑦ 信竈言。 ⑧ 多言者或时有中。○ 几，音祈，又音机。焉，於虔切。中，丁仲切。 ⑨《传》言天道难明，虽裨竈犹不足以尽知之。 ⑩ 里析，郑大夫。祥，变异之气。○ 析，星历切。大祥，或作火祥，非也。 ⑪ 言将先灾死。○ 泯，面忍切。先，悉荐切。⑫ 子产知天灾不可逃，非迁所免，故托以知不足。○ 知，音智。 ⑬ 以其尝与己言故。○ 舆，音余。柩，其又切。 ⑭ 晋人新来，未入，故辞不使前也。 ⑮ 新来聘者。 ⑯ 为其知国情，不欲令去。○ 为，于伪切。令，力呈切。 ⑰ 二子，郑大夫。屏摄，祭祀之位。大宫，郑祖庙。巡行宗庙，不得使火及之。○ 行，下孟切，下行火，下《注》履行同。⑱ 登，开卜大夫。 ⑲ 祏，庙主石函。周庙，厉王庙也。有火灾，故合群主于祖庙，易救护。○ 祏，音石。函，音咸。易，以豉切。 ⑳ 儆，备火也。○ 儆，音景。 ㉑ 商成公，郑大夫。司宫，巷伯寺人之官。㉒ 旧宫人，先公宫女。○ 寘，之豉切。 ㉓ 备非常也。 ㉔ 焮，炙也。○ 焮，许靳切。 ㉕ 为部伍登城，备奸也。 ㉖ 野司寇，县士也。火之明日，四方乃闻灾，故戒保所征役之人。 ㉗ 为祭处于国北者，就太阴禳火。 ㉘ 玄冥，水神。回禄，火神。○ 冥，亡丁切。 ㉙ 鄘，城也。城积土，阴气所聚，故祈祭之，以禳火之馀灾。○ 鄘，音容。

㉚ 征，赋税也。○ 税，始锐切。　㉛ 示忧戚，不会市。　㉜ 不义，所以亡。

六月，鄅人藉稻[①]。邾人袭鄅。鄅人将闭门，邾人羊罗摄其首焉[②]，遂入之，尽俘以归。鄅子曰："余无归矣，从帑于邾。"邾庄公反鄅夫人，而舍其女[③]。

① 鄅，妘姓国也。其君自出藉稻，盖履行之。○ 妘，音云。　② 斩得闭门者头。　③ 为明年宋伐邾起。○ 俘，芳夫切。帑，音奴。

秋，葬曹平公。往者见周原伯鲁焉[①]，与之语，不说学。归以语闵子马。闵子马曰："周其乱乎？夫必多有是说，而后及其大人[②]。大人患失而惑，又曰，可以无学，无学不害[③]。不害而不学，则苟而可[④]。于是乎下陵上替，能无乱乎？夫学，殖也，不学将落，原氏其亡乎[⑤]？"

① 原伯鲁，周大夫。　② 国乱俗坏，言者適多，渐以及大人。大人，在位者。○ 说，音悦。语，鱼据切。　③ 患有学而失道者以惑其意。④ 以为无害遂不学，则皆怀苟且。　⑤ 殖，生长也。言学之进德，如农之殖苗，日新日益。○ 替，他计切。殖，时力切。长，丁丈切。

七月，郑子产为火故，大为社[①]，祓禳于四方，振除火灾，礼也[②]。乃简兵大蒐，将为蒐除[③]。子大叔之庙在道南，其寝在道北，其庭小[④]。过期三日[⑤]，使除徒陈于道南庙北，曰："子产过女而命速除，乃毁于而向[⑥]。"子产朝[⑦]，过而怒之[8]，除者南毁。子产及冲，使从者止之曰："毁于北方[9]。"

火之作也，子产授兵登陴。子大叔曰："晋无乃讨乎[10]。"子产曰："吾闻之，小国忘守则危，况有灾乎！国之不可小，有备故也。"既，晋之边吏让郑曰："郑国有灾，晋君大夫不敢宁居，卜筮走望，不爱牲玉。郑之有灾，寡君之忧也。今执事撊然授兵登陴[11]，将以谁罪？边人恐惧，不敢不告。"子产对曰："若吾子之言，敝邑之灾，君之忧也。敝邑失政，天降之灾。又惧谗慝之间谋之，以启贪人，荐为敝邑不利[12]，以重君之忧。幸而不亡，犹可说也[13]。不幸而亡，君虽忧之，亦无及也。郑有他竟，望走在晋[14]。既事晋矣，其敢有二心[15]？"

① 为，治也。○ 为，于伪切，下为蒐同。 ② 振，弃也。○ 祓，芳佛切；徐音废。 ③ 治兵于庙，城内地迫，故除广之。 ④ 庭，蒐场也。○ 场，直长切。 ⑤ 处小不得一时毕。○ 处，昌虑切。 ⑥ 而，女也。毁女所向。○ 女，音汝，《注》同。向，许亮切；本又作乡。 ⑦ 朝君。 ⑧ 怒不毁。 ⑨ 言子产仁，不忍毁人庙。○ 冲，昌容切。从，才用切。 ⑩ 辟晋公子、公孙而授兵，似若叛晋。○ 陴，婢支切。⑪ 撊然，劲忿貌。○ 守，手又切，又如字。撊，遐板切。劲，吉政切。⑫ 荐，重也。○ 恐，丘勇切。慝，他得切。间，间厕之间。荐，在遍切。重，直用切。 ⑬ 说，解也。 ⑭ 言郑虽与他国为竟，每瞻望晋归赴之。○ 竟，音境。 ⑮《传》言子产有备。

楚左尹王子胜言于楚子曰："许于郑，仇敌也，而居楚地，以不礼于郑[1]。晋、郑方睦，郑若伐许，而晋助之，楚丧地矣。君盍迁许？许不专于楚[2]。郑方有令政。许曰'余旧国也[3]'，郑曰'余俘邑也[4]'，叶在楚国，方城外之蔽也[5]。土不可易[⑥]，国不可小[⑦]，许不可俘，仇不可启。君其图之。”楚子说[⑧]。冬，楚子使王子胜迁许于析，实白羽[⑨]。

① 十三年，平王复迁邑，许自夷还居叶，恃楚而不事郑。 ② 自以旧国不专心事楚。〇 丧，息浪切。盍，户臘切。 ③ 许先郑封。〇 先，悉荐切。 ④ 隐十一年，郑灭许而复存之，故曰我俘邑。〇 复，扶又切。⑤ 为方城外之蔽障。〇 障，章亮切。 ⑥ 易，轻也。〇 易，以豉切。⑦ 谓郑。 ⑧ 〇 说，音悦。 ⑨ 于《传》时，白羽改为析。〇 析，星历切。

经

十有九年春，宋公伐邾[①]。

夏五月戊辰，许世子止弑其君买[②]。

己卯，地震[③]。

秋，齐高发帅师伐莒。

冬，葬许悼公[④]。

① 为鄅。〇 为，于伪切。 ② 加弑者，责止不舍药物。〇 弑，音试。舍，音捨。 ③ 无《传》。 ④ 无《传》。

传

十九年春，楚工尹赤迁阴于下阴[①]，令尹子瑕城郏。叔孙昭子曰：“楚不在诸侯矣！其仅自完也，以持其世而已[②]。”

① 阴县，今属南乡郡。 ② 迁阴城郏，皆欲以自完守。〇 郏，古洽切。仅，音覲。持，如字；本或作恃怙之字，非也。

楚子之在蔡也[①]，郹阳封人之女奔之，生大子建[②]。及即位，使伍奢为之师[③]。费无极为少师，无宠焉，欲谮诸王，曰："建可室矣[④]。"王为之聘于秦，无极与逆，劝王取之。正月，楚夫人嬴氏至自秦[⑤]。

① 盖为大夫时往聘蔡。　② 郹阳，蔡邑。〇 郹，古阒切。③ 伍奢，伍举之子，伍员之父。〇 员，音云。　④ 室，妻也。〇 少，诗照切。　⑤ 王自取之，故称夫人至，为下拜夫人起。〇 为，于伪切。与，音预。嬴，音盈。

郳夫人，宋向戌之女也，故向宁请师[①]。二月，宋公伐邾，围虫。三月，取之[②]。乃尽归郳俘。

① 宁，向戌子也，请于宋公伐邾。〇 向，伤亮切。戌，音恤。② 虫，邾邑。不书围取，不以告。〇 虫，直忠切。

夏，许悼公疟。五月戊辰，饮大子止之药，卒[①]。大子奔晋。书曰："弑其君。"君子曰："尽心力以事君，舍药物可也[②]。"

① 止独进药，不由医。〇 疟，鱼略切，病也。　② 药物有毒，当由医，非凡人所知。讥止不舍药物，所以加弑君之名。〇 舍，音捨，下《注》舍子同。

邾人、郳人、徐人会宋公。乙亥，同盟于虫[①]。

① 终宋公伐邾事。○ 郳，五兮切。

楚子为舟师以伐濮[①]。费无极言于楚子曰："晋之伯也，迩于诸夏，而楚辟陋，故弗能与争。若大城城父而寘大子焉[②]，以通北方，王收南方，是得天下也。"王说，从之。故大子建居于城父。令尹子瑕聘于秦，拜夫人也[③]。

① 濮，南夷也。○ 濮，音卜。　② 城父，今襄城城父县。○ 伯，音霸。夏，户雅切。辟，匹亦切。父，音甫。寘，之豉切。　③ 为明年谮大子张本。改以为夫人，遣谢秦。○ 说，音悦。

秋，齐高发帅师伐莒[①]。莒子奔纪鄣[②]。使孙书伐之[③]。

初，莒有妇人，莒子杀其夫，已为嫠妇[④]。及老，託于纪鄣，纺焉以度而去之[⑤]。及师至，则投诸外[⑥]。或献诸子占。子占使师夜缒而登[⑦]。登者六十人，缒绝，师鼓噪。城上之人亦噪。莒共公惧，启西门而出。七月丙子，齐师入纪[⑧]。

① 莒不事齐故。　② 纪鄣，莒邑也。东海赣榆县东北有纪城。○ 鄣，音章，《注》及下同。赣，古弄切；如淳，一音耿弇切。榆，音俞。③ 孙书，陈无宇之子子占也。　④ 寡妇为嫠。○ 嫠，力之切；本又作釐。⑤ 因纺纑，连所纺以度城而藏之，以待外攻者，欲报仇。○ 纺，芳往切。度，待洛切。去，起吕切。裴松之注《魏志》云，古人谓藏为去。案今关中犹有此音。纑，力吴切，麻缕也。　⑥ 投绳城外，随之而出。　⑦ 缘绳登城。○ 缒，直伪切，下同。　⑧《传》言怨不在大。○ 噪，素报切。城上之人亦噪，一本作上之人亦噪。共，音恭。

是岁也，郑驷偃卒。子游娶于晋大夫，生丝，弱[①]。其父兄立子瑕[②]。子产憎其为人也[③]，且以为不顺[④]，弗许，亦弗止[⑤]。驷氏耸[⑥]。

他日，丝以告其舅。冬，晋人使以币如郑，问驷乞之立故。驷氏惧，驷乞欲逃。子产弗遣。请龟以卜，亦弗予。大夫谋对。子产不待而对客曰："郑国不天[⑦]，寡君之二三臣，札瘥夭昏[⑧]。今又丧我先大夫偃，其子幼弱，其一二父兄，惧队宗主，私族于谋而立长亲[⑨]。寡君与其二三老曰：'抑天实剥乱是，吾何知焉[⑩]？'谚曰：'无过乱门。'民有兵乱，犹惮过之，而况敢知天之所乱。今大夫将问其故，抑寡君实不敢知，其谁实知之。平丘之会[⑪]，君寻旧盟曰：'无或失职。'若寡君之二三臣，其即世者，晋大夫而专制其位，是晋之县鄙也，何国之为？"辞客币而报其使。晋人舍之[⑫]。

① 子游，驷偃也。弱，幼少。○ 少，诗照切。　② 子瑕，子游叔父驷乞。　③ 憎子瑕。　④ 舍子立叔，不顺礼也。　⑤ 许之为违礼，止之为违众，故中立。　⑥ 耸，惧也。○ 耸，息勇切，《注》同。　⑦ 不获天福。　⑧ 大死曰札，小疫曰瘥，短折曰夭，未名曰昏。○ 札，侧八切，一音截；《字林》作殜，壮列切，云，夭死也。瘥，才何切；《字林》作㿂，《注》同。夭，於表切，《注》同。昏，如字。疫，音役。　⑨ 于私族之谋，宜立亲之长者。○ 丧，息浪切。队，直类切。长，丁丈切。　⑩ 言天自欲乱驷氏，非国所知。○ 剥，邦角切。　⑪ 在十三年。○ 谚，音彦。过，古禾切，又古卧切。惮，待旦切。　⑫ 遣人报晋使。○ 使，所吏切。

楚人城州来。沈尹戌曰："楚人必败[①]。昔吴灭州来[②]，子旗请伐之。王曰：'吾未抚吾民。'今亦如之，而城州来以挑吴，能无败乎？”侍者曰：“王施舍不倦，息民五年，可谓抚之矣。”戌曰：“吾闻抚民者，节用于内，而树德于外，民乐其性，而无寇仇。今宫室无量，民人日骇，劳罢死转③，忘寝与食，非抚之也④。”

① 十三年，吴县州来，今就城而取之。戌，庄王曾孙叶公诸梁父也。○ 戌，音恤。叶，始涉切。 ② 在十三年。 ③ 转，迁徙也。○ 旗，音其。挑，徒了切。乐，音洛。罢，音皮；本或作疲。 ④《传》言平王所以不能霸。

郑大水，龙斗于时门之外洧渊①。国人请为禜焉，子产弗许，曰：“我斗，龙不我觌也②。龙斗，我独何觌焉？禳之，则彼其室也③。吾无求于龙，龙亦无求于我。”乃止也④。

① 时门，郑城门也。洧水出荥阳密县，东南至颍川长平入颍。○ 洧，于轨切。 ② 觌，见也。○ 禜，为命切。觌，大历切。见，贤遍切。 ③ 渊，龙之室。 ④《传》言子产之知。○ 知，音智。

令尹子瑕言蹶由于楚子①曰：“彼何罪？谚所谓‘室于怒，市于色’者，楚之谓矣②。舍前之忿可也。”乃归蹶由③。

① 蹶由，吴王弟。五年，灵王执以归。○ 蹶，九卫切。 ② 言灵王怒吴子而执其弟，犹人忿于室家而作色于市人。 ③ 言楚子能用善言。○ 舍，音捨，又音赦。

经

二十年春，王正月。

夏，曹公孙会自鄸出奔宋[①]。

秋，盗杀卫侯之兄絷[②]。

冬十月，宋华亥、向宁、华定出奔陈[③]。

十有一月辛卯，蔡侯庐卒[④]。

① 无《传》。尝有玉帛之使来告，故书。鄸，曹邑。〇 鄸，莫公切，又亡增切；《字林》音梦。案梦字，《字林》，亡忠切。使，所吏切。 ② 齐豹作而不义，故书曰盗，所谓求名而不得。〇 絷，张立切。 ③ 与君争而出，皆书名，恶之。〇 华，户化切。争，争斗之争。恶，乌路切。 ④ 无《传》。未同盟而赴以名。〇 庐，力於切；本又作卢，力乌切。

传

二十年春，王二月己丑，日南至[①]。梓慎望氛[②]曰："今兹宋有乱，国几亡，三年而后弭。蔡有大丧[③]。"叔孙昭子曰："然则戴、桓也[④]！汰侈无礼已甚，乱所在也[⑤]。"

① 是岁朔旦，冬至之岁也。当言正月己丑朔，日南至。时史失闰，闰更在二月后。故《经》因史而书正月，《传》更具于二月，记南至日，以正历也。② 氛，气也。时鲁侯不行登台之礼，使梓慎望氛。〇 氛，芳云切。③ 为宋华，向出奔，蔡侯卒《传》。〇 几，音祈，又音机。弭，弥耳切。④ 戴族，华氏；桓族，向氏。 ⑤《传》言妖由人兴。〇 汰，音泰。

费无极言于楚子曰："建与伍奢将以方城之外叛。自以为犹宋、郑也，齐、晋又交辅之，将以害楚。其事集矣。"王信之，问伍奢。伍奢对曰：“君一过多矣①，何信于谗？”王执伍奢②。使城父司马奋扬杀大子，未至，而使遣之③。三月，大子建奔宋。王召奋扬。奋扬使城父人执己以至。王曰：“言出于余口，入于尔耳，谁告建也？”对曰：“臣告之。君王命臣曰：‘事建如事余。’臣不佞④，不能苟贰。奉初以还⑤，不忍后命，故遣之。既而悔之，亦无及已。”王曰：“而敢来，何也？”对曰：“使而失命，召而不来，是再奸也⑥。逃无所入。”王曰：“归。”从政如他日⑦。

无极曰：“奢之子材，若在吴，必忧楚国，盍以免其父召之。彼仁，必来。不然，将为患。”王使召之，曰：“来，吾免而父。”棠君尚谓其弟员⑧曰：“尔适吴，我将归死。吾知不逮⑨，我能死，尔能报。闻免父之命，不可以莫之奔也。亲戚为戮，不可以莫之报也。奔死免父，孝也。度功而行，仁也⑩。择任而往，知也⑪。知死不辟，勇也⑫。父不可弃⑬，名不可废⑭，尔其勉之，相从为愈⑮。”伍尚归。奢闻员不来，曰：“楚君大夫其旰食乎⑯！”楚人皆杀之。

员如吴，言伐楚之利于州于⑰。公子光曰：“是宗为戮而欲反其仇，不可从也⑱。”员曰：“彼将有他志⑲。余姑为之求士，而鄙以待之⑳。”乃见鱄设诸焉㉑，而耕于鄙㉒。

① 一过，纳建妻。　② 忿奢切言。　③ 知大子冤，故遣令去。○ 奋，方问切。冤，於元切。令，力呈切。　④ 佞，才也。　⑤ 奉初命以周旋。　⑥ 奸，犯也。○ 使，所吏切，又如字。奸，音干。　⑦ 善其言，舍使还。○ 还，音环，下还豹同。　⑧ 棠君，奢之长子尚也，为棠邑大夫。员，尚弟子胥。○ 盍，户臘切。棠君尚，君或作尹。员，音云。长，丁

丈切。 ⑨ 自以知不及员。○ 知，音智，《注》及下知也同。又如字。逮，音代，又大计切。 ⑩ 仁者贵成功。○ 度，待洛切。 ⑪ 员任报仇。○ 任，音壬。 ⑫ 尚为勇。 ⑬ 俱去为弃父。 ⑭ 俱死为废名。 ⑮ 愈，差也。○ 差，初卖切。 ⑯ 将有吴忧，不得早食。○ 旰，古旦切。 ⑰ 州于，吴子僚。○ 僚，力凋切。 ⑱ 光，吴公子阖庐也。反，复也。 ⑲ 光欲弑僚，不利员用事，故破其议，而员亦知之。⑳ 计未得用，故进勇士以求入于光，退居边鄙。 ㉑ 鱄诸，勇士。○ 见，贤遍切。鱄，音专。 ㉒ 为二十七年吴弑僚《传》。○ 弑，申志切。

宋元公无信多私，而恶华、向。华定、华亥与向宁谋曰："亡愈于死，先诸[①]。"华亥伪有疾，以诱群公子。公子问之，则执之。夏六月丙申，杀公子寅、公子御戎、公子朱、公子固、公孙援、公孙丁，拘向胜、向行于其廪[②]。公如华氏请焉，弗许，遂劫之[③]。癸卯，取大子栾与母弟辰、公子地以为质[④]。公亦取华亥之子无慼、向宁之子罗、华定之子启，与华氏盟以为质[⑤]。

① 恐元公杀己，欲先作乱。○ 恶，乌路切。 ② 八子皆公党。○ 御，鱼吕切，又如字。援，于眷切。拘，九于切。廪，力甚切。 ③ 劫公。 ④ 栾，景公也。辰及地皆元公弟。○ 栾，力官切。质，音致，下同。"辰及地皆元公弟"，案，公子辰是景公之母弟，地是辰兄，皆当为元公之子。今《注》皆作元公弟，误耳。 ⑤ 为此冬华、向出奔《传》。○ 慼，千历切。

卫公孟絷狎齐豹[①]，夺之司寇与鄄[②]，有役则反之，无则取之[③]。公孟恶北宫喜、褚师圃，欲去之[④]。公子朝通于襄夫人宣姜[5]，惧而欲以作乱。故齐豹、北宫喜、褚师圃、公子朝作乱。

初，齐豹见宗鲁于公孟[6]，为骖乘焉[7]。将作乱，而谓之曰：“公孟之不善，子所知也。勿与乘，吾将杀之。”对曰：“吾由子事公孟，子假吾名焉，故不吾远也[8]。虽其不善，吾亦知之。抑以利故，不能去，是吾过也。今闻难而逃，是僭子也[9]。子行事乎，吾将死之，以周事子[10]，而归死于公孟，其可也。”

丙辰，卫侯在平寿[11]，公孟有事于盖获之门外[12]，齐子氏帷于门外而伏甲焉[13]。使祝鼃寘戈于车薪以当门[14]，使一乘从公孟以出[15]。使华齐御公孟，宗鲁骖乘。及闳中[16]，齐氏用戈击公孟，宗鲁以背蔽之，断肱，以中公孟之肩，皆杀之。

公闻乱，乘驱自阅门入，庆比御公，公南楚骖乘，使华寅乘贰车[17]。及公宫，鸿骝魋驷乘于公[18]，公载宝以出。褚师子申遇公于马路之衢，遂从[19]。过齐氏，使华寅肉袒执盖，以当其阙[20]。齐氏射公，中南楚之背。公遂出。寅闭郭门[21]，踰而从公[22]。公如死鸟[23]，析朱鉏宵从窦出，徒行从公[24]。

齐侯使公孙青聘于卫[25]。既出，闻卫乱，使请所聘。公曰：“犹在竟内，则卫君也。”乃将事焉[26]。遂从诸死鸟，请将事。辞曰：“亡人不佞，失守社稷，越在草莽。吾子无所辱君命。”宾曰：“寡君命下臣于朝，曰，阿下执事[27]。臣不敢贰[28]。”主人曰：“君若惠顾先君之好，照临敝邑，镇抚其社稷，则有宗祧在[29]。”乃止[30]。卫侯固请见之[31]，不获命，以其良马见[32]，为未致使故也[33]。卫侯以为乘马[34]。宾将掫[35]，主人辞曰："亡人之忧，不可以及吾子。草莽之中，不足以辱从者。敢辞。"宾曰："寡君之下臣，君之牧圉也。若不获扞外役，是不有寡君也㊱。臣惧不免于戾，请以除死。"亲执铎，终夕与于燎㊲。

齐氏之宰渠子召北宫子㊳。北宫氏之宰不与闻谋，杀渠子，遂伐齐氏，灭之。丁巳晦，公入。与北宫喜盟于彭水之上㊴。秋七月戊午朔，遂盟国人。八月辛亥，公子朝、褚师圃、子玉霄、子高鲂出奔晋㊵。闰月戊辰，杀宣姜㊶。卫侯赐北宫喜谥曰贞子㊷，赐析朱鉏谥曰成子㊸，而以齐氏之墓予之㊹。

卫侯告宁于齐，且言子石㊺。齐侯将饮酒，徧赐大夫曰："二三子之教也㊻。"苑何忌辞曰："与于青之赏，必及于其罚㊼。在《康诰》曰：'父子兄弟，罪不相及㊽。'况在群臣。臣敢贪君赐，以干先王㊾？"

琴张闻宗鲁死㊿，将往吊之。仲尼曰："齐豹之盗，而孟絷之贼，女何吊焉[51]？君子不食奸[52]，不受乱[53]，不为利疚于回[54]，不以回待人[55]，不盖不义[56]，不犯非礼[57]。"

① 公孟，灵公兄也。齐豹，齐恶之子，为卫司寇。狎，轻也。○ 狎，户甲切。 ② 鄄，豹邑。○ 鄄，音绢。 ③ 絷足不良，故有役则以官邑还豹使行。 ④ 喜，贞子。○ 恶，乌路切。褚，中吕切。圃，布五切。去，起吕切。 ⑤ 宣姜，灵公嫡母。○ 朝，如字。嫡，丁历切；本又作適。⑥ 荐达也。○ 见，贤遍切。 ⑦ 为公孟骖乘。○ 骖，七南切。乘，绳证切，下皆同。 ⑧ 言子借我以善名，故公孟亲近我。○ 与，音预，又如字。远，于万切。借，子夜切。近，附近之近。 ⑨ 使子言不信也。

○ 难，乃旦切。僭，子念切。 ⑩ 周犹终竟也。 ⑪ 平寿，卫下邑。 ⑫ 有事，祭也。盖获，卫郭门。 ⑬ 齐豹之家。 ⑭ 要其前也。 ○ 鼁，乌娲切。寘，之豉切。要，一遥切。 ⑮ 亦如前车置戈于薪，寻其后。○ 从，如字，又才用切。 ⑯ 闳，曲门中。○ 华，户化切，下同。闳，音宏。 ⑰ 公副车。○ 断，丁管切。肱，古弘切。中，丁仲切，下中南楚同。乘驱，如字，又绳证切。阅，音悦。比，如字，又毗志切。 ⑱ 鸿骝魋复就公乘，一车四人。○ 骝，音留。魋，徒回切。复，扶又切。 ⑲ 从公出。○ 衢，其俱切。从，才用切。 ⑳ 肉袒，示不敢与齐氏争。执盖，蔽公而去。阙，空也，以盖当侍从空阙之处。○ 袒，徒旱切。争，争斗之争。处，昌虑切。 ㉑ 不欲令追者出。○ 射，食亦切。令，力呈切。 ㉒ 踰郭出。○ 从，才用切，又如字，下从公同。 ㉓ 死鸟，卫地。 ㉔ 朱鉏，成子黑背孙。○ 析，星历切。鉏，仕居切。窦，音豆。 ㉕ 青，顷公之孙。○ 顷，音倾。 ㉖ 将事，行聘事。○ 竟，音境。 ㉗ 阿，比也。命己使比卫臣下。○ 莽，莫荡切。 ㉘ 贰，违命也。 ㉙ 言受聘当在宗庙也。○ 好，呼报切。祧，他彫切。 ㉚ 止，不行聘事。 ㉛ 欲与青相见。 ㉜ 以为相见之礼。○ 见，贤遍切，下注礼见同。 ㉝ 未致使，故不敢以客礼见。○ 为，于伪切。使，所吏切。 ㉞ 喜其敬己，故贵其物。○ 乘，绳证切，又如字。 ㉟ 掫，行夜。○ 掫，侧九切，又祖侯切。行，下孟切。 ㊱ 有，相亲有。○ 从，才用切。圉，鱼吕切。扞，户旦切。 ㊲ 设火燎以备守。○ 铎，待洛切。与，音预，下不与闻谋、与于青同。燎，力召切，又力吊切。一本作终夕与于燎。 ㊳ 北宫喜也。 ㊴ 喜本与齐氏同谋，故公先与喜盟。 ㊵ 皆齐氏党。 ㊶ 与公子朝通谋故。 ㊷ 灭齐氏故。 ㊸ 霄从公故。 ㊹ 皆未死而赐谥及墓田，《传》终而言之。 ㊺ 子石，公孙青，言其有礼。 ㊻ 喜青敬卫侯。○ 徧，音遍。 ㊼ 何忌，齐大夫。言青若有罪，亦当并受其罚。○ 苑，於元切。 ㊽ 《尚书·康诰》。 ㊾ 言受赐，则犯《康诰》之义。 ㊿ 琴张，孔子弟子，字子开，名牢。○ 牢，力刀切。 ○51 言齐豹所以为盗，孟絷所以见贼，皆由宗鲁。○ 女，音汝。 ○52 如公孟不善而受其禄，是食奸也。　　⑬ 许豹行事，是受乱也。　　⑭ 疚，病；回，邪也。以利故不能去，是病身于邪。○ 为，于伪切。疚，居又切。邪，似嗟切。　　⑮ 知难不告，是以邪待人。○ 难，乃旦切，下同。　　⑯ 以周事豹，是盖不义。　　⑰ 以二心事絷，是非礼。

宋华、向之乱，公子城[1]、公孙忌、乐舍[2]、司马彊、向宜、向郑[3]、楚建[4]、郳申[5]出奔郑[6]。其徒与华氏战于鬼阎[7]，败子城。子城适晋[8]。华亥与其妻必盥而食所质公子者而后食。公与夫人每日必适华氏，食公子而后归。华亥患之，欲归公子。向宁曰："唯不信，故质其子。若又归之，死无日矣。"公请于华费遂，将攻华氏[9]。对曰："臣不敢爱死，无乃求去忧而滋长乎[10]？臣是以惧，敢不听命。"公曰："子死亡有命，余不忍其询[11]。"

冬十月，公杀华、向之质而攻之。戊辰，华、向奔陈，华登奔吴[12]。向宁欲杀大子。华亥曰："干君而出，又杀其子，其谁纳我？且归之有庸[13]。"使少司寇牼以归[14]，曰："子之齿长矣，不能事人，以三公子为质，必免[15]。"公子既入，华牼将自门行[16]。公遽见之，执其手曰："余知而无罪也，入复而所[17]。"

① 平公子。　　② 舍，乐喜孙。　　③ 宜、郑皆向戌子。　　④ 楚平王之亡大子。　　⑤ 小邾穆公子。○ 郳，五兮切。　　⑥ 八子，宋大夫。皆公党，辟难出。　　⑦ 八子之徒众也。颍川长平县西北有阎亭。○ 阎，似廉切，又以冉切。　　⑧ 子城为华氏所败，别走至晋。为明年子城为晋师至起本。　　⑨ 费遂，大司马华氏族。○ 盥，古缓切。食，音嗣，下食公子同。质，音致。费，扶未切。　　⑩ 恐杀大子，忧益长。○ 去，起

吕切。长，丁丈切。　⑪ 诟，耻也。○ 诟，许候切；本或作诟，同。　⑫ 登，费遂之子，党华、向者。　⑬ 可以为功善。　⑭ 以三公子归公也。轻，华亥庶兄。○ 少，诗照切。轻，苦耕切。　⑮ 质，信也。送公子归，可以自明不叛之信。○ 质，如字，《注》同。　⑯ 从公门去。　⑰ 而，女也。所，所居官。○ 遽，其据切。女，音汝。

齐侯疥，遂痁[①]。期而不瘳，诸侯之宾问疾者多在[②]。梁丘据与裔款[③]言于公曰："吾事鬼神丰，于先君有加矣。今君疾病，为诸侯忧，是祝史之罪也。诸侯不知，其谓我不敬。君盍诛于祝固、史嚚以辞宾[④]？"

公说，告晏子。晏子曰："日宋之盟[⑤]，屈建问范会之德于赵武。赵武曰：'夫子之家事治，言于晋国，竭情无私。其祝史祭祀，陈信不愧。其家事无猜，其祝史不祈[⑥]。'建以语康王[⑦]。康王曰：'神人无怨，宜夫子之光辅五君，以为诸侯主也[⑧]。'"公曰："据与款谓寡人能事鬼神，故欲诛于祝史。子称是语，何故？"对曰："若有德之君，外内不废[⑨]，上下无怨，动无违事，其祝史荐信，无愧心矣[⑩]。是以鬼神用飨，国受其福，祝史与焉[⑪]。其所以蕃祉老寿者，为信君使也，其言忠信于鬼神。其适遇淫君，外内颇邪，上下怨疾，动作辟违，从欲厌私[⑫]。高台深池，撞钟舞女，斩刈民力，输掠其聚[⑬]，以成其违，不恤后人。暴虐淫从，肆行非度，无所还忌[⑭]，不思谤讟，不惮鬼神，神怒民痛，无悛于心。其祝史荐信，是言罪也[⑮]。其盖失数美，是矫诬也[⑯]。进退无辞，则虚以求媚[⑰]。是以鬼神不飨其国以祸之，祝史与焉。所以夭昏孤疾者，为暴君使也，其言僭嫚于鬼神。"公曰："然则若之何？"对曰："不可为也⑱。山林之木，衡鹿守之。泽之萑蒲，舟鲛守之。薮之薪蒸，虞候守之。海之盐蜃，祈望守之⑲。县鄙之人，入从其政。偪介之关，暴征其私⑳。承嗣大夫，强易其贿㉑。布常无艺㉒，征敛无度，宫室日更，淫乐不违㉓。内宠之妾，肆夺于市㉔。外宠之臣，僭令于鄙㉕。私欲养求，不给则应㉖。民人苦病，夫妇皆诅。祝有益也，诅亦有损。聊、摄以东㉗，姑、尤以西㉘，其为人也多矣！虽其善祝，岂能胜亿兆人之诅㉙？君若欲诛于祝史，修德而后可。"公说，使有司宽政，毁关，去禁，薄敛，已责㉚。

① 痁，疟疾。○ 疥，旧音戒；梁元帝音该；依字则当作痎。《说文》云，两日一发之疟也。痎，音皆；后学之徒，佥以疥字为误。案，《传》例因事曰遂，若痎已是疟疾，何为复言遂痁乎？痁，失廉切。　② 多在齐。○ 期，音基。瘳，敕留切。　③ 二子，齐嬖大夫。○ 裔，以制切。嬖，必计切。④ 欲杀嚚、固以辞谢来问疾之宾。○ 盍，户臘切。嚚，鱼巾切。　⑤ 日，往日也。宋盟在襄二十七年。○ 说，音悦。　⑥ 家无猜疑之事，故祝史无求于鬼神。○ 屈，居勿切。治，直吏切。愧，其位切；本又作媿。猜，七才切。　⑦ 楚王。○ 语，鱼据切。　⑧ 五君，文、襄、灵、成、景。⑨ 无废事。　⑩ 君有功德，祝史陈说之，无所愧。　⑪ 与受国福。○ 与，音预，注同，下与焉同。　⑫ 使私情厌足。○ 蕃，音烦。祉，音耻。为，于伪切，又如字，下为暴同。颇，普何切。邪，似嗟切。辟，匹亦切。从，子用切，下淫从同，或音如字。厌，於艳切。　⑬ 掠，夺取也。○ 撞，直江切。刈，本又作艾，鱼废切。掠，音亮。聚，才住切，又如字。　⑭ 还，犹顾也。　⑮ 以实白神，是为言君之罪。○ 谌，徒木切。悛，七全切。⑯ 盖，掩也。○ 数，所主切。矫，居表切。　⑰ 作虚辞以求媚于神。○ 媚，眉记切。　⑱ 言非诛祝史所能治。○ 僭，子念切，下僭令同。嫚，

武谏切。　⑲ 衡鹿、舟鲛、虞候、祈望，皆官名也。言公专守山泽之利，不与民共。○ 萑，音丸。鲛，音交。薮，素口切。蒸，之承切；粗曰薪，细曰蒸。蜃，市轸切。　⑳ 介，隔也。迫近国都之关。言边鄙既入服政役，又为近关所征税枉暴，夺其私物。○ 政，如字，一音征。偪，彼力切。介，音界。近，附近之近。　㉑ 承嗣大夫，世位者。○ 强，其丈切。贿，呼罪切。㉒ 艺，法制也。言布政无法制。　㉓ 违，去也。　㉔ 肆，放也。㉕ 诈为教令于边鄙。　㉖ 养，长也。所求不给，则应之以罪。○ 应，应对之应。长，丁丈切。　㉗ 聊、摄，齐西界也。平原聊城县东北有摄城。○ 诅，庄虑切。祝，之又切，下善祝同。　㉘ 姑、尤，齐东界也。姑水、尤水皆在城阳郡东南入海。　㉙ 万万曰亿，万亿曰兆。　㉚ 除逋责。○ 说，音悦。去，起吕切。敛，力验切。责，本又作债。逋，布胡切。

十二月，齐侯田于沛[①]，招虞人以弓，不进[②]。公使执之，辞曰："昔我先君之田也，旃以招大夫，弓以招士，皮冠以招虞人。臣不见皮冠，故不敢进。"乃舍之。仲尼曰："守道不如守官[③]，君子韪之[④]。"

① 言疾愈行猎。沛，泽名。○ 沛，音贝。　② 虞人，掌山泽之官。③ 君招当往，道之常也。非物不进，官之制也。　④ 韪，是也。○ 韪，于鬼切。

齐侯至自田，晏子侍于遄台。子犹驰而造焉[①]。公曰："唯據与我和夫。"晏子对曰："據亦同也，焉得为和？"公曰："和与同异乎？"对曰："异。和如羹焉，水火醯醢盐梅以烹鱼肉，燀之以薪[②]。宰夫和之，齐之以味，济其不及，以泄其过[③]。君子食之，以平其心。君臣亦然[④]。君所谓可而有否焉[5]，臣献其否以成其可[6]。君所谓否而有可焉，臣献其可以去其否。是以政平而不干，民无争心。故《诗》曰：'亦有和羹，既戒既平[7]。鬷嘏无言，时靡有争[8]。'先王之济五味[9]，和五声也，以平其心，成其政也。声亦如味，一气[10]，二体[11]，三类[12]，四物[13]，五声[14]，六律[15]，七音[16]，八风[17]，九歌[18]，以相成也[19]。清浊，小大，短长，疾徐，哀乐，刚柔，迟速，高下，出入，周疏，以相济也[20]。君子听之，以平其心。心平德和。故《诗》曰：'德音不瑕[21]。'今據不然。君所谓可，據亦曰可。君所谓否，據亦曰否。若以水济水，谁能食之？若琴瑟之专壹，谁能听之？同之不可也如是。"

饮酒乐。公曰："古而无死，其乐若何？"晏子对曰："古而无死，则古之乐也，君何得焉？昔爽鸠氏始居此地[22]，季萴因之[23]，有逢伯陵因之[24]，蒲姑氏因之[25]，而后大公因之。古若无死，爽鸠氏之乐，非君所愿也[26]。"

① 子犹，梁丘據。〇 田，本亦作佃，音同。遄，市专切。造，七报切。② 燀，炊也。〇 夫，音扶。焉，於虔切。羹，音庚，旧音衡。醯，呼兮切。燀，章善切。炊，昌垂切。 ③ 济，益也。洩，减也。〇 齐，才细切，又如字。洩，息列切。 ④ 亦如羹。 ⑤ 否，不可也。 ⑥ 献君之否，以成君可。 ⑦《诗》颂殷中宗。言中宗能与贤者和齐可否，其政如羹，敬戒且平。和羹备五味，异于大羹。〇 争，争斗之争。和、齐并如字；一读上户卧切，下才细切。 ⑧ 鬷，总也。嘏，大也。言总大政能使上下皆如和羹。〇 鬷，子工切。嘏，古雅切。总，音揔。 ⑨ 济，成也。 ⑩ 须气以动。〇《释文》：一气，杜解以为人气也。服云，歌气也。 ⑪ 舞者有文武。 ⑫ 风、雅、颂。 ⑬ 杂用四方之物以成器。 ⑭ 宫、商、角、徵、羽。〇《释文》：五声，宫为君，商为臣，角为民，徵为事，羽为物。

徵,张里切。　⑮ 黄钟、大簇、姑洗、蕤宾、夷则、无射也。阳声为律,阴声为吕。此十二月气。○ 大,音泰。簇,七豆切。蕤,人谁切。射,音亦。⑯ 周武生伐纣,自午及子凡七日。王因此以数合之,以声昭之,故以七同其数,以律和其声,谓之七音。○《释文》:七音,宫、商、角、徵、羽、变宫、变徵也。　⑰ 八方之风。○《释文》:八风,《易纬·通卦验》云,东北曰条风,东方曰明庶风,东南曰清明风,南方曰景风,西南曰凉风,西方曰阊阖风,西北曰不周风,北方曰广莫风。条风又名融风,景风一名凯风。　⑱ 九功之德,皆可歌也。六府、三事谓之九歌。○《释文》:六府,水、火、金、木、土、穀。三事,正德、利用、厚生也。　⑲ 言此九者合,然后相成为和乐。⑳ 周,密也。○ 乐,音洛。疏,传本皆作流。然此五句皆相对,不应独作周流。古本有作疏者。案《注》训周为密,则与疏相对,宜为疏耳。　㉑《诗·豳风》也。义取心平则德音无瑕阙。○ 豳,彼贫切。　㉒ 爽鸠氏,少皞氏之司寇也。○ 专,如字;董遇,本作抟,音同。　㉓ 季萴,虞、夏诸侯,代爽鸠氏者。○ 萴,仕侧切。夏,户雅切。　㉔ 逢伯陵,殷诸侯,姜姓。㉕ 蒲姑氏,殷周之间代逢公者。　㉖ 齐侯甘于所乐,志于不死。晏子称古以节其情愿。○ 大,音泰。爽鸠氏之乐,一本作乐之。

郑子产有疾,谓子大叔曰:"我死,子必为政。唯有德者能以宽服民,其次莫如猛。夫火烈,民望而畏之,故鲜死焉。水懦弱,民狎而玩之[①],则多死焉。故宽难[②]。"疾数月而卒。大叔为政,不忍猛而宽。郑国多盗,取人于萑苻之泽[③]。大叔悔之曰:"吾早从夫子,不及此。"兴徒兵以攻萑苻之盗,尽杀之。盗少止。

仲尼曰:"善哉,政宽则民慢,慢则纠之以猛[④]。猛则民残,残则施之以宽。宽以济猛,猛以济宽,政是以和。《诗》曰:'民亦劳止,汔可小康。惠此中国,以绥四方。'施之以宽也[5]。‘毋从诡随[6]，以谨无良[7]。式遏寇虐，惨不畏明。’纠之以猛也[8]。‘柔远能迩，以定我王。’平之以和也[9]。又曰：‘不竞不絿，不刚不柔[10]。布政优优，百禄是遒[11]。’和之至也。”及子产卒，仲尼闻之，出涕曰：“古之遗爱也[12]。”

① 狎，轻也。○ 鲜，息浅切。懦，乃乱切，又乃卧切，又音儒。狎，户甲切。玩，五乱切。 ② 难以治。○ 治，直吏切。 ③ 萑苻，泽名。于泽中劫人。○ 数，所主切。萑，音丸。苻，音蒲，又如字。 ④ 纠，犹摄也。○《释文》：尽杀之，本或作尽之，杀，衍字。纠，居黝切。 ⑤《诗·大雅》。汔，其也。康、绥，皆安也。周厉王暴虐，民劳于苛政，故诗人刺之，欲其施之以宽。○ 汔，许乙切。苛，音何。 ⑥ 诡人、随人，无正心，不可从。○ 毋，本又作无。从，子用切。诡，九委切。 ⑦ 谨，敕慎也。⑧ 式，用也。遏，止也。惨，曾也。言为寇虐，曾不畏明法者，亦当用猛政纠治之。○ 遏，於葛切。惨，七感切。 ⑨ 柔，安也。迩，近也。远者怀附，近者各以能进，则王室定。 ⑩《诗·殷颂》。言汤政得中和。竞，强也。絿，急也。○ 絿，音求。 ⑪ 优优，和也。遒，聚也。○ 遒，在由切，又子由切。 ⑫ 子产见爱，有古人之遗风。

经

二十有一年春，王三月，葬蔡平公。

夏，晋侯使士鞅来聘[1]。

宋华亥、向宁、华定自陈入于宋南里以叛[2]。

秋七月壬午朔，日有食之。

八月乙亥，叔辄卒[3]。

冬，蔡侯朱出奔楚[4]。

公如晋，至河乃复[5]。

① 晋顷公即位，通嗣君。○ 顷，音倾。　② 自外至，故曰入。披其邑，故曰叛。南里，宋城内里名。○ 披，普彼切。　③ 叔弓之子伯张。　④ 朱为大子则失位，遂微弱，为国人所逐，故以自出为文。　⑤ 晋人辞公，故还。

传

二十一年春，天王将铸无射[①]。泠州鸠曰："王其以心疾死乎[②]？夫乐，天子之职也[③]。夫音，乐之舆也[④]。而钟，音之器也[⑤]。天子省风以作乐[⑥]，器以钟之[⑦]，舆以行之[⑧]，小者不窕[⑨]，大者不槬[⑩]，则和于物。物和则嘉成[⑪]。故和声入于耳而藏于心，心亿则乐[⑫]。窕则不咸[⑬]，槬则不容[⑭]，心是以感。感实生疾。今钟槬矣，王心弗堪，其能久乎[⑮]？"

① 周景王也。无射，钟名，律中无射。○ 铸，之树切。射，音亦。中，丁仲切。　② 泠，乐官，州鸠其名也。○ 泠，力丁切；字或作伶。　③ 职，所主也。　④ 乐因音而行。　⑤ 音由器以发。　⑥ 省风俗作乐以移之。　⑦ 钟，聚也。以器聚音。　⑧ 乐须音而行。　⑨ 窕，细不满。○ 窕，他彫切。　⑩ 槬，横大不入。○ 槬，户化切。　⑪ 嘉乐成也。　⑫ 亿，安也。○ 亿，於力切。乐，音洛。　⑬ 不充满人心。○ 咸，如字；本或作感，户暗切。　⑭ 心不堪容。　⑮ 为明年天王崩《传》。

三月，葬蔡平公。蔡大子朱失位，位在卑[①]。大夫送葬者归，见昭子。昭子问蔡故，以告。昭子叹曰："蔡其亡乎！若不亡，是君也必不终。《诗》曰：'不解于位，民之攸塈[②]。'今蔡侯始即位，而適卑，身将从之[③]。"

① 不在適子位，以长幼齿。○ 適，丁历切。长，丁丈切。 ②《诗·大雅》。塈，息也。○ 解，佳卖切。塈，许器切。 ③ 为蔡侯朱出奔《传》。

夏，晋士鞅来聘，叔孙为政[①]。季孙欲恶诸晋[②]，使有司以齐鲍国归费之礼为士鞅[③]。士鞅怒曰："鲍国之位下，其国小，而使鞅从其牢礼，是卑敝邑也。将复诸寡君。"鲁人恐，加四牢焉，为十一牢[④]。

① 叔孙昭子以三命为国政。 ② 憎叔孙在己上位，欲使得罪于晋。○ 恶，乌路切。 ③ 鲍国归费，在十四年。牢礼各如其命数。鲁人失礼，故为鲍国七牢。○ 费，音祕。为，于伪切。 ④ 言鲁不能以礼事大国，且为哀七年吴征百牢起。○ 恐，丘勇切。

宋华费遂生华貙、华多僚、华登。貙为少司马，多僚为御士[①]，与貙相恶，乃谮诸公曰："貙将纳亡人[②]。"亟言之。公曰："司马以吾故，亡其良子[③]。死亡有命，吾不可以再亡之。"对曰："君若爱司马，则如亡[④]。死如可逃，何远之有[⑤]？"公惧，使侍人召司马之侍人宜僚，饮之酒而使告司马[⑥]。司马叹曰："必多僚也。吾有谗子而弗能杀，吾又不死，抑君有命，可若何？"乃与公谋逐华貙，将使田孟诸而遣之。公饮之酒，厚酬之[⑦]，赐及从者。司马亦如之[⑧]。张匄尤之[⑨]，曰："必有故。"使子皮承宜僚以剑而讯之[⑩]。宜僚尽以告[⑪]。张匄欲杀多僚。子皮曰："司马老矣，登之谓甚[⑫]，吾又重之，不如亡也。"五月丙申，子皮将见司马而行，则遇多僚御司马而朝。张匄不胜其怒,遂与子皮、臼任、郑翩杀多僚[13],劫司马以叛,而召亡人。壬寅,华、向入。乐大心、豐愆、华牼御诸横[14]。华氏居卢门,以南里叛[15]。六月庚午,宋城旧鄘及桑林之门而守之[16]。

① 公御士。○ 貙,敕俱切。少,诗照切。 ② 亡人华亥等。○ 恶,如字,又乌路切。 ③ 司马谓费遂,为大司马。良子,谓华登。○ 亟,欺冀切。 ④ 言若爱大司马,则当亡走失国。 ⑤ 言亡可以逃死,勿虑其远,以恐动公。 ⑥ 告司马,使逐貙。○ 饮,於鸩切。 ⑦ 酬酒币。⑧ 亦如公赐。○ 从,才用切。 ⑨ 张匄,华貙臣。尤,怪赐之厚。○ 匄,古害切;本亦作丏。 ⑩ 子皮,华貙。讯,问也。○ 讯,音信。⑪ 告欲因田以遣之。 ⑫ 言登亡,伤司马心已甚。 ⑬ 任、翩亦貙家臣。○ 重,直用切。见,贤遍切。胜,音升。任,音壬。翩,音篇。⑭ 梁国睢阳县南有横亭。○ 愆,起虔切;本或作衍。睢,音虽。 ⑮ 卢门,宋东城南门。 ⑯ 旧鄘,故城也。桑林,城门名。○ 鄘,音容,本亦作墉。

秋七月壬午朔,日有食之。公问于梓慎曰:"是何物也,祸福何为①?"对曰:"二至、二分②,日有食之,不为灾。日月之行也,分,同道也;至,相过也③。其他月则为灾。阳不克也,故常为水④。"于是叔辄哭日食⑤。昭子曰:"子叔将死,非所哭也。"八月,叔辄卒。

① 物,事也。 ② 二至,冬至、夏至。二分,春分、秋分。 ③ 二分日夜等,故言同道。二至长短极,故相过。 ④ 阴侵阳,是阳不胜阴。⑤ 意在于忧灾。

冬十月，华登以吴师救华氏[①]。齐乌枝鸣戍宋[②]。厨人濮曰[③]：“《军志》有之，先人有夺人之心，后人有待其衰。盍及其劳且未定也，伐诸。若入而固，则华氏众矣，悔无及也。”从之。丙寅，齐师、宋师败吴师于鸿口[④]，获其二帅公子苦雉、偃州员[⑤]。华登帅其馀[⑥]以败宋师。公欲出[⑦]，厨人濮曰：“吾小人，可藉死[⑧]而不能送亡君，请待之[⑨]。”乃徇曰：“扬徽者，公徒也[⑩]。”众从之。公自扬门见之[⑪]，下而巡之曰：“国亡君死，二三子之耻也，岂专孤之罪也？”齐乌枝鸣曰：“用少，莫如齐致死。齐致死，莫如去备[⑫]。彼多兵矣，请皆用剑。”从之。华氏北，复即之[⑬]。厨人濮以裳裹首而荷以走，曰：“得华登矣！”遂败华氏于新里[⑭]。

翟偻新居于新里，既战，说甲于公而归[⑮]。华妵居于公里，亦如之[⑯]。

十一月癸未，公子城以晋师至[⑰]。曹翰胡[⑱]会晋荀吴[⑲]、齐苑何忌[⑳]、卫公子朝[㉑]救宋。丙戌，与华氏战于赭丘[㉒]。郑翩愿为鹳，其御愿为鹅[㉓]。子禄御公子城，庄堇为右[㉔]。干犨御吕封人华豹，张匄为右[㉕]。相遇，城还。华豹曰：“城也！”城怒而反之[㉖]。将注，豹则关矣[㉗]。曰：“平公之灵尚辅相余[㉘]。”豹射出其间[㉙]。将注，则又关矣。曰：“不狎，鄙[㉚]。”抽矢[㉛]。城射之，殪[㉜]。张匄抽殳而下[㉝]，射之，折股。扶伏而击之，折轸[㉞]。又射之，死[㉟]。干犨请一矢[㊱]。城曰：“余言女于君[㊲]。”对曰：“不死伍乘，军之大刑也[㊳]。干刑而从子，君焉用之？子速诸。”乃射之，殪[㊴]。大败华氏，围诸南里。

华亥搏膺而呼，见华貙曰：“吾为栾氏矣[㊵]。”貙曰：“子无我迋，不幸而后亡[41]。"使华登如楚乞师。华貙以车十五乘，徒七十人，犯师而出[42]。食于睢上，哭而送之，乃复入[43]。

楚薳越帅师将逆华氏。大宰犯谏曰："诸侯唯宋事其君，今又争国，释君而臣是助，无乃不可乎？"王曰："而告我也后，既许之矣[44]。"

① 登前年奔吴。 ② 乌枝鸣，齐大夫。 ③ 濮，宋厨邑大夫。○ 厨，直诛切。濮，音卜。 ④ 梁国睢阳县东有鸿口亭。○ 先，悉荐切。后，户豆切。盍，户臘切。 ⑤ 二帅，吴大夫。○ 帅，色类切，《注》同。雉，古含切。员，音云，又音圆。 ⑥ 吴馀师。 ⑦ 出奔。 ⑧ 可借使死难。○ 难，乃旦切。 ⑨ 请君待复战，决胜负。○《释文》：而不能送亡君，绝句。复，扶又切，下文复即同。 ⑩ 徽，识也。○ 徇，似俊切。徽，许归切；《说文》作微。识，本又作帜，申志切，又昌志切，一音式。⑪ 见国人皆扬徽。睢阳正东门名扬门。 ⑫ 备，长兵也。○ 去，起吕切。 ⑬ 北，败走。 ⑭ 新里，华氏所取邑。○ 裹，音果。荷，何可切，又音何。 ⑮ 居华氏地而助公战。○ 偻，力主切。说，他活切，下同。 ⑯ 姺，华氏族，故助华氏，亦如偻新说甲归。《传》言古之为军，不呰小忿。○ 姺，他口切。呰，本又作訾，才斯切，又音紫。 ⑰ 城以前年奔晋，今还救宋。 ⑱ 曹大夫。○ 翰，音寒，又户旦切。 ⑲ 中行穆子。○ 行，户郎切。 ⑳ 齐大夫。 ㉑ 前年出奔晋，今还卫。㉒ 赭丘，宋地。○ 赭，音者。丘又作坵，同。 ㉓ 郑翩，华氏党。鹳、鹅皆陈名。○ 鹳，古唤切。鹅，五多切。陈，直觐切。 ㉔ 子禄，向宜。○ 庄堇，音谨；本或作庄堇父。 ㉕ 吕封人华豹，华氏党。○ 犨，尺由切。 ㉖ 怒其呼己，反还战。 ㉗ 注，傅矢。关，引弓。○ 注，之树切。关，乌环切，本又作弯，同。傅，音附。 ㉘ 平公，公子城之父。○ 相，息亮切。 ㉙ 出子城、子禄之间。○ 射，食亦切，又食夜切，下同。㉚ 狎，更也。○ 更，音庚。 ㉛ 豹止不射。 ㉜ 豹死。○ 殪，一计

切。 ㉝殳长丈二，在车边。○殳，音殊。长，直亮切，又如字。 ㉞折城车轸。○折，之设切，下及《注》同。扶、伏，并如字；上又音蒲，下又蒲北切；本或作匍匐，同。 ㉟匄死。 ㊱求死。 ㊲欲活之。○女，音汝。 ㊳同乘共伍当皆死。○乘，绳证切。 ㊴犨又死。○焉，於虔切。 ㊵晋栾盈还入，作乱而死，事在襄二十三年。○搏，音博。呼，好故切。 ㊶迋，恐也。○迋，求枉切。恐，丘勇切。 ㊷犯公师出送华登。 ㊸入南里。○睢，音虽。复，扶又切。 ㊹为明年华向出奔楚《传》。○薳，于委切。

蔡侯朱出奔楚。费无极取货于东国[1]，而谓蔡人曰："朱不用命于楚，君王将立东国。若不先从王欲，楚必围蔡。"蔡人惧，出朱而立东国。朱愬于楚，楚子将讨蔡。无极曰："平侯与楚有盟，故封[2]。其子有二心，故废之[3]。灵王杀隐大子，其子与君同恶，德君必甚。又使立之，不亦可乎？且废寘在君，蔡无他矣[4]。"

①东国，隐大子之子，平侯庐之弟，朱叔父也。 ②盟于邓，依陈、蔡人以国。○愬，音素。 ③子谓朱也。 ④言权在楚，则蔡无他心。

公如晋，及河。鼓叛晋[1]。晋将伐鲜虞，故辞公[2]。

①叛晋属鲜虞。 ②将有军事，无暇于待宾，且惧泄军谋。○泄，息列切，又以制切。

经

二十有二年春，齐侯伐莒。

宋华亥、向宁、华定自宋南里出奔楚[①]。

大蒐于昌间[②]。

夏四月乙丑，天王崩。

六月，叔鞅如京师，葬景王[③]。

王室乱[④]。

刘子、单子以王猛居于皇[⑤]。

秋，刘子、单子以王猛入于王城[⑥]。

冬十月，王子猛卒[⑦]。

十有二月癸酉朔，日有食之[⑧]。

① 言自南里，别从国去。○ 别，彼列切。　② 无《传》。○ 蒐，所求切。间，如字。　③ 叔鞅，叔弓子。三月而葬，乱故速。○ 鞅，於丈切。　④ 承叔鞅言而书之，未知谁是，故但曰乱。　⑤ 河南巩县西南有黄亭，辟子朝难出居皇。王猛书名，未即位。○ 单，音善。巩，九勇切。难，乃旦切。　⑥ 王城，郏鄏，今河南县。晋助猛，故得还王都。○ 郏，古洽切。鄏，音辱。　⑦ 未即位，故不言崩。　⑧ 无《传》。此月有庚戌。又以《长历》推校前后，当为癸卯朔，书癸酉，误。

传

二十二年春，王二月甲子，齐北郭启帅师伐莒[①]。莒子将战，苑羊牧之谏[②]曰："齐帅贱，其求不多，不如下之。大国不可怒也。"弗听。败齐师于寿馀[③]。齐侯伐莒[④]，莒子行成。司马竈如莒涖盟[⑤]。莒子如齐涖盟，盟于稷门之外[⑥]。莒于是乎大恶其君[⑦]。

① 启，齐大夫北郭佐之后。　② 牧之，莒大夫。○ 苑，於元切。牧，州牧之牧。　③ 莒地。○ 帅，所类切。下，遐嫁切。　④ 怒败。⑤ 鼃，齐大夫。　⑥ 稷门，齐城门也。　⑦ 为明年莒子来奔《传》。○ 恶，乌路切。

楚薳越使告于宋曰："寡君闻君有不令之臣为君忧，无宁以为宗羞[1]，寡君请受而戮之。"对曰："孤不佞，不能媚于父兄[2]，以为君忧，拜命之辱。抑君臣日战，君曰余必臣是助，亦唯命。人有言曰，'唯乱门之无过'。君若惠保敝邑，无亢不衷，以奖乱人，孤之望也。唯君图之！"楚人患之[3]。诸侯之戍谋曰："若华氏知困而致死，楚耻无功而疾战，非吾利也。不如出之，以为楚功，其亦无能为也已[4]。救宋而除其害，又何求？"乃固请出之。宋人从之。己巳，宋华亥、向宁、华定、华貙、华登、皇奄伤、省臧、士平出奔楚[5]。

宋公使公孙忌为大司马[6]，边卬为大司徒[7]，乐祁为司城[8]，仲幾为左师[9]，乐大心为右师[10]，乐輓为大司寇[11]，以靖国人[12]。

① 无宁，宁也。言华氏为宋宗庙之羞耻。　② 华、向，公族也，故称父兄。　③ 患宋以义距之。○ 过，古禾切。亢，苦浪切。衷，音忠。④ 言华氏不能复为宋患。○ 复，扶又切，下复欲同。　⑤ 华貙已下五子不书，非卿。○ 省，悉井切，又所景切。臧，子郎切。　⑥ 代华费遂。⑦ 卬，平公曾孙，代华定。○ 卬，五郎切。　⑧ 祁，子罕孙乐祁犁。○ 犁，力私切，又力兮切。　⑨ 幾，仲江孙，代向宁。○ 幾，音基。⑩ 代华亥。　⑪ 輓，子罕孙。○ 輓，音晚。　⑫ 终梓慎之言，三年而后弭。○ 弭，弥氏切。

王子朝、宾起有宠于景王①。王与宾孟说之，欲主之②。刘献公之庶子伯蚠事单穆公③，恶宾孟之为人也，愿杀之。又恶王子朝之言，以为乱，愿去之④。宾孟適郊，见雄鸡自断其尾。问之，侍者曰："自惮其牺也⑤。"遽归告王，且曰："鸡其惮为人用乎，人异于是⑥。牺者，实用人，人牺实难，己牺何害⑦。"王弗应⑧。

夏四月，王田北山，使公卿皆从，将杀单子、刘子⑨。王有心疾，乙丑，崩于荣锜氏⑩。戊辰，刘子挚卒⑪，无子，单子立刘蚠⑫。五月庚辰，见王⑬，遂攻宾起，杀之⑭。盟群王子于单氏⑮。

① 子朝，景王之长庶子。宾起，子朝之傅。○ 朝，如字；凡人名字，皆张遥切；或云，朝错是王子朝之后，此音潮；案，错姓亦有两音。长，丁丈切。 ② 孟即起也。王语宾孟，欲立子朝为大子。○ 说，如字，又音悦。语，鱼据切。 ③ 献公，刘挚。伯蚠，刘狄。穆公，单旗。○ 蚠，扶粉切，又扶云切。挚，音至。 ④ 子朝有欲位之言，故刘蚠恶之。○ 恶，乌路切。去，起吕切。有欲位之言，一本位作立。 ⑤ 畏其为牺牲奉宗庙，故自残毁。○ 断，丁管切。惮，待旦切。牺，许宜切。 ⑥ 鸡牺虽见宠饰，然卒当见杀。若人见宠饰，则当贵盛，故言异于鸡。○ 遽，其据切。 ⑦ 言设使宠人如宠牺，则不宜假人以招祸难。使牺在己，则无患害。己喻子朝，欲使王早宠异之。○ 难，乃旦切。 ⑧ 十五年大子寿卒，王立子猛。后复欲立子朝而未定，宾孟感鸡，盛称子朝，王心许之，故不应。○ 应，应对之应，《注》同。 ⑨ 北山，洛北芒也。王知单、刘不欲立子朝，欲因田猎先杀之。○ 从，才用切。芒，音亡。 ⑩ 四月十九日。河南巩县西有荣锜涧。○ 锜，鱼绮切。涧，古晏切。 ⑪ 二十二日。 ⑫ 蚠事单子故。⑬ 见王猛。○ 见，贤遍切，《注》同。 ⑭ 党子朝故。 ⑮ 王子猛次

正,故单、刘立之。惧诸王子或党子朝,故盟之。

晋之取鼓也[①],既献,而反鼓子焉[②],又叛于鲜虞[③]。六月,荀吴略东阳[④],使师伪籴者,负甲以息于昔阳之门外[⑤],遂袭鼓灭之。以鼓子鸢鞮归,使涉佗守之[⑥]。

① 在十五年。 ② 献于庙。 ③ 叛晋属鲜虞。 ④ 略,行也。东阳,晋之山东邑,魏郡广平以北。○ 行,下孟切。 ⑤ 昔阳故肥子所都。○ 籴,音狄。 ⑥ 守鼓之地。涉佗,晋大夫。○ 鸢,悦全切。鞮,丁兮切。佗,徒多切。守,手又切,又如字。

丁巳,葬景王。王子朝因旧官百工之丧职秩者,与灵、景之族以作乱[①]。帅郊、要、饯之甲[②],以逐刘子[③]。壬戌,刘子奔扬[④]。单子逆悼王于庄宫以归[⑤]。王子还夜取王以如庄宫[⑥]。癸亥,单子出[⑦]。王子还与召庄公谋[⑧],曰:"不杀单旗,不捷[⑨]。与之重盟,必来。背盟而克者多矣。"从之[⑩]。樊顷子曰:"非言也,必不克[⑪]。"遂奉王以追单子[⑫]。及领,大盟而复[⑬],杀挚荒以说[⑭]。刘子如刘[⑮]。单子亡,乙丑,奔于平畤[⑯]。群王子追之。单子杀还、姑、发、弱、鬷、延、定、稠[⑰],子朝奔京[⑱]。丙寅,伐之[⑲]。京人奔山,刘子入于王城[⑳]。辛未,巩简公败绩于京。乙亥,甘平公亦败焉[㉑]。叔鞅至自京师[㉒],言王室之乱也[㉓]。闵马父曰:"子朝必不克,其所与者,天所废也[㉔]。"单子欲告急于晋,秋七月戊寅,以王如平畤,遂如圃车,次于皇[㉕]。刘子如刘。单子使王子处守于王城[㉖],盟百工于平宫[㉗]。辛卯,鄩肸伐皇[㉘],大败,获鄩肸。壬辰，焚诸王城之市㉙。八月辛酉，司徒醜以王师败绩于前城㉚，百工叛㉛。己巳，伐单氏之宫，败焉㉜。庚午，反伐之㉝。辛未，伐东圉㉞。冬十月丁巳，晋籍谈、荀跞帅九州之戎㉟及焦、瑕、温、原之师㊱，以纳王于王城㊲。庚申，单子、刘蚠以王师败绩于郊㊳，前城人败陆浑于社㊴。十一月乙酉，王子猛卒㊵，不成丧也㊶。己丑，敬王即位㊷，馆于子旅氏㊸。十二月庚戌，晋籍谈、荀跞、贾辛、司马督㊹帅师军于阴㊺，于侯氏㊻，于溪泉㊼，次于社㊽。王师军于氾，于解，次于任人㊾。闰月，晋箕遗、乐徵、右行诡济师，取前城㊿，军其东南。王师军于京楚。辛丑，伐京，毁其西南[51]。

① 百工，百官也。灵王、景王之子孙。○ 丧，息浪切，下《注》群丧同。② 三邑，周地。○ 要，一遥切。饯，贱浅切。 ③ 逐伯蚠。 ④ 扬，周邑。 ⑤ 悼王，子猛也。 ⑥ 王子还，子朝党也。不欲使单子得王猛，故取之。 ⑦ 失王，故出奔。 ⑧ 庄公，召伯奂，子朝党也。○ 召，上照切。奂，音唤。 ⑨ 旗，单子也。○ 旗，音其。捷，才接切。⑩ 从还谋也。○ 背，音佩。 ⑪ 顷子，樊齐，单、刘党。○ 顷，音倾，本或作须字。 ⑫ 王子还奉王。 ⑬ 领，周地。欲重盟，令单子、刘子复归。○ 令，力呈切。 ⑭ 委罪于荒。○ 说，如字，或音悦。 ⑮ 归其采邑。 ⑯ 平畤，周地。知王子还欲背盟，故亡走。○《释文》：于平畤，一本作奔平畤，音止，又音市；本或作平寿，误。 ⑰ 八子，灵、景之族，因战而杀之。○ 鬷，子工切。稠，直由切。 ⑱ 其党死故。⑲ 单子伐京。 ⑳ 子朝奔京，故得入。 ㉑ 甘、巩二公，周卿士，皆为子朝所败。○ 巩，九勇切。 ㉒ 葬景王还。 ㉓《经》所以书。㉔ 闵马父，闵子马，鲁大夫。天所废，谓群丧职秩者。 ㉕ 出次以示急。戊寅，七月三日，《经》书六月，误。 ㉖ 王子处，子猛党。守王城，距子

朝。　㉗ 平宫，平王庙。　㉘ 郭肸，子朝党。○ 郭，音寻。肸，许乙切。　㉙ 焚郭肸。　㉚ 醜，悼王司徒。前城，子朝所得邑。　㉛ 司徒醜败故。　㉜ 百工伐单氏，为单氏所败。　㉝ 单氏反伐百工。　㉞ 百工所在。洛阳东南有圉乡。　㉟ 九州戎，陆浑戎，十七年灭，属晋。州，乡属也，五州为乡。　㊱ 焦、瑕、温、原，晋四邑。　㊲ 丁巳，在十月。《经》书秋，误。　㊳ 为子朝之党所败。　㊴ 前城，子朝众。社，周地。○ 社，或作杜。　㊵ 乙酉在十一月，《经》书十月，误。虽未即位，周人谥曰悼王。　㊶ 释所以不称王崩。　㊷ 敬王，王子猛母弟王子匄。○ 匄，古害切。　㊸ 子旅，周大夫。　㊹ 司马乌。　㊺ 籍谈所军。　㊻ 荀跞所军。　㊼ 贾辛所军。巩县西南有明溪泉。　㊽ 司马督所次。　㊾ 王师分在三邑。洛阳西南有大解、小解。○ 氾，音凡。解，音蟹。　㊿ 三子，晋大夫。济师，渡伊、洛。○ 行，户郎切。　51 京楚，子朝所在。

春秋经传集解第二十五

昭公六

经

二十有三年春，王正月，叔孙婼如晋①。

癸丑，叔鞅卒②。

晋人执我行人叔孙婼③。

晋人围郊④。

夏六月，蔡侯东国卒于楚⑤。

秋七月，莒子庚舆来奔。

戊辰，吴败顿、胡、沈、蔡、陈、许之师于鸡父⑥。

胡子髡、沈子逞灭⑦。

获陈夏啮⑧。

天王居于狄泉⑨。

尹氏立王子朝⑩。

八月乙未，地震。

冬，公如晋，至河，有疾，乃复。

① 谢取邾师。○ 婼，敕略切。 ② 无《传》。 ③ 称行人，讥晋执使人。○ 使，所吏切。 ④ 讨子朝也。郊，周邑。围郊，在叔鞅卒前，《经》书后，从赴。 ⑤ 无《传》。未同盟而赴以名。 ⑥ 不书楚，楚不战也。鸡父，楚地。安丰县南有鸡备亭。○ 舆，音余。父，音甫。

⑦ 国虽存,君死曰灭。○ 髡,音苦门切。逞,敕郢切。　⑧ 大夫死生,通曰获。夏齧,徵舒玄孙。○ 夏,户雅切。齧,五结切。　⑨ 敬王辟子朝也。狄泉,今洛阳城内大仓西南池水也。时在城外。○ 大,音泰。　⑩ 尹氏,周世卿也。书尹氏立子朝,明非周人所欲立。

传

二十三年春,王正月壬寅朔,二师围郊[①]。癸卯,郊、鄩溃[②]。丁未,晋师在平阴,王师在泽邑[③]。王使告间[④],庚戌,还[⑤]。

① 二师,王师、晋师也。王师不书,不以告。　② 河南巩县西南有地名鄩中。郊、鄩二邑,皆子朝所得。○ 鄩,音寻。溃,户内切。　③ 平阴,今河阴县。　④ 子朝败故。○ 间,音闲。　⑤ 晋师还。

邾人城翼[①],还将自离姑[②]。公孙鉏曰:"鲁将御我[③]。"欲自武城还,循山而南[④]。徐鉏、丘弱、茅地[⑤]曰:"道下遇雨,将不出,是不归也[⑥]。"遂自离姑[⑦]武城人塞其前[⑧],断其后之木而弗殊。邾师过之,乃推而蹷之。遂取邾师,获鉏、弱、地[⑨]。

邾人诉于晋,晋人来讨[⑩]。叔孙婼如晋,晋人执之。书曰:"晋人执我行人叔孙婼。"言使人也[⑪]。晋人使与邾大夫坐[⑫]。叔孙曰:"列国之卿,当小国之君,固周制也[⑬]。邾又夷也[⑭]。寡君之命介子服回在[⑮],请使当之,不敢废周制故也。"乃不果坐。

韩宣子使邾人聚其众,将以叔孙与之[⑯]。叔孙闻之,去众与兵而朝[17]。士弥牟谓韩宣子[18]曰："子弗良图，而以叔孙与其仇，叔孙必死之。鲁亡叔孙，必亡邾。邾君亡国，将焉归[19]？子虽悔之，何及？所谓盟主，讨违命也。若皆相执，焉用盟主[20]？"乃弗与。使各居一馆[21]。士伯听其辞而诉诸宣子，乃皆执之[22]。

士伯御叔孙，从者四人，过邾馆以如吏[23]。先归邾子。士伯曰："以刍荛之难，从者之病，将馆子于都[24]。"叔孙旦而立，期焉[25]。乃馆诸箕。舍子服昭伯于他邑[26]。范献子求货于叔孙，使请冠焉[27]。取其冠法，而与之两冠，曰："尽矣[28]。"为叔孙故，申豐以货如晋[29]。叔孙曰："见我，吾告女所行货。"见而不出[30]。吏人之与叔孙居于箕者，请其吠狗，弗与。及将归，杀而与之食之[31]。叔孙所馆者，虽一日必葺其墙屋[32]，去之如始至[33]。

① 翼，邾邑。　② 离姑，邾邑。从离姑则道径鲁之武城。○ 径，音经。　③ 鉏，邾大夫。○ 鉏，仕居切。御，鱼吕切。　④ 至武城而还，依山南行，不欲过武城。○ 过，古禾切，下遂过同。　⑤ 三子，邾大夫。○ 茅，亡交切。　⑥ 谓此山道下湿。　⑦ 遂过武城。　⑧ 以兵塞其前道。　⑨ 取邾师不书，非公命。○ 断，丁管切。殊，如字；《说文》云，死也，一曰断也。蹷，其月切，又音厥，又居卫切。　⑩ ○ 诉，音息路切。　⑪ 嫌外内异，故重发《传》。○ 使，所吏切。重，直用切，下重发同。　⑫ 坐讼曲直。　⑬ 在礼，卿得会伯、子、男，故曰当小国之君。⑭ 邾杂有东夷之风。　⑮ 子服回，鲁大夫，为叔孙之介副。○ 介，音界。⑯ 与邾，使执之。　⑰ 示欲以身死。○ 去，起吕切。　⑱ 弥牟，士景伯。○ 弥，亡支切。牟，亡侯切。　⑲ 时邾君在晋，若亡国，无所归，将益晋忧。○ 焉，於虔切。　⑳ 听邾众取叔孙，是为诸侯皆得辄相执。

㉑ 分别叔孙、子服回。○ 别,彼列切。 ㉒ 二子辞不屈,故士伯诉而执之。 ㉓ 欲使邾人见叔孙之屈辱。○ 从,才用切。 ㉔ 都,别都,谓箕也。○ 刍,初俱切。荛,而昭切。 ㉕ 立,待命也。从旦至旦为期。○ 期,本又作朞,同,居其切。 ㉖ 别囚之。 ㉗ 以求冠为辞。 ㉘ 既送作冠模法,又进二冠以与之,伪若不解其意。○ 模,莫胡切。解,音蟹。 ㉙ 欲行货以免叔孙。○ 为,于伪切。 ㉚ 留申豐不使得出,不欲以货免。○ 女,音汝。 ㉛ 示不爱。○ 吠,扶废切。 ㉜ 葺,补治也。○ 葺,七入切。 ㉝ 不以当去而有所毁坏。○ 坏,音怪。

夏四月乙酉,单子取訾,刘子取墙人、直人①。六月壬午,王子朝入于尹②。癸未,尹圉诱刘佗杀之③。丙戌,单子从阪道,刘子从尹道伐尹。单子先至而败,刘子还④。己丑,召伯奂、南宫极以成周人戍尹⑤。庚寅,单子、刘子、樊齐以王如刘⑥。甲午,王子朝入于王城,次于左巷⑦。秋七月戊申,鄩罗纳诸庄宫⑧。尹辛败刘师于唐⑨。丙辰,又败诸鄩。甲子,尹辛取西闱⑩。丙寅,攻蒯,蒯溃⑪。

① 三邑属子朝者。訾在河南巩县西南。○ 訾,子斯切。 ② 自京入尹氏之邑。 ③ 尹圉,尹文公也。刘佗,刘蚠族,敬王党。○ 圉,鱼吕切。佗,徒河切。 ④ 单子败故。○ 阪,音反,又扶板切。 ⑤ 二子,周卿士,子朝党。奂,召庄公。 ⑥ 辟子朝,出居刘子邑。 ⑦ 近东城。○ 近,附近之近。 ⑧ 鄩罗,周大夫鄩肸之子。 ⑨ 尹辛,尹氏族。唐,周地。 ⑩ 西闱,周地。○ 闱,音韦,一音晖。 ⑪ 河南县西南蒯乡是也。于是敬王居狄泉,尹氏立子朝。○ 蒯,苦怪切。

莒子庚舆虐而好剑,苟铸剑,必试诸人。国人患之。又将叛齐。乌存帅国人以逐之[①]。庚舆将出，闻乌存执殳而立于道左，惧，将止死[②]。苑羊牧之曰："君过之[③]，乌存以力闻可矣，何必以弑君成名?"遂来奔。齐人纳郊公[④]。

① 乌存，莒大夫。○ 好，呼报切。铸，之树切。 ② 殳长丈二而无刃。○ 殳，音殊。 ③ 牧之亦莒大夫。 ④ 郊公，著丘公之子，十四年奔齐。○ 著，直除切，又直虑切。

吴人伐州来，楚薳越帅师[①]及诸侯之师奔命救州来。吴人御诸钟离。子瑕卒，楚师熸[②]。

吴公子光曰："诸侯从于楚者众，而皆小国也。畏楚而不获已，是以来。吾闻之曰，作事威克其爱，虽小必济[③]。胡、沈之君幼而狂[④]，陈大夫齧壮而顽，顿与许、蔡疾楚政。楚令尹死，其师熸，帅贱多宠，政令不壹[⑤]。七国同役而不同心[⑥]，帅贱而不能整，无大威命，楚可败也。若分师先以犯胡、沈与陈，必先奔。三国败，诸侯之师乃摇心矣。诸侯乖乱，楚必大奔。请先者去备薄威[⑦]，后者敦陈整旅[⑧]。"吴子从之。戊辰晦，战于鸡父[⑨]。吴子以罪人三千，先犯胡、沈与陈[⑩]。三国争之。吴为三军以系于后：中军从王[⑪]，光帅右，掩馀帅左[⑫]。吴之罪人或奔或止，三国乱。吴师击之，三国败，获胡、沈之君及陈大夫。舍胡、沈之囚，使奔许与蔡、顿曰："吾君死矣!"师噪而从之，三国奔[⑬]。楚师大奔。书曰："胡子髡、沈子逞灭，获陈夏齧。"君臣之辞也[⑭]。不言战，楚未陈也[⑮]。

① 令尹以疾从戎，故薳越摄其事。　② 子瑕即令尹，不起所疾也。吴、楚之间谓火灭为熸。军之重主丧亡，故其军人无复气势。○ 熸，子潜切；《字林》，子兼切。复，扶又切，下《注》复败、复增同。　③ 克，胜也，军事尚威。　④ 狂，无常。○ 狂，求匡切。　⑤ 帅贱，薳越非正卿也。军多宠人，政令不壹于越。○ 帅，所类切，下帅贱同。　⑥ 七国，楚、顿、胡、沈、蔡、陈、许。　⑦ 示之以不整以诱之。○ 去，起吕切。　⑧ 敦，厚也。○ 陈，直觐切，下未陈同。　⑨ 七月二十九日。违兵忌晦战，击楚所不意。　⑩ 囚徒不习战，以示不整。　⑪ 从吴王。　⑫ 掩馀，吴子寿梦子。　⑬ 三国，许、蔡、顿。○ 躁，素报切。　⑭ 国君，社稷之主，与宗庙共其存亡者，故称灭。大夫轻，故曰获。获，得也。　⑮ 嫌与陈例相涉，故重发之。

八月丁酉，南宫极震①。苌弘谓刘文公曰："君其勉之，先君之力可济也②。周之亡也，其三川震③。今西王之大臣亦震，天弃之矣④。东王必大克⑤。"

①《经》书乙未地动，鲁地也。丁酉，南宫极震，周地亦震也，为屋所压而死。○ 压，本又作厌，同，於甲切。　② 文公，刘盆也。先君，谓盆之父献公也。献公亦欲立子猛，未及而卒。　③ 谓幽王时也。三川，泾、渭、洛水也。地动，川岸崩。　④ 子朝在王城，故谓西王。　⑤ 敬王居狄泉，在王城之东，故曰东王。

楚大子建之母在郹①，召吴人而启之。冬十月甲申，吴大子诸樊入郹②，取楚夫人与其宝器以归。楚司马薳越追之，不及。将死，众曰："请遂伐吴以徼之③。"薳越曰："再败君师，死且有罪④。亡君夫人，不可以莫之死也。"乃缢于薳澨[5]。

① 郹，郹阳也。平王娶秦女，废大子建，故母归其家。○ 郹，古阒切。② 诸樊，吴王僚之大子。○《释文》："吴大子诸樊"，案，吴子遏，号诸樊，王僚是遏之弟子；先儒又以为遏弟，何容僚子乃取遏号为名，恐传写误耳，未详。　③ 徼，要其胜负。○ 徼，古尧切。要，一遥切。　④ 此年秋败于鸡父，设往复败为再败。　⑤ 薳澨，楚地。○ 薳，一赐切。澨，市制切。

公为叔孙故如晋，及河，有疾而复[1]。

① 此年春，晋为邾人执叔孙，故公如晋谢之。○ 为，于伪切，下《注》为之、相为同。

楚囊瓦为令尹[1]，城郢[2]。沈尹戌曰："子常必亡郢，苟不能卫，城无益也。古者天子守在四夷[3]。天子卑，守在诸侯[4]。诸侯守在四邻[5]。诸侯卑，守在四竟[6]。慎其四竟，结其四援[7]，民狎其野[8]，三务成功[9]，民无内忧，而又无外惧，国焉用城？今吴是惧而城于郢，守已小矣。卑之不获，能无亡乎[10]？昔梁伯沟其公宫而民溃[11]。民弃其上，不亡何待？夫正其疆埸，修其土田，险其走集[12]，亲其民人，明其伍候[13]，信其邻国，慎其官守，守其交礼[14]，不僭不贪，不懦不耆[15]，完其守备，以待不虞，又何畏矣。《诗》曰：'无念尔祖，聿修厥德[16]。'无亦监乎若敖、蚡冒至于武、文[17]，土不过同[18]，慎其四竟，犹不城郢。今土数圻[19]，而郢是城，不亦难乎[20]！"

① 囊瓦，子囊之孙子常也，代阳匄。○ 囊，乃郎切。　② 楚用子囊遗言，已筑郢城矣。今畏吴，复增修以自固。○ 郢，以井切，又馀政切。③ 德及远。○ 守，手又切，下除守同。　④ 政卑损。　⑤ 邻国为之守。　⑥ 裁自完。○ 竟，音境。　⑦ 结四邻之国为援助。○ 援，于眷切。　⑧ 狎，安习也。○ 狎，户甲切。　⑨ 春夏秋三时之务。⑩ 不获守四竟。○ 焉，於虔切。　⑪ 在僖十八年。　⑫ 走集，边竟之垒辟。○ 疆，居良切。埸，音亦。垒，力轨切。辟，音壁。　⑬ 使民有部伍，相为候望。　⑭ 交接之礼。　⑮ 懦，弱也。耆，强也。○ 僭，子念切。懦，乃乱切，又乃卧切。耆，巨支切，又直支切。　⑯《诗·大雅》。无念，念也。聿，述也。义取念祖考则述治其德以显之。　⑰ 四君皆楚先君之贤者。○ 坌，扶粉切。冒，莫报切。　⑱ 方百里为一同，言未满一圻。○ 圻，音祈。　⑲ 方千里为圻。○ 数，所主切。　⑳ 言守若是，难以为安也。为定四年吴入楚《传》。

经

二十有四年春，王二月丙戌，仲孙貜卒[①]。

婼至自晋[②]。

夏五月乙未朔，日有食之。

秋八月，大雩。

丁酉，杞伯郁釐卒[③]。

冬，吴灭巢[④]。

葬杞平公[⑤]。

① 无《传》。孟僖子也。○ 貜，俱缚切；徐，俱碧切。　② 喜得赦归，故书至。　③ 无《传》。未同盟而赴以名。丁酉，九月五日，有日无月。○ 郁，於六切。釐，本又作斄，力之切，又音来。　④ 楚邑也，书灭，用大

师。　⑤ 无《传》。

传

二十四年春，王正月辛丑，召简公、南宫嚚以甘桓公见王子朝①。刘子谓苌弘曰："甘氏又往矣。"对曰："何害？同德度义②。《大誓》曰：'纣有亿兆夷人，亦有离德③。余有乱臣十人，同心同德④。'此周所以兴也。君其务德，无患无人。"戊午，王子朝入于鄔⑤。

① 简公，召庄公之子召伯盈也。嚚，南宫极之子。桓公，甘平公之子。○ 嚚，鱼巾切。见，贤遍切。　② 度，谋也。言唯同心同德，则能谋义。子朝不能，于我无害。○ 度，待洛切。　③ 言纣众亿兆，兼有四夷，不能同德，终败亡。○ 纣，直九切。亿，於力切。　④ 武王言我有治臣十人，虽少，同心也。今《大誓》无此语。○ 治，直吏切。　⑤ 缑氏西南有鄔聚，言子朝稍强。○ 鄔，乌户切。缑，古侯切，又苦侯切。聚，才住切。

晋士弥牟逆叔孙于箕①。叔孙使梁其踁待于门内②，曰："余左顾而欬，乃杀之③。右顾而笑，乃止。"叔孙见士伯，士伯曰："寡君以为盟主之故，是以久子④。不腆敝邑之礼，将致诸从者。使弥牟逆吾子。"叔孙受礼而归。二月，婼至自晋，尊晋也⑤。

① 将礼而归之。　② 踁，叔孙家臣。○ 踁，户定切。　③ 疑士伯来杀己，故谋杀之。○ 欬，苦代切。　④ 久执子以谢邾。　⑤ 贬婼族，所以尊晋。婼，行人，故不言罪己。○ 腆，他典切。从，才用切。

三月庚戌，晋侯使士景伯涖问周故[①]。士伯立于乾祭而问于介众[②]。晋人乃辞王子朝，不纳其使[③]。

①涖，临也。就问子朝、敬王，知谁曲直。○涖，音利。　②乾祭，王城北门。介，大也。○乾，音干。祭，侧界切。介，音界。　③众言子朝曲故。○使，所吏切。

夏五月乙未朔，日有食之。梓慎曰："将水[①]。"昭子曰："旱也。日过分而阳犹不克，克必甚，能无旱乎[②]？阳不克莫，将积聚也[③]。"

①阴胜阳，故曰将水。　②过春分，阳气盛时，而不胜阴，阳将猥出，故为旱。○猥，乌罪切。　③阳气莫然不动，乃将积聚。○阳不克莫，绝句。

六月壬申，王子朝之师攻瑕及杏，皆溃[①]。

①瑕、杏，敬王邑。○瑕，户加切。杏，户孟切。溃，户内切。

郑伯如晋，子大叔相，见范献子。献子曰："若王室何？"对曰："老夫其国家不能恤，敢及王室？抑人亦有言曰：'嫠不恤其纬[①]，而忧宗周之陨，为将及焉[②]。'今王室实蠢蠢焉[③]，吾小国惧矣。然大国之忧也，吾侪何知焉？吾子其早图之！《诗》曰：'缾之罄矣，惟罍之耻[④]。'王室之不宁，晋之耻也。"献子惧，而与宣子图之[⑤]。乃征会于诸侯，期以明年[⑥]。

① 嫠，寡妇也。织者常苦纬少，寡妇所宜忧。○ 相，息亮切。嫠，本又作厘，力之切。纬，有贵切。　② 恐祸及己。○ 陨，于敏切。　③ 蠢蠢，动扰貌。○ 蠢，昌允切。扰，而小切，本又作动慑。　④《诗·小雅》。罍，大器。缾，小器，常禀于罍者，而所受罄尽，则罍为无馀，故耻之。○ 侪，仕皆切。缾，本又作瓶，步丁切。罍，音雷。　⑤ 宣子，韩起。⑥ 为明年会黄父《传》。○ 父，音甫。

秋八月，大雩，旱也[①]。

① 终如叔孙之言。

冬十月癸酉，王子朝用成周之宝珪于河[①]。甲戌，津人得诸河上[②]。阴不佞以温人南侵[③]，拘得玉者，取其玉，将卖之，则为石。王定而献之[④]，与之东訾[⑤]。

① 祷河求福。○ 珪于河，本或作沈于河。沈，直荫切，又如字。② 珪自出水。　③ 不佞，敬王大夫。晋以温人助敬王南侵子朝。④ 不佞献王。○ 拘，音俱。王定而献之，本或作王定之。　⑤ 喜得玉，故与之邑。巩县西南訾城是也。○ 訾，子斯切。

楚子为舟师以略吴疆[①]。沈尹戌曰："此行也，楚必亡邑。不抚民而劳之，吴不动而速之[②]，吴踵楚[③]，而疆埸无备，邑能无亡乎？"

越大夫胥犴劳王于豫章之汭[④]，越公子仓归王乘舟[⑤]。

仓及寿梦帅师从王[⑥]，王及圉阳而还[⑦]。

吴人踵楚，而边人不备，遂灭巢及钟离而还[⑧]。沈尹戌曰："亡郢之始，于此在矣。王壹动而亡二姓之帅[⑨]，几如是而不及郢？《诗》曰：'谁生厉阶，至今为梗[⑩]。'其王之谓乎[⑪]。"

① 略，行也。行吴界，将侵之。○ 疆，居良切。行，下孟切，下同。 ② 速，召也。 ③ 蹑楚踵迹。○ 踵，章勇切。蹑，女辄切。 ④ 汭，水曲。○ 埸，音亦。犴，五旦切。劳，力报切。汭，如锐切。 ⑤ 归，遗也。○ 归，如字，又其愧切。乘，绳证切，又如字。遗，唯季切。 ⑥ 寿梦，越大夫。○ 梦，莫公切。 ⑦ 圉阳，楚地。○ 圉，鱼吕切。 ⑧ 钟离不书，告败略。 ⑨ 二姓之帅，守巢、钟离大夫。○ 帅，所类切。 ⑩《诗·大雅》。厉，恶；阶，道；梗，病也。○ 几，居岂切，又音机。梗，更猛切。 ⑪ 为定四年吴入郢《传》。

经

二十有五年春，叔孙婼如宋。

夏，叔诣会晋赵鞅、宋乐大心、卫北宫喜、郑游吉、曹人、邾人、滕人、薛人、小邾人于黄父[①]。

有鸜鹆来巢[②]。

秋七月上辛，大雩；季辛，又雩[③]。

九月己亥，公孙于齐，次于阳州[④]，齐侯唁公于野井[⑤]。

冬十月戊辰，叔孙婼卒[⑥]。

十有一月己亥，宋公佐卒于曲棘[⑦]。

十有二月，齐侯取郓[⑧]。

① ○ 诣，五计切。　② 此鸟穴居，不在鲁界。故曰来巢，非常，故书。○ 鸜，其俱切，嵇康音权；本又作鸲，音劬；《公羊传》作鸛，音权；郭璞注《山海经》云，鸜鹆，鸲鹆也。鹆，音欲。　③ 季辛，下旬之辛也。言又，重上事。○ 重，直龙切，又直用切。　④ 讳奔，故曰孙，若自孙让而去位者。阳州，齐、鲁竟上邑。未敢直前，故次于竟。○ 孙，音逊，本亦作逊。竟，音境。　⑤ 济南祝阿县东有野井亭。齐侯来唁公，公不敢远劳，故逆之，往至野井。○ 唁，音彦，吊失国曰唁。　⑥ 公不与小敛而书日者，公在外，非无恩。○ 与，音预。敛，力验切。　⑦ 陈留外黄县城中有曲棘里，宋地。未同盟而赴以名。　⑧ 取郓以居公也。○ 郓，音运。

传

二十五年春，叔孙婼聘于宋。桐门右师见之[①]，语卑宋大夫，而贱司城氏[②]。昭子告其人曰："右师其亡乎！君子贵其身而后能及人，是以有礼[③]。今夫子卑其大夫而贱其宗，是贱其身也[④]。能有礼乎？无礼必亡[⑤]。"宋公享昭子，赋《新宫》[⑥]。昭子赋《车辖》[⑦]。

明日，宴，饮酒乐。宋公使昭子右坐[⑧]，语相泣也。乐祁佐[⑨]，退而告人曰："今兹君与叔孙，其皆死乎？吾闻之，哀乐[⑩]而乐哀[⑪]，皆丧心也。心之精爽，是谓魂魄。魂魄去之，何以能久[⑫]？"

① 右师，乐大心，居桐门。　② 司城，乐氏之大宗也。卑，贱，谓其才德薄。　③ 唯礼可以贵身，贵身故尚礼。　④ 贱人，人亦贱己。⑤ 为定十年乐大心出奔《传》。　⑥ 逸《诗》。　⑦《诗·小雅》。周人思得贤女以配君子。昭子将为季孙迎宋公女，故赋之。○ 辖，本又作舝，胡瞎切。为，于伪切。　⑧ 坐宋公右以相近，言改礼坐。○ 乐，音洛。近，

附近之近。坐，如字，又才卧切。 ⑨ 助宴礼。 ⑩ 可乐而哀。○ 乐，音洛。 ⑪ 可哀而乐。 ⑫ 为此冬叔孙、宋公卒《传》。○ 丧，息浪切。

季公若之姊为小邾夫人[1]，生宋元夫人[2]，生子以妻季平子。昭子如宋聘，且逆之[3]。公若从[4]，谓曹氏勿与，曹将逐之[5]。曹氏告公，公告乐祁。乐祁曰："与之。如是，鲁君必出。政在季氏三世矣[6]，鲁君丧政四公矣[7]。无民而能逞其志者，未之有也。国君是以镇抚其民。《诗》曰：'人之云亡，心之忧矣[8]。'鲁君失民矣，焉得逞其志？靖以待命犹可，动必忧[9]。"

① 平子庶姑，与公若同母，故曰公若姊。 ② 宋元夫人，平子之外姊。 ③ 平子人臣，而因卿逆，季氏强横。○ 妻，七计切。横，华孟切。 ④ 从昭子。○ 从，才用切，又如字。 ⑤ 曹氏，宋元夫人。 ⑥ 文子、武子、平子。 ⑦ 宣、成、襄、昭。 ⑧《诗·大雅》。言无人则忧患至。○ 逞，敕景切。 ⑨ 为下公孙《传》。○ 焉，於虔切。

夏，会于黄父，谋王室也[1]。赵简子令诸侯之大夫[2]，输王粟，具戍人，曰："明年将纳王[3]。"子大叔见赵简子，简子问揖让周旋之礼焉。对曰："是仪也，非礼也。"简子曰："敢问何谓礼？"对曰："吉也闻诸先大夫子产曰：'夫礼，天之经也[4]，地之义也[5]，民之行也[6]。天地之经，而民实则之。则天之明[7]，因地之性[8]，生其六气[9]，用其五行[10]。气为五味[11]，发为五色[12]，章为五声[13]，淫则昏乱，民失其性[14]。是故为礼以奉之[15]。为六畜[16]、五牲[17]、三牺[18]，以奉五味。为九文[19]、六采[20]、五章，以奉五色[21]。为九歌、八风、七音、六律，以奉五声[22]。为君臣、上下，以则地义[23]。为夫妇、外内，以经二物[24]。为父子、兄弟、姑姊、甥舅、昏媾、姻亚，以象天明[25]。为政事、庸力、行务，以从四时[26]。为刑罚、威狱，使民畏忌，以类其震曜杀戮[27]。为温慈、惠和，以效天之生殖长育。民有好、恶、喜、怒、哀、乐，生于六气[28]。是故审则宜类，以制六志[29]。哀有哭泣，乐有歌舞，喜有施舍，怒有战斗。喜生于好，怒生于恶。是故审行信令，祸福赏罚，以制死生。生，好物也。死，恶物也。好物，乐也。恶物，哀也。哀乐不失，乃能协于天地之性，是以长久[30]'"简子曰："甚哉，礼之大也。"对曰："礼，上下之纪，天地之经纬也[31]，民之所以生也，是以先王尚之。故人之能自曲直以赴礼者，谓之成人。大，不亦宜乎[32]？"简子曰："鞅也请终身守此言也[33]。"

宋乐大心曰："我不输粟，我于周为客[34]，若之何使客？"晋士伯曰："自践土以来[35]，宋何役之不会，而何盟之不同？曰同恤王室，子焉得辟之？子奉君命，以会大事，而宋背盟，无乃不可乎！"右师不敢对，受牒而退[36]。士伯告简子曰："宋右师必亡。奉君命以使，而欲背盟以干盟主，无不祥大焉[37]。"

① 王室有子朝乱，谋定之。 ② 简子，赵鞅。 ③ 纳王于王城。 ④ 经者，道之常。 ⑤ 义者，利之宜。 ⑥ 行者，人所履。○ 行，下孟切。 ⑦ 日月星辰，天之明也。 ⑧ 高下刚柔，地之性也。 ⑨ 谓阴、阳、风、雨、晦、明。 ⑩ 金、木、水、火、土。 ⑪ 酸、咸、辛、苦、甘。 ⑫ 青、黄、赤、白、黑。发，见也。○ 见，贤遍切，下解见同。

⑬ 宫、商、角、徵、羽。○ 徵，张里切。　⑭ 滋味声色，过则伤性。　⑮ 制礼以奉其性。　⑯ 马、牛、羊、鸡、犬、豕。○ 畜，许又切，又楮六切。　⑰ 麋、鹿、麏、狼、兔。○ 麋，亡悲切。麏，九伦切；本亦作麇。　⑱ 祭天地宗庙三者谓之牺。　⑲ 谓山、龙、华、虫、藻、火、粉米、黼、黻也。华若草华。藻，水草。火，画火。粉米若白米。黼若斧。黻若两己相戾。《传》曰：火龙黼黻，昭其文也。○ 黼，音甫。黻音弗。　⑳ 画缋之事，杂用天地四方之色，青与白，赤与黑，玄与黄，皆相次，谓之六色。○ 缋，户对切。　㉑ 青与赤谓之文，赤与白谓之章，白与黑谓之黼，黑与青谓之黻，五色备谓之绣。集此五章，以奉成五色之用。　㉒ 解见二十年。　㉓ 君臣有尊卑，法地有高下。　㉔ 夫治外，妇治内，各治其物。　㉕ 六亲和睦，以事严父，若众星之共辰极也。妻父曰昏，重昏曰媾。婿父曰姻，两婿相谓曰亚。○ 媾，古豆切。姻，音因。亚，於嫁切；本亦作娅，同。重，直龙切。　㉖ 在君为政，在臣为事，民功曰庸，治功曰力，行其德教，务其时要，礼之本也。○ 治，直吏切。　㉗ 雷震电曜，天之威也。圣人作刑狱，以象类之。　㉘ 此六者，皆禀阴阳风雨晦明之气。○ 效，户孝切。长，丁丈切。好，呼报切。恶，乌路切，下于恶同。乐，音洛。　㉙ 为礼以制好恶喜怒哀乐六志，使不过节。　㉚ 协，和也。　㉛ 经纬，错居以相成者。　㉜ 曲直以弼其性。　㉝ 鞅能守此言，故终免于晋阳之难。○ 以赴礼者，赴，或作从。难，乃旦切。　㉞ 二王后为宾客。　㉟ 践土在僖二十八年。　㊱ 右师，乐大心。○ 焉，於虔切。背，音佩，下同。　㊲ 言不善无大此者。为定十年宋乐大心出奔《传》。○ 使，所吏切。

有鸜鹆来巢，书所无也。师己曰："异哉！吾闻文、成之世，童谣有之[①]，曰：'鸜之鹆之，公出辱之[②]。鸜鹆之羽，公在外野，往馈之马[③]。鸜鹆跦跦，公在乾侯[④]，征褰与襦[⑤]。鸜鹆之巢，远哉遥遥。稠父丧劳，宋父以骄[⑥]。鸜鹆鸜鹆，往歌来哭[⑦]。'童谣有是，今鸜鹆来巢，其将及乎[⑧]？"

①师己，鲁大夫。○己，音纪，一音祀。谣，音遥。 ②言鸜鹆来则公出辱也。 ③馈，遗也。○馈，求位切。遗，唯季切。 ④跦跦，跳行貌。○跦，张于切，又张留切。跳，直凋切。 ⑤褰，袴。○褰，起虔切；《字林》，己偃切，又音愆。襦，本或作褕，而朱切。袴，苦故切，《说文》作绔。 ⑥稠父，昭公。死外，故丧劳。宋父，定公。代立，故以骄。○稠，直留切。父，音甫。丧，息浪切。 ⑦昭公生出歌，死还哭。⑧将及祸也。

秋，书再雩，旱甚也。

初，季公鸟娶妻于齐鲍文子，生甲[①]。公鸟死，季公亥与公思展与公鸟之臣申夜姑相其室[②]。及季姒与饔人檀通[③]，而惧，乃使其妾抶己，以示秦遄之妻[④]曰："公若欲使余，余不可而抶余。"又诉于公甫[⑤]曰："展与夜姑将要余[⑥]。"秦姬以告公之[⑦]，公之与公甫告平子。平子拘展于卞而执夜姑，将杀之。公若泣而哀之曰："杀是，是杀余也。"将为之请。平子使竖勿内，日中不得请。有司逆命[⑧]，公之使速杀之。故公若怨平子。

季、郈之鸡斗[⑨]。季氏介其鸡[⑩]，郈氏为之金距。平子怒[⑪]，益宫于郈氏[⑫]，且让之[⑬]。故郈昭伯亦怨平子。臧昭伯之从弟会[⑭]，为谗于臧氏，而逃于季氏，臧氏执旃。平子怒，拘臧氏老。将禘于襄公，万者二人，其众万于季氏[⑮]。臧孙曰："此之谓不能庸先君之庙[⑯]。"大夫遂怨平子。公若献弓于公为[⑰]，且与之出射于外，而谋去季氏。公为告公果、公贲[⑱]。公果、公贲使侍人僚相告公。公寝，将以戈击之，乃走。公曰："执之。"亦无命也[⑲]。惧而不出，数月不见，公不怒。又使言，公执戈以惧之，乃走。又使言，公曰："非小人之所及也[20]。"公果自言，公以告臧孙，臧孙以难[21]。告郈孙，郈孙以可，劝。告子家懿伯[22]，懿伯曰："谗人以君徼幸，事若不克，君受其名[23]，不可为也。舍民数世以求克，事不可必也。且政在焉，其难图也。"公退之[24]。辞曰："臣与闻命矣，言若洩，臣不获死。"乃馆于公[25]。

叔孙昭子如阚[26]，公居于长府[27]。九月戊戌，伐季氏，杀公之于门，遂入之。平子登台而请曰："君不察臣之罪，使有司讨臣以干戈，臣请待于沂上以察罪。"弗许[28]。请囚于费，弗许。请以五乘亡，弗许。子家子曰："君其许之！政自之出久矣，隐民多取食焉[29]。为之徒者众矣，日入慝作，弗可知也[30]。众怒不可蓄也[31]。蓄而弗治，将蕴[32]。蕴畜，民将生心；生心，同求将合[33]。君必悔之。"弗听。郈孙曰："必杀之。"公使郈孙逆孟懿子[34]。叔孙氏之司马鬷戾言于其众曰："若之何？"莫对[35]。又曰："我，家臣也，不敢知国。凡有季氏与无，于我孰利？"皆曰："无季氏，是无叔孙氏也。"鬷戾曰："然则救诸。"帅徒以往，陷西北隅以入[36]。公徒释甲，执冰而踞[37]。遂逐之[38]。孟氏使登西北隅，以望季氏。见叔孙氏之旌，以告。孟氏执郈昭伯，杀之于南门之西，遂伐公徒。子家子曰："诸臣伪劫君者，而负罪以出，君止[39]。意如之事君也，不敢不改[40]。"公曰："余不忍也。"与臧孙如墓谋[41]，遂行。己亥，公孙于齐，次于阳州。齐侯将唁公于平阴，公先至于野井。齐侯曰："寡人之罪也。"使有司待于平阴，为近故也[42]。书曰："公孙于齐，次于阳州，齐侯唁公于野井。"礼也。

将求于人，则先下之，礼之善物也[43]。齐侯曰："自莒疆以西，请致千社[44]，以待君命[45]。寡人将帅敝赋以从执事，唯命是听。君之忧，寡人之忧也。"公喜。子家子曰："天禄不再，天若胙君，不过周公，以鲁足矣。失鲁，而以千社为臣，谁与之立[46]？且齐君无信，不如早之晋。"弗从。臧昭伯率从者将盟，载书曰："戮力壹心，好恶同之。信罪之有无[47]，缱绻从公，无通外内[48]。"以公命示子家子。子家子曰："如此，吾不可以盟。羁也不佞，不能与二三子同心，而以为皆有罪[49]。或欲通外内，且欲去君[50]。二三子好亡而恶定，焉可同也？陷君于难，罪孰大焉？通外内而去君，君将速入，弗通何为？而何守焉？"乃不与盟[51]。

昭子自阚归，见平子。平子稽颡曰："子若我何？"昭子曰："人谁不死？子以逐君成名，子孙不忘，不亦伤乎！将若子何？"平子曰："苟使意如得改事君，所谓生死而肉骨也。"昭子从公于齐，与公言。子家子命适公馆者执之[52]。公与昭子言于幄内，曰："将安众而纳公[53]。"公徒将杀昭子，伏诸道[54]。左师展告公，公使昭子自铸归[55]。平子有异志[56]。冬十月辛酉，昭子齊于其寝，使祝宗祈死，戊辰，卒[57]。左师展将以公乘马而归，公徒执之[58]。

① 公鸟，季公亥之兄，平子庶叔父。○ 娶，七住切。　② 公亥即公若也。展，季氏族。相，治也。○ 夜，本或作射，音夜，又音亦。相，息亮切。③ 季姒，公鸟妻，鲍文子女。饔人，食官。○ 姒，音似。檀，直丹切，人名也。或市战切。　④ 秦遄，鲁大夫。妻，公鸟妹秦姬也。○ 抶，敕乙切。遄，市专切。　⑤ 公甫，平子弟。○ 诉，音素，又作愬。　⑥ 要劫我以

非礼。○ 展与夜姑，并如字，公思展及申夜姑也。与，及也；读或作馀音者，非也。要，一遥切。 ⑦ 公之，亦平子弟。 ⑧ 执夜姑之有司，欲迎受杀生之命。○ 为，于伪切。 ⑨ 季平子、郈昭伯二家相近，故鸡斗。○ 郈，音后；《字林》，下遘切。近，附近之近，又如字。 ⑩ 擣芥子播其毛也。或曰以胶沙播之为介鸡。○ 介又作芥，音界。 ⑪ 怒其不下己。○ 下，遐嫁切。 ⑫ 侵郈氏室以自益。 ⑬ 让，责也。 ⑭ 昭伯，臧为子。○ 从，才用切，后从者皆同。 ⑮ 禘，祭也。万，舞也。于礼，公当三十六人。○ 禘，大计切。 ⑯ 不能用礼也，盖襄公别立庙。⑰ 公为，昭公子务人。 ⑱ 果、贲皆公为弟。○ 去，起吕切。贲，音奔，又扶云切，又彼义切。 ⑲ 独言执之，无敕命。○ 侍人本亦作寺人。相，侧加切。 ⑳ 谓僚相为小人。○ 数，所主切，下数世同。见，贤遍切。 ㉑ 言难逐。○ 难，如字。 ㉒ 子家羁，庄公之玄孙。○ 郈孙以可，绝句。劝，劝公逐季氏也。 ㉓ 受恶名。○ 徼，古尧切。㉔ 退使去。○ 舍，音捨。 ㉕ 恐受泄命之罪，故留公宫以自明。○ 与，音预。泄。息列切，又以制切，漏泄也。 ㉖ 阚，鲁邑。○ 阚，口暂切。㉗ 长府，官府名。 ㉘ 鲁城南自有沂水，平子欲出城待罪也。大沂水出盖县南，至下邳入泗。○ 沂，鱼依切。 ㉙ 隐约穷困。○ 乘，绳证切。㉚ 慝，奸恶也。日冥，奸人将起叛君助季氏，不可知。○ 慝，他得切。冥，亡定切 ㉛ 季氏众。○ 蓄，敕六切，本亦作畜。 ㉜ 蕴，积也。○ 蕴，本亦作蕴，纡粉切。 ㉝ 与季氏同求叛君者。 ㉞ 懿子，仲孙何忌。 ㉟ 众疑所助。○ 鬷，子公切。戾，力计切。 ㊱ 陷公围也。○ 陷，陷没之陷。隅，本或作堣，音同。 ㊲ 言无战心也。冰，椟丸盖。或云椟丸是箭箭，其盖可以取饮。○ 踞，音據。椟，音独。丸，胡官切。箭，音童，又音动，一音勇。 ㊳ 逐公徒。 ㊴ 使若非君本意者，君自可止不出。 ㊵ 意如，季平子名。 ㊶ 辞先君，且谋所奔。 ㊷ 齐侯自咎，本不敕有司远诣阳州，而欲近会于平阴，故令鲁侯过共，先至野井，远见迎逆，自咎以谢公。○ 为，于伪切。咎，其九切。令，力呈切。 ㊸ 物，事也。谓先往至野井。○ 下，遐嫁切。 ㊹ 二十五家为社。千社，二万五千家,欲以给公。○ 疆,居良切。　㊺ 待君伐季氏之命。　㊻ 为齐臣。○ 胙,才路切。　㊼ 信,明也。处者有罪,从者无罪。○ 戮,音六,又力彫切。　㊽ 缱绻,不离散。○ 缱,音遣。绻,起阮切。　㊾ 从者陷君,留者逐君,皆有罪也。　㊿ 去君,伪负罪出奔,不必缱绻从公。51 何必守公。○ 好,呼报切。恶,乌路切。焉,於虔切。难,乃旦切。52 恐从者知叔孙谋。○ 稽,音启。颡,息党切。　53 昭子请归安众。○ 幄,於角切。　54 伏兵。　55 辟伏兵。○ 铸,之树切。　56 不欲复纳公。○ 复,扶又切。　57 耻为平子所欺,因祈而自杀。○ 齊,侧皆切,本又作齋。　58 展,鲁大夫,欲与公俱轻归。○ 乘,如字,骑马也。轻,遣政切。

壬申,尹文公涉于巩,焚东訾,弗克①。

① 文公,子朝党。于巩县涉洛水也。东訾,敬王邑。

十一月,宋元公将为公故如晋①。梦大子栾即位于庙,己与平公服而相之②。旦召六卿。公曰:"寡人不佞,不能事父兄③,以为二三子忧,寡人之罪也。若以群子之灵,获保首领以没,唯是楄柎所以藉幹者④,请无及先君⑤。"仲幾对曰:"君若以社稷之故,私降昵宴,群臣弗敢知⑥。若夫宋国之法,死生之度,先君有命矣。群臣以死守之,弗敢失队。臣之失职,常刑不赦。臣不忍其死,君命祇辱⑦。"宋公遂行。己亥,卒于曲棘⑧。

① 请纳公。○ 为,于伪切。　② 平公,元公父。○ 相,息亮切。③ 父兄谓华、向。　④ 楄柎,棺中笭床也。幹,骸骨也。○ 没,音殁。

楄，蒲田切。柎，步口切，又音附。藉，在夜切。笭，力丁切。骸，户皆切。⑤ 欲自贬损。 ⑥ 昵，近也。降昵宴，谓损亲近声乐饮食之事。○ 昵，女乙切。 ⑦ 言君命必不行。祇，適也。○ 队，直类切。祇，音支。⑧ 为明年梁丘据语起本。

十二月庚辰，齐侯围郓①。

① 欲取以居公，不书围，郓人自服，不成围。

初，臧昭伯如晋，臧会窃其宝龟偻句①。以卜为信与僭，僭吉②。臧氏老将如晋问③，会请往④。昭伯问家故，尽对⑤。及内子与母弟叔孙，则不对⑥。再三问，不对。归及郊，会逆，问，又如初⑦。至，次于外而察之，皆无之。执而戮之，逸奔郈。郈鲂假使为贾正焉⑧。计于季氏⑨。臧氏使五人以戈楯伏诸桐汝之间⑩。会出，逐之。反奔，执诸季氏中门之外。平子怒曰："何故以兵入吾门？"拘臧氏老。季、臧有恶⑪。及昭伯从公，平子立臧会⑫。会曰："偻句不余欺也⑬。"

① 偻句，龟所出地名。○ 偻，力主切，又力具切。句，居具切。② 僭，不信也。○ 僭，子念切。 ③ 问昭伯起居。 ④ 代家老行。⑤ 故，事也。 ⑥ 内子，昭伯妻。不对，若有他故。 ⑦ 又不对。⑧ 郈在东平无盐县东南。鲂假，郈邑大夫。贾正，掌货物使有常价，若市吏。○ 鲂，音房。贾，音嫁。 ⑨ 送计簿于季氏。○ 簿，步户切。⑩ 桐汝，里名。○ 楯，食准切，又音允。 ⑪ 相怨恶。 ⑫ 立以为臧氏后。 ⑬《传》言卜筮之验，善恶由人。

楚子使薳射城州屈，复茄人焉[①]。城丘皇，迁訾人焉[②]。使熊相禖郭巢，季然郭卷[③]。子大叔闻之曰："楚王将死矣，使民不安其土，民必忧。忧将及王，弗能久矣[④]。"

① 还复茄人于州屈。○ 屈，居勿切，又其勿切。茄，音加。　② 移訾人于丘皇。　③ 使二大夫为巢、卷筑郭也。卷城在南阳叶县南。○ 相，息亮切。禖，音梅。卷，音权，或眷勉切。为，于伪切。　④ 为明年楚子居卒《传》。

经

二十有六年春，王正月，葬宋元公[①]。

三月，公至自齐，居于郓。

夏，公围成[②]。

秋，公会齐侯、莒子、邾子、杞伯，盟于鄟陵[③]。

公至自会，居于郓[④]。

九月庚申，楚子居卒[⑤]。

冬十月，天王入于成周[⑥]。

尹氏、召伯、毛伯以王子朝奔楚[⑦]。

① 三月而葬，速。　② 成，孟氏邑。不书齐师，帅贱众少，重在公。○ 帅，所类切。　③ 鄟陵，地阙。○ 鄟，音专，又市转切，又徒丸切。　④ 无《传》。　⑤ 未同盟，而赴以名。　⑥《传》言王入在子朝奔后。《经》在前者，子朝来告晚。　⑦ 召伯当言召氏，《经》误也。尹、召族奔，非一人，故言氏。书奔在王入下者，王入乃告诸侯。

传

二十六年春，王正月庚申，齐侯取郓①。

① 前年已取郓，至是乃发《传》者，为公处郓起。

葬宋元公，如先君，礼也①。

① 善宋人违命以合礼。

三月，公至自齐，处于郓，言鲁地也①。夏，齐侯将纳公，命无受鲁货。申丰从女贾②，以币锦二两③，缚一如瑱④，适齐师。谓子犹之人高齮⑤："能货子犹，为高氏后，粟五千庾⑥。"高齮以锦示子犹，子犹欲之。齮曰："鲁人买之，百两一布，以道之不通，先入币财⑦。"子犹受之，言于齐侯曰："群臣不尽力于鲁君者，非不能事君也⑧。然據有异焉⑨。宋元公为鲁君如晋，卒于曲棘。叔孙昭子求纳其君，无疾而死。不知天之弃鲁耶，抑鲁君有罪于鬼神，故及此也？君若待于曲棘，使群臣从鲁君以卜焉⑩。若可，师有济也。君则继之，兹无敌矣。若其无成，君无辱焉。"齐侯从之，使公子鉏帅师从公⑪。成大夫公孙朝谓平子曰："有都以卫国也，请我受师。"许之⑫。请纳质⑬，弗许，曰："信女足矣。"告于齐师曰："孟氏，鲁之敝室也⑭。用成已甚，弗能忍也，请息肩于齐⑮。"齐师围成。成人伐齐师之饮马于淄者，曰："将以厌众⑯。"鲁成备而后告曰："不胜众⑰。"师及齐师战于炊鼻⑱。齐子渊捷从泄声子⑲，射之，中楯瓦⑳。繇朐汏辀，匕入者三寸[21]。声子射其马，斩鞅，殪[22]。改驾，人以为鬷戾也而助之[23]。子车曰："齐人也[24]。"将击子车。子车射之，殪。其御曰："又之[25]。"子车曰："众可惧也，而不可怒也。"子囊带从野泄，叱之[26]。泄曰："军无私怒，报乃私也，将亢子[27]。"又叱之[28]。亦叱之[29]。冉竖射陈武子，中手[30]，失弓而骂[31]。以告平子曰："有君子白皙，鬒鬚眉，甚口。"平子曰："必子彊也，无乃亢诸[32]？"对曰："谓之君子，何敢亢之[33]？"林雍羞为颜鸣右，下[34]。苑何忌取其耳[35]。颜鸣去之[36]。苑子之御曰："视下顾[37]。"苑子刜林雍，断其足。鑋而乘于他车以归[38]。颜鸣三入齐师，呼曰："林雍乘。[39]"

① 入鲁竟，故书至，犹在外，故书地。○ 竟，音境。　② 豐、贾二人，皆季氏家臣。○ 女，音汝。　③ 二丈为一端，二端为一两，所谓匹也。二两，二匹。　④ 瑱，充耳。縳，卷也。急卷使如充耳，易怀藏。○ 縳，直转切。瑱，他殿切。易，以豉切。　⑤ 齮，子犹家臣。子犹，梁丘据。○ 齮，鱼绮切。　⑥ 言若能为我行货于子犹，当为请，使得为高氏后。又当致粟五千庾。庾，十六斗，凡八千斛。○ 庾，羊主切。为，于伪切，下当为、下为鲁同。　⑦ 言鲁人买此甚多，布陈之，以百两为数。　⑧ 欲行其说，故先示欲尽力纳鲁君。○ 说，如字，又始锐切。　⑨ 异，犹怪也。　⑩ 卜知可伐否。　⑪ 鉏，齐大夫。○ 鉏，仕居切。　⑫ 以成邑御齐师。○ 朝如字。　⑬ 恐见疑。○ 质，音致。　⑭ 敝，坏也。○ 女，音汝。　⑮ 公孙朝诈齐师言欲降，使来取成。○ 降，户江切。⑯ 以厌众心，不欲使知已降也。淄水出泰山梁父县西北入汶。○ 饮，於鸩切。淄，则其切。厌，於冉切，又於叶切。汶，音问。　⑰ 告齐言众不欲降，己不能胜。○ 胜，音升，又始证切。　⑱ 季氏师距公，非公命则不书。炊鼻，鲁地。　⑲ 声子，鲁大夫。○ 泄，息列切。　⑳ 瓦，楯脊。

○ 射，食亦切，下同。中，丁仲切，下中手同。楯，常允切，又音允。脊，子亦切。 ㉑ 入楯瓦也。朐，车轭。辀，车猿。繇，过也。汏，矢激。匕，矢镞也。○ 繇，音由。朐，其俱切，本又作軥，同。汏，他达切。辀，陟留切。匕，必履切。轭，於革切。激，古狄切。镞，子木切，或七木切。 ㉒ 殪，死也。○ 鞅，於丈切。殪，於计切。 ㉓ 人，鲁人也。鬷戾，叔孙氏司马。 ㉔ 子车，即渊捷。 ㉕ 又欲使射馀人。 ㉖ 囊带，齐大夫。野洩，即声子。○ 叱，昌实切。 ㉗ 欲以公战御之，不欲私报其叱。○ 亢，苦浪切。 ㉘ 子囊复叱之。○ 复，扶又切，下复欲同。 ㉙ 野洩亦叱也。言齐无战心，但相叱。 ㉚ 冉竖，季氏臣。 ㉛ 武子骂。○ 骂，马嫁切。 ㉜ 子彊，武子字。○ 晳，星历切。鬒，子忍切，黑也。鬚，本又作须，修于切。 ㉝ 伪言不敢违季氏。 ㉞ 皆鲁人。羞为右，故下车战。 ㉟ 何忌，齐大夫。不欲杀雍，但截其耳以辱之。○ 苑，於阮切。 ㊱ 其右见获，惧而去之。 ㊲ 复欲使苑子击其足。 ㊳ 蹩，一足行。○ 刜，芳弗切；《说文》云，击也；又父勿切，又忿勿切。断，丁管切。蹩，遣政切，又音磬，又苦顶切；《字林》，丘贞切。 ㊴ 言鲁人皆致力于季氏，不以私怨而相弃。○ 呼，火故切。乘，绳证切。

四月，单子如晋告急。五月戊午，刘人败王城之师于尸氏①。戊辰，王城人、刘人战于施穀，刘师败绩②。

① 刘人，刘盆之属。王城，子朝之徒。尸氏在巩县西南偃师城。② 施穀，周地。

秋，盟于鄟陵，谋纳公也①。

① 齐侯谋。

七月己巳，刘子以王出①。庚午，次于渠②。王城人焚刘③。丙子，王宿于褚氏④。丁丑，王次于萑穀。庚辰，王入于胥靡。辛巳，王次于滑⑤。晋知跞、赵鞅帅师纳王，使女宽守阙塞⑥。

① 师败，惧而出。 ② 渠，周地。 ③ 烧刘子邑。 ④ 洛阳县南有褚氏亭。〇 褚，张吕切，又敕吕切。 ⑤ 萑穀、胥靡、滑，皆周地。胥靡、滑，本郑邑。〇 萑，音丸；本又作藿，古乱切。 ⑥ 女宽，晋大夫。阙塞，洛阳西南伊阙口也。守之，备子朝。〇 知，音智。跞，音历。女，音汝。塞，素代切。

九月，楚平王卒。令尹子常欲立子西①，曰："大子壬弱，其母非適也②，王子建实聘之。子西长而好善，立长则顺，建善则治。王顺国治，可不务乎？"子西怒曰："是乱国而恶君王也③。国有外援，不可渎也④。王有適嗣，不可乱也。败亲速仇⑤，乱嗣不祥，我受其名⑥。赂吾以天下，吾滋不从也⑦。楚国何为？必杀令尹！"令尹惧，乃立昭王。

① 子西，平王之长庶。〇 长，丁丈切。 ② 壬，昭王也。〇 適，丁历切，下同。 ③ 言王子建聘之，是章君王之恶。〇 好，呼报切。治，直吏切。 ④ 外援，秦也。渎，慢也。〇 慢，武谏切。 ⑤ 不立壬，秦将来讨，是速仇也。 ⑥ 受恶名。 ⑦ 滋，益也。〇 赂，音路。

冬十月丙申，王起师于滑①。辛丑，在郊②，遂次于尸。十一月辛酉，晋师克巩③。召伯盈逐王子朝④。王子朝及召氏之族、毛伯得、尹氏固、南宫嚚奉周之典籍以奔楚⑤。阴忌奔莒以叛[6]。召伯逆王于尸，及刘子、单子盟[7]。遂军圉泽，次于隄上[8]。癸酉，王入于成周[9]。甲戌，盟于襄宫[10]。晋师使成公般戍周而还[11]。十二月癸未，王入于庄宫[12]。

王子朝使告于诸侯曰："昔武王克殷，成王靖四方，康王息民。并建母弟，以蕃屏周。亦曰，吾无专享文、武之功[13]，且为后人之迷败倾覆，而溺入于难，则振救之。至于夷王，王愆于厥身[14]。诸侯莫不并走其望，以祈王身。至于厉王，王心戾虐，万民弗忍，居王于彘[15]。诸侯释位，以间王政[16]。宣王有志，而后效官[17]。至于幽王，天不吊周，王昏不若，用愆厥位[18]。携王奸命，诸侯替之，而建王嗣，用迁郏鄏[19]。则是兄弟之能用力于王室也。至于惠王，天不靖周，生颓祸心，施于叔带，惠、襄辟难，越去王都[20]。则有晋、郑，咸黜不端[21]，以绥定王家。则是兄弟之能率先王之命也。在定王六年，秦人降妖[22]，曰：'周其有頿王，亦克能修其职。诸侯服享，二世共职[23]。王室其有间王位，诸侯不图，而受其乱灾[24]。'至于灵王，生而有頿[25]。王甚神圣，无恶于诸侯。灵王、景王，克终其世[26]。今王室乱，单旗、刘狄，剥乱天下，壹行不若[27]。谓先王何常之有[28]？唯余心所命，其谁敢讨之？帅群不吊之人[29]，以行乱于王室。侵欲无厌，规求无度，贯渎鬼神[30]，慢弃刑法，倍奸齐盟，傲很威仪，矫诬先王。晋为不道，是摄是赞[31]，思肆其罔极[32]。兹不穀震盪播越，窜在荆蛮[33]，未有攸厎[34]。若我一二兄弟甥舅，奖顺天法，无助狡猾，以从先王之命。毋速天罚，赦图不穀[35]，则所愿也。敢尽布其腹心，及先王之经，而诸侯实深图之！昔先王之命曰：

'王后无適，则择立长。年钧以德，德钧以卜㊱。'王不立爱，公卿无私，古之制也。穆后及大子寿早夭即世㊲，单、刘赞私立少，以间先王㊳，亦唯伯仲叔季图之㊴。"

闵马父闻子朝之辞，曰："文辞以行礼也。子朝干景之命，远晋之大，以专其志，无礼甚矣。文辞何为㊵？"

① 起，发也。○ 滑，于八切。 ② 郊，子朝邑。 ③ 知跞、赵鞅之师。 ④ 伯盈本党子朝，晋师克巩，知子朝不成，更逐之而逆敬王。 ⑤ 尹、召二族皆奔，故称氏。重见尹固名者，为后还见杀。○ 重，直用切。见，贤遍切。为，于伪切，下且为同。 ⑥ 阴忌，子朝党。莒，周邑。 ⑦ 召伯新还，故盟。 ⑧ 圉泽、隄上，皆周地。○ 圉，鱼吕切。隄，音低，或音啼。 ⑨ 成周，今洛阳。 ⑩ 襄王之庙。 ⑪ 般，晋大夫。○ 般，音班。 ⑫ 庄宫，在王城。 ⑬ 不敢专，故建母弟。○ 蕃，方元切；亦作藩。 ⑭ 夷王，厉王父也。愆，恶疾也。○ 覆，芳服切。溺，乃历切。难，乃旦切。愆，起虔切。 ⑮ 不忍害王也。厉王之末，周人流王于彘。○ 彘，直例切。 ⑯ 间，犹与也。去其位，与治王之政事。○ 间，间厕之间，又如字。与，音预。 ⑰ 宣王，厉王子。彘之乱，宣王尚少。召公虎取而长之。效，授也。○ 效，户教切。少，诗照切。长，丁丈切。 ⑱ 幽王，宣王子。若，顺也。愆，失也。 ⑲ 携王，幽王少子伯服也。王嗣，宜臼也。幽王后申姜，生大子宜臼。王幸褒姒，生伯服，欲立之而杀大子。大子奔申，申伯与鄫及西戎伐周，战于戏。幽王死，诸侯废伯服而立宜臼，是为平王，东迁郏鄏。○ 携，户圭切。奸，音干。替，他计切。郏，古洽切。鄏，音辱。鄫，才陵切。戏，许宜切。 ⑳ 惠王，平王六世孙。颓，惠王庶叔也。庄十九年作乱，惠王適郑。襄王，惠王子。叔带，襄王弟。僖二十四年，叔带作难，襄王处氾。○ 颓，徒回切。施，以豉切。难，乃旦切。氾，音凡。 ㉑ 黜，去也。晋文杀叔带，郑厉杀子颓，为王室去不端直之人。○ 去，起吕切。为，于伪切。 ㉒ 定王，襄王孙。定王六

年，鲁宣八年。〇 妖，本又作祅，於骄切。《说文》云，衣服歌谣草木之怪谓之妖。　㉓ 二世，谓灵、景。〇 頿，子斯切。共，音恭。　㉔ 间王位，谓子朝也。今子朝以为王猛。受乱灾，谓楚也。今子朝以为晋。〇 间，间厕之间，下间先同。　㉕ 灵王，定王孙。　㉖ 景王，灵王子。　㉗ 单旗，穆公也。刘狄，刘蚠也。壹，专也。〇 剥，邦角切。　㉘ 言先王无常法。　㉙ 吊，至也。〇 吊，如字；旧丁历切，至也。　㉚ 贯，习也。渎，易也。〇 厌，本又作猒，於盐切。贯，古患切。易，以豉切。　㉛ 摄，持也。赞，佐也。先王谓景王。〇 倍，音佩。傲，五报切。很，户恳切。矫，居表切。　㉜ 肆，放也。　㉝ 兹，此也。此不穀，子朝自谓。〇 盪，本又作荡，徒党切。窜，七乱切；《字林》，七外切。　㉞ 厎，至也。攸，所也。〇 厎，音旨。　㉟ 赦其忧而图其难。〇 奖，将丈切。狡，古卯切。猾，又作滑，于八切。毋，音无。难，乃旦切。　㊱ 此所谓先王之经。〇 適，丁历切。　㊲ 在十五年。　㊳ 间错先王之制。　㊴ 伯仲叔季，总谓诸侯。　㊵《传》终王室乱。〇 远，于万切。

齐有彗星[①]，齐侯使禳之[②]。晏子曰："无益也，祇取诬焉[③]。天道不謟[④]，不贰其命，若之何禳之？且天之有彗也，以除秽也。君无秽德，又何禳焉？若德之秽，禳之何损？《诗》曰：'惟此文王，小心翼翼。昭事上帝，聿怀多福。厥德不回，以受方国[⑤]。'君无违德，方国将至，何患于彗？《诗》曰：'我无所监，夏后及商。用乱之故，民卒流亡[⑥]。'若德回乱，民将流亡，祝史之为，无能补也。"公说，乃止[⑦]。

① 出齐之分野，不书，鲁不见。〇 彗，似岁切，又息遂切。分，扶问切。② 祭以禳除之。〇 禳，如羊切。　③ 诬，欺也。〇 祇，音支。④ 謟，疑也。〇 謟，本又作慆，他刀切。　⑤《诗·大雅》。翼翼，共也。聿，惟也。回，违也。言文王德不违天人，故四方之国归往之。〇 聿，户橘

切。　⑥ 逸《诗》也。言追监夏、商之亡，皆以乱故。○ 夏，户雅切。⑦ ○ 说，音悦。

齐侯与晏子坐于路寝，公叹曰："美哉室，其谁有此乎[①]？"晏子曰："敢问何谓也？"公曰："吾以为在德。"对曰："如君之言，其陈氏乎！陈氏虽无大德，而有施于民。豆区釜钟之数，其取之公也薄[②]，其施之民也厚[③]。公厚敛焉，陈氏厚施焉，民归之矣。《诗》曰：'虽无德与女，式歌且舞[④]。'陈氏之施，民歌舞之矣。后世若少惰，陈氏而不亡，则国其国也已。"公曰："善哉，是可若何？"对曰："唯礼可以已之。在礼，家施不及国，民不迁，农不移，工贾不变[⑤]，士不滥[⑥]，官不滔[⑦]，大夫不收公利[⑧]。"公曰："善哉，我不能矣。吾今而后知礼之可以为国也。"对曰："礼之可以为国也久矣，与天地并[⑨]。君令臣共，父慈子孝，兄爱弟敬，夫和妻柔，姑慈妇听，礼也。君令而不违，臣共而不贰，父慈而教，子孝而箴[⑩]，兄爱而友，弟敬而顺，夫和而义，妻柔而正，姑慈而从[⑪]，妇听而婉[⑫]，礼之善物也。"公曰："善哉，寡人今而后闻此礼之上也。"对曰："先王所禀于天地，以为其民也，是以先王上之[⑬]。"

① 景公自知德不能久有国，故叹也。　② 谓以公量收。○ 施，式豉切，下同。区，乌侯切。量，音亮。　③ 谓以私量贷。○ 施，如字，又始豉切。　④《诗·小雅》。义取虽无大德，要有喜说之心，欲歌舞之。式，用也。○ 敛，力验切。女，音汝。　⑤ 守常业。○ 惰，徒卧切；本亦作憧，同。贾，音古；本亦作商贾。　⑥ 不失职。　⑦ 滔，慢也。○ 滔，

吐刀切。慢，武谏切；本又作漫，武半切。 ⑧ 不作福。 ⑨ 有天地则礼义兴。 ⑩ 箴，谏也。○ 共，音恭。箴，之林切。 ⑪ 从，不自专。 ⑫ 婉，顺也。○ 婉，於阮切。 ⑬ 禀，受也。

春秋经传集解第二十六

昭公七

经

二十有七年春，公如齐①。

公至自齐，居于郓。

夏四月，吴弑其君僚②。

楚杀其大夫郤宛③。

秋，晋士鞅、宋乐祁犁、卫北宫喜、曹人、邾人、滕人会于扈④。

冬十月，曹伯午卒⑤。

邾快来奔⑥。

公如齐⑦。

公至自齐，居于郓⑧。

① 自郓行。○ 郓，音运。　② 僚亟战民罢，又伐楚丧，故光乘间而动。称国以弑，罪在僚。○ 弑，申志切。僚，力彫切。亟，欺冀切。罢，音皮。　③ 无极，楚之谗人，宛所明知，而信近之，以取败亡，故书名罪宛。○ 杀，始察切。郤，去逆切。宛，於阮切，又於元切。近，附近之近。④ ○ 犁，力兮切，又力之切。扈，音户。　⑤ 无《传》。未同盟而赴以名。○ 午，音五。　⑥ 无《传》。快，邾命卿也，故书。○ 快，苦怪切。⑦ 自郓行。　⑧ 无《传》。

传

二十七年春,公如齐。公至自齐。处于郓,言在外也①。

① 在外邑故书地。

吴子欲因楚丧而伐之①。使公子掩馀、公子烛庸帅师围潜②。使延州来季子聘于上国③,遂聘于晋,以观诸侯④。楚莠尹然、工尹麇帅师救潜⑤。左司马沈尹戌帅都君子与王马之属以济师⑥,与吴师遇于穷。令尹子常以舟师及沙汭而还⑦。左尹郤宛、工尹寿帅师至于潜,吴师不能退⑧。

吴公子光曰:"此时也,弗可失也⑨。"告鲑设诸曰:"上国有言曰,不索何获?我,王嗣也,吾欲求之⑩。事若克,季子虽至,不吾废也⑪。"鲑设诸曰:"王可弑也。母老子弱,是无若我何⑫。"光曰:"我,尔身也⑬。"夏四月,光伏甲于堀室而享王⑭。王使甲坐于道,及其门⑮。门阶户席,皆王亲也,夹之以铍。羞者献体改服于门外⑯。执羞者坐行而入⑰,执铍者夹承之⑱,及体以相授也⑲。光伪足疾,入于堀室⑳。鲑设诸置剑于鱼中以进㉑。抽剑刺王,铍交于胸㉒,遂弑王。阖庐以其子为卿㉓。

季子至,曰:"苟先君无废祀,民人无废主,社稷有奉,国家无倾,乃吾君也。吾谁敢怨?哀死事生,以待天命。非我生乱,立者从之,先人之道也㉔。"复命哭墓㉕,复位而待㉖。吴公子掩馀奔徐,公子烛庸奔钟吾㉗。楚师闻吴乱而还㉘。

① 前年楚平王卒。　② 二子,皆王僚母弟。潜,楚邑,在庐江六县

西南。○ 掩，於检切。　③ 季子本封延陵，后复封州来，故曰延州来。○ 复，扶又切。　④ 观强弱。　⑤ 二尹，楚官。然、麇其名。○ 莠，由九切。麇，九伦切。　⑥ 都君子，在都邑之士有复除者。王马之属，王之养马官属校人也。济，益也。○ 戌，音恤。复，音福。校，胡孝切。⑦ 沙，水名。○ 汭，如锐切。　⑧ 楚师强，故吴不得退去。　⑨ 欲因其师徒在外，国不堪役，以弑王。○ 弑，申志切。　⑩ 光，吴王诸樊子也。故曰我王嗣。○ 鲊，音专。上国，贾云，上国与中国同；服云，上古国也。索，所白切。　⑪ 至谓聘还。　⑫ 犹言我无若是何，欲以老弱托光。　⑬ 言我身犹尔身。　⑭ 掘地为室。○ 堀，本又作窟，同。苦忽切。掘，其勿切，又其月切。　⑮ 坐道边至光门。　⑯ 羞，进食也。献体，解衣。○ 夹，古洽切，又古协切。铍，普皮切；《说文》云，剑也。⑰ 坐行，膝行。　⑱ 承执羞者。　⑲ 铍及进羞者体，以所食授王。⑳ 恐难作，王党杀己，素辟之。　㉑ 全鱼炙。○ 炙，章夜切。　㉒ 交鲊诸胸。○ 刺，七亦切。　㉓ 阖庐，光也。以鲊诸子为卿。　㉔ 吴自诸樊以下兄弟相传，而不立適，是乱由先人起也。季子自知力不能讨光，故云尔。○ 適，丁历切。　㉕ 复使命于僚墓。　㉖ 复本位待光命。㉗ 钟吾，小国。　㉘ 言闻吴乱，明郤宛不取赂而还。

郤宛直而和，国人说之[①]。鄢将师为右领[②]，与费无极比而恶之[③]。令尹子常贿而信谗。无极谮郤宛焉，谓子常曰："子恶欲饮子酒[④]。"又谓子恶："令尹欲饮酒于子氏。"子恶曰："我，贱人也，不足以辱令尹。令尹将必来辱，为惠已甚。吾无以酬之，若何[⑤]？"无极曰："令尹好甲兵，子出之，吾择焉[⑥]。"取五甲五兵。曰："寘诸门，令尹至，必观之，而从以酬之[⑦]。"及飨日，帷诸门左[⑧]。无极谓令尹曰："吾几祸子。子恶将为子不利，甲在门矣，子必无往。且此役也[⑨]，吴可以得志，子恶取赂焉而还，又误群帅，使退其师，曰：'乘乱不祥。'吴乘我丧，我乘其乱，不亦可乎？"令尹使视郤氏，则有甲焉。不往，召鄢将师而告之[10]。将师退，遂令攻郤氏，且爇之[11]。子恶闻之，遂自杀也。国人弗爇。令曰："不爇郤氏，与之同罪。"或取一编菅焉，或取一秉秆焉[12]，国人投之，遂弗爇也。令尹炮之[13]。尽灭郤氏之族党，杀阳令终与其弟完及佗[14]与晋陈及其子弟[15]。晋陈之族呼于国曰："鄢氏、费氏自以为王，专祸楚国，弱寡王室，蒙王与令尹以自利也[16]。令尹尽信之矣，国将如何？"令尹病之[17]。

① 以直事君，以和接类。　② 右领，官名。○ 鄢，於晚切，又乌反切。　③ 恶郤宛。○ 比，毗志切。　④ 子恶，郤宛。○ 贿，呼罪切。饮，於鸩切。　⑤ 酬，报献。　⑥ 择取以进子常。○ 好，呼报切。⑦ 曰，无极辞。　⑧ 张帷，陈甲兵其中。　⑨ 此春救潜之役。○ 几，音祈。　⑩ 告子恶门有甲兵，将害己。　⑪ 爇，烧也。○ 爇，如悦切。⑫ 编菅，苫也。秉，把也。秆，稾也。○ 编，必然切，又必千切。菅，古颜切。秆，古但切；《说文》云，禾茎也，或古旦切。苫，式占切；李巡云，编菅茅以覆屋曰苫。把，必马切。稾，古老切。　⑬ 炮，燔郤宛。○ 炮，步交切，又彭交切。燔，音烦。　⑭ 令终，阳匄子。○ 佗，徒何切。匄，古害切。　⑮ 晋陈，楚大夫，皆郤氏党。　⑯ 蒙，欺也。○ 呼，火故切。⑰ 为下杀无极张本。

秋，会于扈，令戍周，且谋纳公也。宋、卫皆利纳公，固请之。范献子取货于季孙，谓司城子梁与北宫贞子①曰："季孙未知其罪，而君伐之，请囚，请亡，于是乎不获。君又弗克，而自出也。夫岂无备而能出君乎？季氏之复，天救之也②。休公徒之怒③，而启叔孙氏之心。不然，岂其伐人而说甲执冰以游？叔孙氏惧祸之滥，而自同于季氏，天之道也。鲁君守齐，三年而无成。季氏甚得其民，淮夷与之[④]，有十年之备，有齐、楚之援[⑤]，有天之赞，有民之助，有坚守之心，有列国之权，而弗敢宣也[⑥]，事君如在国[⑦]。故鞅以为难。二子皆图国者也，而欲纳鲁君，鞅之愿也。请从二子以围鲁，无成，死之。”二子惧，皆辞。乃辞小国，而以难复[⑧]。

孟懿子、阳虎伐郓[⑨]。郓人将战。子家子曰：“天命不慆久矣[⑩]。使君亡者，必此众也[⑪]。天既祸之，而自福也，不亦难乎？犹有鬼神，此必败也。呜呼！为无望也夫，其死于此乎！”公使子家子如晋。公徒败于且知[⑫]。

① 子梁，宋乐祁也。贞子，卫北宫喜。　② 复，犹安也。　③ 休，息也。　④ 淮夷，鲁东夷。○ 说，他活切。　⑤ 公虽在齐，言齐不致力。　⑥ 宣，用也。○ 守，手又切。　⑦ 书公行，告公至，是也。⑧ 以难纳白晋君。　⑨ 阳虎，季氏家臣。伐郓，欲夺公。　⑩ 慆，疑也。言弃君不疑。○ 慆，他刀切。　⑪ 言君据郓众以与鲁战，必败亡。⑫ 且知，近郓地。○ 夫，音扶。且，子馀切。近，附近之近。

楚郤宛之难，国言未已，进胙者莫不谤令尹[①]。沈尹戌言于子常曰：“夫左尹与中厩尹莫知其罪，而子杀之，以兴谤讟，至于今不已[②]。戌也惑之。仁者杀人以掩谤，犹弗为也。今吾子杀人以兴谤而弗图，不亦异乎？夫无极，楚之谗人也，民莫不知。去朝吴[③]，出蔡侯朱[④]，丧大子建，杀连尹奢[⑤]，屏王之耳目，使不聪明。不然，平王之温惠共俭，有过成、庄，无不及焉。所以不获诸侯，迩无极也[⑥]。今又杀三不辜，以兴大谤[7]，几及子矣。子而不图，将焉用之？夫鄢将师矫子之命，以灭三族，国之良也，而不愆位[8]。吴新有君[9]，疆埸日骇，楚国若有大事，子其危哉！知者除谗以自安也，今子爱谗以自危也，甚矣其惑也！"子常曰："是瓦之罪，敢不良图。"九月己未，子常杀费无极与鄢将师，尽灭其族，以说于国。谤言乃止。

① 进胙，国中祭祀也。谤，诅也。○ 难，乃旦切，年末同。胙，才故切。诅，侧虑切。 ② 左尹，郤宛也。中厩尹，阳令终。○ 厩，九又切。謜，音独。 ③ 在十五年。○ 去，起吕切。朝，如字，下朝夕同。 ④ 在二十一年。 ⑤ 在二十年。○ 丧，息浪切。 ⑥ 迩，近也。○ 近，附近之近。 ⑦ 三不辜：郤氏、阳氏、晋陈氏。 ⑧ 在位无愆过。○ 几，音祈，又音机。焉，於虔切。矫，居表切。愆，起虔切。 ⑨ 光新立也。

冬，公如齐，齐侯请飨之[1]。子家子曰："朝夕立于其朝，又何飨焉？其饮酒也。"乃饮酒，使宰献而请安[2]。子仲之子曰重，为齐侯夫人，曰："请使重见[3]。"子家子乃以君出[4]。

① 设飨礼。○ 疆，居良切。埸，音亦。知，音智。 ② 比公于大夫也。礼，君不敌臣，宴大夫，使宰为主。献，献爵也。请安，齐侯请自安，不在坐也。○ 坐，才卧切。 ③ 子仲，鲁公子慭也。十二年，谋逐季氏，不能而奔齐。今行饮酒礼，而欲使重见，从宴媟也。○ 重，直勇切，又直恭切。见，贤遍切。慭，鱼覲切。媟，息列切。 ④ 辟齐夫人。

十二月，晋籍秦致诸侯之戍于周，鲁人辞以难[1]。

①《经》所以不书戍周。籍秦,籍谈子。

经

二十有八年春,王三月,葬曹悼公①。

公如晋,次于乾侯②。

夏四月丙戌,郑伯宁卒③。

六月,葬郑定公④。

秋七月癸巳,滕子宁卒⑤。

冬,葬滕悼公⑥。

① 无《传》。六月而葬,缓。　② 乾侯在魏郡斥丘县,晋竟内邑。○ 斥,音尺,一音昌夜切。竟,音境,《传》同。　③ 无《传》。未同盟而赴以名。　④ 无《传》。三月而葬,速。　⑤ 无《传》。未同盟而赴以名。⑥ 无《传》。

传

二十八年春,公如晋,将如乾侯①。子家子曰:"有求于人,而即其安,人孰矜之?其造于竟②。"弗听。使请逆于晋。晋人曰:"天祸鲁国,君淹恤在外。君亦不使一个辱在寡人③,而即安于甥舅,其亦使逆君④。"使公复于竟而后逆之⑤。

① 齐侯卑公,故适晋。　② 欲使次于竟以待命。○ 造,七报切。③ 一个,单使。○ 个,古贺切。单使,所吏切。　④ 言自使齐逆君。⑤ 逆著乾侯也。言公不能用子家,所以见辱。○ 著,中略切,又直略切。

晋祁胜与邬臧通室①。祁盈将执之②，访于司马叔游③。叔游曰："《郑书》有之，'恶直丑正，实蕃有徒④。'无道立矣，子惧不免⑤。《诗》曰：'民之多辟，无自立辟⑥。'姑已，若何⑦？"盈曰："祁氏私有讨，国何有焉⑧。"遂执之。祁胜赂荀跞，荀跞为之言于晋侯。晋侯执祁盈⑨。祁盈之臣曰："钧将皆死⑩，憖使吾君闻胜与臧之死也以为快⑪。"乃杀之。夏六月，晋杀祁盈及杨食我⑫。食我，祁盈之党也，而助乱，故杀之。遂灭祁氏、羊舌氏。

初，叔向欲娶于申公巫臣氏⑬，其母欲娶其党。叔向曰："吾母多而庶鲜，吾惩舅氏矣⑭。"其母曰："子灵之妻杀三夫⑮，一君⑯，一子⑰，而亡一国⑱、两卿矣⑲。可无惩乎？吾闻之，甚美必有甚恶，是郑穆少妃姚子之子，子貉之妹也⑳。子貉早死无后，而天钟美于是㉑，将必以是大有败也。昔有仍氏生女，黰黑㉒而甚美，光可以鉴㉓，名曰玄妻㉔。乐正后夔取之㉕，生伯封，实有豕心，贪惏无餍，忿纇无期，谓之封豕㉖。有穷后羿灭之，夔是以不祀㉗。且三代之亡，共子之废，皆是物也㉘。女何以为哉？夫有尤物，足以移人。苟非德义，则必有祸㉙。"叔向惧，不敢取。平公强使取之，生伯石。伯石始生，子容之母走谒诸姑㉚，曰："长叔姒生男㉛。"姑视之，及堂，闻其声而还，曰："是豺狼之声也。狼子野心，非是，莫丧羊舌氏矣。"遂弗视。

① 二子祁盈家臣也。通室，易妻。○ 祁，巨之切；《字林》云，太原县，上尸切。邬，旧乌户切，又音偃。案，地名在周者，乌户切；隐十一年，王取邬留是也。在郑者音偃，成十六年战于鄢陵是也。在楚者音於建切，又音

偃；昭十三年，王沿夏将入鄢是也。在晋者音於庶切；《字林》，乙袪切；郭璞《三仓解诂》音瘀，於庶切；阚骃音厌饫之饫。重言之，太原有邬县。唯周地者从乌，馀皆从焉。《字林》亦作隝，音同。《传》云，分祁氏之田以为七县，司马弥牟为邬大夫，即太原县也。邬臧宜以邑为氏，音於庶切，旧音误。②盈，祁午之子。 ③叔游，司马叔侯之子。 ④《郑书》，古书名也。言害正直者，实多徒众。○恶，如字，又乌路切。蕃，音烦。 ⑤言世乱谗胜。 ⑥《诗·大雅》。○多辟，本又作僻，匹亦切。立辟，婢亦切。⑦姑，且也。已，止也。 ⑧言讨家臣，无与国事。○与，音预。⑨以其专戮。○为，音于伪切。 ⑩钧，同也。 ⑪憖，发语之音。○憖，鱼觐切。 ⑫杨，叔向邑。食我，叔向子伯石也。○食，音嗣。向，许丈切。 ⑬夏姬女也。○娶，七住切。夏，户雅切。 ⑭言父多妾媵，而庶子鲜少。嫌母氏性不旷。○鲜，息浅切。惩，直升切。媵，绳证切，又时证切。 ⑮子灵，巫臣。妻，夏姬也。三夫，陈御叔、楚襄老及巫臣也。时巫臣已死。 ⑯陈灵公。 ⑰夏徵舒。 ⑱陈也。⑲孔宁、仪行父。 ⑳子貉，郑灵公夷。○少，诗照切。貉，亡白切。㉑是，夏姬也。钟，聚也。子貉死在宣四年。 ㉒有仍，古诸侯也。美发为黰。○黰，之忍切；《说文》作㐱，又作鬒，云：稠发也。 ㉓发肤光色，可以照人。○鉴，古暂切，镜也。 ㉔以发黑故。 ㉕夔，舜典乐之君长。○夔，求龟切。取，如字，又古住切。 ㉖颣，戾也。封，大也。○长，丁丈切。惏，力耽切；《方言》云，楚人谓贪为惏。餍，亦作猒，於盐切。颣，又作类，立对切；服作类。 ㉗羿，篡夏后者。○羿，音诣。篡，初患切。 ㉘夏以末喜，殷以妲己，周以褒姒，三代所由亡也。共子，晋申生，以骊姬废。○共，音恭；本亦作恭。末喜本或作嬉，音同；《国语》云，桀伐有施，有施氏以末喜女焉；韦昭注《汉书》云，嬉，姓也。妲，丁达切；己，音几；《国语》云，有苏氏之女也；韦昭云，己，姓也。褒姒，音似；龙漦所生，褒人所养者也；《毛诗》云，姒，姓也；《郑笺》云，姒，字也。骊姬，本又作丽，同，力知切；献公伐骊戎所得，而以为夫人；《穀梁传》云，灭虢所得；《庄子》云，艾封人之子。 ㉙尤，异也。○女，音汝。 ㉚子容母，叔向嫂，伯华妻也。姑,叔向母。○ 取,七住切,又如字。强,其丈切。嫂,素早切,兄妻也,依字宜如此。 ㉛ 兄弟之妻相谓姒。○ 长,丁丈切。

秋,晋韩宣子卒,魏献子为政①。分祁氏之田以为七县②,分羊舌氏之田以为三县③。司马弥牟为邬大夫④,贾辛为祁大夫⑤,司马乌为平陵大夫,魏戊为梗阳大夫⑥,知徐吾为涂水大夫⑦,韩固为马首大夫⑧,孟丙为盂大夫⑨,乐霄为铜鞮大夫⑩,赵朝为平阳大夫⑪,僚安为杨氏大夫⑫。谓贾辛、司马乌为有力于王室⑬,故举之。谓知徐吾、赵朝、韩固、魏戊,馀子之不失职,能守业者也⑭。其四人者,皆受县而后见于魏子,以贤举也⑮。

魏子谓成鱄⑯:"吾与戊也县,人其以我为党乎?"对曰:"何也?戊之为人也,远不忘君⑰,近不偪同⑱,居利思义⑲,在约思纯⑳,有守心而无淫行。虽与之县,不亦可乎?昔武王克商,光有天下㉑。其兄弟之国者十有五人,姬姓之国者四十人,皆举亲也。夫举无他,唯善所在,亲疏一也。《诗》曰:'唯此文王,帝度其心。莫其德音,其德克明。克明克类,克长克君。王此大国,克顺克比。比于文王,其德靡悔。既受帝祉,施于孙子㉒。'心能制义曰度㉓,德正应和曰莫㉔,照临四方曰明,勤施无私曰类㉕,教诲不倦曰长㉖,赏庆刑威曰君㉗,慈和徧服曰顺㉘,择善而从之曰比㉙,经纬天地曰文㉚。九德不愆,作事无悔㉛,故袭天禄,子孙赖之㉜。主之举也,近文德矣,所及其远哉㉝。"

贾辛将适其县,见于魏子。魏子曰:"辛来,昔叔向适郑,鬷蔑恶㉞,欲观叔向,从使之收器者㉟,而往立于堂下。

一言而善。叔向将饮酒，闻之，曰：'必鬷明也[36]。'下，执其手以上，曰：'昔贾大夫恶[37]，娶妻而美，三年不言不笑。御以如皋[38]，射雉，获之，其妻始笑而言。贾大夫曰，才之不可以已，我不能射，女遂不言不笑夫。今子少不飏[39]，子若无言，吾几失子矣。言之不可以已也如是。'遂如故知。今女有力于王室，吾是以举女[40]。行乎，敬之哉！毋堕乃力[41]。"

仲尼闻魏子之举也，以为义，曰："近不失亲[42]，远不失举[43]，可谓义矣。"又闻其命贾辛也，以为忠[44]："《诗》曰，'永言配命，自求多福'，忠也[45]。魏子之举也义，其命也忠，其长有后于晋国乎。"

① 献子，魏舒。○ 豺，本又作犲，同，仕皆切。丧，息浪切。 ② 七县，邬、祁、平陵、梗阳、涂水、马首、盂也。○ 梗，古杏切。盂，音于，下文同。 ③ 铜鞮、平阳、杨氏。○ 鞮，丁兮切。 ④ 太原邬县。 ⑤ 太原祁县。 ⑥ 戊，魏舒庶子。梗阳，在太原晋阳县南。○ 戊，音茂。 ⑦ 徐吾，知盈孙。涂水，太原榆次县。○ 知，音智。次，资利切，又如字。 ⑧ 固，韩起孙。 ⑨ 太原盂县。 ⑩ 上党铜鞮县。○ 霄，音消。 ⑪ 朝，赵胜曾孙。平阳，平阳县。○ 朝，如字。 ⑫ 平阳杨氏县。 ⑬ 二十二年，辛、乌帅师纳敬王。○ 僚，力彫切。 ⑭ 卿之庶子为馀子。 ⑮ 四人，司马弥牟、孟丙、乐霄、僚安也。受县而后见，言采众而举，不以私也。○ 见，贤遍切，下见魏同。 ⑯ 鲊，晋大夫。○ 鲊，音郇，又市转切，又音附。 ⑰ 远，疏远也。 ⑱ 不偪同位。○ 偪，彼力切。 ⑲ 不苟得。 ⑳ 无滥心。 ㉑ 光，大也。○ 行，下孟切。 ㉒《诗·大雅》。美文王能王大国，受天福，施及子孙。○ 唯此文王，《诗》作唯此王季。度，待洛切。莫，亡白切，又如字；《尔雅》云，貊，莫，安定也。长，丁丈切。王，于况切，《注》能王同。祉，音耻。施，以

豉切。 ㉓ 帝度其心。 ㉔ 莫然清静。○ 应,应对之应。和,如字,又胡卧切。 ㉕ 施而无私,物得其所,无失类也。○ 施,式豉切,下及《注》同。 ㉖ 教诲长人之道。 ㉗ 作威作福,君之职也。 ㉘ 唯顺,故天下徧服。○ 徧,音遍。 ㉙ 比方善事,使相从也。 ㉚ 经纬相错,故织成文。 ㉛ 九德,上九曰也。皆无愆过,则动无悔吝。○ 吝,力刃切。 ㉜ 袭,受也。 ㉝ 举魏戊等,勤施无私也。其四人者,择善而从,故曰近文德,所及远也。○ 近,附近之近。 ㉞ 恶,貌丑。○ 鬷,子工切。 ㉟ 从,随也。随使人应敛俎豆者。 ㊱ 素闻其贤,故闻其言而知之。 ㊲ 贾国之大夫。恶,亦丑也。○ 上,时掌切,下同。㊳ 为妻御之皋泽。○ 娶,七住切。为,于伪切。 ㊴ 颜貌不扬显。○ 射,食亦切。女,音汝,下同。夫,音扶。飏,音扬。 ㊵ 因贾辛有功而后举之,言人不可无能。○ 几,音祈。 ㊶ 堕,损也。○ 毋,音无。堕,许规切。 ㊷ 谓举魏戊。 ㊸ 以贤举。 ㊹ 先赏王室之功,故为忠。 ㊺《诗·大雅》。永,长也。言能长配天命致多福者,唯忠。

冬,梗阳人有狱,魏戊不能断,以狱上①。其大宗赂以女乐②。魏子将受之。魏戊谓阎没、女宽③曰:“主以不贿闻于诸侯,若受梗阳人,贿莫甚焉。吾子必谏。”皆许诺。退朝,待于庭④。馈入,召之⑤。比置,三叹。既食,使坐⑥。魏子曰:“吾闻诸伯叔,谚曰,‘唯食忘忧’。吾子置食之间三叹,何也?”同辞而对曰:“或赐二小人酒,不夕食⑦。馈之始至,恐其不足,是以叹。中置,自咎曰,岂将军食之而有不足?是以再叹⑧。及馈之毕,愿以小人之腹为君子之心,属厌而已⑨。”献子辞梗阳人⑩。

① 上魏子。○ 断,丁乱切。 ② 讼者之大宗。 ③ 二人,魏子

之属大夫。○ 阎,以占切。 ④ 魏子朝君退,而待于魏子之庭。○ 闻,如字,又音同。 ⑤ 召二大夫食。○ 馈,求位切。 ⑥ 更命之令坐。○ 比,必利切。令,力呈切。 ⑦ 或,他人也。言饥甚。 ⑧ 魏子,中军帅,故谓之将军。○ 咎,其九切。食,音嗣。帅,所类切;本又作率,同。⑨ 属,足也。言小人之腹饱,犹知厌足。君子之心亦宜然。○ 属,之玉切。厌,於盐切,又於艳切。 ⑩《传》言魏氏所以兴也。

经

二十有九年春,公至自乾侯,居于郓①。

齐侯使高张来唁公②。

公如晋,次于乾侯③。

夏四月庚子,叔诣卒④。

秋七月。

冬十月,郓溃⑤。

① 以乾侯至,不得见晋侯故。 ② 唁公至晋不见受。高张,高偃子。○ 唁,音彦。 ③ 复不见受,往乾侯。○ 复,扶又切。 ④ 无《传》。 ⑤ 无《传》。民逃其上曰溃,溃散叛公。○ 溃,户对切。

传

二十九年春,公至自乾侯,处于郓。齐侯使高张来唁公,称主君①。子家子曰:"齐卑君矣,君祇辱焉②。"公如乾侯③。

① 比公于大夫。 ② 言往事齐,適取辱。○ 祇,音支。 ③ 为齐所卑,故复適晋,冀见恤。○ 复,扶又切。

三月己卯，京师杀召伯盈、尹氏固及原伯鲁之子[①]。尹固之复也[②]，有妇人遇之周郊，尤之曰："处则劝人为祸，行则数日而反，是夫也，其过三岁乎？"夏五月庚寅，王子赵车入于鄻以叛，阴不佞败之[③]。

① 皆子朝党也。称伯鲁子，终不说学。〇 召，上照切。说，音悦。 ② 二十六年，尹固与子朝俱奔楚而道还。 ③ 赵车，子朝之馀也。见王杀伯盈等，故叛。鄻，周邑。〇 数，所主切。鄻，列勉切。

平子每岁贾马[①]，具从者之衣屦而归之于乾侯。公执归马者卖之[②]，乃不归马。卫侯来献其乘马曰启服[③]，堑而死[④]。公将为之椟[⑤]。子家子曰："从者病矣，请以食之。"乃以帏裹之[⑥]。

① 贾，买也。〇 贾，古买切。 ② 卖其马。〇 从，才用切，下同。屦，九具切。 ③ 启服，马名。〇 乘，如字，又绳证切。 ④ 惰堑死也。〇 堑，七艳切。 ⑤ 为作棺也。〇 将为，如字，又于伪切。椟，徒木切。为，于伪切，下同。 ⑥ 礼曰，敝帏不弃，为埋马也。〇 食，音似。裹，古火切。

公赐公衍羔裘，使献龙辅于齐侯[①]，遂入羔裘。齐侯喜，与之阳榖[②]。公衍、公为之生也，其母偕出[③]。公衍先生。公为之母曰："相与偕出，请相与偕告[④]。"三日，公为生，其母先以告。公为为兄。公私喜于阳榖而思于鲁，曰："务人为此祸也[⑤]。且后生而为兄，其诬也久矣。"乃黜之，而以公衍为大子。

① 龙辅，玉名。　② 阳穀，齐邑。　③ 出之产舍。　④ 留公衍母，使待己，共白公。　⑤ 务人，公为也。始与公若谋逐季氏。

秋，龙见于绛郊[1]。魏献子问于蔡墨[2]曰：“吾闻之，虫莫知于龙，以其不生得也。谓之知，信乎？”对曰：“人实不知，非龙实知[3]。古者畜龙，故国有豢龙氏，有御龙氏[4]。”献子曰：“是二氏者，吾亦闻之，而不知其故。是何谓也？”对曰：“昔有飂叔安[5]，有裔子曰董父[6]，实甚好龙，能求其耆欲以饮食之，龙多归之。乃扰畜龙，以服事帝舜。帝赐之姓曰董[7]，氏曰豢龙[8]。封诸鬷川，鬷夷氏其后也[9]。故帝舜氏世有畜龙。及有夏孔甲，扰于有帝[10]。帝赐之乘龙，河、汉各二[11]，各有雌雄，孔甲不能食，而未获豢龙氏。有陶唐氏既衰，其后有刘累[12]，学扰龙于豢龙氏，以事孔甲，能饮食之。夏后嘉之，赐氏曰御龙[13]，以更豕韦之后[14]。龙一雌死，潜醢以食夏后[15]。夏后飨之，既而使求之[16]。惧而迁于鲁县[17]，范氏其后也[18]。”献子曰：“今何故无之？”对曰：“夫物物有其官，官修其方[19]，朝夕思之。一日失职，则死及之[20]。失官不食[21]，官宿其业[22]，其物乃至[23]。若泯弃之，物乃坻伏[24]，郁湮不育[25]。故有五行之官，是谓五官。实列受氏姓，封为上公[26]，祀为贵神。社稷五祀，是尊是奉[27]。木正曰句芒[28]，火正曰祝融[29]，金正曰蓐收[30]，水正曰玄冥[31]，土正曰后土[32]。龙，水物也。水官弃矣，故龙不生得[33]。不然，《周易》有之[34]，在《乾》䷀[35]之《姤》䷫[36]，曰：‘潜龙勿用[37]。’其《同人》䷌[38]

曰：'见龙在田[39]。'其《大有》䷍[40]曰：'飞龙在天[41]。'其《夬》䷪[42]曰：'亢龙有悔[43]。'其《坤》䷁[44]曰：'见群龙无首，吉[45]。'《坤》之《剥》䷖[46]曰：'龙战于野[47]。'若不朝夕见，谁能物之[48]？"献子曰："社稷五祀，谁氏之五官也[49]？"对曰："少皞氏有四叔[50]，曰重，曰该，曰修，曰熙，实能金木及水[51]。使重为句芒[52]，该为蓐收[53]，修及熙为玄冥[54]。世不失职，遂济穷桑，此其三祀也[55]。颛顼氏有子曰犁，为祝融[56]，共工氏有子曰句龙，为后土[57]，此其二祀也。后土为社[58]，稷，田正也[59]。有烈山氏之子曰柱为稷[60]，自夏以上祀之[61]。周弃亦为稷[62]，自商以来祀之[63]。"

① 绛，晋国都。〇 见，贤遍切，下见龙、夕见同。　② 蔡墨，晋大史。③ 言龙无知，乃人不知之耳。〇 知，音智，下之知、实知、注无知同。④ 豢、御，养也。〇 豢，音患。　⑤ 飂。古国也。叔安，其君名。〇 飂，力谬切。　⑥ 裔，远也。玄孙之后为裔。〇 裔，以制切。　⑦ 扰，顺也。〇 好，呼报切。耆，时志切。饮，於鸩切。食，音嗣，下不能食、饮食、食夏同。扰，而小切。　⑧ 豢龙，官名。官有世功，则以官氏。　⑨ 鬷，水上夷，皆董姓。〇 鬷，子工切。　⑩ 孔甲，少康之后九世君也。其德能顺于天。〇 夏，户雅切。少，诗照切。　⑪ 合为四。〇 乘，绳证切。河、汉各二，服云，河、汉各二乘。　⑫ 陶唐，尧所治地。〇 治，直吏切。⑬ 夏后，孔甲。　⑭ 更，代也。以刘累代彭姓之豕韦。累寻迁鲁县。豕韦复国，至商而灭。累之后世，复承其国为豕韦氏，在襄二十四年。〇 更，音庚。复，扶又切。　⑮ 潜，藏也。藏以为醢，明龙不知。〇 醢，音海。知，音智。　⑯ 求致龙也。　⑰ 不能致龙，故惧；迁鲁县，自贬退也。鲁县，今鲁阳也。　⑱ 晋范氏也。　⑲ 方，法术。　⑳ 失职有罪。〇 朝，如字，下朝夕同。　㉑ 不食禄。　㉒ 宿，犹安也。　㉓ 设水

官修则龙至。　㉔ 泯，灭也。坻，止也。○ 泯，弥忍切。坻，音旨，又丁礼切。　㉕ 郁，滞也。湮，塞也。育，生也。○ 湮，音因。　㉖ 爵上公。　㉗ 五官之君长能修其业者，死皆配食于五行之神，为王者所尊奉。○ 长，丁丈切，下同。　㉘ 正，官长也，取木生句曲而有芒角也，其祀重焉。○ 句，古侯切，下同。重，直龙切，下同。　㉙ 祝融，明貌，其祀犁焉。○ 犁，力兮切。　㉚ 秋物摧蓐而可收也，其祀该焉。○ 蓐，音辱；本又作辱。摧，徂回切。　㉛ 水阴而幽冥，其祀修及熙焉。○ 冥，亡丁切。　㉜ 土为群物主，故称后也，其祀句龙焉。在家则祀中霤，在野则为社。○ 霤，力救切。　㉝ 弃，废也。　㉞ 言若不尔，《周易》无缘有龙。　㉟《乾》下《乾》上，《乾》。○ 乾，其连切；本亦作亁。　㊱《乾》上《巽》下，《姤》。《乾》初九变。○ 姤，古豆切。　㊲《乾》初九《爻辞》。○ 爻，户交切。　㊳《离》下《乾》上，《同人》。《乾》九二变。　㊴《乾》九二《爻辞》。　㊵《乾》下《离》上，《大有》。《乾》九五变。　㊶《乾》九五《爻辞》。　㊷《乾》下《兑》上，《夬》。《乾》上九变。○ 夬，古快切。兑，徒外切。　㊸《乾》上九《爻辞》。○ 亢，苦浪切。　㊹《坤》下《坤》上，《坤》。《乾》六爻皆变。○ 坤，本又作巛，空门切。　㊺《乾》用九《爻辞》。　㊻《坤》下《艮》上，《剥》。《坤》上六变。　㊼《坤》上六《爻辞》。　㊽ 物，谓上六卦所称龙各不同也。今说《易》者，皆以龙喻阳气，如史墨之言，则为皆是真龙。　㊾ 问五官之长皆是谁。　㊿ 少皞，金天氏。　51 能治其官。○ 该，古咳切。　52 木正。　53 金正。　54 二子相代为水正。　55 穷桑，少皞之号也。四子能治其官，使不失职，济成少皞之功，死皆为民所祀。穷桑地在鲁北。　56 犁为火正。○ 颛，音专。顼，许玉切。　57 共工在大皞后，神农前，以水名官者。其子句龙，能平水土，故死而见祀。○ 共，音恭。大，音泰。　58 方荅社稷，故明言为社。　59 掌播殖也。　60 烈山氏，神农世诸侯。○ 烈，如字；《礼记》作厉山。　61 祀柱。○ 上，时掌切。　62 弃，周之始祖，能播百谷。汤既胜夏，废柱而以弃代之。　63《传》言蔡墨之博物。

冬，晋赵鞅、荀寅帅师城汝滨①，遂赋晋国一鼓铁，以铸刑鼎②，著范宣子所为刑书焉。仲尼曰："晋其亡乎，失其度矣。夫晋国将守唐叔之所受法度，以经纬其民，卿大夫以序守之③。民是以能尊其贵，贵是以能守其业。贵贱不愆，所谓度也。文公是以作执秩之官，为被庐之法④，以为盟主。今弃是度也，而为刑鼎，民在鼎矣，何以尊贵⑤？贵何业之守⑥？贵贱无序，何以为国？且夫宣子之刑，夷之蒐也，晋国之乱制也⑦，若之何以为法？"蔡史墨曰："范氏、中行氏其亡乎⑧。中行寅为下卿，而干上令，擅作刑器，以为国法，是法奸也。又加范氏焉，易之，亡也⑨。其及赵氏，赵孟与焉；然不得已，若德可以免⑩。"

① 赵鞅，赵武孙也。荀寅，中行荀吴之子。汝滨，晋所取陆浑地。○ 滨，音宾。行，户郎切。 ② 令晋国各出功力，共鼓石为铁。计令一鼓而足，因军役而为之，故言遂。○ 铸，之树切。令，力呈切。 ③ 序，位次也。 ④ 僖二十七年，文公蒐被庐，修唐叔之法。○ 被，皮义切。庐，力居切。蒐，本又作搜，所求切。 ⑤ 弃礼征书，故不尊贵。⑥ 民不奉上，则上失业。 ⑦ 范宣子所用刑，乃夷蒐之法也。夷蒐在文六年，一蒐而三易中军帅，贾季、箕郑之徒遂作乱，故曰乱制。○ 帅，所类切。 ⑧ 蔡史墨即蔡墨。 ⑨ 范宣子刑书中既废矣，今复兴之，是成其咎。○ 擅，市战切。复，扶又切。 ⑩ 铸刑鼎本非赵鞅意，不得已而从之。若能修德，可以免祸。为定十三年荀寅、士吉射入朝歌以叛。○ 与，音预。

经

三十年春，王正月，公在乾侯①。

夏六月庚辰，晋侯去疾卒[2]。

秋八月，葬晋顷公[3]。

冬十有二月，吴灭徐，徐子章羽奔楚[4]。

① 释不朝正于庙。 ② 未同盟而赴以名。○ 去，起吕切。 ③ 三月而葬，速。○ 顷，音倾。 ④ 徐子称名，以名告也。

传

三十年春，王正月，公在乾侯，不先书郓与乾侯，非公，且征过也[1]。

① 征，明也。二十七年、二十八年，公在郓，二十九年公在乾侯，而《经》不释朝正之礼者，所以非责公之妄，且明过谬犹可掩，故不显书其所在，使若在国然。自是郓人溃叛，齐、晋卑公，子家忠谋，终不能用。内外弃之，非复过误所当掩塞，故每岁书公所在。○ 征，直升切；或本作惩，误。复，扶又切。

夏六月，晋顷公卒。秋八月，葬。郑游吉吊，且送葬。魏献子使士景伯诘之曰："悼公之丧，子西吊，子蟜送葬[1]。今吾子无贰，何故[2]？"对曰："诸侯所以归晋君，礼也。礼也者，小事大，大字小之谓。事大在共其时命[3]，字小在恤其所无。以敝邑居大国之间，共其职贡，与其备御不虞之患，岂忘共命[4]。先王之制，诸侯之丧，士吊，大夫送葬。唯嘉好聘享三军之事，于是乎使卿。晋之丧事，敝邑之间，先君有所助执绋矣[5]。若其不间，虽士大夫有所不获数矣[6]。大国之惠，亦庆其加[⑦]，而不讨其乏，明厎其情[⑧]，取备而已，以为礼也。灵王之丧[⑨]，我先君简公在楚，我先大夫印段实往，敝邑之少卿也[⑩]。王吏不讨，恤所无也。今大夫曰，女盍从旧[⑪]。旧有丰有省，不知所从。从其丰，则寡君幼弱，是以不共。从其省，则吉在此矣。唯大夫图之。"晋人不能诘[⑫]。

① 在襄十五年。○ 诘，起吉切。蟜，居表切。　② 吊、葬共使。○ 使，所吏切。　③ 随时共所求。○ 共，音恭，下同。　④ 言不敢忘共命，以所备御者多，不及办之。○ 御，鱼吕切。办，皮苋切。　⑤ 绋，輓索也。礼，送葬必执绋。○ 好，呼报切。间，音闲，下同。绋，音弗。輓，本又作挽，音晚。索，悉各切。　⑥ 不得如先王礼数。　⑦ 庆，善也。谓善其君自行。　⑧ 厎，致也。　⑨ 在襄二十九年。　⑩ 少，年少也。○ 印，一刃切。少，诗照切。　⑪ 盍，何不也。○ 女，音汝。盍，胡臘切。　⑫《传》言大叔之敏。○ 省，所景切，下同。

吴子使徐人执掩馀，使钟吾人执烛庸[①]。二公子奔楚，楚子大封而定其徙[②]。使监马尹大心逆吴公子，使居养[③]。莠尹然、左司马沈尹戌城之[④]，取于城父与胡田以与之[⑤]。将以害吴也。子西谏曰："吴光新得国，而亲其民。视民如子，辛苦同之，将用之也。若好吴边疆，使柔服焉，犹惧其至[⑥]。吾又疆其仇以重怒之，无乃不可乎[⑦]。吴，周之胄裔也，而弃在海滨，不与姬通。今而始大，比于诸华。光又甚文，将自同于先王[⑧]。不知天将以为虐乎，使翦丧吴国而封大异姓乎？其抑亦将卒以祚吴乎？其终不远矣[⑨]。我盍姑亿吾鬼神[⑩]，而宁吾族姓，以待其归[⑪]。将焉用自播扬焉[⑫]？"

王弗听。吴子怒,冬十一月,吴子执钟吾子,遂伐徐,防山以水之[13]。己卯,灭徐。徐子章禹断其发[14],携其夫人,以逆吴子。吴子唁而送之,使其迩臣从之,遂奔楚[15]。楚沈尹戌帅师救徐,弗及,遂城夷,使徐子处之[16]。

吴子问于伍员曰:"初而言伐楚[17],余知其可也,而恐其使余往也,又恶人之有余之功也。今余将自有之矣,伐楚何如?"对曰:"楚执政众而乖,莫适任患。若为三师以肄焉[18],一师至,彼必皆出。彼出则归,彼归则出,楚必道敝[19]。亟肄以罢之[20],多方以误之,既罢而后以三军继之,必大克之。"阖庐从之。楚于是乎始病[21]。

① 二十七年奔故。 ② 大封与土田,定其所徙之居。 ③ 二子奔楚,楚使逆之于竟也。养,即所封之邑。○ 监,古衔切。竟,音境。 ④ 城养。○ 莠,音诱。 ⑤ 胡田,故胡子之地。 ⑥ 柔服,谓不与吴构怨。○ 好,呼报切;一本作吾好。疆,居良切。 ⑦ 仇,谓二公子。○ 重,直用切。 ⑧ 先王,谓大王、王季,亦自西戎始比诸华。○ 胄,直又切。大,音泰。 ⑨ 言其事行可知不久。○ 丧,息浪切。祚,才故切。 ⑩ 亿,安也。○ 亿,於力切。 ⑪ 善恶之归。 ⑫ 播扬犹劳动也。○ 焉,於虔切。播,彼我切,又波贺切。 ⑬ 防壅山水以灌徐。○ 壅,於勇切。灌,古乱切。 ⑭ 断发自刑,示惧。○ 断,丁缓切。 ⑮ 迩,近也。 ⑯ 夷,城父也。 ⑰ 在二十年。○ 员,音云。 ⑱ 肄,犹劳也。○ 恶,乌路切。适,丁历切。任,音壬。肄,又作肆,以制切。 ⑲ 罢敝于道。○ 罢,音皮,下同。 ⑳ 亟,数也。○ 亟,欺冀切。数,所角切。 ㉑ 为定四年吴入楚《传》。

经

三十有一年春,王正月,公在乾侯。

季孙意如会晋荀跞于適历①。

夏四月丁巳，薛伯穀卒②。

晋侯使荀跞唁公于乾侯③。

秋，葬薛献公④。

冬，黑肱以滥来奔⑤。

十有二月辛亥朔，日有食之。

① 適历，晋地。○ 跞，力狄切。適，丁历切。 ② 襄二十五年盟重丘。○ 重，直龙切。 ③ 将使意如迎公，故荀跞来唁。 ④ 无《传》。⑤ 黑肱，邾大夫。滥，东海昌虑县。不书邾，史阙文。○ 滥，力甘切，又力蹔切。虑，音闾，又如字。

传

三十一年春，王正月，公在乾侯，言不能外内也①。晋侯将以师纳公。范献子曰："若召季孙而不来，则信不臣矣。然后伐之，若何？"晋人召季孙，献子使私焉，曰："子必来，我受其无咎②。"季孙意如会晋荀跞于適历。荀跞曰："寡君使跞谓吾子，何故出君？有君不事，周有常刑。子其图之！"季孙练冠麻衣跣行③，伏而对曰："事君，臣之所不得也，敢逃刑命④？君若以臣为有罪，请囚于费，以待君之察也，亦唯君。若以先臣之故，不绝季氏，而赐之死⑤。若弗杀弗亡，君之惠也，死且不朽。若得从君而归，则固臣之愿也。敢有异心⑥？"夏四月，季孙从知伯如乾侯⑦。子家子曰："君与之归，一惭之不忍，而终身惭乎？"公曰："诺。"众曰："在一言矣，君必逐之⑧。"荀跞以晋侯之命唁公，且曰："寡君使跞以君命讨于意如，意如不敢逃死，君其入也！”公曰：“君惠顾先君之好，施及亡人，将使归粪除宗祧以事君，则不能见夫人。己所能见夫人者，有如河⑨！”荀跞掩耳而走⑩，曰：“寡君其罪之恐，敢与知鲁国之难⑪？臣请复于寡君。”退而谓季孙：“君怒未怠，子姑归祭⑫。”子家子曰：“君以一乘入于鲁师，季孙必与君归。”公欲从之，众从者胁公，不得归⑬。

① 公内不容于臣子，外不容于齐、晋，所以久在乾侯。　② 言我为子受无咎之任。○ 咎，其九切。为，于伪切。　③ 示忧慼。○ 出，如字，又敕律切。跣，素典切。　④ 言愿事君，君不肯还，不敢辟罪。　⑤ 虽赐以死，不绝其后。○ 费，音祕。　⑥ 君皆谓鲁侯也。盖季孙探言罪己轻重，以答荀跞。○ 探，他南切。　⑦ 知伯，荀跞。○ 知，音智。　⑧ 言晋既忧君，君一言使晋，晋必逐之。　⑨ 夫人，谓季孙也。言若见季孙，己当受祸，明如河以自誓。○ 好，呼报切。施，以豉切。祧，他彫切。　⑩ 怪公所言，示不忍听。　⑪ 言恐获不纳君之罪，今纳而不入，何敢复知耶？○ 与，音预。难，乃旦切。复，扶又切。　⑫ 归摄君事。　⑬《传》言君弱，不得复自在。○ 乘，绳证切，众从，才用切。

薛伯榖卒，同盟故书①。

① 谓书名也。入《春秋》来，薛始书名，故发《传》。《经》在荀跞唁公上，《传》在下者，欲鲁事相次。

秋，吴人侵楚，伐夷，侵潜、六①。楚沈尹戌帅师救潜，吴师还。楚师迁潜于南冈而还。吴师围弦。左司马戌、右司马稽帅师救弦，及豫章②。吴师还。始用子胥之谋也③。

① 皆楚邑。 ② 左司马沈尹戌。○ 稽，音启，又古兮切。 ③ 谋在前年。

冬，邾黑肱以滥来奔。贱而书名，重地故也①。君子曰："名之不可不慎也如是②。夫有所有名，而不如其已③。以地叛，虽贱，必书地，以名其人。终为不义，弗可灭已。是故君子动则思礼，行则思义，不为利回④，不为义疚⑤。或求名而不得，或欲盖而名章，惩不义也。齐豹为卫司寇，守嗣大夫⑥，作而不义，其书为'盗'⑦。邾庶其⑧、莒牟夷⑨、邾黑肱以土地出，求食而已，不求其名，贱而必书⑩。此二物者，所以惩肆而去贪也⑪。若艰难其身⑫，以险危大人⑬，而有名章彻⑭，攻难之士，将奔走之⑮。若窃邑叛君，以徼大利而无名⑯，贪冒之民，将寘力焉⑰。是以《春秋》书齐豹曰'盗'，三叛人名，以惩不义，数恶无礼，其善志也⑱。故曰，《春秋》之称：微而显⑲，婉而辨⑳。上之人能使昭明㉑，善人劝焉，淫人惧焉，是以君子贵之。"

① 黑肱非命卿，故曰贱。 ② 是，黑肱也。 ③ 有所，谓有地也。言虽有名，不如无名。已，止也。 ④ 回正心也。○ 为，于伪切，下亦同。 ⑤ 疚，病也。见义则为之。○ 疚，久又切。 ⑥ 守先人嗣，言其尊。○ 惩，直升切。 ⑦ 求名而不得也。二十年，豹杀卫侯兄，欲求不畏强御之名。 ⑧ 在襄二十一年。 ⑨ 在五年。 ⑩《春秋》叛者多，唯取三人来适鲁者。三人皆小国大夫，故曰贱。 ⑪ 物，事也。肆，放也。齐豹书盗，惩肆也。三叛人名，去贪也。○ 去，起吕切。 ⑫ 身为艰难。 ⑬ 大人，在位者。 ⑭ 谓得勇名。 ⑮ 攻犹作也。奔走犹赴趣也。○ 难，乃旦切。 ⑯ 谓不书其人名。○ 徼，古尧

切。　⑰ 尽力为之，不顾于见书。〇 冒，亡北切，又亡报切。寘，之豉切。　⑱ 无礼恶逆，皆数而不忘，记事之善者也。〇 数，所主切。⑲ 文微而义著。〇 称，尺证切。　⑳ 辞婉而旨别。〇 婉，於阮切。别，彼列切。　㉑ 上之人，谓在位者。在位者能行其法，非贱人所能。

十二月辛亥朔，日有食之。是夜也，赵简子梦童子羸而转以歌[①]。旦占诸史墨，曰："吾梦如是，今而日食，何也[②]？"对曰："六年及此月也，吴其入郢乎！终亦弗克[③]。入郢，必以庚辰[④]。日月在辰尾[⑤]，庚午之日，日始有谪。火胜金，故弗克[⑥]。"

① 转，婉转也。〇 羸，本又作羸，力果切。　② 简子梦适与日食会，谓咎在己，故问之。　③ 史墨知梦非日食之应，故释日食之咎，而不释其梦。〇 郢，以井切，又羊政切。应，应对之应。　④ 庚日有变，日在辰尾，故曰以庚辰。定四年十一月庚辰，吴入郢。　⑤ 辰尾，龙尾也。周十二月，今之十月，日月合朔于辰尾而食。　⑥ 谪，变气也。庚午十月十九日，去辛亥朔四十一日。虽食在辛亥，更以始变为占也。午，南方，楚之位也。午，火；庚，金也。日以庚午有变，故灾在楚。楚之仇敌唯吴，故知入郢必吴。火胜金者，金为火妃，食在辛亥，亥，水也。水数六，故六年也。〇 谪，直革切。

经

三十有二年春，王正月，公在乾侯。取阚[①]。

夏，吴伐越。

秋，七月。

冬，仲孙何忌会晋韩不信、齐高张、宋仲幾、卫世叔申、郑国参、曹人、莒人、薛人、杞人、小邾人，城成周[②]。

十有二月己未，公薨于乾侯[3]。

① 无《传》。公别居乾侯，遣人诱阚而取之，不用师徒。○ 阚，口暂切。② 世叔申，世叔仪孙也。国参，子产之子。不书盟，时公在外，未及告公，公已薨。○ 参，七南切。 ③ 十五日。

传

三十二年春，王正月，公在乾侯。言不能外内，又不能用其人也[1]。

① 其人，谓子家羁也。言公不能用其人，故于今犹在乾侯。

夏，吴伐越，始用师于越也[1]。史墨曰："不及四十年，越其有吴乎[2]。越得岁而吴伐之，必受其凶[3]。"

① 自此之前，虽疆事小争，未尝用大兵。○ 疆，居良切。争，争斗之争。 ② 存亡之数，不过三纪。岁星三周三十六岁，故曰不及四十年。哀二十二年，越灭吴，至此三十八岁。 ③ 此年岁在星纪。星纪，吴、越之分也。岁星所在，其国有福。吴先用兵，故反受其殃。○ 分，扶问切。殃，於良切。

秋八月，王使富辛与石张如晋，请城成周[1]。天子曰："天降祸于周，俾我兄弟并有乱心，以为伯父忧[2]。我一二亲昵甥舅，不皇启处，于今十年[3]，勤戍五年[4]。余一人无日忘之[5]，闵闵焉如农夫之望岁，惧以待时[6]。伯父若肆大惠，复二文之业，弛周室之忧[7]，徼文、武之福，以固盟主，宣昭令名，则余一人有大愿矣。昔成王合诸侯，城成周，以为东都，崇文德焉[8]。今我欲徼福假灵于成王，修成周之城，俾戍人无勤，诸侯用宁，蝥贼远屏，晋之力也[9]。其委诸伯父，使伯父实重图之。俾我一人无征怨于百姓[10]，而伯父有荣施，先王庸之[11]。"范献子谓魏献子曰："与其戍周，不如城之，天子实云[12]。虽有后事，晋勿与知可也。从王命以纾诸侯，晋国无忧。是之不务，而又焉从事？"魏献子曰："善。"使伯音对[13]曰："天子有命，敢不奉承，以奔告于诸侯。迟速衰序[14]，于是焉在[15]。"

冬十一月，晋魏舒、韩不信如京师，合诸侯之大夫于狄泉，寻盟，且令城成周[16]。魏子南面[17]。卫彪傒曰："魏子必有大咎，干位以令大事，非其任也[18]。《诗》曰：'敬天之怒，不敢戏豫。敬天之渝，不敢驰驱[19]。'况敢干位以作大事乎？"

己丑，士弥牟营成周，计丈数[20]，揣高卑[21]，度厚薄，仞沟洫[22]，物土方，议远迩[23]，量事期[24]，计徒庸[25]，虑材用[26]，书餱粮[27]，以令役于诸侯，属役赋丈[28]，书以授帅[29]，而效诸刘子[30]。韩简子临之，以为成命[31]。

① 子朝之乱，其馀党多在王城，敬王畏之，徙都成周。成周狭小，故请城之。○ 狭，音洽。　② 俾，使也。兄弟，谓子朝也。伯父，谓晋侯。○ 俾，本又作卑，同，必尔切。　③ 谓二十三年，二师围郊，至于今。○ 昵，女乙切。　④ 谓二十八年，晋籍秦致诸侯之戍，至于今。⑤ 念诸侯劳。　⑥ 闵闵，忧貌。王忧乱，常闵闵冀望安定，如农夫之忧饥，冀望来岁之将熟。　⑦ 肆，展放也。二文，谓文侯仇、文公重耳。弛，犹解也。○ 弛，式氏切。重，直龙切。　⑧ 作成周，迁殷民以为京师之

东都,所以崇文王之德。○ 徼,古尧切。　⑨ 蝥贼,喻灾害。○ 蝥,亡侯切。　⑩ 征,召也。○ 征,张升切。　⑪ 庸,功也。先王之灵,以为大功。○ 施,式豉切。　⑫ 云欲罢戍而城。　⑬ 伯音,韩不信。○ 与,音预。纾,音舒。焉,於虔切。　⑭ 衰,差也。序,次也。○ 衰,初危切。⑮ 在周所命。　⑯ 寻平丘盟。　⑰ 居君位。　⑱ 彪傒,卫大夫。○ 彪,彼虯切。傒,音兮。咎,其九切。　⑲《诗·大雅》。戒王者言当敬畏天之谴怒,不可游戏逸豫,驱驰自恣。渝,变也。○ 渝,羊朱切。谴,弃战切。　⑳ 计所当城之丈数也。　㉑ 度高曰揣。○ 揣,丁累切,又初委切。度,待洛切,下同。　㉒ 度深曰仞。○ 仞,本又作刃,而慎切。洫,况域切。　㉓ 物,相也。相取土之方面,远近之宜。○ 相,息亮切。㉔ 知事几时毕。○ 几,居岂切,下同。　㉕ 知用几人功。　㉖ 知费几材用。○ 费,芳贵切。　㉗ 知用几粮食。○ 餱,音侯;本亦作糇。粮,音良。　㉘ 付所当城尺丈。○ 属,之欲切。　㉙ 帅诸侯之大夫。○ 帅,所类切。　㉚ 效,致也。○ 效,户孝切。　㉛ 临履其事,以命诸侯。《经》所以不书魏舒。

十二月,公疾,偏赐大夫[①],大夫不受。赐子家子双琥[②],一环,一璧,轻服[③],受之。大夫皆受其赐。己未,公薨。子家子反赐于府人,曰:"吾不敢逆君命也。"大夫皆反其赐。书曰:"公薨于乾侯。"言失其所也[④]。

赵简子问于史墨曰:"季氏出其君,而民服焉,诸侯与之,君死于外,而莫之或罪也。"对曰:"物生有两,有三,有五,有陪贰。故天有三辰[⑤],地有五行[⑥],体有左右[⑦],各有妃耦[⑧]。王有公,诸侯有卿,皆有贰也。天生季氏,以贰鲁侯,为日久矣。民之服焉,不亦宜乎?鲁君世从其失,季氏世修其勤,民忘君矣。虽死于外,其谁矜之?社稷无常奉[⑨],君臣无常位，自古以然[10]。故《诗》曰：'高岸为谷，深谷为陵[11]。'三后之姓，于今为庶，主所知也[12]。在《易》卦，雷乘《乾》曰《大壮》䷡[13]，天之道也[14]。昔成季友，桓之季也，文姜之爱子也，始震而卜，卜人谒之，曰：'生有嘉闻[15]，其名曰友，为公室辅。'及生，如卜人之言，有文在其手曰'友'，遂以名之。既而有大功于鲁[16]，受费以为上卿。至于文子、武子[17]，世增其业，不废旧绩。鲁文公薨，而东门遂杀适立庶，鲁君于是乎失国[18]，政在季氏，于此君也四公矣。民不知君，何以得国？是以为君，慎器与名，不可以假人[19]。"

① 从公者。○ 徧，音遍。从，才用切。　② 琥，玉器。○ 琥，音虎。③ 细好之服。　④ 不薨路寝为失所。　⑤ 谓有三。○ 陪，蒲回切。⑥ 谓有五。　⑦ 谓有两。　⑧ 谓陪贰。○ 妃，音配。　⑨ 奉之无常人，言唯德也。○ 从，子用切；本亦作纵。　⑩ 史墨迹古今以实言。⑪《诗·小雅》。言高下有变易。　⑫ 三后，虞、夏、商。　⑬《乾》下《震》上，《大壮》。《震》在《乾》上，故曰雷乘《乾》。　⑭《乾》为天子，《震》为诸侯，而在《乾》上，君臣易位，犹臣大强壮，若天上有雷。　⑮ 嘉名闻于世。○ 震，如字，一音身。闻，音问。　⑯ 立僖公。○ 名，如字，又武政切。　⑰ 文子，行父；武子，宿。○ 费，音秘。　⑱ 失国权。○ 适，丁历切。　⑲ 器，车服。名，爵号。

春秋经传集解第二十七

定公上

〇 定公名宋，襄公之子，昭公之弟。《谥法》，安民大虑曰定。

经

元年春，王[①]。

三月，晋人执宋仲幾于京师[②]。

夏六月癸亥，公之丧至自乾侯[③]。

戊辰，公即位[④]。

秋七月癸巳，葬我君昭公[⑤]。

九月，大雩[⑥]。

立炀宫[⑦]。

冬十月，陨霜杀菽[⑧]。

① 公之始年，而不书正月，公即位在六月故。　② 晋执人于天子之侧，而不以归京师，故但书其执，不书所归。〇 幾，音机。　③ 告于庙，故书至。　④ 定公不得以正月即位，失其时，故详而日之，记事之宜，无义例。　⑤ 公在外薨，故八月乃葬。　⑥ 无《传》，过也。〇 雩，音于。⑦ 炀公，伯禽子也。其庙已毁，季氏祷之而立其宫，书以讥之。〇 炀，羊让切。祷，丁老切。　⑧ 无《传》。周十月，今八月。陨霜杀菽，非常之灾。〇 陨，于敏切。菽，本又作叔，音同。

传

元年春，王正月辛巳，晋魏舒合诸侯之大夫于狄泉，将以城成周。魏子涖政[①]。卫彪傒[②]曰："将建天子[③]，而易位以令，非义也。大事奸义，必有大咎。晋不失诸侯，魏子其不免乎。"是行也，魏献子属役于韩简子及原寿过[④]，而田于大陆，焚焉[⑤]。还，卒于甯[⑥]。范献子去其柏椁，以其未复命而田也[⑦]。

孟懿子会城成周[⑧]。庚寅，栽[⑨]。宋仲幾不受功，曰："滕、薛、郳，吾役也[⑩]。"薛宰曰："宋为无道，绝我小国于周，以我适楚。故我常从宋。晋文公为践土之盟[⑪]，曰：'凡我同盟，各复旧职。'若从践土，若从宋，亦唯命。"仲幾曰："践土固然[⑫]。"薛宰曰："薛之皇祖奚仲，居薛以为夏车正[⑬]。奚仲迁于邳[⑭]，仲虺居薛，以为汤左相[⑮]。若复旧职，将承王官，何故以役诸侯[⑯]？"仲幾曰："三代各异物，薛焉得有旧[⑰]。为宋役，亦其职也。"士弥牟曰："晋之从政者新[⑱]，子姑受功。归，吾视诸故府[⑲]。"仲幾曰："纵子忘之，山川鬼神其忘诸乎[⑳]？"士伯怒，谓韩简子曰："薛征于人[㉑]，宋征于鬼[㉒]，宋罪大矣。且已无辞而抑我以神，诬我也。启宠纳侮，其此之谓矣[㉓]。必以仲幾为戮。"乃执仲幾以归。三月，归诸京师[㉔]。

城三旬而毕，乃归诸侯之戍。

齐高张后，不从诸侯[㉕]。晋女叔宽曰："周苌弘、齐高张皆将不免[㉖]。苌叔违天，高子违人[㉗]。天之所坏，不可支也。众之所为，不可奸也[㉘]。"

① 涖，临也。代天子大夫为政。○ 涖，音利，又音类。 ② 卫大夫。 ③ 立天子之居。 ④ 简子。韩起孙不信也。原寿过，周大夫。○ 奸，音干。咎，其九切。属，之欲切。过，古禾切。 ⑤《禹贡》，大陆在巨鹿北。嫌绝远，疑此田在汲郡吴泽荒芜之地。火田，并见烧也。《尔雅》，广平曰陆。○ 芜，音无。 ⑥ 甯，今修武县，近吴泽。○ 近，附近之近。 ⑦ 范献子代魏子为政，去其柏椁，示贬之。○ 去，起吕切。椁，音郭。 ⑧ 不书，公未即位。 ⑨ 栽，设板筑。○ 栽，才代切，又音再。 ⑩ 欲使三国代宋受功役也。○ 郳，五兮切，小邾国。 ⑪ 在僖二十八年。 ⑫ 固曰从旧，薛旧为宋役。 ⑬ 皇，大也。奚仲为夏禹掌车服大夫。○ 夏，户雅切。 ⑭ 邳，下邳县。○ 邳，皮悲切。 ⑮ 仲虺，奚仲之后。○ 虺，许鬼切。相，息亮切。 ⑯ 承，奉也。 ⑰ 言居周世，不得以夏、殷为旧。○ 焉，於虔切。 ⑱ 言范献子新为政，未习故事。 ⑲ 求故事。 ⑳ 山川鬼神，盟所告。 ㉑ 典籍故事，人所知也。 ㉒ 取证于鬼神。 ㉓ 开宠过分，则纳受侵侮。○ 侮，亡甫切。分，扶问切。 ㉔ 知以归不可，故复归之京师。○ 复，扶又切。 ㉕ 后期，不及诸侯之役。 ㉖ 叔宽，女宽也。○ 苌，直良切。 ㉗ 天既厌周德，苌弘欲迁都以延其祚，故曰违天。诸侯相帅以崇天子，而高子后期，故曰违人。○ 厌，於艳切。祚，才故切。 ㉘ 为哀三年周人杀苌弘、六年高张来奔起。

夏，叔孙成子逆公之丧于乾侯[①]。季孙曰："子家子亟言于我，未尝不中吾志也。吾欲与之从政，子必止之，且听命焉[②]。"子家子不见叔孙，易几而哭[③]。叔孙请见子家子，子家子辞曰："羁未得见，而从君以出[④]。君不命而薨，羁不敢见[⑤]。"叔孙使告之曰："公衍、公为实使群臣不得事君[⑥]。若公子宋主社稷，则群臣之愿也[⑦]。凡从君出而可以入者，将唯子是听。子家氏未有后，季孙愿与子从政，此皆季孙之愿也，使不敢以告[⑧]。”对曰：“若立君，则有卿士大夫与守龟在，羁弗敢知。若从君者，则貌而出者，入可也[⑨]。寇而出者，行可也[⑩]。若羁也，则君知其出也[⑪]，而未知其入也。羁将逃出。”

丧及坏隤，公子宋先入，从公者皆自坏隤反[⑫]。六月癸亥，公之丧至自乾侯。戊辰，公即位[⑬]。季孙使役如阚，公氏将沟焉[⑭]。荣驾鹅曰：“生不能事，死又离之，以自旌也[⑮]。纵子忍之，后必或耻之。”乃止。

季孙问于荣驾鹅曰：“吾欲为君谥，使子孙知之[⑯]。”对曰：“生弗能事，死又恶之，以自信也。将焉用之？”乃止。秋七月癸巳，葬昭公于墓道南。孔子之为司寇也，沟而合诸墓[⑰]。

① 成子，叔孙婼之子。 ② 众事皆谘问子家子。○ 亟，起冀切。中，丁仲切。 ③ 几，哭会也。不欲见叔孙，故朝夕哭不同会。○ 朝，如字。 ④ 出时，成子未为卿。○ 羁，居宜切，子家子名。见，贤遍切，下同。从，才用切，《注》义从同；又如字，下从君、从公放此。 ⑤ 言未受昭公之命，托辞以距叔孙。 ⑥ 二子始谋逐季氏。 ⑦ 宋，昭公弟定公。 ⑧ 不敢，叔孙成子名。 ⑨ 貌出，谓以义从公，与季氏无实怨。○ 守，手又切。 ⑩ 与季氏为寇仇者，自可去。 ⑪ 君，昭公。⑫ 出奔。○ 坏，徐音怀，又户怪切。隤，徒回切。 ⑬ 诸侯薨，五日而殡，殡则嗣子即位。癸亥，昭公丧至，五日殡于宫，定公乃即位。 ⑭ 阚，鲁群公墓所在也。季孙恶昭公，欲沟绝其兆域，不使与先君同。○ 阚，口暂切。恶，乌路切，又如字。 ⑮ 驾鹅，鲁大夫荣成伯也。旌，章也。○ 驾，音加。鹅，五何切。旌，音精。 ⑯ 为恶谥。 ⑰ 明臣无贬君之义。○ 恶，如字，又乌路切。焉，於虔切。

昭公出，故季平子祷于炀公。九月，立炀宫①。

① 平子逐君，惧而请祷于炀公，昭公死于外，自以为获福，故立其宫。

周巩简公弃其子弟，而好用远人①。

① 简公，周卿士。远人，异族也。为明年巩氏贼简公张本。○ 巩，九勇切。好，呼报切。

经

二年春，王正月。

夏五月壬辰，雉门及两观灾①。

秋，楚人伐吴②。

冬十月，新作雉门及两观③。

① 无《传》。雉门，公宫之南门。两观，阙也。天火曰灾。○ 观，古乱切。　② 囊瓦称人，见诱以败军。○ 囊，乃郎切。　③ 无《传》。

传

二年夏四月辛酉，巩氏之群子弟贼简公①。

①《传》言弃亲用疏，所以败也。

桐叛楚①，吴子使舒鸠氏诱楚人②，曰："以师临我③，我伐桐，为我使之无忌④。"秋，楚囊瓦伐吴师于豫章⑤。吴人见舟于豫章[6],而潜师于巢[7]。冬十月,吴军楚师于豫章,败之[8]。遂围巢,克之,获楚公子繁[9]。

① 桐,小国,庐江舒县西南有桐乡。 ② 舒鸠,楚属国。 ③ 教舒鸠诱楚,使以师临吴。 ④ 吴伐桐也,伪若畏楚师之临己,而为伐其叛国以取媚者也。欲使楚不忌吴,所谓多方以误之。○ 为,于伪切。 ⑤ 从舒鸠言。 ⑥ 伪将为楚伐桐。○ 见,贤遍切。 ⑦ 实欲以击楚。 ⑧ 楚不忌故。 ⑨ 繁,守巢大夫。

邾庄公与夷射姑饮酒,私出[1]。阍乞肉焉,夺之杖以敲之[2]。

① 射姑,邾大夫。出,辟酒。○ 射,音亦,一音夜。 ② 夺阍杖以敲阍头也。为明年邾子卒《传》。○ 阍,音昏,守门人也。敲,苦孝切,又苦学切;《说文》作毃,云,击头也;《字林》同;又一曰击声也,口交切,又口卓切;训此敲云,横擿也;又或作茅,或作㨶,口交切。

经

三年春,王正月,公如晋,至河乃复[1]。

二月辛卯,邾子穿卒[2]。

夏四月。

秋,葬邾庄公[3]。

冬,仲孙何忌及邾子盟于拔[4]。

① 无《传》。 ② 再同盟。○ 穿,音川。 ③ 六月乃葬,缓。 ④ 拔,地阙。○ 拔,皮八切。

传

三年春二月辛卯，邾子在门台①，临廷。阍以缾水沃廷。邾子望见之，怒。阍曰："夷射姑旋焉②。"命执之③。弗得，滋怒，自投于床，废于炉炭，烂，遂卒④。先葬以车五乘，殉五人⑤。庄公卞急而好洁，故及是⑥。

① 门上有台。 ② 旋，小便。○ 廷，音庭。缾，步丁切；本又作瓶。 ③ 见其不洁，执射姑。 ④ 废，隋也。○ 炉，力具切。炭，他旦切。隋，徒火切。 ⑤ 欲藏中之洁，故先内车，及殉，别为便房，盖其遗命。○ 先，悉荐切，又如字。乘，绳证切。殉，辞俊切。藏，才浪切。 ⑥ 卞，躁疾也。○ 卞，皮彦切。好，呼报切。躁，早报切。

秋九月，鲜虞人败晋师于平中①，获晋观虎，恃其勇也②。

① 平中，晋地。 ② 为五年士鞅围鲜虞张本。

冬，盟于郯①，修邾好也②。

① 郯即拔也。○ 郯，音谈。 ② 公即位，故修好。

蔡昭侯为两佩与两裘①以如楚，献一佩一裘于昭王。昭王服之，以享蔡侯。蔡侯亦服其一。子常欲之，弗与。三年止之。唐成公如楚，有两肃爽马，子常欲之②，弗与。亦三年止之。唐人或相与谋，请代先从者，许之。饮先从者酒，醉之，窃马而献之子常。子常归唐侯。自拘于司败[3]，曰："君以弄马之故，隐君身[4]，弃国家群臣。请相夫人以偿马，必如之[5]。"唐侯曰："寡人之过也，二三子无辱。"皆赏之。蔡人闻之，固请而献佩于子常。子常朝，见蔡侯之徒，命有司曰："蔡君之久也，官不共也[6]。明日，礼不毕，将死[7]。"蔡侯归，及汉，执玉而沈，曰："余所有济汉而南者，有若大川[8]！"蔡侯如晋，以其子元与其大夫之子为质焉，而请伐楚[9]。

① 佩，佩玉也。　② 成公，唐惠侯之后。肃爽，骏马名。○ 肃，如字，又所六切。爽，音霜。骏，音俊。　③ 窃马者自拘。○ 从，才用切。饮，於鸩切。拘，九于切。　④ 隐，忧约也。○ 弄，鲁贡切。　⑤ 相，助也。夫人，谓养马者。○ 相，息亮切。夫，音扶。偿，市亮切。　⑥ 言楚所以礼遣蔡侯之物，不共备故。○ 共，音恭。　⑦ 遣蔡侯之礼。⑧ 自誓言，若复渡汉，当受祸，明如大川。○ 沈，音鸩。复，扶又切。⑨ 为明年会召陵张本。○ 质，音致。

经

四年春，王二月癸巳，陈侯吴卒[1]。

三月，公会刘子、晋侯、宋公、蔡侯、卫侯、陈子、郑伯、许男、曹伯、莒子、邾子、顿子、胡子、滕子、薛伯、杞伯、小邾子、齐国夏于召陵，侵楚[2]。

夏四月庚辰，蔡公孙姓帅师灭沈，以沈子嘉归，杀之[3]。

五月，公及诸侯盟于皋鼬[4]。

杞伯成卒于会[5]。

六月，葬陈惠公[6]。

许迁于容城[7]。

秋七月，公至自会[8]。

刘卷卒[9]。

葬杞悼公[10]。

楚人围蔡[11]。

晋士鞅、卫孔圉帅师伐鲜虞[12]。

葬刘文公[13]。

冬十有一月庚午，蔡侯以吴子及楚人战于柏举，楚师败绩[14]。

楚囊瓦出奔郑[15]。

庚辰，吴入郢[16]。

① 无《传》。未同盟而赴以名。癸巳，正月七日，书二月，从赴。　② 于召陵先行会礼，入楚竟，故书侵。○ 夏，户雅切。召，上照切。竟，音境。　③ ○ 姓，音生，又作生。　④ 召陵会刘子诸侯，总言之也。繁昌县东南有城皋亭。复称公者，会盟异处故。○ 鼬，由又切。复，扶又切。处，昌虑切。　⑤ 无《传》。○ 成，音城。　⑥ 无《传》。　⑦ 无《传》。　⑧ 无《传》。　⑨ 无《传》。即刘蚠也。刘子奉命出盟召陵，死则天王为告同盟，故不具爵。○ 卷，音权，又眷免切。蚠，扶粉切。为，于伪切，下为蔡同。　⑩ 无《传》。　⑪ 不服故也。　⑫ 无《传》。孔圉，孔羁孙。士鞅即范鞅。○ 圉，鱼吕切。　⑬ 无《传》。　⑭ 师能左右之曰以，皆陈曰战，大崩曰败绩。吴为蔡讨楚，从蔡计谋，故书蔡侯以吴子，言能左右之也。囊瓦称人，贪以致败，不能死难，罪贱之。柏举，楚地。昭三十一年《传》曰：六年十二月庚辰，吴其入郢。今以十一月者，并数闰。○ 陈，直觐切。难，乃旦切。数，所主切。　⑮ 书名，恶之。○ 恶，乌路切。　⑯ 弗地曰入，吴不称子，史略文。

传

四年春三月,刘文公合诸侯于召陵,谋伐楚也①。

① 文公,王官伯也。晋人假王命以讨楚之久留蔡侯,故曰文公合诸侯。

晋荀寅求货于蔡侯,弗得。言于范献子曰:"国家方危,诸侯方贰,将以袭敌,不亦难乎。水潦方降,疾疟方起,中山不服①,弃盟取怨,无损于楚②,而失中山,不如辞蔡侯。吾自方城以来,楚未可以得志③,祇取勤焉。"乃辞蔡侯。

晋人假羽旄于郑,郑人与之④。明日,或旆以会⑤。晋于是乎失诸侯⑥。将会,卫子行敬子言于灵公⑦曰:"会同难⑧,啧有烦言,莫之治也⑨。其使祝佗从⑩。"公曰:"善。"乃使子鱼。子鱼辞曰:"臣展四体,以率旧职,犹惧不给而烦刑书,若又共二⑪,徼大罪也。且夫祝,社稷之常隶也⑫。社稷不动,祝不出竟,官之制也⑬。君以军行,祓社衅鼓⑭,祝奉以从⑮,于是乎出竟。若嘉好之事⑯,君行师从⑰,卿行旅从⑱,臣无事焉。"公曰:"行也。"及皋鼬⑲,将长蔡于卫⑳。卫侯使祝佗私于苌弘曰:"闻诸道路,不知信否?若闻蔡将先卫,信乎?"苌弘曰:"信。蔡叔,康叔之兄也㉑,先卫,不亦可乎?"

子鱼曰:"以先王观之,则尚德也。昔武王克商,成王定之,选建明德,以藩屏周。故周公相王室,以尹天下㉒,于周为睦㉓。分鲁公以大路、大旂㉔,夏后氏之璜㉕,封父之繁弱㉖,殷民六族,条氏、徐氏、萧氏、索氏、长勺氏、尾勺氏,使帅其宗氏,辑其分族,将其类醜㉗,以法则周公,用即命于周[28]。是使之职事于鲁[29]，以昭周公之明德[30]。分之土田陪敦[31]，祝、宗、卜、史[32]，备物典策[33]，官司彝器[34]。因商奄之民[35]，命以伯禽[36]，而封于少皞之虚[37]。分康叔[38]以大路、少帛、綪茷、旃旌[39]、大吕[40]，殷民七族，陶氏、施氏、繁氏、锜氏、樊氏、饑氏、终葵氏，封畛土略，自武父以南，及圃田之北竟[41]，取于有阎之土，以共王职[42]。取于相土之东都，以会王之东蒐[43]。聃季授土[44]，陶叔授民[45]，命以《康诰》，而封于殷虚[46]，皆启以商政，疆以周索[47]。分唐叔[48]以大路、密须之鼓[49]、阙巩[50]、沽洗[51]，怀姓九宗，职官五正[52]。命以《唐诰》，而封于夏虚[53]，启以夏政[54]，疆以戎索[55]。三者皆叔也，而有令德，故昭之以分物。不然，文、武、成、康之伯犹多，而不获是分也，唯不尚年也。管蔡启商，惎间王室[56]。王于是乎杀管叔而蔡蔡叔[57]，以车七乘，徒七十人[58]。其子蔡仲，改行帅德，周公举之，以为己卿士[59]。见诸王而命之以蔡[60]，其命书云：'王曰，胡，无若尔考之违王命也[61]。'若之何其使蔡先卫也？武王之母弟八人，周公为大宰，康叔为司寇，聃季为司空，五叔无官，岂尚年哉[62]！曹，文之昭也[63]；晋，武之穆也[64]。曹为伯甸，非尚年也[65]。今将尚之，是反先王也。晋文公为践土之盟，卫成公不在，夷叔，其母弟也，犹先蔡[66]。其载书云：'王若曰：晋重[67]、鲁申[68]、卫武[69]、蔡甲午[70]、郑捷[71]、齐潘[72]、宋王臣[73]、莒期[74]。'藏在周府，可覆视也。吾子欲复文、武之略[75]，而不正其德，将如之何？"苌弘说，告刘子，与范献子谋之，乃长卫侯于盟。

① 中山,鲜虞。○ 潦,音老。疟,鱼略切。　② 晋、楚同盟,伐之为取怨。　③ 晋败楚,侵方城,在襄十六年。　④ 析羽为旌,王者游车之所建,郑私有之,因谓之羽旄,借观之。○ 祇,音支。旄,音毛。析,星历切。　⑤ 或,贱者也。继旐曰旆,令贱人施其旆,执以从会,示卑郑。○ 旆,步贝切。旐,音兆。令,力呈切,下令蔡同。　⑥《传》言晋无礼,所以遂弱。　⑦ 子行敬子,卫大夫。　⑧ 难得宜。　⑨ 啧,至也。烦言,忿争。○ 啧,仕责切,一音责。争,争斗之争。　⑩ 祝佗,大祝子鱼。○ 佗,徒河切。从,才用切,下师从、旅从同。大,音泰,下大祝、大卜、大史、大原同。　⑪ 共二职。○ 共,音恭。　⑫ 隶,贱臣也。○ 徼,古尧切。夫,音扶。　⑬ 社稷动,谓国迁。○ 竟,音境。　⑭ 师出,先有事祓祷于社,谓之宜社。于是杀牲,以血涂鼓鼙,为衅鼓。○ 祓,音弗;徐音废。衅,许靳切。鼙,步西切;本又作鞞。　⑮ 奉社主也。○ 从,如字,又才用切。　⑯ 谓朝会。○ 好,呼报切。　⑰ 二千五百人。⑱ 五百人。　⑲ 将盟。　⑳ 欲令蔡先卫歃。○ 长,丁丈切。先,悉荐切,下先卫同。歃,所洽切,又所甲切。　㉑ 蔡叔,周公兄;康叔,周公弟。　㉒ 尹,正也。○ 藩,方元切。相,悉亮切。　㉓ 睦,亲厚也。以盛德见亲厚。　㉔ 鲁公,伯禽也。此大路,金路,锡同姓诸侯车也。交龙为旂,周礼同姓以封。○ 分,扶问切,下并同。路,本亦作辂,音路。旂,其依切。锡,星历切。　㉕ 璜,美玉名。○ 夏,户雅切。璜,音黄。㉖ 封父,古诸侯也。繁弱,大弓名。○ 父,音甫,下武父同。封父,国名。繁,扶元切。　㉗ 醜,众也。○ 索,素洛切。勺,市灼切。辑,音集,又七入切。　㉘ 即,就也。使六族就周,受周公之法制。　㉙ 共鲁公之职事。○ 共,音恭,下共王同。　㉚ 昭,显也。　㉛ 陪,增也。敦,厚也。○ 陪,本亦作培,同步回切。　㉜ 大祝、宗人、大卜、大史,凡四官。㉝ 典策,春秋之制。○ 策,本又作册,亦作筴,或作箣,皆初革切。㉞ 官司,百官也。彝器,常用器。○ 彝,羊之切。　㉟ 商奄,国名也。与四国流言,或迸散在鲁,皆令即属鲁怀柔之。○ 迸,彼诤切。令,徐,力呈切。　㊱ 伯禽,周公世子。时周公唯遣伯禽之国,故皆以付伯禽。

㊲ 少皞虚，曲阜也，在鲁城内。○ 少，诗照切。皞，胡老切。虚，起居切。㊳ 康叔，卫之祖。 ㊴ 少帛，杂帛也。䌙茷，大赤，取染草名也。通帛为旃，析羽为旌。○ 䌙，七见切。茷，步贝切，又音吠。旃，章然切。㊵ 钟名。 ㊶ 畛，涂所径也。略，界也。武父，卫北界。圃田，郑薮名。○ 陶，徒刀切。繁，步河切。锜，鱼绮切。畛，之忍切，一音真。圃，布五切；本亦作甫田。涂，音徒。径，音经。薮，素口切。 ㊷ 有阎，卫所受朝宿邑，盖近京畿。○ 近，附近之近，下近我同。 ㊸ 为汤沐邑，王东巡守，以助祭泰山。○ 相，息亮切。蒐，所求切。守，手又切。 ㊹ 聃季，周公弟，司空。○ 聃，乃甘切。 ㊺ 陶叔，司徒。 ㊻《康诰》，《周书》。殷虚，朝歌也。 ㊼ 皆，鲁、卫也。启，开也。居殷故地，因其风俗，开用其政。疆理土地以周法。索，法也。○ 疆，居良切，《注》及下同。 ㊽ 唐叔，晋之祖。 ㊾ 密须，国名。 ㊿ 甲名。○ 巩，九勇切。 51 钟名。○ 沽，音孤。洗，息典切。 52 怀姓，唐之馀民。九宗，一姓为九族。职官五正，五官之长。○ 长，丁丈切，下长卫同。 53《唐诰》，诰命篇名也。夏虚，大夏，今大原晋阳也。 54 亦因夏风俗，开用其政。55 大原近戎而寒，不与中国同，故自以戎法。 56 惎，毒也。周公摄政，管叔、蔡叔开道纣子禄父，以毒乱王室。○ 惎，音忌。间，间厕之间。道，音导。 57 周公称王命以讨二叔。蔡，放也。○ 上蔡，素达切；下蔡，如字。 58 与蔡叔车徒而放之。○ 乘，绳证切。 59 为周公臣。○ 行，下孟切。 60 命为蔡侯。○ 见，贤遍切。 61 胡，蔡仲名。62 五叔：管叔鲜、蔡叔度、成叔武、霍叔处、毛叔聃也。 63 文王子，与周公异母。○ 昭，上饶切；《说文》作绍。 64 武王子。 65 以伯爵居甸服，言小。○ 甸，徒练切。 66 践土、召陵二会，《经》书蔡在卫上，霸主以国大小之序也。子鱼所言，盟歃之次。 67 文公。○ 重，直龙切。68 僖公。 69 叔武。 70 庄侯。 71 文公。○ 捷，在接切。72 昭公。○ 潘，普安切。 73 成公。○ 宋王臣，如字。王本或作壬，如林切。 74 兹丕公也。齐序郑下，周之宗盟，异姓为后。○ 丕，普悲切。75 略，道也。○ 覆，芳服切。

反自召陵，郑子大叔未至而卒。晋赵简子为之临，甚哀，曰："黄父之会[①]，夫子语我九言，曰：'无始乱，无怙富，无恃宠，无违同，无敖礼，无骄能[②]，无复怒[③]，无谋非德[④]，无犯非义[⑤]。'"

① 在昭二十五年。○说，音悦。为，于伪切，下为沈同。临，力鸩切。父，音甫。 ② 以能骄人。○语，鱼据切。怙，音户。敖，五报切。 ③ 复，重也。○复，扶又切。 ④ 非所谋也。 ⑤《传》言简子能用善言，所以遂兴。

沈人不会于召陵，晋人使蔡伐之。夏，蔡灭沈。秋，楚为沈故，围蔡。伍员为吴行人以谋楚。楚之杀郤宛也[①]，伯氏之族出[②]。伯州犁之孙嚭，为吴大宰以谋楚。楚自昭王即位，无岁不有吴师。蔡侯因之，以其子乾与其大夫之子为质于吴。

冬，蔡侯、吴子、唐侯伐楚[③]。舍舟于淮汭[④]，自豫章与楚夹汉[⑤]。左司马戌谓子常曰："子沿汉而与之上下[⑥]，我悉方城外以毁其舟[⑦]，还塞大隧、直辕、冥阨[⑧]。子济汉而伐之，我自后击之，必大败之。"既谋而行。武城黑谓子常[⑨]曰："吴用木也，我用革也[⑩]，不可久也。不如速战。"史皇谓子常："楚人恶子而好司马[⑪]，若司马毁吴舟于淮，塞城口而入[⑫]，是独克吴也。子必速战，不然不免。"乃济汉而陈，自小别至于大别[⑬]。三战，子常知不可，欲奔[⑭]。史皇曰："安求其事[⑮]，难而逃之，将何所入？子必死之，初罪必尽说[⑯]。"

十一月庚午，二师陈于柏举[⑰]。阖庐之弟夫槩王，晨请于阖庐曰："楚瓦不仁[18]，其臣莫有死志，先伐之，其卒必奔。而后大师继之，必克。"弗许。夫槩王曰："所谓臣义而行，不待命者，其此之谓也。今日我死，楚可入也。"以其属五千，先击子常之卒。子常之卒奔，楚师乱，吴师大败之。子常奔郑。史皇以其乘广死[19]。

吴从楚师，及清发[20]，将击之。夫槩王曰："困兽犹斗，况人乎？若知不免而致死，必败我。若使先济者知免，后者慕之，蔑有鬥心矣。半济而后可击也。"从之。又败之。楚人为食，吴人及之，奔食而从之。败诸雍澨，五战及郢[21]。己卯，楚子取其妹季芈畀我以出，涉睢[22]。鍼尹固与王同舟，王使执燧象以奔吴师[23]。庚辰，吴入郢，以班处宫[24]。子山处令尹之宫[25]，夫槩王欲攻之，惧而去之，夫槩王入之[26]。

左司马戌及息而还[27]，败吴师于雍澨，伤[28]。初，司马臣阖庐，故耻为禽焉[29]。谓其臣曰："谁能免吾首？"吴句卑曰："臣贱，可乎？"司马曰："我实失子，可哉[30]。"三战皆伤，曰："吾不可用也已。"句卑布裳，刭而裹之[31]，藏其身，而以其首免[32]。

楚子涉睢济江，入于云中[33]。王寝，盗攻之，以戈击王。王孙由于以背受之，中肩。王奔郧，钟建负季芈以从[34]，由于徐苏而从[35]。郧公辛之弟怀将弑王，曰："平王杀吾父，我杀其子，不亦可乎[36]！"辛曰："君讨臣，谁敢仇之？君命，天也，若死天命，将谁仇？《诗》曰：'柔亦不茹，刚亦不吐。不侮矜寡，不畏强御。'唯仁者能之[37]。违强陵弱，非勇也。乘人之约，非仁也。灭宗废祀，非孝也[38]。动无令名，非知也。必犯是，余将杀女。”

鬥辛与其弟巢以王奔随。吴人从之，谓随人曰：“周之子孙在汉川者，楚实尽之。天诱其衷，致罚于楚，而君又窜之[39]，周室何罪？君若顾报周室，施及寡人，以奖天衷[40]，君之惠也。汉阳之田，君实有之。”楚子在公宫之北[41]，吴人在其南。子期似王[42]，逃王而己为王，曰：“以我与之，王必免。”随人卜与之，不吉。乃辞吴曰：“以随之辟小而密迩于楚，楚实存之，世有盟誓，至于今未改。若难而弃之，何以事君？执事之患，不唯一人[43]。若鸠楚竟，敢不听命。”吴人乃退[44]。鑪金初宦于子期氏，实与随人要言[45]。王使见[46]，辞曰：“不敢以约为利[47]。”王割子期之心，以与随人盟[48]。

初，伍员与申包胥友[49]。其亡也，谓申包胥曰：“我必复楚国[50]。”申包胥曰：“勉之。子能复之，我必能兴之。”及昭王在随，申包胥如秦乞师，曰：“吴为封豕长蛇，以荐食上国[51]。虐始于楚，寡君失守社稷，越在草莽。使下臣告急曰，夷德无厌，若邻于君，疆埸之患也[52]。逮吴之未定，君其取分焉[53]。若楚之遂亡，君之土也。若以君灵抚之，世以事君[54]。”秦伯使辞焉，曰：“寡人闻命矣，子姑就馆，将图而告。”对曰：“寡君越在草莽，未获所伏[55]。下臣何敢即安？”立依于庭墙而哭，日夜不绝声，勺饮不入口，七日。秦哀公为之赋《无衣》[56]，九顿首而坐[57]。秦师乃出[58]。

① 在昭二十七年。○ 员，音云。　② 郤宛党。　③ 唐侯不书，兵属于吴、蔡。○ 犁，力兮切。嚭，普鄙切。乾，其连切。质，音致。
④ 吴乘舟从淮来，过蔡而舍之。○ 舍，音赦，置也；又音捨，弃也。汭，人锐

切。 ⑤ 豫章，汉东江北地名。○ 夹，古洽切。 ⑥ 沿，缘也。缘汉上下，遮使勿渡。○ 沿，悦全切。上，时掌切。遮，正奢切。 ⑦ 以方城外人毁吴所舍舟。 ⑧ 三者，汉东之隘道。○ 隧，音遂。冥，亡丁切；本或作寘，之豉切。阸，於懈切；本或作隘，音同。 ⑨ 黑，楚武城大夫。⑩ 用，军器。 ⑪ 史皇，楚大夫。司马，沈尹戌。○ 恶，乌路切。好，呼报切。 ⑫ 城口，三隘道之总名。 ⑬《禹贡》：汉水至大别南入江。然则此二别在江夏界。○ 陈，直觐切，下同。夏，户雅切。 ⑭ 知吴不可胜。 ⑮ 求知政事。 ⑯ 言致死以克吴，可以免贪贿致寇之罪。○ 难，乃旦切。 ⑰《经》所以书战。二师，吴、楚师。 ⑱ 瓦，子常名。 ⑲ 以战死。○ 卒，子忽切，下同。乘，绳证切。广，古旷切。⑳ 清发，水名。 ㉑ 奔食，食者走不陈，故不在战数。○ 澨，市制切。㉒ 睢水，出新城昌魏县，东南至枝江县入江，是楚王西走。○ 芈，面尔切，楚姓。畀，必利切。《世族谱》，季芈、畀我，皆平王女也；服云，畀我，季芈之字。睢，七余切。 ㉓ 烧火燧系象尾，使赴吴师，惊却之。○ 鍼，之林切。燧，音遂。 ㉔ 以尊卑班次处楚王宫室。 ㉕ 子山，吴王子。㉖ 入令尹宫也。言吴无礼，所以不能遂克。 ㉗ 息，汝南新息也。闻楚败，故还。 ㉘ 司马先败吴师，而身被创。○ 创，初良切。 ㉙ 司马尝在吴为阖庐臣，是以今耻于见禽。 ㉚ 失不知子贤。○ 句，古侯切。㉛ 司马已死，刭取其首。○ 刭，古顶切。裹，音果。 ㉜《传》言司马之忠壮。 ㉝ 入云梦泽中，所谓江南之梦。○ 梦，如字，又音蒙。㉞ 钟建，楚大夫。○ 中，丁仲切。郧，音云。从，才用切，下同，又如字。㉟ 以背受戈，故当时闷绝。 ㊱ 辛，蔓成然之子鬬辛也。昭十四年，楚平王杀成然。○ 杀，或作弑，申志切，下我杀同。蔓，音万。 ㊲《诗·大雅》。言仲山甫不辟强陵弱。○ 茹，音汝。矜，古顽切。 ㊳ 弑君，罪应灭宗。 ㊴ 窜，匿也。○ 知，音智。女，音汝。衷，音忠。窜，七乱切。匿，女力切。 ㊵ 奖，成也。○ 施，以豉切。 ㊶ 随公宫也。㊷ 子期，昭王兄公子结也。 ㊸ 一人，楚王。○ 辟，匹亦切。难，乃旦切。 ㊹ 鸠，安集也。○ 竟，音境。 ㊺ 要言无以楚王与吴，并欲脱子期。○ 鑪，本又作鑢，金名，音虑，氏也。　㊻ 王喜其意，欲引见之，以比王臣，且欲使盟随人。○ 见，贤遍切，下《注》敢见同。　㊼ 此约谓要言也。此一时之事，非为德举，故辞不敢见，亦不肯为盟主。○ 约，如字，又於妙切。　㊽ 当心前割取血以盟，示其至心。　㊾ 包胥，楚大夫。○ 包，必交切。　㊿ 复，报也。　51 荐，数也。言吴贪害如蛇豕。○ 荐，在薦切。数，所角切。　52 吴有楚则与秦邻。○ 草莽，旧作茅，亡交切；今本多作莽，莫荡切，下同。厌，於盐切。疆，居良切。埸，音亦。　53 与吴共分楚地。○ 逮，音代。分，扶问切。　54 抚。存恤也。　55 伏，犹处也。　56《诗·秦风》。取其"王子兴师，修我戈矛，与子同仇，与子偕作，与子偕行"。○ 勺，市灼切，又音灼。为，于伪切。仇，音求。　57《无衣》三章，章三顿首。　58 为明年包胥以秦师至张本。

经

五年春，王三月辛亥朔，日有食之①。

夏，归粟于蔡②。

於越入吴③。

六月丙申，季孙意如卒。

秋七月壬子，叔孙不敢卒④。

冬，晋士鞅帅师围鲜虞。

① 无《传》。　② 蔡为楚所围，饥乏，故鲁归之粟。　③ 於，发声也。　④ 无《传》。

传

五年春，王人杀子朝于楚①。

① 因楚乱也，终闵马父之言。

夏，归粟于蔡，以周亟，矜无资①。

① 亟，急也。〇 亟，纪力切。

越入吴，吴在楚也。

六月，季平子行东野①，还，未至，丙申，卒于房。阳虎将以玙璠敛②，仲梁怀弗与③，曰："改步改玉④。"阳虎欲逐之，告公山不狃。不狃曰："彼为君也，子何怨焉⑤？"既葬，桓子行东野⑥，及费。子泄为费宰，逆劳于郊，桓子敬之。劳仲梁怀，仲梁怀弗敬⑦。子泄怒，谓阳虎："子行之乎⑧？"

① 东野，季氏邑。〇 行，下孟切，下桓子行同。 ② 玙璠，美玉，君所佩。〇 玙，本又作与，音余。璠，音烦，又方烦切。敛，力验切。 ③ 怀亦季氏家臣。 ④ 昭公之出，季孙行君事，佩玙璠祭宗庙。今定公立，复臣位，改君步，则亦当去玙璠。〇 去，起吕切。 ⑤ 不狃，季氏臣费宰子泄也。为君，不欲使僭。〇 狃，女九切。为，于伪切。泄，息列切。僭，子念切。 ⑥ 桓子，意如子季孙斯。 ⑦ 怀时从桓子行，轻慢子泄。〇 劳，力报切，下从父、从王并同。 ⑧ 行，逐怀也。为下阳虎囚桓子起。

申包胥以秦师至，秦子蒲、子虎帅车五百乘以救楚①。子蒲曰："吾未知吴道②。"使楚人先与吴人战，而自稷会之，大败夫槩王于沂③。吴人获薳射于柏举④。其子帅奔徒⑤以从子西，败吴师于军祥⑥。秋七月，子期、子蒲灭唐⑦。九月，夫槩王归，自立也，以与王战而败[8]，奔楚，为堂谿氏[9]。

吴师败楚师于雍澨，秦师又败吴师。吴师居麇[10]。子期将焚之，子西曰："父兄亲暴骨焉，不能收，又焚之，不可[11]。"子期曰："国亡矣！死者若有知也，可以歆旧祀[12]，岂惮焚之？"焚之而又战，吴师败。又战于公壻之谿[13]，吴师大败，吴子乃归。囚闉舆罢。闉舆罢请先，遂逃归[14]。叶公诸梁之弟后臧从其母于吴，不待而归[15]。叶公终不正视[16]。

① 五百乘，三万七千五百人。○ 乘，绳证切，《注》同。 ② 道，犹法术。 ③ 稷、沂皆楚地。○ 沂，鱼依切。 ④ 薳射，楚大夫。○ 射，食亦切，又食夜切。 ⑤ 奔徒，楚散卒。○ 卒，子忽切。 ⑥ 楚地。 ⑦ 从吴伐楚故。 ⑧ 自立为吴王，号夫槩。 ⑨《传》终言之。○ 谿，苦兮切。 ⑩ 麇，地名。○ 麇，九伦切。 ⑪ 前年楚人与吴战，多死麇中，言不可并焚。○ 暴，步卜切。 ⑫ 言焚吴复楚，则祭祀不废。○ 歆，许金切。 ⑬ 楚地名。 ⑭ 舆罢，楚大夫。请先至吴而逃归。言吴唯得楚一大夫，复失之，所以不克。○ 闉，音因。舆，音余；又作与，羊汝切。罢，音皮。复，扶又切。 ⑮ 诸梁，司马沈尹戌之子叶公子高也。吴入楚，获后臧之母。楚定，臧弃母而归。○ 叶，舒涉切。从，如字，又才用切。 ⑯ 不义之。

乙亥，阳虎囚季桓子及公父文伯[1]，而逐仲梁怀。冬十月丁亥，杀公何藐[2]。己丑，盟桓子于稷门之内[3]。庚寅，大诅，逐公父歜及秦遄，皆奔齐[4]。

① 文伯，季桓子从父昆弟也。阳虎欲为乱，恐二子不从，故囚之。○ 父，音甫。 ② 藐，季氏族。○ 藐，亡角切，又弥小切。 ③ 鲁南

城门。　④ 歜，即文伯也。秦遄，平子姑婿也。《传》言季氏之乱。○ 诅，庄虑切。歜，昌欲切。遄，市专切。

楚子入于郢[①]。初，鬬辛闻吴人之争宫也，曰："吾闻之，不让则不和，不和不可以远征。吴争于楚，必有乱。有乱则必归，焉能定楚？"王之奔随也，将涉于成臼[②]，蓝尹亹涉其帑[③]，不与王舟。及宁，王欲杀之[④]。子西曰："子常唯思旧怨以败，君何效焉？"王曰："善。使复其所，吾以志前恶[⑤]。"王赏鬬辛、王孙由于、王孙圉、钟建、鬬巢、申包胥、王孙贾、宋木、鬬怀[⑥]。子西曰："请舍怀也[⑦]。"王曰："大德灭小怨，道也[⑧]。"申包胥曰："吾为君也，非为身也。君既定矣，又何求？且吾尤子旗，其又为诸[⑨]？"遂逃赏。王将嫁季芈，季芈辞曰："所以为女子，远丈夫也。钟建负我矣。"以妻钟建，以为乐尹[⑩]。

王之在随也，子西为王舆服以保路，国于脾泄[⑪]。闻王所在，而后从王。王使由于城麇[⑫]，复命，子西问高厚焉，弗知。子西曰："不能，如辞[⑬]。城不知高厚小大，何知？"对曰："固辞不能，子使余也。人各有能有不能。王遇盗于云中，余受其戈，其所犹在。"袒而视之背，曰："此余所能也。脾泄之事，余亦弗能也[⑭]。"

① 吴师已归。　② 江夏竟陵县西有臼水，出聊屈山，西南入汉。○ 焉，於虔切。臼，其九切。屈，其勿切，又君勿切。　③ 亹，楚大夫。○ 蓝，力甘切。亹，亡匪切。帑，音奴。　④ 宁，安定也。　⑤ 恶，过也。　⑥ 九子皆从王有大功者。　⑦ 以初谋弑王也。○ 舍，音捨，又

音赦。弑，申志切。　⑧ 终从其兄，免王大难，是大德。○ 难，乃旦切。⑨ 子旗，蔓成然也。以有德于平王，求欲无厌，平王杀之。在昭十四年。○ 为，于伪切。厌，於盐切。　⑩ 司乐大夫。○ 远，于万切。妻，七细切。　⑪ 脾洩，楚邑也。失王，恐国人溃散，故伪为王车服，立国脾洩，以保安道路人。○ 脾，婢支切。洩，息列切。　⑫ 于麇筑城。　⑬ 言自知不能，当辞勿行。　⑭《传》言昭王所以复国，有贤臣也。○ 袒，音但。

晋士鞅围鲜虞，报观虎之役也[①]。

① 三年，鲜虞获晋观虎。

经

六年春，王正月癸亥，郑游速帅师灭许，以许男斯归[①]。

二月，公侵郑。

公至自侵郑[②]。

夏，季孙斯、仲孙何忌如晋。

秋，晋人执宋行人乐祁犁[③]。

冬，城中城[④]。

季孙斯、仲孙忌帅师围郓[⑤]。

① 游速，大叔子。　② 无《传》。　③ 称行人，言非其罪。○ 犁，力兮切，又力之切。　④ 无《传》。公为晋侵郑，故惧而城之。○ 为，于伪切。　⑤ 无《传》。何忌不言何，阙文。郓贰于齐，故围之。○ 郓，音运。

传

六年春，郑灭许，因楚败也。

二月，公侵郑取匡，为晋讨郑之伐胥靡也[①]。往不假道于卫；及还，阳虎使季孟自南门入，出自东门[②]，舍于豚泽。卫侯怒，使弥子瑕追之[③]。公叔文子老矣[④]，辇而如公，曰："尤人而效之，非礼也。昭公之难，君将以文之舒鼎[⑤]，成之昭兆[⑥]，定之鞶鉴[⑦]，苟可以纳之，择用一焉。公子与二三臣之子，诸侯苟忧之，将以为之质[⑧]。此群臣之所闻也。今将以小忿蒙旧德[⑨]，无乃不可乎？大姒之子[⑩]，唯周公、康叔为相睦也。而效小人以弃之，不亦诬乎！天将多阳虎之罪以毙之，君姑待之，若何？"乃止[⑪]。

① 胥靡，周地也。周儋翩因郑人以作乱，郑为之伐胥靡，故晋使鲁讨之。匡，郑地。取匡不书，归之晋。○ 为，于伪切。儋，丁甘切。翩，音篇。 ② 阳虎将逐三桓，欲使得罪于邻国。 ③ 弥子瑕，卫嬖大夫。○ 豚，杜孙切。嬖，必计切。 ④ 文子，公叔发。 ⑤ 卫文公之鼎。○ 难，乃旦切。 ⑥ 宝龟。 ⑦ 鞶带而以镜为饰也。今西方羌胡犹然，古之遗服。○ 鞶，又作盘，步丹切，又蒲官切。鉴，古暂切。 ⑧ 为质，求纳鲁昭公。○ 质，音致。 ⑨ 蒙，覆也。 ⑩ 大姒，文王妃。○ 大，音泰。姒，音似。 ⑪ 止不伐鲁师。

夏，季桓子如晋，献郑俘也[①]。阳虎强使孟懿子往报夫人之币[②]。晋人兼享之[③]。孟孙立于房外，谓范献子曰："阳虎若不能居鲁，而息肩于晋，所不以为中军司马者，有如先君[④]。"献子曰："寡君有官，将使其人[⑤]。鞅何知焉？"献子谓简子曰:“鲁人患阳虎矣,孟孙知其衅,以为必适晋,故强为之请,以取入焉[6]。”

① 献此春取匡之俘。○ 俘,芳夫切。　② 虎欲困辱三桓,并求媚于晋,故强使正卿报晋夫人之聘。○ 强,其丈切,下同。　③ 贱鲁,故不复两设礼,明《经》所以不备书。○ 复,扶又切。　④ 称先君以征其言,若欲使晋,必厚待之。　⑤ 择得其人。　⑥ 欲令晋人闻虎当逃走,故强设请托之辞。因此言以入晋,令晋素知之。○ 衅,许靳切。为,于伪切。令,力呈切。

四月己丑,吴大子终累败楚舟师[1],获潘子臣、小惟子[2]及大夫七人。楚国大惕,惧亡。子期又以陵师败于繁扬[3]。令尹子西喜曰:“乃今可为矣[4]。”于是乎迁郢于鄀,而改纪其政,以定楚国[5]。

① 终累,阖庐子,夫差兄。舟师,水战。○ 累,力追切,又力轨切。夫,音扶。差,初佳切。　② 二子,楚舟师之帅。○ 惟,位悲切;本又作帷,亦如字。　③ 陵师,陆军。○ 惕,他历切。　④ 言知惧而后可治。⑤《传》言楚赖子西以安。○ 鄀,音若。

周儋翩率王子朝之徒,因郑人将以作乱于周[1]。郑于是乎伐冯、滑、胥靡、负黍、狐人、阙外[2]。六月,晋阎没戍周,且城胥靡[3]。

① 儋翩,子朝馀党。　② 郑伐周六邑,在鲁伐郑取匡前,于此见者,为戍周起也。阳城县西南有负黍亭。○ 见,贤遍切,下见溷同。为,于伪

切，下同。 ③ 为下天王出居姑莸起。

秋八月，宋乐祁言于景公曰：“诸侯唯我事晋，今使不往，晋其憾矣。”乐祁告其宰陈寅[①]。陈寅曰：“必使子往。”他日，公谓乐祁曰：“唯寡人说子之言，子必往。”陈寅曰：“子立后而行，吾室亦不亡[②]。唯君亦以我为知难而行也。”见溷而行[③]。赵简子逆而饮之酒于绵上，献杨楯六十于简子[④]。陈寅曰：“昔吾主范氏，今子主赵氏，又有纳焉。以杨楯贾祸，弗可为也已[⑤]。然子死晋国，子孙必得志于宋[⑥]。”范献子言于晋侯曰：“以君命越疆而使，未致使而私饮酒，不敬二君，不可不讨也。”乃执乐祁[⑦]。

① 以与公言告之。○ 使，所之切。憾，户暗切。 ② 寅知晋政多门，往必有难，故使乐祁立后而行。○ 说，音悦。难，乃旦切，下同。 ③ 溷，乐祁子也。见于君，立以为后。○ 溷，侯温切，又侯困切。 ④ 杨，木名。○ 楯，食允切，又音允。 ⑤ 知范氏必怨，将得祸。○ 贾，音古。 ⑥ 以其为国死。○ 为，于伪切，下同。 ⑦ 献子怨祁比赵氏，《经》所以称行人。○ 疆，居良切。使，所吏切。比，毗志切。

阳虎又盟公及三桓于周社，盟国人于亳社，诅于五父之衢[①]。

①《传》言三桓微，陪臣专政，为八年阳虎作乱起。○ 亳，步各切。诅，侧虑切。父，音甫。衢，其俱切。

冬十二月，天王处于姑莸[①]，辟儋翩之乱也[②]。

①姑莸，周地。○莸，音由，又由旧切。　②为明年单、刘逆王起。○单，音善。

经

七年春，王正月。

夏四月。

秋，齐侯、郑伯盟于鹹[①]。

齐人执卫行人北宫结以侵卫[②]。

齐侯、卫侯盟于沙[③]。

大雩[④]。

齐国夏帅师伐我西鄙[⑤]。

九月，大雩[⑥]。

冬十月。

①卫地。○鹹，音咸。　②称行人，非使人之罪。○使，所吏切。③结叛晋也。阳平元城县东南有沙亭。○沙，如字，又星和切。　④无《传》，过也。　⑤夏，国佐孙。　⑥无《传》，过也。

传

七年春二月，周儋翩入于仪栗以叛[①]。

①仪栗，周邑。

齐人归郓、阳关，阳虎居之以为政[①]。

①郓、阳关皆鲁邑，中贰于齐，齐今归之。不书，虎专之。○中，丁仲切。

夏四月，单武公[①]、刘桓公[②]败尹氏于穷穀[③]。

①穆公子。　②文公子。　③尹氏复党儋翩，共为乱也。○复，扶又切。

秋，齐侯、郑伯盟于鹹，征会于卫[①]。卫侯欲叛晋[②]，诸大夫不可。使北宫结如齐，而私于齐侯曰："执结以侵我[③]。"齐侯从之，乃盟于琐[④]。

①征，召也。　②属齐、郑也。　③欲以齐师惧诸大夫。④琐即沙也。为明年涉佗捘卫侯手起。○琐，素果切。佗，徒河切。捘，子对切。

齐国夏伐我[①]。阳虎御季桓子，公敛处父御孟懿子[②]，将宵军齐师。齐师闻之，堕，伏而待之[③]。处父曰："虎不图祸，而必死[④]。"苫夷曰："虎陷二子于难[⑤]。不待有司，余必杀女。"虎惧，乃还，不败[⑥]。

①齐叛晋故。　②处父，孟氏家臣成宰公敛阳。○敛，力检切，又音廉，或音虑点切。　③堕毁其军以诱敌，而设伏兵。○堕，许规切。④而，女也。○女，音汝，下同。　⑤苫夷，季氏家臣。二子，季、孟。○苫，始占切。难，乃旦切。　⑥《传》言陪臣强，能自相制。季、孟不敢有心。

冬十一月戊午，单子、刘子逆王于庆氏[1]。晋籍秦送王。己巳，王入于王城[2]，馆于公族党氏[3]，而后朝于庄宫[4]。

① 庆氏，守姑莸大夫。 ② 己巳，十二月五日，有日无月。 ③ 党氏，周大夫。○ 党，音掌。 ④ 庄王庙也。

春秋经传集解第二十八

定公下

经

八年春，王正月，公侵齐[1]。

公至自侵齐[2]。

二月，公侵齐[3]。

三月，公至自侵齐[4]。

曹伯露卒[5]。

夏，齐国夏帅师伐我西鄙。

公会晋师于瓦[6]。

公至自瓦[7]。

秋七月戊辰，陈侯柳卒[8]。

晋士鞅帅师侵郑，遂侵卫[9]。

葬曹靖公[10]。

九月，葬陈怀公[11]。

季孙斯、仲孙何忌帅师侵卫。

冬，卫侯、郑伯盟于曲濮[12]。

从祀先公[13]。

盗窃宝玉、大弓[14]。

① 报前年伐我西鄙。　② 无《传》。　③ 未得志故。　④ 无《传》。　⑤ 无《传》。四年盟皋鼬。○ 鼬，由又切。　⑥ 瓦，卫地。将来救鲁，公逆会之。东郡燕县东北有瓦亭。○ 夏，户雅切，年末《注》同。瓦，颜寡切。燕，音烟。　⑦ 无《传》。　⑧ 无《传》。四年盟皋鼬。○ 柳，力久切，本或作抑。　⑨ 两事，故曰遂。　⑩ 无《传》。　⑪ 无《传》。三月而葬，速。　⑫ 无《传》。结叛晋。曲濮，卫地。○ 濮，音卜。　⑬ 从，顺也。先公，闵公、僖公也。将正二公之位次，所顺非一。亲尽，故通言先公。　⑭ 盗，谓阳虎也。家臣贱，名氏不见，故曰盗。宝玉，夏后氏之璜。大弓，封父之繁弱。○ 见，贤遍切。璜，音黄。父，音甫。

传

八年春，王正月，公侵齐，门于阳州①。士皆坐列②，曰，颜高之弓六钧③，皆取而传观之。阳州人出，颜高夺人弱弓，籍丘子鉏击之，与一人俱毙④。偃且射子鉏，中颊，殪⑤。颜息射人中眉⑥，退曰："我无勇，吾志其目也⑦。"师退，冉猛伪伤足而先⑧。其兄会乃呼曰："猛也殿⑨。"

① 攻其门。　② 言无斗志。　③ 颜高，鲁人。三十斤为钧，六钧，百八十斤。古称重，故以为异强。○ 钧，音均。称，尺证切。强，其丈切。　④ 子鉏，齐人。毙，仆也。○ 传，直专切。鉏，仕居切。与一人俱毙，婢世切；颜高与一人俱为子鉏所击而仆。仆，音赴，又蒲北切；孙炎云：前覆曰仆。　⑤ 子鉏死。○ 且，如字。射，食亦切，下同。中，丁仲切。颊，古协切。殪，於计切，死也。言颜高虽为子鉏所击偃仆，且射子鉏中颊而死，言其善射也。一读且，音子馀切，云，偃且，人姓名也。检《世族谱》，无此人。一读者非也。　⑥ 颜息，鲁人。　⑦ 以自矜。　⑧ 猛，鲁人。欲先归。○ 先，悉荐切。　⑨ 会见师退，而猛不在列，乃大呼，诈言猛在后为殿。《传》言鲁无军政。○ 呼，火故切。殿，丁电切，《注》同。

二月己丑，单子伐榖城，刘子伐仪栗[①]。辛卯，单子伐简城，刘子伐盂，以定王室[②]。

① 讨儋翩之党。榖城在河南县西。○ 单，音善。儋，丁甘切。翩，音篇。　② 《传》终王室之乱。○ 盂，音于。

赵鞅[①]言于晋侯曰："诸侯唯宋事晋，好逆其使，犹惧不至。今又执之，是绝诸侯也。"将归乐祁。士鞅曰："三年止之，无故而归之，宋必叛晋[②]。"献子私谓子梁[③]曰："寡君惧不得事宋君，是以止子。子姑使溷代子[④]。"子梁以告陈寅。陈寅曰："宋将叛晋，是弃溷也。不如待之[⑤]。"乐祁归，卒于大行[⑥]。士鞅曰："宋必叛，不如止其尸以求成焉。"乃止诸州[⑦]。

① ○ 鞅，丁掌切。　② 执乐祁在六年。○ 好，呼报切。使，所吏切。　③ 献子，范鞅。子梁，乐祁。　④ 溷，乐祁子。○ 溷，侯温切，又侯困切。　⑤ 留待，勿以子自代。　⑥ 大行，晋东南山。○ 大，音泰。行，户郎切，一音衡。　⑦ 州，晋地。为明年宋公使乐大心如晋张本。

公侵齐，攻廪丘之郛[①]。主人焚冲[②]，或濡马褐以救之[③]，遂毁之[④]。主人出，师奔[⑤]。阳虎伪不见冉猛者，曰："猛在此，必败[⑥]。"猛逐之，顾而无继，伪颠[⑦]。虎曰："尽客气也[⑧]。"苫越生子，将待事而名之[⑨]。阳州之役获焉，名之曰阳州[⑩]。

① 郛，郭也。○ 廪，力甚切。郛，芳夫切。 ② 冲，战车。○ 冲，昌容切；《说文》作幢，云，陷阵车也。 ③ 马褐，马衣。○ 濡，人于切。褐，户葛切。 ④ 毁郛。 ⑤ 攻郛人少，故遣后师走往助之。 ⑥ 阳州之役，猛先归。言若在此，必复败。○ 复，扶又切。 ⑦ 逐廪丘人。⑧ 言皆客气，非勇。○ 客，如字。 ⑨ 苫越，苫夷。○ 苫，式占切，《注》同。 ⑩ 欲自比侨如。○ 侨，其骄切。

夏，齐国夏、高张伐我西鄙[①]。晋士鞅、赵鞅、荀寅救我[②]。公会晋师于瓦。范献子执羔，赵简子、中行文子皆执雁。鲁于是始尚羔[③]。

① 报上二侵。 ② 救不书，齐师已去，未入竟。○ 竟，音境。③ 献子，士鞅也。简子，赵鞅也。中行文子，荀寅也。礼，卿执羔，大夫执雁。鲁则同之。今始知执羔之尊也。卿不书，礼不敌公，史略之。○ 行，户郎切。

晋师将盟卫侯于鄟泽[①]。赵简子曰："群臣谁敢盟卫君者[②]？"涉佗、成何曰："我能盟之[③]。"卫人请执牛耳[④]。成何曰："卫，吾温原也，焉得视诸侯[⑤]？"将歃，涉佗捘卫侯之手及捥[⑥]，卫侯怒。王孙贾趋进[⑦]曰："盟以信礼也[⑧]。有如卫君，其敢不唯礼是事，而受此盟也[⑨]？"

卫侯欲叛晋，而患诸大夫。王孙贾使次于郊，大夫问故[⑩]。公以晋诟语之[⑪]，且曰："寡人辱社稷，其改卜嗣，寡人从焉[⑫]。"大夫曰："是卫之祸，岂君之过也？"公曰："又有患焉，谓寡人必以而子与大夫之子为质[⑬]。"大夫曰："苟有益也，公子则往。群臣之子，敢不皆负羁绁以从。"将行，王孙贾曰："苟卫国有难，工商未尝不为患，使皆行而后可⑭。"公以告大夫，乃皆将行之。行有日⑮，公朝国人，使贾问焉，曰："若卫叛晋，晋五伐我，病何如矣？"皆曰："五伐我，犹可以能战。"贾曰："然则如叛之，病而后质焉，何迟之有？"乃叛晋。晋人请改盟，弗许。

① 自瓦还，就卫地盟。○ 郇，音专，又市转切；本亦作剸，音同。 ② 前年卫叛晋属齐，简子意欲摧辱之。 ③ 二子，晋大夫。○ 佗，徒何切。 ④ 盟礼，尊者涖牛耳，主次盟者。卫侯与晋大夫盟，自以当涖牛耳，故请之。 ⑤ 言卫小可比晋县，不得从诸侯礼。○ 焉，於虔切。 ⑥ 捘，挤也。血至捥。○ 歃，所洽切。捘，子对切。捥，乌唤切。挤，子计切，又子礼切；《说文》云，排也。 ⑦ 贾，卫大夫。 ⑧ 信，犹明也。 ⑨ 言晋无礼，不欲受其盟。 ⑩ 问不入故。 ⑪ 诟，耻也。○ 诟，呼豆切。语，鱼据切。 ⑫ 使改卜他公子以嗣先君，我从大夫所立。 ⑬ 为质于晋。○ 质，音致，下同。 ⑭ 欲以激怒国人。○ 绁，息列切。从，才用切，下《注》从弟、下从者同。难，乃旦切。激，古狄切。 ⑮ 有期日。

秋，晋士鞅会成桓公，侵郑，围虫牢，报伊阙也①。遂侵卫②。

① 桓公，周卿士。不书，监帅不亲侵也。六年，郑伐周阙外，晋为周报之。○ 监，古衔切。为，于伪切，下同。 ② 讨叛。

九月，师侵卫，晋故也①。

① 鲁为晋讨卫。

季寤[1]、公鉏极[2]、公山不狃[3]皆不得志于季氏，叔孙辄无宠于叔孙氏[4]，叔仲志不得志于鲁[5]。故五人因阳虎。阳虎欲去三桓，以季寤更季氏[6]，以叔孙辄更叔孙氏[7]，己更孟氏[8]。冬十月，顺祀先公而祈焉[9]。辛卯，禘于僖公[10]。壬辰，将享季氏于蒲圃而杀之，戒都车曰："癸巳至[11]。"成宰公敛处父告孟孙曰："季氏戒都车，何故？"孟孙曰："吾弗闻。"处父曰："然则乱也，必及于子，先备诸。"与孟孙以壬辰为期[12]。

阳虎前驱，林楚御桓子，虞人以铍盾夹之，阳越殿[13]。将如蒲圃，桓子咋谓林楚[14]曰："而先皆季氏之良也，尔以是继之[15]。"对曰："臣闻命后[16]。阳虎为政，鲁国服焉。违之，征死。死无益于主。"桓子曰："何后之有？而能以我适孟氏乎？"对曰："不敢爱死，惧不免主。"桓子曰："往也[17]。"孟氏选圉人之壮者三百人，以为公期筑室于门外[18]。林楚怒马，及衢而骋[19]，阳越射之，不中，筑者阖门[20]。有自门间射阳越，杀之。阳虎劫公与武叔[21]，以伐孟氏。公敛处父帅成人，自上东门入[22]，与阳氏战于南门之内，弗胜。又战于棘下[23]，阳氏败。阳虎说甲如公宫，取宝玉大弓以出，舍于五父之衢，寝而为食。其徒曰："追其将至。"虎曰："鲁人闻余出，喜于征死，何暇追余[24]？"从者曰："嘻！速驾，公敛阳在[25]。"公敛阳请追之，孟孙弗许[26]。阳欲杀桓子[27]，孟孙惧而归之[28]。子言辨舍爵于季氏之庙而出[29]。阳虎入于讙、阳关以叛[30]。

① 季桓子之弟。○ 寤,五故切。　② 公弥曾孙,桓子族子。　③ 费宰。○ 狃,女九切。　④ 辄,叔孙氏之庶子。　⑤ 志,叔孙带之孙,皆为国人所薄。　⑥ 代桓子。○ 去,起吕切。更,音庚,旧古孟切,下同。　⑦ 代武叔。　⑧ 阳虎自代懿子。　⑨ 将作大事,欲以顺祀取媚。　⑩ 辛卯,十月二日。不于大庙者,顺祀之义,当退僖公,惧于僖神,故于僖庙行顺祀。○ 禘,大计切。　⑪ 都邑之兵车也。阳虎欲以壬辰夜杀季孙,明日癸巳,以都车攻二家。○ 圃,布五切。　⑫ 处父期以兵救孟氏。壬辰,先癸巳一日。○ 先,悉荐切。　⑬ 越,阳虎从弟。○ 铍,普皮切。盾,食允切,又音允。夹,古洽切。殿,丁见切。　⑭ 咋,暂也。○ 咋,仕诈切。　⑮ 欲使林楚免己于难,以继其先人之良。○ 难,乃旦切。　⑯ 后,犹晚也。　⑰ 言必往。　⑱ 实欲以备难,不欲使人知,故伪筑室于门外,因得聚众。公期,孟氏支子。○ 圉,鱼吕切。为,于伪切。　⑲ 骋,驰也。○ 骋,敕领切。　⑳ 季孙既得入,乃闭门。○ 射,食亦切,下同。中,丁仲切。阖,户臘切。　㉑ 武叔,叔孙不敢之子州仇也。○ 劫,居业切。仇,音求。　㉒ 鲁东城之北门。　㉓ 城内地名。　㉔ 征,召也。阳虎召季氏于蒲圃,将杀之,今得脱,必喜。故言喜于召死。○ 说,本又作税,同,他活切。脱,徒活切,或他活切。　㉕ 嘻,惧声。○ 嘻,许其切。　㉖ 畏阳虎。　㉗ 欲因乱讨季氏,以强孟氏。　㉘ 不敢杀。　㉙ 子言,季寤。辨,犹周徧也。徧告庙饮酒,示无惧。○ 言辨,上音遍,《注》徧同;下如字。　㉚ 叛不书,略家臣。○ 讙,音欢。

郑驷歂嗣子大叔为政①。

① 歂,驷乞子子然也。为明年杀邓析张本。○ 歂,市专切。析,星历切。

经

九年春，王正月。

夏四月戊申，郑伯虿卒[①]。

得宝玉、大弓[②]。

六月，葬郑献公[③]。

秋，齐侯、卫侯次于五氏[④]。

秦伯卒[⑤]。

冬，葬秦哀公[⑥]。

① 无《传》。四年盟皋鼬。○ 虿，敕迈切。 ② 弓、玉，国之分器。得之足以为荣，失之足以为辱，故重而书之。○ 分，扶问切。 ③ 无《传》。三月而葬，速。 ④ 五氏，晋地。不书伐者，讳伐盟主，以次告。 ⑤ 无《传》。不书名，未同盟。 ⑥ 无《传》。

传

九年春，宋公使乐大心盟于晋，且逆乐祁之尸。辞，伪有疾。乃使向巢如晋盟，且逆子梁之尸[①]。子明谓桐门右师出[②]，曰："吾犹衰绖，而子击钟，何也[③]？"右师曰："丧不在此故也。"既而告人曰："己衰绖而生子，余何故舍钟[④]？"子明闻之怒，言于公曰："右师将不利戴氏[⑤]，不肯适晋，将作乱也。不然无疾。"乃逐桐门右师[⑥]。

① 巢，向戌曾孙。○ 向，舒亮切。 ② 子明，乐祁之子溷也。右师，乐大心，子明族父也。右师往到子明舍，子明逐使出门去。 ③ 忿其不逆父丧，因责其无同族之恩。○ 衰，七雷切。绖，田结切。 ④ 己，子明

也。○ 舍，音捨。　⑤ 乐氏，戴公族。　⑥ 逐之在明年，终叔孙昭子之言。

郑驷歂杀邓析，而用其竹刑[①]。君子谓："子然于是不忠。苟有可以加于国家者，弃其邪可也[②]。《静女》之三章，取彤管焉[③]。《竿旄》'何以告之'，取其忠也[④]。故用其道，不弃其人。《诗》云：'蔽芾甘棠，勿翦勿伐，召伯所茇[⑤]。'思其人犹爱其树，况用其道而不恤其人乎？子然无以劝能矣[⑥]。"

① 邓析，郑大夫。欲改郑所铸旧制，不受君命，而私造刑法，书之于竹简，故言竹刑。　② 加，犹益也。弃，不责其邪恶也。○ 邪，似嗟切。③《诗·邶风》也。言《静女》三章之诗，虽说美女，义在彤管。彤管，赤管笔。女史记事规诲之所执。○ 彤，徒冬切。邶，音佩。说，音悦。④《诗·鄘风》也。录《竿旄》诗者，取其中心愿告人以善道也。言此二诗，皆以一善见采，而邓析不以一善存身。○ 鄘，音容。　⑤《诗·召南》也。召伯决讼于蔽芾小棠之下，诗人思之，不伐其树。茇，草舍也。○ 芾，方味切。召，音邵。茇，畔末切。　⑥《传》言子然嗣大叔为政，郑所以衰弱。

夏，阳虎归宝玉、大弓[①]。书曰"得"，器用也。凡获器用曰得[②]，得用焉曰获[③]。

① 无益近用，而袛为名，故归之。○ 袛，音支。　② 器用者，谓物之成器可为人用者也。　③ 谓用器物以有获，若麟为田获，俘为战获。○ 麟，本又作骥，吕辛切。俘，芳夫切。

六月，伐阳关[1]。阳虎使焚莱门[2]。师惊，犯之而出，奔齐，请师以伐鲁，曰："三加必取之[3]。"齐侯将许之。鲍文子谏曰："臣尝为隶于施氏矣[4]。鲁未可取也。上下犹和，众庶犹睦，能事大国[5]，而无天菑。若之何取之？阳虎欲勤齐师也，齐师罢，大臣必多死亡，己于是乎奋其诈谋。夫阳虎有宠于季氏，而将杀季孙，以不利鲁国，而求容焉[6]。亲富不亲仁，君焉用之？君富于季氏，而大于鲁国，兹阳虎所欲倾覆也。鲁免其疾，而君又收之，无乃害乎？"

齐侯执阳虎，将东之。阳虎愿东[7]，乃囚诸西鄙。尽借邑人之车，锲其轴，麻约而归之[8]。载葱灵，寝于其中而逃[9]。追而得之，囚于齐。又以葱灵逃，奔宋，遂奔晋，适赵氏。仲尼曰："赵氏其世有乱乎[10]。"

① 讨阳虎也。 ② 阳关邑门。 ③ 三加兵于鲁。 ④ 施氏，鲁大夫。文子，鲍国也。成十七年，齐人召而立之，至今七十四岁，于是文子盖九十余矣。 ⑤ 大国，晋也。 ⑥ 求自容。○ 菑，音灾。罢，音皮。 ⑦ 阳虎欲西奔晋，知齐必反己，故诈以东为愿。○ 焉，於虔切。倾，本又作顷，音倾。覆，芳服切。 ⑧ 锲，刻也，欲绝追者。○ 锲，苦结切。轴，音逐。 ⑨ 葱灵，辎车名。○ 葱，初江切，或音忽。辎，侧其切；《说文》云，衣车也。 ⑩ 受乱人故。

秋，齐侯伐晋夷仪[1]。敝无存之父将室之，辞，以与其弟[2]，曰："此役也不死，反必娶于高、国[3]。"先登，求自门出，死于霤下[4]。东郭书让登[5]，犁弥从之，曰："子让而左，我让而右，使登者绝而后下[6]。"书左，弥先下[7]。书与王猛息[8]。

猛曰："我先登。"书敛甲曰："曩者之难，今又难焉[9]。"猛笑曰："吾从子如骖之靳[10]。"

晋车千乘在中牟[11]。卫侯将如五氏[12]，卜过之，龟焦[13]。卫侯曰："可也。卫车当其半，寡人当其半，敌矣[14]。"乃过中牟。中牟人欲伐之，卫褚师圃亡在中牟，曰："卫虽小，其君在焉，未可胜也。齐师克城而骄，其帅又贱[15]，遇，必败之，不如从齐。"乃伐齐师，败之[16]。齐侯致禚、媚、杏于卫[17]。齐侯赏犁弥，犁弥辞曰："有先登者，臣从之。皙帻而衣貍製[18]。"公使视东郭书，曰："乃夫子也，吾贶子[19]。"公赏东郭书，辞曰："彼宾旅也[20]。"乃赏犁弥。

齐师之在夷仪也，齐侯谓夷仪人曰："得敝无存者，以五家免[21]。"乃得其尸。公三襚之[22]；与之犀轩与直盖[23]，而先归之；坐引者，以师哭之[24]，亲推之三[25]。

① 为卫讨也。○ 为，于伪切，下同。 ② 无存，齐人也。室之，为取妇。 ③ 高氏、国氏，齐贵族也。无存欲必有功，还取卿相之女。○ 娶，七住切。相，息亮切。 ④ 既入城，夷仪人不服，故斗死于门屋霤下也。○ 霤，力又切。 ⑤ 登城非人所乐，故让众使后，而己先登。○ 乐，如字，又五孝切。 ⑥ 恐书先下，故又谲以让之。下，入城也。○ 犁，力兮切。谲，古穴切。 ⑦ 书从弥言左行，弥遂自先下，亦让也。 ⑧ 战讫，共止息。 ⑨ 敛甲起欲击猛。○ 曩，乃党切，向也。难，乃旦切。 ⑩ 靳，车中马也。猛不敢与书争，言己从书如骖马之随靳也。《传》言齐师和，所以能克。○ 骖，七南切，骈马也。靳，居觐切；本或作如骖之有靳，非也。争，争斗之争，又如字。 ⑪ 救夷仪也。今荥阳有中牟县，迴远，疑非也。○ 乘，绳证切。 ⑫ 齐侯在五氏，将往助之。 ⑬ 卫至五氏，道过中牟，畏晋，故卜。龟焦，兆不成，不可以行事也。 ⑭ 卫侯怒晋甚，

不复顾卜，欲以身当五百乘。○ 复，扶又切。 ⑮ 城，谓夷仪也。帅谓东郭书。○ 褚，中吕切。帅，所类切，注同。 ⑯ 获齐车五百乘，事见哀十五年。○ 见，贤遍切。 ⑰ 三邑皆齐西界，以答谢卫意。○ 禚，诸若切。媚，武冀切。杏，户猛切。 ⑱ 晳，白也。帻，齿上下相值。製，裘也。○ 晳，星历切。帻，音策，又音责；《说文》作齰，音义同。衣，於既切。貍，力之切。製，音制。 ⑲ 贶，赐也。○ 贶，音况。 ⑳ 言彼与我若宾主相让。旅，俱进退。 ㉑ 给其五家，令常不共役事。○ 令，力呈切。共，音恭。 ㉒ 襚，衣也。比殡，三加襚，深礼厚之。○ 襚，音遂。比，必利切。 ㉓ 犀轩，卿车。直盖，高盖。 ㉔ 停丧车以尽哀也。君方为位而哭，故挽丧者不敢立。○ 挽，音晚。 ㉕ 齐侯自推丧车轮三转。○ 推，如字，又他回切。

经

十年春，王三月，及齐平①。

夏，公会齐侯于夹穀②。

公至自夹穀③。

晋赵鞅帅师围卫。

齐人来归郓、讙、龟阴田④。

叔孙州仇、仲孙何忌帅师围郈⑤。

秋，叔孙州仇、仲孙何忌帅师围郈。

宋乐大心出奔曹⑥。

宋公子地出奔陈⑦。

冬，齐侯、卫侯、郑游速会于安甫⑧。

叔孙州仇如齐。

宋公之弟辰暨仲佗、石彄出奔陈⑨。

①平前八年再侵齐之怨。　②平故。○夹,古洽切,又古协切。二《传》作颊。穀,古木切。　③无《传》。　④三邑皆汶阳田也。泰山博县北有龟山,阴田在其北也。会夹穀,孔子相,齐人服义而归鲁田。○郓,音运。讙,火官切。汶,音问。相,息亮切。　⑤郈,叔孙氏邑。○郈,音后;《字林》,下遘切。　⑥《传》在前年春,书名,罪其称疾不適晋。　⑦贪弄马以距君命,书名,罪之也。○弄,鲁贡切。　⑧无《传》。安甫,地阙。　⑨暨,与也。宋公宠向魋,不听辰请。辰忿而将大臣出奔,虚请自忿。称弟,示首恶也。仲佗、石彄皆为国卿,不能匡君静难,而为辰所牵帅出奔。称名,亦罪之也。○暨,其器切。佗,徒河切。彄,苦侯切。魋,大回切。难,乃旦切。

传

十年春,及齐平。

夏,公会齐侯于祝其,实夹穀[1]。孔丘相[2]。犁弥言于齐侯曰:"孔丘知礼而无勇,若使莱人以兵劫鲁侯,必得志焉[3]。"齐侯从之。孔丘以公退,曰:"士兵之[4]!两君合好,而裔夷之俘,以兵乱之[5],非齐君所以命诸侯也。裔不谋夏,夷不乱华,俘不干盟,兵不偪好,于神为不祥[6],于德为愆义,于人为失礼,君必不然。"齐侯闻之,遽辟之[7]。

将盟,齐人加于载书曰:"齐师出竟,而不以甲车三百乘从我者,有如此盟[8]。"孔丘使兹无还揖对[9]曰:"而不反我汶阳之田,吾以共命者,亦如之[10]。"齐侯将享公,孔丘谓梁丘據曰:"齐、鲁之故,吾子何不闻焉[11]?事既成矣[12],而又享之,是勤执事也。且牺象不出门,嘉乐不野合[13]。飨而既具,是弃礼也。若其不具,用秕稗也[14]。用秕稗君辱,弃礼名恶,子盍图之?夫享,所以昭德也。不昭,不如其已也。"乃不果享[15]。

齐人来归郓、讙、龟阴之田[16]。

① 夹穀，即祝其也。　② 相会仪也。○ 相，息亮切，《注》同。　③ 莱人，齐所灭莱夷也。○ 犁，力兮切。劫，居业切。　④ 以兵击莱人。　⑤ 裔，远也。○ 好，呼报切，下偪好同。裔，以制切。俘，芳夫切，下同。　⑥ 盟将告神，犯之为不善。○ 夏，户雅切。偪，彼力切。　⑦ 辟去莱兵也。○ 愆，去连切。遽，其据切。辟，婢亦切，又音避。去，起吕切。　⑧ 如此盟诅之祸。○ 竟，音境。乘，绳证切。诅，侧据切。　⑨ 无还，鲁大夫。○ 还，音旋。　⑩ 须齐归汶阳田，乃当共齐命。于是孔子以公退，贱者终其事。要盟不絜，故略不书。○ 共，音恭。要，一遥切。　⑪ 故，旧典。　⑫ 会事成。　⑬ 牺象，酒器；牺尊，象尊也。嘉乐，钟、磬也。○ 牺，许宜切，又息河切。　⑭ 秕，穀不成者。稗，草之似穀者。言享不具礼，秽薄若秕稗。○ 秕，音鄙；《字林》音比，又必履切。稗，皮卖切。　⑮ 孔子知齐侯怀诈，故以礼距之。○ 盍，户臘切。　⑯ 阳虎九年以此奔齐，《经》文倒者，次鲁事。

晋赵鞅围卫，报夷仪也[①]。初，卫侯伐邯郸午于寒氏[②]，城其西北而守之，宵熸[③]。及晋围卫，午以徒七十人门于卫西门，杀人于门中，曰：“请报寒氏之役[④]。”涉佗曰：“夫子则勇矣，然我往，必不敢启门。”亦以徒七十人，旦门焉，步左右，皆至而立，如植[⑤]。日中不启门，乃退。反役，晋人讨卫之叛故，曰：“由涉佗、成何[⑥]。”于是执涉佗以求成于卫。卫人不许，晋人遂杀涉佗。成何奔燕。君子曰：“此之谓弃礼必不钧[⑦]。《诗》曰：‘人而无礼，胡不遄死。’涉佗亦遄矣哉[⑧]。”

① 前年齐为卫伐晋夷仪,故伐卫以为报。○ 为,于伪切。 ② 邯郸,广平县也。午,晋邯郸大夫。寒氏即五氏也。前年,卫人助齐伐五氏。○ 邯,音寒。郸,音丹。 ③ 午众宵散。○ 城其西北而守之,一本或作城其西北隅。熸,子潜切。 ④ 卫开门与午斗。 ⑤ 至其门下,步行门左右,然后立待,如立木不动,以示整。○ 佗,徒河切。植,市力切,一音值。 ⑥ 捘卫侯手故。 ⑦ 言必见杀,不得与人等。 ⑧《诗·鄘风》。遄,速也。○ 遄,市专切。

初,叔孙成子欲立武叔,公若藐固谏曰:"不可[①]。"成子立之而卒。公南使贼射之,不能杀[②]。公南为马正,使公若为郈宰。武叔既定,使郈马正侯犯杀公若。弗能。其圉人曰[③]:"吾以剑过朝,公若必曰,谁之剑也?吾称子以告,必观之。吾伪固,而授之末,则可杀也[④]。"使如之。公若曰:"尔欲吴王我乎[⑤]?"遂杀公若。

侯犯以郈叛[⑥]。武叔懿子围郈,弗克。秋,二子及齐师复围郈,弗克。叔孙谓郈工师驷赤[⑦]曰:"郈非唯叔孙氏之忧,社稷之患也。将若之何?"对曰:"臣之业,在《扬水》卒章之四言矣[⑧]。"叔孙稽首[⑨]。驷赤谓侯犯曰:"居齐、鲁之际,而无事,必不可矣[⑩]。子盍求事于齐以临民?不然,将叛。"侯犯从之。齐使至,驷赤与郈人为之宣言于郈中[⑪]曰:"侯犯将以郈易于齐,齐人将迁郈民[⑫]。"众兇惧[⑬]。驷赤谓侯犯曰:"众言异矣[⑭],子不如易于齐。与其死也,犹是郈也。而得纾焉,何必此[⑮]?齐人欲以此偪鲁,必倍与子地[⑯]。且盍多舍甲于子之门,以备不虞?"侯犯曰:"诺。"乃多舍甲焉。

侯犯请易于齐,齐有司观郈,将至。驷赤使周走呼曰:

"齐师至矣!"郈人大骇,介侯犯之门甲,以围侯犯。驷赤将射之[17]。侯犯止之曰:"谋免我。"侯犯请行,许之[18]。驷赤先如宿[19],侯犯殿。每出一门,郈人闭之[20]。及郭门,止之曰:"子以叔孙氏之甲出,有司若诛之[21],群臣惧死。"驷赤曰:"叔孙氏之甲有物,吾未敢以出[22]。"犯谓驷赤曰:"子止而与之数[23]。"驷赤止而纳鲁人。侯犯奔齐,齐人乃致郈[24]。

① 藐,叔孙氏之族。○ 藐,音邈,又亡小切。 ② 公南,叔孙家臣,武叔之党。○ 射,食亦切,下同。 ③ 武叔之圉人。 ④ 伪为固陋不知礼者,以剑锋末授之。○ 锋,芳逢切。 ⑤ 见剑向己,逆呵之。鲑诸杀吴王,亦用剑刺之。○ 向,许亮切;亦作嚮。呵,呼多切。刺,七亦切。⑥ 犯以不能副武叔之命,故叛。叛而以围告庙,故书围。 ⑦ 工师,掌工匠之官。○ 复,扶又切。 ⑧《扬水》,《诗·唐风》。卒章四言曰:"我闻有命。"○ 在《扬水》卒章,本或作《扬之水》卒章。 ⑨ 谢其受己命。⑩ 无所服事。 ⑪ 诈为齐使言也。○ 使,所吏切,《注》同。为,于伪切,下《注》为齐同。 ⑫ 谓易其民人。 ⑬ 不欲迁。○ 兇,音凶,一音凶勇切。 ⑭ 不与始同。 ⑮ 言以郈民易取齐人,与郈无异。胜于守郈为叛人所杀。○ 纾,音舒。 ⑯ 言非徒得民,又将得齐地。○ 偪,彼力切。倍,步罪切。 ⑰ 伪为侯犯射郈人。○ 呼,火故切。介,音界。⑱ 郈人许之。 ⑲ 宿,东平无盐县,故宿国。 ⑳ 闭其后门。○ 殿,丁见切。 ㉑ 诛,责也。 ㉒ 物,识也。赤还救侯犯也。○ 识,申志切,又如字。 ㉓ 数甲以相付。○ 数,色主切。 ㉔ 致其名簿也,为下武叔如齐《传》。○ 簿,步古切。

宋公子地嬖蘧富猎[1],十一分其室,而以其五与之[2]。公子地有白马四。公嬖向魋。魋欲之[3]。公取而朱其尾鬣以与之[4]。地怒,使其徒抉魋而夺之。魋惧,将走。公闭门而泣之,目尽肿。母弟辰曰:“子分室以与猎也,而独卑魋,亦有颇焉。子为君礼[5],不过出竟,君必止子。”公子地出奔陈,公弗止。辰为之请,弗听。辰曰:“是我迋吾兄也[6]。吾以国人出,君谁与处?”冬,母弟辰暨仲佗、石弧出奔陈[7]。

① 地,宋景公弟,辰之兄也。○ 嬖,必计切。蘧,其居切。猎,力辄切。 ② 与富猎也。 ③ 向魋,司马桓魋也。 ④ 与魋也。○ 鬣,力辄切;《尔雅》舍人注云,马鬉也。鬉,子工切。 ⑤ 礼,辟君也。○ 抉,敕乙切。肿,章勇切。颇,普多切。 ⑥ 迋,欺也。○ 竟,音境。为,于伪切,《注》犹为同。迋,求往切,又古况切。 ⑦ 佗,仲幾子。弧,褚师段子,皆宋卿。众之所望,故言国人。○ 褚,张吕切。

武叔聘于齐[1]。齐侯享之,曰:“子叔孙!若使郈在君之他竟,寡人何知焉?属与敝邑际,故敢助君忧之[2]。”对曰:“非寡君之望也。所以事君,封疆社稷是以[3]。敢以家隶勤君之执事。夫不令之臣,天下之所恶也。君岂以为寡君赐[4]?”

① 谢致郈也。《经》书辰奔在聘后者,从告。 ② 以致郈德叔孙。○ 属,音烛。 ③ 以,犹为也。○ 疆,居良切。 ④ 言义在讨恶,非所以赐寡君。○ 恶,乌路切;十一年《传》、《注》皆同,又如字。

经

十有一年春,宋公之弟辰及仲佗、石弧、公子地自陈入于萧以叛[1]。

夏四月。

秋，宋乐大心自曹入于萧[2]。

冬，及郑平[3]。

叔还如郑涖盟[4]。

① 萧，宋邑。称弟，例在前年。　② 入萧从叛人，叛可知，故不书叛。　③ 平六年侵郑取匡之怨。　④ 还，叔诣曾孙。○ 还，音旋。还，叔诣曾孙。案《世族谱》，叔还是叔弓曾孙，此云叔诣，误也。

传

十一年春，宋公母弟辰暨仲佗、石彄、公子地入于萧以叛。秋，乐大心从之，大为宋患。宠向魋故也[1]。

① 恶宋公宠不义，以致国患。

冬，及郑平，始叛晋也[1]。

① 鲁自僖公以来，世服于晋，至今而叛，故曰始。

经

十有二年春，薛伯定卒[1]。

夏，葬薛襄公[2]。

叔孙州仇帅师堕郈[3]。

卫公孟彄帅师伐曹[4]。

季孙斯、仲孙何忌帅师堕费[5]。

秋，大雩[6]。

冬十月癸亥，公会齐侯，盟于黄[7]。

十有一月丙寅朔，日有食之[8]。

公至自黄[9]。

十有二月，公围成。

公至自围成[10]。

① 无《传》。四年，盟皋鼬。 ② 无《传》。 ③ 堕，毁也。患其险固，故毁坏其城。〇 堕，许规切，下《传》同。坏，音怪，又户怪切。 ④ 弨，孟絷子。〇 弨，苦侯切。絷，陟立切。 ⑤ 〇 费，音祕。 ⑥ 无《传》，书过。〇 雩，音于。 ⑦ 无《传》。结叛晋。 ⑧ 无《传》。 ⑨ 无《传》。 ⑩ 无《传》。国内而书至者，成强若列国，兴动大众，故出入皆告庙。

传

十二年夏，卫公孟弨伐曹，克郊[1]。还，滑罗殿[2]。未出，不退于列[3]。其御曰："殿而在列，其为无勇乎？"罗曰："与其素厉，宁为无勇[4]。"

① 郊，曹邑。 ② 罗，卫大夫。〇 滑，于八切。殿，丁见切，下同。 ③ 未出曹竟，罗不退在行列之后。〇 竟，音境。行，户郎切。 ④ 素，空也。厉，猛也。言伐小国当如畏者以诱致之。

仲由为季氏宰[1]，将堕三都[2]。于是叔孙氏堕郈。季氏将堕费，公山不狃、叔孙辄帅费人以袭鲁[3]。公与三子入于季氏之宫，登武子之台。费人攻之，弗克。入及公侧[4]。仲尼命申句须、乐颀下伐之⑤，费人北。国人追之，败诸姑蔑。二子奔齐⑥。遂堕费。将堕成，公敛处父谓孟孙："堕成，齐人必至于北门⑦。且成，孟氏之保障也，无成，是无孟氏也。子伪不知⑧，我将不堕。"

冬十二月，公围成，弗克。

① 仲由，子路。 ② 三都，费、郈、成也。强盛将为国害，故仲由欲毁之。 ③ 不狃，费宰也。辄不得志于叔孙氏。 ④ 至台下。 ⑤ 二子，鲁大夫。仲尼时为司寇。○ 句，音劬。颀，音祈。 ⑥ 二子，不狃、叔孙辄。 ⑦ 成在鲁北竟故。 ⑧ 佯不知。○ 障，之尚切，又音章。子伪不知，并如字；一本伪作为。佯，本亦作阳，音同。

经

十有三年春，齐侯、卫侯次于垂葭①。

夏，筑蛇渊囿②。

大蒐于比蒲③。

卫公孟弭帅师伐曹④。

秋，晋赵鞅入于晋阳以叛⑤。

冬，晋荀寅、士吉射入于朝歌以叛⑥。

晋赵鞅归于晋⑦。

薛弑其君比⑧。

① 二君将使师伐晋，次垂葭以为之援。○ 葭，音加。 ② 无《传》。书不时也。○ 囿，音又。 ③ 无《传》。夏蒐非时。○ 蒐，所求切。比，音毗。 ④ 无《传》。 ⑤ 书叛，恶可知。 ⑥ 吉射，士鞅子。

○ 射，食亦切，又食夜切。朝，如字。 ⑦ 韩、魏请而复之，故曰归。言韩、魏之强，犹列国。 ⑧ 无《传》。称君，君无道。

传

十三年春，齐侯、卫侯次于垂葭，实郹氏①。使师伐晋，将济河。诸大夫皆曰："不可。"邴意兹曰②："可。锐师伐河内③，传必数日而后及绛④。绛不三月，不能出河，则我既济水矣。"乃伐河内。齐侯皆敛诸大夫之轩，唯邴意兹乘轩⑤。齐侯欲与卫侯乘⑥，与之宴，而驾乘广，载甲焉。使告曰："晋师至矣。"齐侯曰："比君之驾也，寡人请摄⑦。"乃介而与之乘，驱之。或告曰："无晋师。"乃止⑧。

① 垂葭改名郹氏。高平巨野县西南有郹亭。○ 郹，古阒切。 ② 意兹，齐大夫。○ 邴，彼命切，又音丙。 ③ 今河内汲郡。 ④ 传告晋。○ 传，张恋切，又直专切。数，所主切。 ⑤ 以其言当。○ 当，丁浪切。 ⑥ 共载。○ 乘，绳证切，下同。 ⑦ 以己车摄代卫车。○ 广，古旷切。比，必利切。 ⑧《传》言齐侯轻，所以不能成功。○ 介，音界。轻，遣政切。

晋赵鞅谓邯郸午曰："归我卫贡五百家，吾舍诸晋阳。"午许诺①。归告其父兄，父兄皆曰："不可。卫是以为邯郸②，而寘诸晋阳，绝卫之道也。不如侵齐而谋之③。"乃如之，而归之于晋阳④。赵孟怒，召午而囚诸晋阳⑤。使其从者说剑而入，涉宾不可⑥。乃使告邯郸人曰："吾私有讨于午也，二三子唯所欲立⑦。"遂杀午。赵稷、涉宾以邯郸叛⑧。

夏六月，上军司马籍秦围邯郸。邯郸午，荀寅之甥也；荀寅，范吉射之姻也⑨。而相与睦，故不与围邯郸，将作乱⑩。董安于闻之⑪，告赵孟曰："先备诸。"赵孟曰："晋国有命，始祸者死，为后可也。"安于曰："与其害于民，宁我独死⑫。请以我说。"赵孟不可⑬。

秋七月，范氏、中行氏伐赵氏之宫，赵鞅奔晋阳。晋人围之。范皋夷无宠于范吉射，而欲为乱于范氏⑭。梁婴父嬖于知文子⑮，文子欲以为卿。韩简子与中行文子相恶⑯，魏襄子亦与范昭子相恶⑰。故五子谋⑱，将逐荀寅而以梁婴父代之，逐范吉射而以范皋夷代之。荀跞言于晋侯曰："君命大臣，始祸者死，载书在河⑲。今三臣始祸，而独逐鞅，刑已不钧矣。请皆逐之。"

冬十一月，荀跞、韩不信、魏曼多奉公以伐范氏、中行氏，弗克。二子将伐公，齐高彊曰："三折肱知为良医⑳。唯伐君为不可，民弗与也。我以伐君在此矣。三家未睦㉑，可尽克也。克之，君将谁与？若先伐君，是使睦也。"弗听，遂伐公。国人助公，二子败，从而伐之。丁未，荀寅、士吉射奔朝歌，韩、魏以赵氏为请㉒。十二月辛未，赵鞅入于绛，盟于公宫㉓。

① 十年，赵鞅围卫，卫人惧，贡五百家。鞅置之邯郸，今欲徙著晋阳。晋阳，赵鞅邑。○ 著，丁略切。　② 言卫以五百家在邯郸，常为是故，与邯郸亲。○ 为，于伪切，又如字。　③ 侵齐则齐当来报，欲因惧齐而徙，则卫与邯郸好不绝。○ 寘，之豉切。好，呼报切。　④ 欲如是谋，而后归卫贡。　⑤ 赵鞅不察其谋，谓午不用命，故囚之。　⑥ 涉宾，午家

臣。不肯说剑入,欲谋叛。○ 从,才用切。说,他活切。 ⑦ 午,赵鞅同族,别封邯郸,故使邯郸人更立午宗亲。 ⑧ 稷,赵午子。 ⑨ 婿父曰姻。荀寅子娶吉射女。 ⑩ 作乱,攻赵鞅。○ 与,音预,又如字。 ⑪ 安于,赵氏臣。 ⑫ 惧见攻,必伤害民。 ⑬ 晋国若讨,可杀我以自解说。 ⑭ 皋夷,范氏侧室子。○ 行,户郎切。 ⑮ 文子,荀跞。○ 知,音智。 ⑯ 简子,韩起孙不信也。中行文子,荀寅也。○ 恶,如字,又乌路切,下同。 ⑰ 襄子,魏舒孙曼多也。昭子,士吉射。○ 曼,音万。 ⑱ 五子:范皋夷、梁婴父、知文子、韩简子、魏襄子。 ⑲ 为盟书沈之河。○ 跞,力狄切。沈,如字,又音鸩。 ⑳ 高彊,齐子尾之子。昭十年奔鲁,遂适晋。○ 三,如字,又息暂切。折,之设切。肱,古弘切。 ㉑ 三家:知、韩、魏。 ㉒《经》所以书赵鞅归。 ㉓《传》录晋衰乱。

初,卫公叔文子朝而请享灵公[①],退,见史鳍而告之[②]。史鳍曰:“子必祸矣,子富而君贪,罪其及子乎。”文子曰:“然。吾不先告子,是吾罪也。君既许我矣,其若之何?”史鳍曰:“无害。子臣,可以免[③]。富而能臣,必免于难,上下同之[④]。戍也骄,其亡乎[⑤]。富而不骄者鲜,吾唯子之见。骄而不亡者,未之有也。戍必与焉[⑥]。”及文子卒,卫侯始恶于公叔戍,以其富也。公叔戍又将去夫人之党[⑦],夫人愬之曰:“戍将为乱[⑧]。”

① 欲令公临其家。○ 令,力呈切。 ② 史鳍,史鱼。○ 鳍,音秋。 ③ 言能执臣礼。 ④ 言尊卑皆然。○ 难,乃旦切。 ⑤ 戍,文子之子。 ⑥ 与祸难。○ 鲜,息浅切。与,音预。 ⑦ 灵公夫人南子党,宋朝之徒。○ 恶,乌路切。去,起吕切。朝,如字。 ⑧ 为明年戍来奔

《传》。○ 愬，音素。

经

十有四年春，卫公叔戌来奔。

卫赵阳出奔宋①。

二月辛巳，楚公子结、陈公孙佗人帅师灭顿，以顿子牂归。

夏，卫北宫结来奔②。

五月，於越败吴于槜李③。

吴子光卒④。

公会齐侯、卫侯于牵⑤。

公至自会⑥。

秋，齐侯、宋公会于洮⑦。

天王使石尚来归脤⑧。

卫世子蒯聩出奔宋⑨。

卫公孟彄出奔郑⑩。

宋公之弟辰自萧来奔⑪。

大蒐于比蒲⑫。

邾子来会公⑬。

城莒父及霄⑭。

① 阳，赵黡孙，书名者，亲富不亲仁。○ 黡，於减切。 ② 亦党公叔戌，皆恶之。○ 佗，吐何切，又徒河切。牂，子郎切。恶，乌路切。 ③ 於越，越国也。使罪人诈吴乱陈，故从未陈之例书败也。槜李，吴郡嘉兴县南醉李城。○ 槜，音醉，依《说文》从木。陈，直觐切。 ④ 未同盟而

赴以名。 ⑤ 魏郡黎阳县东北有牵城。○ 黎,力兮切。 ⑥ 无《传》。 ⑦ 洮,曹地。○ 洮,吐刀切。 ⑧ 无《传》。石尚,天子之士。石,氏;尚,名。脤,祭社之肉,盛以脤器,以赐同姓诸侯,亲兄弟之国,与之共福。○ 脤,市轸切。盛,音成。 ⑨ ○ 蒯,苦怪切。聩,五怪切。 ⑩ 亟书名,与蒯聩党,罪之。 ⑪ 无《传》。称宋公之弟,例在十年。 ⑫ ○ 比,音毗。 ⑬ 无《传》。会公于比蒲,来而不用朝礼,故曰会。 ⑭ 无《传》。公叛晋助范氏,故惧而城二邑也。此年无冬,史阙文。○ 父,音甫。

传

十四年春,卫侯逐公叔戍与其党,故赵阳奔宋,戍来奔①。

① 终史鱼之言。

梁婴父恶董安于,谓知文子曰:"不杀安于,使终为政于赵氏,赵氏必得晋国。盍以其先发难也,讨于赵氏?"文子使告于赵孟曰:"范、中行氏虽信为乱,安于则发之,是安于与谋乱也。晋国有命,始祸者死。二子既伏其罪矣,敢以告①。"赵孟患之。安于曰:"我死而晋国宁,赵氏定,将焉用生?人谁不死,吾死莫矣。"乃缢而死。赵孟尸诸市而告于知氏曰:"主命戮罪人,安于既伏其罪矣,敢以告。"知伯从赵孟盟②,而后赵氏定,祀安于于庙③。

① 告使讨安于。○ 盍,户腊切。难,乃旦切。与,音预。 ② 知伯,荀跞。○ 焉,於虔切。莫,音暮。缢,一四切。 ③ 赵氏庙。

顿子牂欲事晋背楚，而绝陈好。二月，楚灭顿[①]。

①《传》言小不事大，所以亡。○ 背，音佩。好，呼报切。

夏，卫北宫结来奔，公叔戍之故也。

吴伐越[①]。越子勾践御之，陈于槜李[②]。勾践患吴之整也，使死士再，禽焉，不动[③]。使罪人三行，属剑于颈[④]，而辞曰："二君有治[⑤]，臣奸旗鼓[⑥]，不敏于君之行前，不敢逃刑，敢归死。"遂自刭也。师属之目，越子因而伐之，大败之。灵姑浮以戈击阖庐[⑦]，阖庐伤将指，取其一屦[⑧]。还卒于陉，去槜李七里[⑨]。夫差使人立于庭[⑩]，苟出入，必谓己曰："夫差，而忘越王之杀而父乎？"则对曰："唯，不敢忘！"三年，乃报越[⑪]。

① 报五年越入吴。　② 勾践，越王允常子。○ 勾，古侯切。陈，直觐切。　③ 使敢死之士往，辄为吴所禽。欲使吴师乱取之，而吴不动。　④ 以剑注颈。○ 行，户郎切，下同。属，之欲切，下同，又之住切。　⑤ 治军旅。　⑥ 犯军令。　⑦ 姑浮，越大夫。○ 刭，古顶切；本又作刎。阖，户臘切。　⑧ 其足大指见斩，遂失屦，姑浮取之。○ 将，子匠切。屦，九具切。　⑨ 释《经》所以不书灭。○ 陉，音刑。　⑩ 夫差，阖庐嗣子。○ 夫，音扶。庭，音廷。　⑪ 后三年，哀元年。○ 唯，惟鬼切，旧以水切。

晋人围朝歌，公会齐侯、卫侯于脾、上梁之间[①]，谋救范、中行氏[②]。析成鲋、小王桃甲率狄师以袭晋[③]，战于绛中，不克而还。士鲋奔周，小王桃甲入于朝歌。秋，齐侯、宋公会于洮，范氏故也[④]。

① 脾、上梁间，即牵。○ 脾，婢支切。　② 齐、鲁叛晋，故助范、中行也。　③ 二子，晋大夫，范、中行氏之党。○ 析，星历切。鲋，音附。桃，如字；本又作姚。　④ 谋救范氏。

卫侯为夫人南子召宋朝[①]，会于洮。大子蒯聩献盂于齐，过宋野[②]。野人歌之曰："既定尔娄豬，盍归吾艾豭[③]。"大子羞之，谓戏阳速曰："从我而朝少君[④]，少君见我，我顾，乃杀之。"速曰："诺。"乃朝夫人。夫人见大子，大子三顾，速不进。夫人见其色，啼而走[⑤]，曰："蒯聩将杀余。"公执其手以登台。大子奔宋，尽逐其党。故公孟弨出奔郑，自郑奔齐。大子告人曰："戏阳速祸余。"戏阳速告人曰："大子则祸余。大子无道，使余杀其母。余不许，将戕于余[⑥]。若杀夫人，将以余说。余是故许而弗为，以纾余死。谚曰：'民保于信。'吾以信义也[⑦]。"

① 南子，宋女也。朝，宋公子，旧通于南子，在宋，呼之。○ 为，于伪切。　② 蒯聩，卫灵公大子。盂，邑名也。就会献之，故自卫行而过宋野。○ 盂，音于。　③ 娄猪，求子猪，以喻南子。艾豭，喻宋朝。艾，老也。○ 娄，力侯切；《字林》作𧽯，力付切。猪，张鱼切。盍，户臘切。艾，五盖切，《注》同；《字林》作䝅，音艾，三毛聚居者。豭，音加，牡豕也。　④ 速，大子家臣。○ 戏，许宜切。少，诗照切；本亦作小。　⑤ 见大子色变，知其欲杀己。　⑥ 戕，残杀也。○ 戕，在良切。　⑦ 使义可信，不必信言。○ 纾，音舒。谚，音彦。

冬十二月，晋人败范、中行氏之师于潞，获籍秦、高彊[①]。又败郑师及范氏之师于百泉[②]。

① 二子，党范氏者。终景王言籍父无后。○ 潞，音路。父，音甫。 ② 郑助范氏，故并败。

经

十有五年春，王正月，邾子来朝。

鼷鼠食郊牛，牛死，改卜牛①。

二月辛丑，楚子灭胡，以胡子豹归。

夏五月辛亥，郊②。

壬申，公薨于高寝③。

郑罕达帅师伐宋。

齐侯、卫侯次于渠蒢④。

邾子来奔丧⑤。

秋七月壬申，姒氏卒⑥。

八月庚辰朔，日有食之⑦。

九月，滕子来会葬⑧。

丁巳，葬我君定公，雨，不克葬。戊午，日下昃，乃克葬。

辛巳，葬定姒⑨。

冬，城漆⑩。

① 无《传》。不言所食处，举死，重也。改卜，礼也。○ 鼷，音兮。处，昌虑切。 ② 无《传》。书过。 ③ 高寝，宫名。不于路寝，失其所。 ④ 不果救，故书次。○ 蒢，直居切。 ⑤ 无《传》。诸侯奔丧，非礼。 ⑥ 定公夫人。 ⑦ 无《传》。 ⑧ 无《传》。诸侯会葬，非礼也。 ⑨ 辛巳，十月三日。有日无月。○ 昃，音侧。 ⑩ 邾庶其邑。○ 漆，音七。

传

十五年春，邾隐公来朝[1]。子贡观焉。邾子执玉高，其容仰。公受玉卑，其容俯[2]。子贡曰："以礼观之，二君者，皆有死亡焉。夫礼，死生存亡之体也。将左右周旋，进退俯仰，于是乎取之。朝祀丧戎，于是乎观之。今正月相朝，而皆不度[3]，心已亡矣。嘉事不体，何以能久[4]？高仰，骄也；卑俯，替也。骄近乱，替近疾。君为主，其先亡乎[5]。"

① 邾子益。　② 玉，朝者之贽。○ 贽，音至。　③ 不合法度。　④ 嘉事，朝礼。　⑤ 为此年公薨，哀七年以邾子益归《传》。○ 替，他计切。近，附近之近。

吴之入楚也[1]，胡子尽俘楚邑之近胡者[2]。楚既定，胡子豹又不事楚，曰："存亡有命，事楚何为？多取费焉。"二月，楚灭胡[3]。

① 在四年。　② 俘，取也。　③《传》言小不事大，所以亡。○ 费，芳味切。

夏五月壬申，公薨。仲尼曰："赐不幸言而中，是使赐多言者也[1]。"

① 以微知著，知之难者。子贡言语之士，今言而中，仲尼惧其易言，故抑之。○ 中，丁仲切。微知著，知之难，并如字，又音智。易，以豉切。

郑罕达败宋师于老丘[1]。

① 罕达，子齹之子。老丘，宋地。宋公子地奔郑，郑人为之伐宋，欲取地以处之，事见哀十二年。○ 齹，子何切。为，于伪切。见，贤遍切。

齐侯、卫侯次于蘧挐，谋救宋也[1]。

① ○ 蘧，音渠。挐，女居切，又女加切。

秋七月壬申，姒氏卒。不称夫人，不赴，且不祔也[1]。

① 赴同、祔姑，夫人之礼。二者皆阙，故不曰夫人。○ 祔，音附。

葬定公。雨，不克襄事，礼也[1]。

① 襄，成也。雨而成事，若汲汲于欲葬。○ 襄，息羊切。

葬定姒。不称小君，不成丧也。[1]。

① 公未葬而夫人薨，烦于丧礼，不赴不祔，故不称小君，臣子怠慢也。反哭于寝，故书葬。

冬，城漆。书不时告也[1]。

① 实以秋城，冬乃告庙。鲁知其不时，故缓告，从而书之以示讥。

春秋经传集解第二十九

哀公上

○ 哀公名蒋，定公之子。盖夫人定姒所生，敬王二十八年即位。《谥法》，恭仁短折曰哀。

经

元年春，王正月，公即位①。

楚子、陈侯、随侯、许男围蔡②。

鼷鼠食郊牛，改卜牛。夏四月辛巳，郊③。

秋，齐侯、卫侯伐晋。

冬，仲孙何忌帅师伐邾④。

① 无《传》。　② 随世服于楚，不通中国。吴之入楚，昭王奔随，随人免之，卒复楚国。楚人德之，使列于诸侯，故得见《经》。定六年，郑灭许，此复见者，盖楚封之。○ 见，贤遍切。复，扶又切。　③ 无《传》，书过也。不言所食，所食非一处。○ 处，昌虑切。　④ 无《传》。

传

元年春，楚子围蔡，报伯举也①。里而栽②，广丈高倍③。夫屯昼夜九日④，如子西之素⑤。蔡人男女以辨⑥，使疆于江、汝之间而还⑦。蔡于是乎请迁于吴⑧。

① 在定四年。 ② 栽，设板筑为围垒，周帀去蔡城一里。○ 栽，才代切，又音再，《注》同；《说文》云，筑墙长版。垒，力轨切。帀，子合切。 ③ 垒厚一丈，高二丈。○ 广，古旷切。高倍，并如字；高，又古报切。厚，古豆切。 ④ 夫，犹兵也。垒未成，故令人在垒裡屯守蔡。○ 屯，徒门切，《注》同；屯，守也。令，力呈切。 ⑤ 子西本计，为垒当用九日而成。 ⑥ 辨，别也。男女各别，系累而出降。○ 辨，扶免切，又方免切。别，彼列切。累，力维切。降，户江切。 ⑦ 楚欲使蔡徙国在江水之北，汝水之南，求田以自安也。蔡权听命，故楚师还。○ 疆，居良切。 ⑧ 楚既还，蔡人更叛楚就吴，为明年蔡迁州来《传》。

吴王夫差败越于夫椒，报槜李也①。遂入越。越子以甲楯五千，保于会稽②。使大夫种因吴大宰嚭以行成，吴子将许之。伍员曰："不可。臣闻树德莫如滋，去疾莫如尽。昔有过浇杀斟灌以伐斟鄩③，灭夏后相④。后缗方娠，逃出自窦⑤，归于有仍⑥，生少康焉，为仍牧正⑦。惎浇，能戒之⑧。浇使椒求之⑨，逃奔有虞，为之庖正，以除其害⑩。虞思于是妻之以二姚⑪，而邑诸纶⑫。有田一成，有众一旅⑬，能布其德，而兆其谋⑭，以收夏众，抚其官职⑮。使女艾谍浇⑯，使季杼诱豷⑰，遂灭过、戈，复禹之绩⑱。祀夏配天，不失旧物⑲。今吴不如过，而越大于少康，或将丰之，不亦难乎⑳。句践能亲而务施，施不失人㉑，亲不弃劳㉒，与我同壤而世为仇雠，于是乎克而弗取，将又存之，违天而长寇仇㉓，后虽悔之，不可食已㉔。姬之衰也，日可俟也㉕。介在蛮夷，而长寇仇，以是求伯，必不行矣。"弗听。退而告人曰："越十年生聚，而十年教训㉖，二十年之外，吴其为沼乎㉗！"三月，越及吴平。吴入越，不书，吴不告庆，越不告败也㉘。

①檇李，在定十四年。夫椒，吴郡吴县西南大湖中椒山。○夫，音扶。椒，又作枡，子消切。檇，音醉。大，音泰。 ②上会稽山也。在会稽山阴县南。○楯，食允切，又音允。会，古外切。稽，古兮切。上，时掌切。 ③浇，寒浞子，封于过者。二斟，夏同姓诸侯。襄四年《传》曰：浇用师灭斟灌。○嚭，普鄙切。员，音云。去，起吕切；一本又作去恶。过，古禾切，国名。浇，五叫切，又五报切。斟，之林切。灌，古乱切。鄩，音寻。浞，仕捉切。夏，户雅切。 ④夏后相，启孙也。后相失国，依于二斟，复为浇所灭。○相，息亮切。复，扶又切。 ⑤后缗，相妻。娠，怀身也。○缗，亡巾切。娠，音震，又音身。窦，音豆。 ⑥后缗，有仍氏女。 ⑦牧官之长。○少，诗照切。长，丁丈切。 ⑧惎，毒也。戒，备也。○惎，音忌。 ⑨椒，浇臣。 ⑩虞舜后诸侯也。梁国有虞县。庖正，掌膳羞之官。赖此以得除己害。○庖，步交切。 ⑪思，有虞君也。虞思自以二女妻少康。姚，虞姓。○妻，七计切。姚，羊昭切。 ⑫纶，虞邑。○纶，音伦。 ⑬方十里为成，五百人为旅。 ⑭兆，始。 ⑮襄四年《传》曰：靡自有鬲氏收二国之烬，以灭浞而立少康。○鬲，音革。烬，徐刃切，又秦刃切。 ⑯女艾，少康臣。谍，候也。○女，如字，又音汝。艾，五盖切。谍，音牒。 ⑰豷，浇弟也。季杼，少康子后杼也。○杼，直吕切。豷，许器切。 ⑱过，浇国。戈，豷国。○过、戈，并古禾切。绩，一本作迹。 ⑲物，事也。 ⑳言与越成，是使越丰大，必为吴难。○难，乃旦切。 ㉑所加惠赐，皆得其人。○施，始豉切。 ㉒推亲爱之诚，则不遗小劳。 ㉓犹言天与不取。○长，丁丈切。 ㉔食，消也。已，止也。 ㉕姬，吴姓。言可计日而待。○俟，本又作竢，音仕。 ㉖生民聚财，富而后教之。○介，音界。伯，如字，又音霸。聚，才喻切，又如字。 ㉗谓吴宫室废坏，当为汙池。为二十二年越入吴起本。○沼，之兆切。汙，音乌。 ㉘嫌夷狄不与华同，故复发《传》。○复，扶又切。

夏四月，齐侯、卫侯救邯郸，围五鹿[①]。

① 赵稷以邯郸叛，范、中行氏之党也。五鹿，晋邑。○ 邯，音寒。郸，音丹。

吴之入楚也[1]，使召陈怀公。怀公朝国人而问焉，曰："欲与楚者右，欲与吴者左。"陈人从田，无田从党[2]。逢滑当公而进[3]，曰："臣闻国之兴也以福，其亡也以祸。今吴未有福，楚未有祸。楚未可弃，吴未可从。而晋，盟主也，若以晋辞吴，若何？"公曰："国胜君亡，非祸而何[4]？"对曰："国之有是多矣，何必不复。小国犹复，况大国乎？臣闻国之兴也，视民如伤，是其福也[5]。其亡也，以民为土芥，是其祸也[6]。楚虽无德，亦不艾杀其民。吴日敝于兵，暴骨如莽[7]，而未见德焉。天其或者正训楚也[8]！祸之適吴，其何日之有[9]？"陈侯从之。及夫差克越，乃修先君之怨。秋八月，吴侵陈，修旧怨也[10]。

① 在定四年。　② 都邑之人无田者，随党而立，不知所与，故直从所居。田在西者居右，在东者居左。　③ 当公，不左不右。○ 滑，于八切。　④ 楚为吴所胜。　⑤ 如伤，恐惊动。　⑥ 芥，草也。○ 芥，古迈切。　⑦ 草之生于广野，莽莽然，故曰草莽。○ 艾，鱼废切。暴，步卜切。莽，亡党切。　⑧ 使惧而改过。　⑨ 言今至。　⑩《传》言吴不修德而修怨，所以亡。

齐侯、卫侯会于乾侯，救范氏也。师及齐师、卫孔圉、鲜虞人伐晋，取棘蒲[1]。

① 鲁师不书，非公命也。孔圉，孔烝鉏曾孙。鲜虞，狄帅贱，故不书。○ 圉，鱼吕切。烝，之承切。鉏，仕居切。

吴师在陈，楚大夫皆惧，曰："阖庐惟能用其民，以败我于柏举。今闻其嗣又甚焉。将若之何？"子西曰："二三子恤不相睦，无患吴矣。昔阖庐食不二味，居不重席，室不崇坛①，器不彤镂②，宫室不观③，舟车不饰，衣服财用，择不取费④。在国，天有菑疠⑤，亲巡孤寡，而共其乏困。在军，熟食者分，而后敢食⑥。其所尝者，卒乘与焉⑦。勤恤其民而与之劳逸，是以民不罢劳，死知不旷⑧。吾先大夫子常易之，所以败我也⑨。今闻夫差次有台榭陂池焉⑩，宿有妃嫱嫔御焉⑪。一日之行，所欲必成，玩好必从。珍异是聚，观乐是务，视民如雠，而用之日新。夫先自败也已，安能败我⑫？"

① 平地作室，不起坛也。○ 重，直龙切。坛，徒丹切。　② 彤，丹也。镂，刻也。○ 彤，徒冬切。镂，鲁豆切。　③ 观，台榭。○ 观，古乱切。榭，音谢。　④ 选取坚厚，不尚细靡。○ 费，芳味切。　⑤ 疠，疾疫也。○ 菑，音灾。本或作天无菑疠，非，《注》同。疫，音役。　⑥ 必须军士皆分熟食，不敢先食。分，犹徧也。○ 共，音恭。熟食者分，如字；一读以分字连下句。徧，音遍。　⑦ 所尝甘珍，非常食。○ 卒，子忽切。乘，绳证切。与，音预。　⑧ 知身死不见旷弃。○ 罢，音皮。　⑨ 易，犹反也。　⑩ 积土为高曰台，有木曰榭，过再宿曰次。○ 陂，彼宜切。⑪ 妃嫱，贵者。嫔御，贱者。皆内官。○ 嫱，本又作廧，或作嬙，在羊切。嫔，毗人切。　⑫ 为二十二年越灭吴起本。○ 好，呼报切。夫先自败也已，夫，音扶；本或作夫差先自败者，非。

冬十一月，晋赵鞅伐朝歌[1]。

① 讨范、中行氏。

经

二年春，王二月，季孙斯、叔孙州仇、仲孙何忌帅师伐邾，取漷东田，及沂西田[1]。

癸巳，叔孙州仇、仲孙何忌及邾子盟于句绎[2]。

夏四月丙子，卫侯元卒[3]。

滕子来朝[4]。

晋赵鞅帅师纳卫世子蒯聩于戚。

秋八月甲戌，晋赵鞅帅师及郑罕达帅师战于铁，郑师败绩[5]。

冬十月，葬卫灵公[6]。

十有一月，蔡迁于州来[7]。

蔡杀其大夫公子驷[8]。

① 邾人以赂，取之易也。○ 漷，火虢切，又音郭。沂，鱼依切。易，以豉切。　② 句绎，邾地。取邑，盟以要之。○ 句，古侯切。绎，音亦。要，以遥切。　③ 定四年盟皋鼬。　④ 无《传》。　⑤ 皆陈曰战，大崩曰败绩。铁在戚城南。罕达，子皮孙。○ 铁，天结切。陈，直觐切。⑥ 无《传》。七月而葬，缓。　⑦ 畏楚而请迁，故以自迁为文。　⑧ 怀土而欺大国，故罪而书名。

传

二年春，伐邾，将伐绞[1]。邾人爱其土，故赂以漷、沂之田而受盟。

① 绞，郲邑。○ 绞，古卯切。

初，卫侯游于郊，子南仆[①]。公曰："余无子，将立女[②]。"不对。他日，又谓之。对曰："郢不足以辱社稷，君其改图。君夫人在堂，三揖在下[③]。君命祇辱[④]。"夏，卫灵公卒。夫人曰："命公子郢为大子，君命也。"对曰："郢异于他子[⑤]。且君没于吾手，若有之，郢必闻之[⑥]。且亡人之子辄在[⑦]。"乃立辄。六月乙酉，晋赵鞅纳卫大子于戚。宵迷，阳虎曰："右河而南，必至焉[⑧]。"使大子绕[⑨]，八人衰绖，伪自卫逆者[⑩]。告于门，哭而入，遂居之。

① 子南，灵公子郢也。仆，御也。○ 郢，以井切。 ② 蒯聩奔，无大子。○ 女，音汝。 ③ 三揖：卿、大夫、士。○ 揖，一入切。 ④ 言立適当以礼，与外内同之。今君私命，事必不从，適为辱。○ 祇，音支。適，丁历切，下適孙同。 ⑤ 言用意不同。 ⑥ 言当以临没为正。 ⑦ 辄，蒯聩之子出公也，灵公適孙。 ⑧ 是时河北流过元城界，戚在河外，晋军已渡河，故欲出河右而南。 ⑨ 绕者，始发丧之服。○ 绕，音问。丧，音桑。 ⑩ 欲为卫人逆，故衰绖成服。○ 衰，七雷切。绖，田结切。

秋八月，齐人输范氏粟，郑子姚、子般送之[①]。士吉射逆之，赵鞅御之，遇于戚。阳虎曰："吾车少，以兵车之旆，与罕、驷兵车先陈[②]。罕、驷自后随而从之，彼见吾貌，必有惧心[③]。于是乎会之[④]，必大败之。"从之。卜战，龟焦[⑤]。乐丁曰:"《诗》曰:'爰始爰谋,爰契我龟[6]。'谋协以故兆,询可也[7]。"简子誓曰:"范氏、中行氏,反易天明[8],斩艾百姓,欲擅晋国而灭其君。寡君恃郑而保焉。今郑为不道,弃君助臣,二三子顺天明,从君命,经德义,除诟耻,在此行也。克敌者,上大夫受县,下大夫受郡[9],士田十万[10],庶人工商遂[11],人臣隶圉免[12]。志父无罪,君实图之[13]。若其有罪,绞缢以戮[14],桐棺三寸,不设属辟[15],素车朴马[16],无入于兆[17],下卿之罚也[18]。"甲戌,将战,邮无恤御简子,卫大子为右[19]。登铁上[20],望见郑师众,大子惧,自投于车下。子良授大子绥而乘之,曰:"妇人也[21]。"简子巡列曰:"毕万,匹夫也。七战皆获,有马百乘,死于牖下[22]。群子勉之,死不在寇[23]。"繁羽御赵罗,宋勇为右[24],罗无勇,麇之[25]。吏诘之,御对曰:"痁作而伏[26]。"卫大子祷曰:"曾孙蒯聩敢昭告皇祖文王[27],烈祖康叔[28],文祖襄公[29]:郑胜乱从[30],晋午在难[31],不能治乱,使鞅讨之[32]。蒯聩不敢自佚,备持矛焉[33]。敢告无绝筋,无折骨,无面伤,以集大事,无作三祖羞[34]。大命不敢请,佩玉不敢爱[35]。"郑人击简子中肩,毙于车中[36],获其蠭旗[37]。大子救之以戈,郑师北,获温大夫赵罗[38]。大子复伐之,郑师大败,获齐粟千车。赵孟喜曰:"可矣[39]。"傅傁曰:"虽克郑,犹有知在,忧未艾也[40]。"

初,周人与范氏田,公孙龙税焉[41]。赵氏得而献之[42],吏请杀之。赵孟曰:"为其主也,何罪?"止而与之田[43]。及铁之战,以徒五百人宵攻郑师,取蠭旗于子姚之幕下,献曰:"请报主德。"

追郑师。姚、般、公孙林殿而射，前列多死㊹。赵孟曰："国无小㊺。"既战，简子曰："吾伏弢呕血㊻，鼓音不衰，今日我上也㊼。"大子曰："吾救主于车，退敌于下，我右之上也。"邮良曰："我两靷将绝，吾能止之㊽，我御之上也。"驾而乘材，两靷皆绝㊾。

① 子姚，罕达。子般，驷弘。〇 般，音班。　② 旆，先驱车也。以先驱车益以兵车以示众。〇 陈，直觐切。　③ 晋人先陈，郑人随之，不知其虚实，见车多必惧。　④ 会，合战。　⑤ 兆不成。　⑥ 乐丁，晋大夫。《诗·大雅》。言先人事，后卜筮。〇 契，苦计切，又苦结切。　⑦ 询，谘询也。故兆，始纳卫大子，卜得吉兆。言今既谋同，可不须更卜。〇 谋协以故兆，绝句。询，思遵切。　⑧ 不事君也。　⑨《周书·作雒篇》。千里百县，县有四郡。〇 艾，鱼废切。檀，市战切。而灭其君，灭或作戕，音残。诟，呼豆切，又音苟。雒，音洛。千里百县，县方百里；县有四郡，郡方五十里。　⑩ 十万亩也。　⑪ 得遂进仕。　⑫ 去厮役。〇 厮役如字，厮又作斯，音同；何休注《公羊》云，艾草为防者曰厮，汲水浆者曰役；苏林注《汉书》云，厮，取薪者；韦昭云，析薪曰厮。　⑬ 志父，赵简子之一名也。言已事济，君当图其赏。〇 父，音甫。服云，赵鞅入晋阳以畔，后得归，改名志父。《春秋》仍旧，犹书赵鞅。　⑭ 绞，所以缢人物。〇 缢，一赐切。戮，音六。　⑮ 属辟，棺之重数。王棺四重，君再重，大夫一重。〇《释文》：桐棺三寸，《礼记》云，夫子制于中都，四寸之棺，五寸之椁，以斯知不欲速朽也。郑康成注云，此庶人之制也。案礼，上大夫棺八寸，属六寸，下大夫棺六寸，属四寸。无三寸棺制也。棺用难朽之木，桐木易坏，不堪为棺，故以为罚。墨子尚俭，有桐棺三寸。不设属，音烛，《注》同，次大棺也。辟，步历切，《注》同，亲身棺也。礼，大夫无辟。重，直龙切，下同。王棺四重，《礼记》云，水兕革棺被之，其厚三寸。杝棺一，梓棺二。杝棺，辟也。梓棺二，属与大棺也。被水牛及兕之革为一重，辟为二重，属

为三重，大棺为四重。君再重，君谓侯、伯、子、男，侯、伯已下无革棺，属与辟为一重，大棺为再重。上公则唯无水革耳。兕革与辟为一重，属为再重，大棺为三重。大夫一重，大夫唯属与大棺为一重。今云不设辟者，时僭耳，非正礼也。 ⑯ 以载柩。○ 朴，普角切。柩，其又切。 ⑰ 兆，葬域。⑱ 为众设赏，自设罚，所以能克敌。○ 为，于伪切。 ⑲ 邮无恤，王良也。○ 邮，音尤。 ⑳ 铁，丘名。 ㉑ 言其怯。○ 怯，去业切。㉒ 毕万，晋献公卿也。皆获，有功。死于牖下，言得寿终。○ 乘，绳证切。牖，羊九切。 ㉓ 言有命。 ㉔ 三子，晋大夫。 ㉕ 麇，束缚也。○ 麇，丘陨切。 ㉖ 痁，疟疾也。○ 诘，起吉切。痁，诗占切。疟，鱼略切。 ㉗ 周文王。皇，大也。○ 祷，丁老切，又丁报切。 ㉘ 烈，显也。 ㉙ 继业守文，故曰文祖。蒯聩，襄公之孙。 ㉚ 胜，郑声公名。释君助臣，为从于乱。 ㉛ 午，晋定公名。○ 难，乃旦切，下《注》为难同。 ㉜ 鞅，简子名。 ㉝ 戎右持矛。○ 佚，音逸。矛，亡侯切。㉞ 集，成也。○ 筋，居银切。 ㉟ 不敢爱，故以祈祷。 ㊱ 毙，踣也。○ 中，丁仲切。毙，婢世切，本亦作獘。踣，蒲北切。 ㊲ 蠭旗，旗名。○ 蠭，芳恭切。 ㊳ 罗无勇，故郑师虽北，犹获罗。 ㊴ 赵孟，简子也。喜大子前怯，今更勇。○ 复，扶又切。 ㊵ 傅傁，简子属也。言知氏将为难，后竟有晋阳之患。○ 傁，素口切；又作叟。知，音智。艾，鱼废切，又五盖切。 ㊶ 龙，范氏臣，为范氏收周人所与田之税。○ 龙，武江切。税，始锐切。为，于伪切，下为其主同。 ㊷ 得龙以献简子。㊸ 还其所税。 ㊹ 晋前列。○ 幕，音莫。姚、般，子姚、子般。殿，丁电切。射，食亦切。 ㊺ 言虽小国，犹有善射者。 ㊻ 弢，弓衣。呕，吐也。○ 弢，吐刀切。呕，本又作嗀，乌口切。吐，他路切。 ㊼ 功为上。㊽ 止，使不绝。○ 靷，以刃切。 ㊾ 材，横木。明细小也。《传》言简子不让下自伐。

吴泄庸如蔡纳聘，而稍纳师。师毕入，众知之①。蔡侯告大夫，杀公子驷以说②，哭而迁墓③。冬，蔡迁于州来。

① 元年,蔡请迁于吴,中悔,故因聘袭之。○ 洩,息列切,又息引切。中,丁仲切。 ② 杀驷以说吴,言不时迁,驷之为。 ③ 将迁,与先君辞,故哭。

经

三年春,齐国夏、卫石曼姑帅师围戚[①]。

夏四月甲午,地震[②]。

五月辛卯,桓宫、僖宫灾[③]。

季孙斯、叔孙州仇帅师城启阳[④]。

宋乐髡帅师伐曹[⑤]。

秋七月丙子,季孙斯卒。

蔡人放其大夫公孙猎于吴[⑥]。

冬十月癸卯,秦伯卒[⑦]。

叔孙州仇、仲孙何忌帅师围邾[⑧]。

① 曼姑为子围父,知其不义,故推齐使为兵首。戚不称卫,非叛人。○ 曼,音万。为,于伪切。 ② 无《传》。 ③ 天火曰灾。 ④ 无《传》。鲁党范氏,故惧晋,比年四城。启阳,今琅邪开阳县。 ⑤ 无《传》。○ 髡,苦孙切。 ⑥ 无《传》。公子驷之党。 ⑦ 无《传》。不书名,未同盟。 ⑧ 无《传》。

传

三年春,齐、卫围戚,求援于中山[①]。

① 中山,鲜虞。

夏五月辛卯，司铎火①。火踰公宫，桓、僖灾②。救火者皆曰："顾府③。"南宫敬叔至，命周人出御书，俟于宫④，曰："庀女而不在，死⑤。"子服景伯至，命宰人出礼书⑥，以待命，命不共，有常刑⑦。校人乘马，巾车脂辖⑧。百官官备，府库慎守，官人肃给⑨。济濡帷幕，郁攸从之⑩，蒙葺公屋⑪。自大庙始，外内以悛⑫，助所不给。有不用命，则有常刑，无赦。公父文伯至，命校人驾乘车⑬。季桓子至，御公立于象魏之外⑭。命救火者伤人则止，财可为也。命藏《象魏》⑮，曰："旧章不可亡也。"富父槐至，曰："无备而官办者，犹拾渖也⑯。"于是乎去表之槀⑰，道还公宫⑱。孔子在陈，闻火，曰："其桓、僖乎⑲。"

① 司铎，宫名。○ 铎，待洛切。　② 桓公、僖公庙。　③ 言常人爱财。　④ 敬叔，孔子弟子南宫阅。周人，司周书典籍之官。御书，进于君者也。使待命于宫。○ 阅，音悦。　⑤ 庀，具也。○ 庀，匹婢切。○ 女，音汝。　⑥ 景伯，子服何也。宰人，冢宰之属。　⑦ 待求之命。○ 共，音恭。　⑧ 校人，掌马。巾车，掌车。乘马，使四四相从，为驾之易。○ 校，户教切。乘，绳证切，下同。辖，户瞎切；本又作鎋，同。为，于伪切。易，以豉切。　⑨ 国有火灾，恐有变难，故慎为备。○ 难，乃旦切。⑩ 郁攸，火气也。濡物于水，出用为济。○ 济，子细切，又子礼切。帷，位悲切。幕，音莫。攸，音由。　⑪ 以濡物冒覆公屋。○ 葺，七入切，又子入切。　⑫ 悛，次也。先尊后卑，以次救之。○ 悛，七全切。　⑬ 乘车，公车。　⑭ 象魏，门阙。　⑮《周礼》，正月县教令之法于象魏，使万民观之，故谓其书为《象魏》。○ 县，音玄。　⑯ 槐，富父终生之后。渖，汁也。言不备而责办，不可得。○ 父，音甫。槐，音怀。办，办具之办。拾，音十。渖，尺审切；北土呼汁为渖。　⑰ 表，表火道。风所向者，去其

稾积。○ 去，起吕切。稾，古老切。向，许亮切。积，子赐切。　⑱ 开除道，周市公宫，使火无相连。○ 还，本又作环，户关切，又音患，同。　⑲ 言桓、僖亲尽而庙不毁，宜为天所灾。

刘氏、范氏世为婚姻①，苌弘事刘文公②，故周与范氏。赵鞅以为讨③。六月癸卯，周人杀苌弘④。

① 刘氏，周卿士。范氏，晋大夫。　② 为之属大夫。　③ 责周与范氏。　④ 终违天之祸。

秋，季孙有疾，命正常曰："无死①。南孺子之子，男也，则以告而立之②。女也，则肥也可③。"季孙卒，康子即位。既葬，康子在朝④。南氏生男，正常载以如朝，告曰："夫子有遗言，命其圉臣曰：'南氏生男，则以告于君与大夫而立之。'今生矣，男也，敢告。"遂奔卫。康子请退⑤。公使共刘视之⑥，则或杀之矣，乃讨之⑦。召正常，正常不反⑧。

① 正常，桓子之宠臣，欲付以后事，故敕令勿从己死。○ 令，力呈切。　② 南孺子，季桓子之妻。言若生男，告公而立之。○ 孺，如住切。　③ 肥，康子也。　④ 在公朝也。　⑤ 退，辟位也。　⑥ 共刘，鲁大夫。○ 共，音恭。　⑦ 讨杀者。　⑧ 畏康子也。《传》备言季氏家事。

冬十月，晋赵鞅围朝歌，师于其南①。荀寅伐其郛②，使其徒自北门入，己犯师而出③。癸丑，奔邯郸。十一月，赵鞅杀士皋夷，恶范氏也④。

① 范、中行所在。　② 伐其北郭围。○ 郛，芳夫切。　③ 荀寅使在外救己之徒击赵氏，围之北门，因外内攻得出。　④ 恶范氏而杀其族，言迁怒。○ 恶，乌路切。

经

四年春，王二月庚戌，盗杀蔡侯申①。

蔡公孙辰出奔吴②。

葬秦惠公③。

宋人执小邾子④。

夏，蔡杀其大夫公孙姓、公孙霍⑤。

晋人执戎蛮子赤，归于楚⑥。

城西郛⑦。

六月辛丑，亳社灾⑧。

秋八月甲寅，滕子结卒⑨。

冬十有二月，葬蔡昭公⑩。

葬滕顷公⑪。

① 贱者故称盗，不言杀其君，贱盗也。○ 杀，申志切。蔡侯申，今本皆如此。案，宣十七年，蔡侯申卒，是文侯也。今昭侯是其玄孙，不容与高祖同名，未详何者误也。　② 弑君贼之党，故书名。　③ 无《传》。　④ 无《传》。邾子无道于其民，故称人以执。　⑤ 皆弑君党。○ 姓，音生，又作生，或音性。　⑥ 晋耻为楚执诸侯，故称人以告。若蛮子，不道于其民也。赤本属楚，故言归。○ 耻为，于伪切。　⑦ 无《传》。鲁西郭，备晋也。　⑧ 无《传》。天火也。亳社，殷社，诸侯有之，所以戒亡国。○ 亳，步各切。　⑨ 无《传》。同盟于皋鼬。　⑩ 无《传》。乱故，是以缓。　⑪ 无《传》。

传

四年春，蔡昭侯将如吴，诸大夫恐其又迁也，承[①]。公孙翩逐而射之，入于家人而卒[②]。以两矢门之，众莫敢进[③]。文之锴后至[④]，曰："如墙而进，多而杀二人[⑤]。"锴执弓而先，翩射之，中肘。锴遂杀之。故逐公孙辰，而杀公孙姓、公孙盱[⑥]。

① 承，音懲，盖楚言。○ 懲，直升切。 ② 翩，蔡大夫。○ 翩，音篇。射，食亦切，下同。 ③ 翩以矢自守其门。 ④ 锴，蔡大夫。○ 锴，音楷，又音皆，又客骇切。 ⑤ 并行如墙俱进。○ 并，步顶切。⑥ 盱，即霍也。○ 中，丁仲切。肘，竹九切。盱，况于切。

夏，楚人既克夷虎[①]，乃谋北方。左司马眅、申公寿馀、叶公诸梁致蔡于负函[②]，致方城之外于缯关[③]，曰："吴将泝江入郢[④]，将奔命焉。"为一昔之期，袭梁及霍[⑤]。单浮馀围蛮氏，蛮氏溃[⑥]。蛮子赤奔晋阴地[⑦]。司马起豐、析与狄戎[⑧]，以临上雒。左师军于菟和[⑨]，右师军于仓野[⑩]，使谓阴地之命大夫士蔑[⑪]曰："晋、楚有盟，好恶同之。若将不废，寡君之愿也。不然，将通于少习以听命[⑫]。"士蔑请诸赵孟。赵孟曰："晋国未宁，安能恶于楚，必速与之[⑬]。"士蔑乃致九州之戎[⑭]，将裂田以与蛮子而城之[⑮]，且将为之卜[⑯]。蛮子听卜，遂执之，与其五大夫，以畀楚师于三户[⑰]。司马致邑，立宗焉，以诱其遗民[⑱]，而尽俘以归。

① 夷虎，蛮夷叛楚者。 ② 三子，楚大夫也。此蔡之故地人民，楚

因以为邑。致之者，会其众也。○ 眅，普版切；《字林》，匹奸切。叶，始涉切。函，音咸。　③ 负函、缯关，皆楚地。○ 缯，才陵切。　④ 逆流曰泝。○ 泝，音素。郢，以井切，又以政切。　⑤ 伪辞当备吴，夜结期，明日便袭梁、霍，使不知之。梁，河南梁县西南故城也。梁南有霍阳山，皆蛮子之邑也。　⑥ 浮馀，楚大夫。○ 单，音善。溃，户内切。　⑦ 阴地，河南山北自上雒以东至陆浑。○ 浑，户门切。　⑧ 楚司马眅也。析县属南乡郡，析南有丰乡，皆楚邑。发此二邑人及戎狄。○ 析，星历切。⑨ 菟和山在上雒东也。○ 菟，音徒。　⑩ 仓野在上雒县。　⑪ 命大夫，别县监尹。○ 监，古衔切。　⑫ 少习，商县武关也。将大开武关道以伐晋。○ 少，诗照切，又如字。　⑬ 未宁，时有范、中行之难。○ 难，乃旦切。　⑭ 九州戎，在晋阴地、陆浑者。　⑮ 以诈蛮子。　⑯ 卜城。○ 为，于伪切。　⑰ 今丹水县北三户亭。○ 畀，必利切。⑱ 楚复诈为蛮子作邑，立其宗主。○ 复，扶又切。

秋七月，齐陈乞、弦施，卫甯跪救范氏[①]。庚午，围五鹿[②]。九月，赵鞅围邯郸。冬十一月，邯郸降。荀寅奔鲜虞，赵稷奔临[③]。十二月，弦施逆之，遂堕临。国夏伐晋，取邢、任、栾、鄗、逆畤、阴人、盂、壶口[④]。会鲜虞，纳荀寅于柏人[⑤]。

① 陈乞，僖子。弦施，弦多。○ 跪，其委切。　② 五鹿，晋地。③ 临，晋邑。○ 降，户江切。　④ 八邑，晋地。栾在赵国平棘县西北。鄗即高邑县也，路县东有壶口关。○ 堕，许规切。邢，音刑。任，音壬。栾，力官切。鄗，呼洛切；郭璞《三苍解诂》音臛；《字林》，火沃切；韦昭，呼告切；阚骃云，读硗确，同。畤，音止。盂，音于。　⑤ 晋邑也。今赵国柏人县也。弦施与鲜虞会也。

经

五年春，城毗①。

夏，齐侯伐宋②。

晋赵鞅帅师伐卫。

秋九月癸酉，齐侯杵臼卒③。

冬，叔还如齐。

闰月，葬齐景公④。

① 无《传》。备晋也。○ 毗，频夷切。 ② 无《传》。 ③ 再同盟也。○ 杵，昌吕切。臼，求又切。 ④ 无《传》。

传

五年春，晋围柏人，荀寅、士吉射奔齐。初，范氏之臣王生恶张柳朔，言诸昭子，使为柏人①。昭子曰："夫非而雠乎？"对曰："私雠不及公②，好不废过，恶不去善，义之经也。臣敢违之？"及范氏出③，张柳朔谓其子："尔从主，勉之。我将止死，王生授我矣④。吾不可以僭之。"遂死于柏人⑤。

① 为柏人宰也。昭子，范吉射也。○ 恶，乌路切，下同。柳，良久切。 ② 公家之事也。○ 夫，音扶。 ③ 出柏人奔齐。○ 好，呼报切。去，起吕切。 ④ 授我死节。 ⑤ 为吉射距晋战死。○ 僭，子念切，后同。为，于伪切。

夏，赵鞅伐卫，范氏之故也，遂围中牟①。

① 卫助范氏故也。

齐燕姬生子，不成而死[①]。诸子，鬻姒之子荼，嬖[②]。诸大夫恐其为大子也，言于公曰："君之齿长矣，未有大子，若之何？"公曰："二三子间于忧虞，则有疾疢。亦姑谋乐，何忧于无君[③]？"公疾，使国惠子、高昭子立荼[④]，置群公子于莱[⑤]。秋，齐景公卒。冬十月，公子嘉、公子驹、公子黔奔卫，公子鉏、公子阳生来奔[⑥]。莱人歌之曰："景公死乎不与埋，三军之事乎不与谋。师乎师乎，何党之乎[⑦]？"

① 燕姬，景公夫人。不成，未冠也。○ 燕，於贤切。冠，古唤切。② 诸子，庶公子也。鬻姒，景公妾。荼，安孺子。○ 鬻，音育。姒，音似。荼，音舒，又音徒，又丈加切。嬖，必计切。 ③ 景公意欲立荼而未发，故以此言塞大夫请。○ 长，丁丈切。间，音闲，又音间厕之间，又如字。疢，敕觐切，本或作疹，乃结切。乐，音洛。 ④ 惠子，国夏。昭子，高张。⑤ 莱，齐东鄙邑。○ 置，之豉切。群，或作诸。莱，音来。 ⑥ 皆景公子在莱者。○ 黔，巨廉切，又音琴。鉏，仕居切。 ⑦ 师，众也。党，所也。之，往也。称谥，盖葬后而为此歌，哀群公子失所。○ 与，音预。埋，亡皆切。

郑驷秦富而侈，嬖大夫也，而常陈卿之车服于其庭。郑人恶而杀之。子思曰："《诗》曰：'不解于位，民之攸塈[①]。'不守其位，而能久者鲜矣。《商颂》曰：'不僭不滥，不敢怠皇，命以多福[②]。'"

① 子思，子产子国参也。《诗・大雅》。攸，所也。塈，息也。○ 侈，昌

氏切，又尺氏切。恶，乌路切。解，佳卖切。塈，许器切。 ② 僭，差也。滥，溢也。皇，暇也。言驷秦违《诗·商颂》，故受祸。○ 鲜，息浅切。滥，力暂切。溢，音逸。

经

六年春，城邾瑕①。

晋赵鞅帅师伐鲜虞。

吴伐陈。

夏，齐国夏及高张来奔②。

叔还会吴于柤③。

秋七月庚寅，楚子轸卒④。

齐阳生入于齐⑤。

齐陈乞弑其君荼⑥。

冬，仲孙何忌帅师伐邾⑦。

宋向巢帅师伐曹⑧。

①无《传》。备晋也。任城亢父县北有邾娄城。○ 瑕，音遐。任，音壬。亢，苦浪切，又音刚。父，音甫。 ② 二子阿君，废长立少，既受命又不能全，书名，罪之也。○ 长，丁丈切。少，诗照切。 ③ 无《传》。○ 柤，庄加切。 ④ 未同盟而赴以名。○ 轸，之忍切；《史记》作珍。 ⑤ 为陈乞所逆，故书入。 ⑥ 弑荼者朱毛与阳生也，而书陈乞，所以明乞立阳生而荼见弑，则祸由乞始也。楚比劫立，陈乞流涕，子家惮老，皆疑于免罪，故《春秋》明而书之，以为弑主。○ 弑，音试，下皆同。 ⑦ 无《传》。⑧ 无《传》。

传

六年春，晋伐鲜虞，治范氏之乱也[①]。

① 四年，鲜虞纳荀寅于柏人。

吴伐陈，复修旧怨也[①]。楚子曰："吾先君与陈有盟，不可以不救。"乃救陈师于城父[②]。

① 元年未得志故也。○ 复，扶又切。　② 陈盟在昭十三年。○ 父，音甫。

齐陈乞伪事高、国者[①]，每朝必骖乘焉。所从必言诸大夫[②]，曰："彼皆偃蹇，将弃子之命[③]。皆曰：'高、国得君[④]，必偪我，盍去诸？'固将谋子，子早图之。图之，莫如尽灭之。需，事之下也[⑤]。"及朝，则曰："彼虎狼也，见我在子之侧，杀我无日矣。请就之位[⑥]。"又谓诸大夫曰："二子者祸矣！恃得君而欲谋二三子，曰，国之多难，贵宠之由，尽去之而后君定。既成谋矣，盍及其未作也，先诸？作而后悔，亦无及也。"大夫从之。夏六月戊辰，陈乞、鲍牧[⑦]及诸大夫，以甲入于公宫。昭子闻之，与惠子乘如公，战于庄，败[⑧]。国人追之。国夏奔莒，遂及高张、晏圉、弦施来奔[⑨]。

① 高张、国夏，受命立荼，陈乞欲害之，故先伪事焉。　② 言其罪也。○ 乘，绳证切。　③ 偃蹇，骄敖。○ 偃，约免切。蹇，纪晚切。敖，五报切。　④ 得君宠也。　⑤ 需，疑也。○ 偪，音逼。盍，户臘切。

去，起吕切，下同。需，音须，一音懦，持疑也。 ⑥ 欲与诸大夫谋高、国，故求就之。 ⑦ 牧，鲍国孙。〇 难，乃旦切。牧，州牧之牧。 ⑧ 高、国败也。庄，六轨之道。〇 乘，绳证切。 ⑨ 晏圉，婴之子。圉、施不书，非卿。〇 圉，鱼吕切。

秋七月，楚子在城父，将救陈，卜战不吉，卜退不吉。王曰："然则死也！再败楚师，不如死①。弃盟逃仇，亦不如死。死一也，其死仇乎！"命公子申为王，不可；则命公子结，亦不可；则命公子启②，五辞而后许。将战，王有疾。庚寅，昭王攻大冥，卒于城父③。子闾退曰："君王舍其子而让群臣，敢忘君乎？从君之命，顺也④。立君之子，亦顺也。二顺不可失也。"与子西、子期谋，潜师闭涂，逆越女之子章，立之而后还⑤。

是岁也，有云如众赤鸟，夹日以飞，三日。楚子使问诸周大史。周大史曰："其当王身乎⑥。若禜之，可移于令尹、司马⑦。"王曰："除腹心之疾，而置诸股肱，何益？不穀不有大过，天其夭诸。有罪受罚，又焉移之？"遂弗禜。

初，昭王有疾。卜曰："河为祟。"王弗祭。大夫请祭诸郊。王曰："三代命祀，祭不越望⑧。江、汉、雎、漳，楚之望也⑨。祸福之至，不是过也。不穀虽不德，河非所获罪也。"遂弗祭。孔子曰："楚昭王知大道矣！其不失国也，宜哉！《夏书》曰：'惟彼陶唐，帅彼天常⑩。有此冀方，今失其行。乱其纪纲，乃灭而亡⑪。'又曰：'允出兹在兹，由己率常可矣⑫。'"

① 前已败于柏举,今若退还亦是败。 ② 申,子西;结,子期;启,子闾。皆昭王兄。 ③ 大冥,陈地。吴师所在。○ 辞,本又作辤;《说文》云,辤,不受也,受辛,宜辤也;辝,籀文。冥,亡丁切。 ④ 从命,许立。○ 舍,音捨。 ⑤ 潜师,密发也。闭涂,不通外使也。越女,昭王妾。章,惠王。 ⑥ 日为人君,妖气守之,故以为当王身。云在楚上,唯楚见之,故祸不及他国。○ 夹,古洽切。大,音泰。 ⑦ 禜,禳祭。○ 禜,音咏。禳,如羊切。 ⑧ 诸侯望祀竟内山川星辰。○ 祟,息遂切。 ⑨ 四水在楚界。○ 睢,七余切。 ⑩ 逸《书》。言尧循天之常道。○《释文》:楚昭王知大道矣,本或作天道,非。夏,户雅切。此语在《尚书·五子之歌》。《书》无"帅彼天常"一句,下亦微异。 ⑪ 灭亡,谓夏桀也。唐虞及夏同都冀州,不易地而亡,由于不知大道故。○ 行,如字,又下孟切;《尚书》作厥道。乃灭而亡,《尚书》作乃底灭亡。 ⑫ 又逸《书》。言信出己,则福亦在己。

八月,齐邴意兹来奔[①]。

① 高、国党。

陈僖子使召公子阳生[①]。阳生驾而见南郭且于[②],曰:"尝献马于季孙,不入于上乘,故又献此,请与子乘之[③]。"出莱门而告之故[④]。阚止知之,先待诸外[⑤]。公子曰:"事未可知,反与壬也处[⑥]。"戒之,遂行[⑦]。逮夜至于齐,国人知之[⑧]。僖子使子士之母养之[⑨],与馈者皆入[⑩]。冬十月丁卯,立之。将盟[⑪],鲍子醉而往。其臣差车鲍点[⑫]曰:"此谁之命也?"陈子曰:"受命于鲍子。"遂诬鲍子曰:"子之命也[⑬]。"鲍子曰:"女忘君之为孺子牛而折其齿乎?而背之也[⑭]!"悼公稽首[⑮]

曰："吾子奉义而行者也，若我可，不必亡一大夫⑯。若我不可，不必亡一公子⑰。义则进，否则退，敢不唯子是从。废兴无以乱，则所愿也。"鲍子曰："谁非君之子？"乃受盟⑱。使胡姬以安孺子如赖⑲。去鬻姒⑳，杀王甲，拘江说，囚王豹于句窦之丘㉑。公使朱毛告于陈子㉒曰："微子则不及此。然君异于器，不可以二。器二不匮，君二多难。敢布诸大夫。"僖子不对而泣曰："君举不信群臣乎㉓？以齐国之困，困又有忧㉔。少君不可以访，是以求长君，庶亦能容群臣乎！不然，夫孺子何罪？"毛复命，公悔之㉕。毛曰："君大访于陈子，而图其小可也㉖。"使毛迁孺子于骀，不至，杀诸野幕之下，葬诸殳冒淳㉗。

① 召在七月，今在八月下，记事之次。 ② 且于，齐公子鉏，在鲁南郭。○ 且，子余切。 ③ 畏在家人闻其言，故欲二人共载，以试马为辞。○ 上乘，绳证切。 ④ 鲁郭门也。 ⑤ 阚止，阳生家臣子我也。待外，欲俱去。○ 阚，苦暂切。 ⑥ 壬，阳生子简公。 ⑦ 戒使无泄言。○ 泄，息列切。 ⑧ 故以昏至，不欲令人知之。国人知而不言，言陈氏得众。 ⑨ 隐于僖子家内。子士母，僖子妾。 ⑩ 陈僖子又令阳生随馈食之人入处公宫。○ 馈，其位切。 ⑪ 盟诸大夫。 ⑫ 点，鲍牧臣也。差车，主车之官。○ 差，所宜切。点，之廉切，又如字。 ⑬ 见其醉，故诬之。 ⑭ 孺子，荼也。景公尝衔绳为牛，使荼牵之，荼顿地，故折其齿。○ 女，音汝。折，之舌切，又市列切。背，音佩。 ⑮ 悼公，阳生。⑯ 言己可为君，必不怨鲍子。 ⑰ 公子，自谓也。恐鲍子杀己，故要之。⑱ 言阳生亦君之子，固可立。 ⑲ 胡姬，景公妾也。赖，齐邑。安，号也。 ⑳ 荼之母。○ 去，起吕切。 ㉑ 三子，景公嬖臣，荼之党也。○ 拘，音俱。说，音税。句，音鉤。 ㉒ 朱毛，齐大夫。 ㉓ 举，皆也。

㉔ 内有饥荒之困,又有兵革之忧。 ㉕ 悔失言。○ 少,诗照切。长,丁丈切。夫,音扶。孺,或作穤,同。 ㉖ 大谓国政,小谓杀荼。 ㉗ 恐骀人不从,故毛驻于野,张帐而杀之。骀,齐邑。殳冒淳,地名。实以冬杀,《经》书秋者,史书秋,记始事,遂连其死,通以冬告鲁。○ 骀,他才切,又徒来切。幕,音莫。殳,音殊。冒,亡报切。淳,音纯。驻,中住切。

经

七年春,宋皇瑗帅师侵郑。

晋魏曼多帅师侵卫。

夏,公会吴于鄫[①]。

秋,公伐邾。

八月己酉,入邾,以邾子益来[②]。

宋人围曹。

冬,郑驷弘帅师救曹。

① 鄫,今琅邪鄫县。○ 瑗,于眷切。鄫,本又作缯,才陵切。 ② 他国言归,于鲁言来,内外之辞。

传

七年春,宋师侵郑,郑叛晋故也[①]。

① 定八年,郑始叛。

晋师侵卫,卫不服也[①]。

① 五年，晋伐卫，至今未服。

夏，公会吴于鄫[①]。吴来征百牢，子服景伯对曰："先王未之有也。"吴人曰："宋百牢我[②]，鲁不可以后宋。且鲁牢晋大夫过十[③]，吴王百牢，不亦可乎？"景伯曰："晋范鞅贪而弃礼，以大国惧敝邑，故敝邑十一牢之。君若以礼命于诸侯，则有数矣[④]。若亦弃礼，则有淫者矣[⑤]。周之王也，制礼，上物不过十二[⑥]，以为天之大数也[⑦]。今弃周礼，而曰必百牢，亦唯执事。"吴人弗听。景伯曰："吴将亡矣，弃天而背本[⑧]。不与，必弃疾于我[⑨]。"乃与之。

大宰嚭召季康子[⑩]，康子使子贡辞。大宰嚭曰："国君道长[⑪]，而大夫不出门，此何礼也？"对曰："岂以为礼，畏大国也[⑫]。大国不以礼命于诸侯，苟不以礼，岂可量也？寡君既共命焉，其老岂敢弃其国？大伯端委以治周礼，仲雍嗣之，断发文身，赢以为饰，岂礼也哉？有由然也[⑬]。"反自鄫，以吴为无能为也[⑭]。

① 吴欲霸中国。 ② 是时吴过宋，得百牢。○ 牢，力刀切。过，古禾切。 ③ 晋大夫，范鞅也。在昭二十一年。○ 后，如字，又户豆切。 ④ 有常数。 ⑤ 淫，过也。 ⑥ 上物，天子之牢。○ 上，如字，又时掌切。 ⑦ 天有十二次，故制礼象之。 ⑧ 违周为背本。 ⑨ 放弃凶疾，来伐击我。 ⑩ 嚭，吴大夫。 ⑪ 盖言君长大于道路。○ 长，丁丈切。 ⑫ 畏大国，不敢虚国尽行。 ⑬ 大伯，周大王之长子；仲雍，大伯弟也。大伯、仲雍让其弟季历，俱適荆蛮，遂有民众。大伯卒，无子，仲雍嗣立，不能行礼致化，故效吴俗。言其权时制宜，以辟灾害，非以为礼也。端委，礼衣也。○ 共，音恭。大，音泰。断，丁管切。赢，本又

作倮，力果切。效，户孝切。 ⑭ 弃礼，知其不能霸也。

季康子欲伐邾，乃飨大夫以谋之。子服景伯曰："小所以事大，信也。大所以保小，仁也。背大国，不信[①]；伐小国，不仁。民保于城，城保于德，失二德者，危将焉保[②]？"孟孙曰："二三子以为何如[③]？恶贤而逆之[④]？"对曰："禹合诸侯于涂山，执玉帛者万国[⑤]。今其存者，无数十焉。唯大不字小，小不事大也[⑥]。知必危，何故不言[⑦]？""鲁德如邾，而以众加之，可乎[⑧]？"不乐而出[⑨]。

秋，伐邾，及范门[⑩]，犹闻钟声[⑪]。大夫谏，不听。茅成子请告于吴[⑫]，不许，曰："鲁击柝闻于邾[⑬]，吴二千里，不三月不至，何及于我？且国内岂不足[⑭]？"成子以茅叛[⑮]。师遂入邾，处其公宫，众师昼掠[⑯]。邾众保于绎[⑰]。师宵掠，以邾子益来[⑱]，献于亳社[⑲]，囚诸负瑕。负瑕故有绎[⑳]。邾茅夷鸿以束帛乘韦，自请救于吴[㉑]，曰："鲁弱晋而远吴，冯恃其众[㉒]，而背君之盟，辟君之执事[㉓]，以陵我小国。邾非敢自爱也，惧君威之不立。君威之不立，小国之忧也。若夏盟于鄫衍[㉔]，秋而背之，成求而不违[㉕]，四方诸侯，其何以事君？且鲁赋八百乘，君之贰也[㉖]。邾赋六百乘，君之私也[㉗]。以私奉贰，唯君图之。"吴子从之[㉘]。

① 大国，吴也。 ② 二德，信与仁也。○ 焉，於虔切。 ③ 怪诸大夫不言，故指问之。 ④ 孟孙贤景伯，欲使大夫不逆其言。恶，犹安也。○ 恶，音乌。 ⑤ 诸大夫对也。诸侯执玉，附庸执帛。涂山，在寿春东北。 ⑥ 言诸侯相伐，古来以然。○ 数，所主切。 ⑦ 知伐邾必

危，自当言。今不言者，不危故也。大夫以答孟孙所怪，且阿附季孙。 ⑧ 孟孙忿答大夫，今鲁德无以胜邾，但欲恃众可乎？言不可。 ⑨ 季、孟意异，佞直不同。故罢飨。〇 乐，音岳，又音洛。 ⑩ 邾郭门也。 ⑪ 邾不御寇。〇 御，鱼吕切。 ⑫ 成子，邾大夫茅夷鸿。 ⑬ 言以近。〇 柝，音托，以两木相击以行夜也。字又作欜，同。闻，音问，又如字。 ⑭ 言足以距鲁。 ⑮ 高平西南有茅乡亭。 ⑯ 虏掠，取财物也。〇 昼，中救切。掠，音亮。 ⑰ 绎，邾山也，在邹县北。〇 绎，音亦。邹，侧留切。 ⑱ 益，邾隐公也。昼夜掠，《传》言康子无法。 ⑲ 以其亡国与殷同。 ⑳ 负瑕，鲁邑。高平南平阳县西北有瑕丘城。前者鲁得邾之绎民，使在负瑕，故使相就以辱之。 ㉑ 无君命，故言自。〇 乘，绳证切。 ㉒ 冯，依。〇 冯，皮冰切。 ㉓ 辟，陋。〇 辟，匹亦切。 ㉔ 鄫衍，即鄫也。鄫盟不书，吴行夷礼，礼仪不典，非所以结信义，故不录。 ㉕ 言鲁成其所求，无违逆也。 ㉖ 贰，敌也。鲁以八百乘之赋贡于吴，言其国大。 ㉗ 为私属。 ㉘ 为明年吴伐我《传》。

宋人围曹。郑桓子思曰："宋人有曹，郑之患也。不可以不救[①]。"冬，郑师救曹，侵宋。初，曹人或梦众君子立于社宫[②]，而谋亡曹，曹叔振铎请待公孙彊，许之[③]。旦而求之曹，无之。戒其子曰："我死，尔闻公孙彊为政，必去之。"及曹伯阳即位，好田弋。曹鄙人公孙彊好弋，获白雁，献之，且言田弋之说。说之。因访政事，大说之。有宠，使为司城以听政。梦者之子乃行。彊言霸说于曹伯，曹伯从之，乃背晋而奸宋。宋人伐之，晋人不救，筑五邑于其郊，曰黍丘、揖丘、大城、钟、邘[④]。

① 桓，谥。 ② 社宫，社也。 ③ 振铎，曹始祖。〇 铎，待洛切。

彊，其良切。　④ 为明年入曹《传》也。梁国下邑县西南有黍丘亭。○ 好，呼报切。弋，以职切，缴射也。上说如字；下说音悦，大说同；霸说，如字，又始锐切。奸，音干。揖，音集，又於入切。邘，音于。

经

八年春，王正月，宋公入曹，以曹伯阳归①。

吴伐我。

夏，齐人取讙及阐②。

归邾子益于邾。

秋，七月。

冬，十有二月癸亥，杞伯过卒③。

齐人归讙及阐④。

① 曹人背晋而奸宋，是以致讨。宋公既还，而不忍褚师之诟，怒而反兵，一举灭曹。灭非本志，故以入告。○ 褚，中吕切。诟，呼豆切。　② 不书伐，兵未加而鲁与之邑。阐在东平剛县北。○ 讙，音欢。阐，尺善切。　③ 无《传》。未同盟而赴以名。○ 过，古禾切。　④ 不言来，命归之，无旨使也。○ 使，所吏切。

传

八年春，宋公伐曹，将还，褚师子肥殿①。曹人诟之，不行②。师待之。公闻之怒，命反之。遂灭曹。执曹伯及司城彊以归，杀之③。

① 子肥，宋大夫。○ 殿，丁练切。　② 诟，辱詈也。不行，殿兵止也。○ 诟，本又作詾，呼豆切。詈，力智切。　③ 终曹人之梦。

吴为邾故，将伐鲁，问于叔孙辄[1]。叔孙辄对曰："鲁有名而无情[2]，伐之必得志焉。"退而告公山不狃[3]。公山不狃曰："非礼也。君子违，不适仇国[4]，未臣而有伐之，奔命焉，死之可也[5]。所托也则隐[6]。且夫人之行也，不以所恶废乡[7]。今子以小恶而欲覆宗国，不亦难乎[8]？若使子率，子必辞，王将使我。"子张病之[9]。王问于子洩[10]，对曰："鲁虽无与立[11]，必有与毙[12]。诸侯将救之，未可以得志焉。晋与齐、楚辅之，是四仇也[13]。夫鲁，齐、晋之唇，唇亡齿寒，君所知也。不救何为？"三月，吴伐我，子洩率，故道险，从武城[14]。

初，武城人或有因于吴竟田焉[15]，拘鄫人之沤菅者，曰："何故使吾水滋[16]？"及吴师至，拘者道之，以伐武城，克之[17]。王犯尝为之宰，澹臺子羽之父好焉。国人惧[18]。懿子谓景伯："若之何？"对曰："吴师来，斯与之战，何患焉？且召之而至，又何求焉[19]？"吴师克东阳而进，舍于五梧，明日舍于蚕室[20]。公宾庚、公甲叔子与战于夷，获叔子与析朱鉏[21]。献于王，王曰："此同车，必使能，国未可望也[22]。"明日，舍于庚宗，遂次于泗上。微虎欲宵攻王舍[23]，私属徒七百人，三踊于幕庭[24]。卒三百人，有若与焉[25]，及稷门之内[26]。或谓季孙曰："不足以害吴，而多杀国士，不如已也。"乃止之。吴子闻之，一夕三迁[27]。吴人行成[28]，将盟。景伯曰："楚人围宋，易子而食，析骸而爨[29]，犹无城下之盟。我未及亏，而有城下之盟，是弃国也。吴轻而远，不能久，将归矣。请少待之。"弗从。景伯负载造于莱门[30]，乃请释子服何于吴，吴人许之。以王子姑曹当之而后止[31]。吴人盟而还[32]。

① 问可伐不？辄故鲁人。○ 为，于伪切。 ② 有大国名，无情实。③ 不狃，亦故鲁人。○ 狃，女九切。 ④ 违，奔亡也。 ⑤ 未臣所适之国，若有伐本国者，则可还奔命，死其难。○ 难，乃旦切。 ⑥ 曾所因托，则为之隐恶。○ 曾，在增切。 ⑦ 不以其私怨恶，废弃其乡党之好。○ 夫，音扶。行，下孟切，又如字。恶，乌路切，又如字。好，呼报切，下好焉同。 ⑧ 辄，鲁公族，故谓之宗国。○ 覆，芳服切。 ⑨ 子张，辄也。⑩ 子洩，不狃。○ 洩，息列切，又作泄。 ⑪ 缓时若无能自立。⑫ 急则人人知惧，皆将同死战。○ 毙，婢世切。 ⑬ 与鲁而四。⑭ 故由险道，欲使鲁成备。○《释文》：子洩率，绝句；故道险，绝句。⑮ 侨田吴界。○ 竟，音境。侨，其骄切。 ⑯ 鄫人亦侨田吴。滋，浊也。○ 拘，音俱。沤，乌豆切。菅，古颜切。滋，音玄；本亦作兹，子丝切；《字林》云，黑也。 ⑰ 鄫人教吴必可克。○ 道，音导。 ⑱ 王犯，吴大夫。故尝奔鲁，为武城宰。澹臺子羽，武城人，孔子弟子也。其父与王犯相善，国人惧其为内应。○ 澹，待甘切。应，应对之应。 ⑲ 言犯盟伐邾，所以召吴。 ⑳ 三邑，鲁地。 ㉑ 公宾庚、公甲叔子并析朱鉏为三人，皆同车，《传》互言之。○ 析，星历切。 ㉒ 同车能俱死，是国能使人，故不可望得。 ㉓ 微虎，鲁大夫。○ 泗，音四。 ㉔ 于帐前设格，令士试跃之。○ 属，音烛。幕，亡博切。格，更百切。令，力呈切。跃，羊灼切。㉕ 卒，终也。终得三百人任行。有若，孔子弟子，与在三百人中。○ 与，音预。任，音壬。 ㉖ 三百人行至稷门。 ㉗ 畏微虎。○ 三，息暂切。㉘ 求与鲁成。 ㉙ 在宣十五年。○ 骸，户皆切，本又作骨。爨，七乱切。㉚ 以言不见从，故负载书，将欲出盟。○ 亏，去危切。轻，遣政切。载，如字，或音戴。造，七报切。莱，音来。 ㉛ 释，舍也。鲁人不以盟为了，欲因留景伯为质于吴。既得吴之许，复求吴王之子以交质。吴人不欲留王子，故遂两止。○ 质，音致。复，扶又切。 ㉜ 不书盟，耻吴夷。

齐悼公之来也[①]，季康子以其妹妻之，即位而逆之，季鲂侯通焉[②]。女言其情，弗敢与也。齐侯怒。夏五月，齐鲍牧帅师伐我，取讙及阐。

① 在五年。　② 鲂侯，康子叔父。○ 妻，七计切。鲂，音房。

或谮胡姬于齐侯[①]，曰："安孺子之党也。"六月，齐侯杀胡姬[②]。

① 胡姬，景公妾。　②《传》言齐侯无道，所以不终。

齐侯使如吴请师，将以伐我。乃归邾子[①]。邾子又无道，吴子使大宰子馀讨之[②]，囚诸楼台，栫之以棘[③]。使诸大夫奉大子革以为政[④]。

① 齐未得季姬，故请师也。吴前为邾讨鲁，惧二国同心，故归邾子。○ 为，于伪切。　② 子馀，大宰嚭。　③ 栫，雍也。○ 栫，本又作荐，在薦切。雍，於勇切。　④ 革，邾大子桓公也。为十年邾子来奔《传》。

秋，及齐平。九月，臧宾如如齐涖盟[①]。齐闾丘明来涖盟[②]，且逆季姬以归，嬖[③]。

① 宾如，臧会子。　② 明，闾丘婴之子也。盟不书，讳略之。③ 季姬，鲂侯所通者。

鲍牧又谓群公子曰："使女有马千乘乎[①]？"公子愬之。公谓鲍子："或谮子，子姑居于潞以察之[②]。若有之，则分室以行。若无之，则反子之所。”出门，使以三分之一行。半道，使以二乘。及潞，麇之以入，遂杀之③。

① 有马千乘，使为君也。鲍牧本不欲立阳生，故讽动群公子。〇 女，音汝。乘，绳证切。讽，方凤切。 ② 潞，齐邑。〇 愬，音素。潞，音路。 ③ 麇，亦束缚。〇 麇，丘陨切。

冬十二月，齐人归讙及阐，季姬嬖故也。

经

九年春，王二月，葬杞僖公①。

宋皇瑗帅师取郑师于雍丘②。

夏，楚人伐陈。

秋，宋公伐郑。

冬，十月。

① 无《传》。三月而葬，速。 ② 书取，覆而败之。雍丘县属陈留。〇 雍，於勇切。

传

九年春，齐侯使公孟绰辞师于吴①。吴子曰："昔岁寡人闻命，今又革之，不知所从，将进受命于君②。"

① 齐与鲁平，故辞吴师。〇 绰，昌灼切；本又作卓，同。 ② 为十年吴伐齐《传》。

郑武子賸之嬖许瑕求邑，无以与之[①]。请外取，许之[②]。故围宋雍丘。宋皇瑗围郑师[③]，每日迁舍[④]，垒合，郑师哭。子姚救之，大败[⑤]。二月甲戌，宋取郑师于雍丘，使有能者无死[⑥]，以郏张与郑罗归[⑦]。

① 賸，罕达也。瑕，武子之属。〇 賸，以证切。 ② 瑕请取于他国。③ 许瑕师。 ④ 作垒堑成，辄徙舍合其围。〇 垒，力轨切。堑，七艳切。⑤ 子姚，武子賸也。 ⑥ 惜其能也。 ⑦ 郏之有能者。〇 郏，古洽切，又音甲。

夏，楚人伐陈，陈即吴故也。

宋公伐郑[①]。

① 报雍丘。

秋，吴城邗沟，通江、淮[①]。

① 于邗江筑城穿沟，东北通射阳湖，西北至宋口入淮，通粮道也。今广陵韩江是。〇 邗，音寒。射，食亦切，又音亦。

晋赵鞅卜救郑，遇水适火[①]，占诸史赵、史墨、史龟[②]。史龟曰："是谓沈阳[③]，可以兴兵[④]。利以伐姜，不利子商[⑤]。伐齐则可，敌宋不吉。"史墨曰："盈，水名也。子，水位也[⑥]。名位敌，不可干也[⑦]。炎帝为火师[⑧]，姜姓其后也。水胜火，伐姜则可。"史赵曰："是谓如川之满，不可游也[⑨]。郑方有罪，不可救也[⑩]。救郑则不吉，不知其他[⑪]。”阳虎以《周易》筮之，遇《泰》䷊[⑫]之《需》䷄[⑬]，曰：“宋方吉，不可与也[⑭]。微子启，帝乙之元子也。宋、郑，甥舅也[⑮]。祉，禄也。若帝乙之元子归妹，而有吉禄，我安得吉焉？”乃止[⑯]。

① 水火之兆。　② 皆晋史。　③ 火阳，得水故沈。　④ 兵，阴类也，故可以兴兵。　⑤ 姜，齐姓。子商，谓宋。　⑥ 赵鞅姓盈，宋姓子。水盈坎乃行，子姓又得北方水位。　⑦ 二水俱盛，言不可干。⑧ 神农有火瑞，以火名官。　⑨ 既盈而得水位，故为如川之满，不可冯游。言其波流盛。○ 游，音由。冯，皮冰切。　⑩ 郑以嬖宠伐人，故以为有罪。　⑪ 救郑则当伐宋，故不吉也。　⑫《乾》下《坤》上，《泰》。⑬《乾》下《坎》上，《需》，《泰》六五变。○ 需，音须。　⑭ 不可与战。《泰》六五曰：帝乙归妹，以祉元吉。帝乙，纣父。五为天子，故称帝乙。阴而得中，有似王者嫁妹，得如其愿，受福禄而大吉。○ 祉，音耻。⑮ 宋、郑为昏姻甥舅之国，宋为微子之后。今卜得帝乙之卦，故以为宋吉。⑯ 吉在彼，则我伐之为不吉。

冬，吴子使来儆师伐齐[①]。

① 前年齐与吴谋伐鲁，齐既与鲁成而止，故吴恨之，反与鲁伐齐。○ 儆，音景。

经

十年春，王二月。

邾子益来奔。

公会吴伐齐[①]。

三月戊戌，齐侯阳生卒[②]。

夏，宋人伐郑[③]。

晋赵鞅帅师侵齐。

五月，公至自伐齐[④]。

葬齐悼公[⑤]。

卫公孟彄自齐归于卫[⑥]。

薛伯夷卒[⑦]。

秋，葬薛惠公[⑧]。

冬，楚公子结帅师伐陈。

吴救陈[⑨]。

① 书会，从不与谋。○ 与，音预。　② 以疾赴，故不书弑。○ 弑，申志切。　③ 无《传》。　④ 无《传》。　⑤ 无《传》。　⑥ 无《传》。书归，齐纳之。○ 彄，苦侯切。　⑦ 无《传》。赴以名，故书。⑧ 无《传》。　⑨ 季子不书，陈人来告不以名。

传

十年春，邾隐公来奔，齐甥也，故遂奔齐[①]。

① 终子贡之言。

公会吴子、邾子、郯子伐齐南鄙，师于鄎[①]。齐人弑悼公，赴于师[②]。吴子三日哭于军门之外。徐承帅舟师，将自海入齐，齐人败之，吴师乃还[③]。

① 鄎，齐地。邾、郯不书，兵并属吴，不列于诸侯。○ 郯，音谈。鄎，音息，《注》同。并，必政切。　② 以说吴。○ 弒，申志切。　③ 承，吴大夫。

夏，赵鞅帅师伐齐[1]，大夫请卜之。赵孟曰："吾卜于此起兵[2]，事不再令[3]，卜不袭吉[4]，行也。"于是乎取犁及辕[5]，毁高唐之郭，侵及赖而还。

①《经》书侵，以侵告。　② 谓往岁卜伐宋不吉，利以伐姜，故今兴兵。　③ 再令，渎也。　④ 袭，重也。○ 重，直龙切，又直用切。⑤ 犁一名隰，济南有隰阴县。祝阿县西有辕城。○ 犁，力兮切，又力之切。辕，音袁，又于眷切。隰，音习，本或作濕，音同。

秋，吴子使来复儆师[1]。

① 伐齐未得志，故为明年吴伐齐《传》。○ 复，扶又切。

冬，楚子期伐陈[1]。吴延州来季子救陈，谓子期曰："二君不务德[2]，而力争诸侯，民何罪焉？我请退，以为子名，务德而安民。"乃还[3]。

① 陈即吴故。　② 二君，吴、楚。　③ 季子，吴王寿梦少子也。寿梦以襄十二年卒，至今七十七岁。寿梦卒，季子已能让国，年当十五六，至今盖九十馀。○ 梦，音蒙。少，诗照切。

经

十有一年春，齐国书帅师伐我。

夏，陈辕颇出奔郑①。

五月，公会吴伐齐。

甲戌，齐国书帅师及吴战于艾陵，齐师败绩，获齐国书②。

秋七月辛酉，滕子虞母卒③。

冬十有一月，葬滕隐公④。

卫世叔齐出奔宋⑤。

① 书名，贪也。〇 颇，破可切，又普河切。 ② 公与伐而不与战。艾陵，齐地。〇 艾，五盖切。与，音预。 ③ 无《传》。赴以名，故书之。④ 无《传》。 ⑤ 书名，淫也。

传

十一年春，齐为鄎故①，国书、高无丕帅师伐我，及清②。季孙谓其宰冉求③曰："齐师在清，必鲁故也。若之何？"求曰："一子守，二子从公禦诸竟。"季孙曰："不能④。"求曰："居封疆之间⑤。"季孙告二子⑥。二子不可。求曰："若不可，则君无出。一子帅师，背城而战。不属者，非鲁人也⑦。鲁之群室，众于齐之兵车⑧。一室敌车，优矣。子何患焉？二子之不欲战也宜，政在季氏⑨。当子之身，齐人伐鲁而不能战，子之耻也，大不列于诸侯矣。"季孙使从于朝⑩，俟于党氏之沟⑪。武叔呼而问战焉⑫。对曰："君子有远虑，小人何知？"懿子强问之，对曰："小人虑材而言，量力而共者也⑬。"武叔曰："是谓我不成丈夫也⑭。"退而蒐乘⑮，孟孺子泄帅右师⑯，颜羽御，邴洩为右⑰。冉求帅左师，管周父御，樊迟为右⑱。季孙曰："须也弱。"有子曰："就用命焉⑲。"季氏之甲七千，冉有以武城人三百为己徒卒⑳。老幼守宫，次于雩门之外㉑。五日，右师从之㉒。公叔务人㉓见保者而泣㉔曰："事充㉕政重㉖，上不能谋，士不能死，何以治民？吾既言之矣，敢不勉乎㉗！"

师及齐师战于郊，齐师自稷曲㉘。师不踰沟。樊迟曰："非不能也，不信子也。请三刻而踰之㉙。"如之，众从之㉚。师入齐军㉛。右师奔，齐人从之㉜，陈瓘、陈庄涉泗㉝。孟之侧后入以为殿㉞，抽矢策其马曰："马不进也㉟。"林不狃之伍曰："走乎㊱！"不狃曰："谁不如㊲？"曰："然则止乎？"不狃曰："恶贤㊳？"徐步而死㊴。师获甲首八十㊵，齐人不能师㊶。宵，谍曰："齐人遁㊷。"冉有请从之三，季孙弗许。孟孺子语人曰："我不如颜羽，而贤于邴洩㊸。子羽锐敏㊹，我不欲战而能默㊺。洩曰：'驱之㊻。'"公为与其嬖僮汪锜乘，皆死，皆殡㊼。孔子曰："能执干戈以卫社稷，可无殇也㊽。"冉有用矛于齐师，故能入其军。孔子曰："义也㊾。"

① 鄎在前年。○ 为，于伪切。　② 清，齐地。济北卢县东有清亭。○ 丕，普悲切。　③ 冉求，鲁人，孔子弟子。　④ 自度力不能使二子御诸竟。○ 守，手又切。从，才用切。禦，鱼吕切，亦作御。竟，音境。度，待洛切。　⑤ 封疆，竟内近郊之地。○ 疆，居良切。　⑥ 二子，叔孙、孟孙也。　⑦ 属，臣属也。言不战为不臣。　⑧ 群室，都邑居家。⑨ 言二子恨季氏专政，故不尽力。○《释文》：二子之不欲战也宜，绝句。

⑩ 使冉求随己之公朝。 ⑪ 党氏沟,朝中地名。○ 党,音掌。 ⑫ 问冉求。 ⑬ 言子所问非己材力所及,故不能言。○ 强,其丈切。共,音恭。 ⑭ 知冉求非己不欲战,故不对。○ 不成丈夫也,本或作大夫,非。 ⑮ 蒐,阅。○ 蒐,所求切。乘,绳证切。阅,音悦。 ⑯ 孺子,孟懿子之子武伯彘。○ 孺,而住切。彘,直利切。 ⑰ 二子,孟氏臣。○ 邴,音丙,又彼命切。 ⑱ 樊迟,鲁人,孔子弟子樊须。○ 父,音甫。 ⑲ 虽年少,能用命。有子,冉求也。○ 少,诗照切。 ⑳ 步卒,精兵。○ 卒,子忽切。 ㉑ 南城门也。○ 雩,音于。 ㉒ 五日乃从,言不欲战。 ㉓ 务人,公为,昭公子。 ㉔ 保,守城者。 ㉕ 繇役烦。○ 繇,本亦作徭,同,音遥。 ㉖ 赋税多。 ㉗ 既言人不能死,已不敢不死。 ㉘ 稷曲,郊地名。 ㉙ 与众三刻约信。 ㉚ 如樊迟言,乃踰沟。 ㉛ 冉求之师。 ㉜ 逐右师。 ㉝ 二陈,齐大夫。○ 瓘,古唤切。泗,音四。 ㉞ 之侧,孟氏族也,字反。○ 殿,丁练切。㉟ 不欲伐善。○ 抽,敕留切。策,初革切,本或作筴。 ㊱ 不狃,鲁士。五人为伍。败而欲走。 ㊲ 我不如谁而欲走。○ 如,如字,又而庶切。㊳ 言止战恶足为贤,皆无战志。○ 恶,音乌。 ㊴ 徐行而死,言鲁非无壮士,但季孙不能使。 ㊵ 冉求所得。 ㊶ 不能整其师。 ㊷ 谍,间也。○ 谍,音牒。遁,徒困切。间,间厕之间。 ㊸ 二子与孟孺子同车。○ 语,鱼据切。 ㊹ 子羽,颜羽。锐,精也。敏,疾也。言欲战。㊺ 心虽不欲,口不言奔。○ 默,本亦作嘿,亡北切。 ㊻ 言驱马欲奔。㊼ 皆,俱也。○ 嬖,必计切。僮,本亦作童,音同。汪,乌黄切。锜,鱼绮切。乘,绳证切。 ㊽ 时人疑童子当殇。○ 殇,音商,八岁至十九岁为殇。 ㊾ 言能以义勇。不书战,不皆陈也。不书败,胜负不殊。○ 矛,亡侯切。陈,直觐切。

夏,陈辕颇出奔郑。初,辕颇为司徒,赋封田以嫁公女①。有馀,以为己大器②。国人逐之,故出。道渴,其族辕咺进稻醴、粱糗、腶脯焉[3]。喜曰："何其给也？"对曰："器成而具[4]。"曰："何不吾谏？"对曰："惧先行[5]。"

① 封内之田，悉赋税之。 ② 大器，钟鼎之属。 ③ 糗，干饭也。○ 咺，况阮切。醴，音礼，以稻米为醴酒。糗，起九切，以粱米为之，又昌绍切。腶，丁乱切；字亦作锻，加薑桂曰脯也。 ④ 具此醴糗。 ⑤ 恐言不从，先见逐。

为郊战故，公会吴子伐齐[1]。五月克博，壬申，至于嬴[2]。中军从王[3]。胥门巢将上军，王子姑曹将下军，展如将右军[4]。齐国书将中军，高无丕将上军，宗楼将下军。陈僖子谓其弟书："尔死，我必得志[5]。"宗子阳与闾丘明相厉也[6]。桑掩胥御国子[7]。公孙夏曰："二子必死[8]。"将战，公孙夏命其徒歌《虞殡》[9]。陈子行命其徒具含玉[10]。公孙挥命其徒曰："人寻约，吴发短[11]。"东郭书曰："三战必死，于此三矣[12]。"使问弦多以琴[13]，曰："吾不复见子矣[14]。"陈书曰："此行也，吾闻鼓而已，不闻金矣[15]。"

甲戌，战于艾陵，展如败高子[16]，国子败胥门巢[17]。王卒助之，大败齐师。获国书、公孙夏、闾丘明、陈书、东郭书，革车八百乘，甲首三千，以献于公[18]。将战，吴子呼叔孙[19]曰："而事何也[20]？"对曰："从司马[21]。"王赐之甲剑铍，曰："奉尔君事，敬无废命。"叔孙未能对，卫赐进[22]曰："州仇奉甲从君而拜[23]。"公使大史固归国子之元[24]，寘之新箧，褽之以玄纁[25]，加组带焉。寘书于其上曰："天若不识不衷，何以使下国[26]？"

吴将伐齐，越子率其众以朝焉，王及列士，皆有馈赂。吴人皆喜，唯子胥惧，曰："是豢吴也夫㉗！"谏曰："越在我，心腹之疾也。壤地同而有欲于我㉘。夫其柔服，求济其欲也，不如早从事焉㉙。得志于齐，犹获石田也，无所用之㉚。越不为沼，吴其泯矣。使医除疾，而曰'必遗类焉'者，未之有也。《盘庚》之诰曰：'其有颠越不共，则劓殄无遗育，无俾易种于兹邑㉛。'是商所以兴也。今君易之，将以求大，不亦难乎？"弗听。使于齐，属其子于鲍氏，为王孙氏㉜。反役，王闻之，使赐之属镂以死㉝。将死，曰："树吾墓槚，槚可材也，吴其亡乎！三年，其始弱矣。盈必毁，天之道也㉞。"

① 欲以报也。○ 为，于伪切。 ② 博、嬴，齐邑也。二县皆属泰山。○ 嬴，音盈。 ③ 吴中军。 ④ 三将，吴大夫。 ⑤ 书，子占也。欲获死事之功。 ⑥ 相劝厉致死。子阳，宗楼也。 ⑦ 国子，国书。⑧ 亦劝勉之。○ 夏，户雅切。 ⑨《虞殡》，送葬歌曲。示必死。○ 殡，必刃切。 ⑩ 子行，陈逆也。具含玉，亦示必死。○ 行，如字，又户郎切。含，户暗切，本又作唅。 ⑪ 约，绳也。八尺为寻。吴发短，欲以绳贯其首。○ 挥，许韦切。 ⑫ 三战，夷仪、五氏与今。 ⑬ 弦多，齐人也。六年奔鲁。问，遗也。○ 遗，唯季切。 ⑭ 言将死战。 ⑮ 鼓以进军，金以退军。不闻金，言将死也。《传》言吴师强，齐人皆自知将败。⑯ 齐上军败。 ⑰ 吴上军亦败。 ⑱ 公以兵从，故以劳公。○ 卒，子忽切。乘，绳证切。从，才用切，又如字。劳，力报切。 ⑲ 叔孙，武叔州仇。 ⑳ 问何职。 ㉑ 从吴司马所命。 ㉒ 赐，子贡，孔子弟子。○ 铍，普悲切。 ㉓ 拜受之。 ㉔ 归于齐也。元，首也。吴以献鲁。 ㉕ 褽，荐也。○ 寘，之豉切。箧，苦协切。褽，音尉；或作褽以玄纁。纁，许云切；本亦作勋。 ㉖ 言天识不善，故杀国子。○ 组，音祖。

衷，音忠。　㉗豢，养也。若人养牺牲，非爱之，将杀之。○馈，其位切；或作餽。赂，音路。豢，音患。夫，音扶。　㉘欲得吴。　㉙从事，击之。　㉚石田，不可耕。　㉛《盘庚》，《商书》也。颠越不共，从横不承命者也。劓，割也。殄，绝也。育，长也。俾，使也。易种，转生种类。○沼，之兆切。泯，亡轸切。盘，步干切。诰，古报切。共，音恭，《注》同。劓，鱼器切。殄，大典切。俾，必耳切。种，章勇切。从，子容切。长，丁丈切。　㉜私使人至齐属其子，改姓为王孙，欲以辟吴祸。○使，所吏切。属，音烛，下同。　㉝艾陵役也。属镂，剑名。○镂，力俱切，又力侯切。㉞越人朝之，伐齐胜之，盈之极也。为十三年越伐吴起。○槚，古雅切，木名。

秋，季孙命修守备曰："小胜大，祸也。齐至无日矣[①]。"

①善有备。○守，手又切。

冬，卫大叔疾出奔宋[①]。初，疾娶于宋子朝[②]，其娣嬖[③]。子朝出[④]。孔文子使疾出其妻而妻之。疾使侍人诱其初妻之娣，寘于犁[⑤]，而为之一宫，如二妻。文子怒，欲攻之。仲尼止之，遂夺其妻。或淫于外州，外州人夺之轩以献[⑥]。耻是二者，故出。卫人立遗，使室孔姞[⑦]。疾臣向魋[⑧]纳美珠焉，与之城鉏[⑨]。宋公求珠，魋不与，由是得罪。及桓氏出[⑩]，城鉏人攻大叔疾，卫庄公复之[⑪]。使处巢，死焉。殡于郧，葬于少禘[⑫]。初，晋悼公子慭亡在卫，使其女仆而田[⑬]。大叔懿子止而饮之酒[⑭]，遂聘之，生悼子[⑮]。悼子即位，故夏戊为大夫[⑯]。悼子亡，卫人翦夏戊[⑰]。孔文子之将攻大叔也，访于仲尼。仲尼曰："胡簋之事，则尝学之矣[⑱]。甲兵之事，未之闻也。"退，命驾而行，曰："鸟则择木，木岂能择鸟[19]？"文子遽止之，曰："圉岂敢度其私，访卫国之难也[20]。"将止[21]。鲁人以币召之，乃归[22]。

①疾即齐也。　②子朝，宋人，仕卫为大夫。○朝，如字。③娣，所娶女之娣。　④出奔。　⑤犁，卫邑。○妻，七计切。犁，力兮切。　⑥外州，卫邑。轩，车也，以献于君。　⑦遗，疾之弟。孔姞，孔文子之女，疾之妻。○姞，其乙切，又其吉切。　⑧为宋向魋臣。○魋，徒回切。　⑨城鉏，宋邑。　⑩出在十四年。　⑪听使还。⑫终言疾之失所也。巢、郧、少禘，皆卫地。○郧，音云。少，诗照切。禘，大计切。　⑬仆，御。田，猎。○憖，鱼觐切；一作整，征领切。⑭懿子，大叔仪之孙。○饮，於鸩切。　⑮悼子，大叔疾。○聘，匹政切。　⑯夏戊，悼子之甥。○夏，户雅切。戊，音茂。　⑰翦，削其爵邑。　⑱胡簋，礼器名。夏曰胡，周曰簋。○簋，音轨。　⑲以鸟自喻。　⑳圉，文子名。度，谋也。○遽，其据切。度，待洛切，下同。难，乃旦切。　㉑仲尼止。　㉒于是自卫反鲁，乐正，《雅》、《颂》各得其所。

季孙欲以田赋[1]，使冉有访诸仲尼。仲尼曰："丘不识也。"三发[2]，卒曰[3]："子为国老，待子而行，若之何子之不言也？"仲尼不对[4]。而私于冉有曰："君子之行也[5]，度于礼，施取其厚，事举其中，敛从其薄，如是则以丘亦足矣[6]。若不度于礼，而贪冒无厌，则虽以田赋，将又不足。且子季孙若欲行而法，则周公之典在。若欲苟而行，又何访焉？"弗听[7]。

①丘赋之法，因其田财，通出马一疋，牛三头。今欲别其田及家财，各

为一赋，故言田赋。〇别，如字，又彼列切。　②三发问。　③卒，终也。　④不公答。　⑤行政事。　⑥丘，十六井，出戎马一疋，牛三头，是赋之常法。〇施，尸豉切。敛，力艳切。　⑦为明年用田赋《传》。〇冒，亡北切，又莫报切。厌，於盐切。

经

十有二年春，用田赋[①]。

夏五月甲辰，孟子卒[②]。

公会吴于橐皋[③]。

秋，公会卫侯、宋皇瑗于郧[④]。

宋向巢帅师伐郑。

冬十有二月，螽[⑤]。

①直书之者，以示改法重赋。　②鲁人讳娶同姓，谓之孟子，《春秋》不改，所以顺时。〇娶，本或作取，七喻切，又如字。　③橐皋在淮南逡遒县东南。〇橐，章夜切，一音托。逡音峻，又七伦切。遒，音囚，又音巡。　④郧，发阳也。广陵海陵县东南有发繇口。〇繇，音遥。⑤周十二月，今十月，是岁置闰，而失不置。虽书十二月，实今之九月。司历误一月。九月之初尚温，故得有螽。〇螽，音终。

传

十二年春，王正月，用田赋[①]。

①终前年事。

夏五月，昭夫人孟子卒。昭公娶于吴，故不书姓[①]。死不赴，故不称夫人②。不反哭，故不言葬小君③。孔子与吊，适季氏。季氏不绝，放绖而拜④。

① 讳娶同姓，故谓之孟子，若宋女。 ② 不称夫人，故不言薨。 ③ 反哭者，夫人礼也。以同姓故，不成其夫人丧。 ④ 孔子始老，故与吊也。绝，丧冠也。孔子以小君礼往吊，季孙不服丧，故去绖，从主节制。○ 与，音预。绝，音问。绖，大结切。去，起吕切。

公会吴于橐皋。吴子使大宰嚭请寻盟①。公不欲，使子贡对曰："盟所以周信也②，故心以制之③，玉帛以奉之④，言以结之⑤，明神以要之⑥。寡君以为苟有盟焉，弗可改也已。若犹可改，日盟何益？今吾子曰，必寻盟。若可寻也，亦可寒也⑦。"乃不寻盟。

① 寻鄫盟。 ② 周，固。 ③ 制其义。 ④ 奉贽明神。○ 贽，音至。 ⑤ 结其信。 ⑥ 要以祸福。○ 要，一遥切。 ⑦ 寻，重也。寒，歇也。○ 重，直龙切。歇，许谒切。

吴征会于卫。初，卫人杀吴行人且姚而惧，谋于行人子羽①。子羽曰："吴方无道，无乃辱吾君，不如止也。"子木曰："吴方无道②，国无道，必弃疾于人。吴虽无道，犹足以患卫③。往也！长木之毙，无不摽也④。国狗之瘈，无不噬也⑤。而况大国乎？"秋，卫侯会吴于郧。公及卫侯、宋皇瑗盟⑥，而卒辞吴盟。吴人藩卫侯之舍⑦。子服景伯谓子贡曰："夫诸侯之会，事既毕矣，侯伯致礼，地主归饩⑧，以相辞也[9]。今吴不行礼于卫，而藩其君舍以难之[10]，子盍见大宰?”乃请束锦以行[11]。语及卫故[12]，大宰嚭曰：“寡君愿事卫君，卫君之来也缓，寡君惧，故将止之[13]。”子贡曰：“卫君之来，必谋于其众。其众或欲或否，是以缓来。其欲来者，子之党也。其不欲来者，子之仇也。若执卫君，是堕党而崇仇也[14]。夫堕子者得其志矣！且合诸侯而执卫君，谁敢不惧?堕党崇仇，而惧诸侯，或者难以霸乎。”大宰嚭说，乃舍卫侯。卫侯归，效夷言。子之尚幼[15]，曰：“君必不免，其死于夷乎！执焉，而又说其言，从之固矣[16]。”

① 子羽，卫大夫。○ 且，子馀切。　② 子木，卫大夫。　③ 为卫患也。　④ 摽，击。○ 毙，婢世切。摽，敷萧切，又普交切。　⑤ 瘈，狂也。噬，齧也。○ 狗，音苟。瘈，吉世切。噬，市制切。齧，五结切；或作啮。　⑥ 盟不书，畏吴窃盟。　⑦ 藩，篱。○ 藩，方元切。篱，力知切。　⑧ 侯伯致礼，以礼宾也。地主，所会主人也。饩，生物。○ 饩，许气切。　⑨ 各以礼相辞让。　⑩ 难，苦困也。○ 难，乃旦切。⑪ 以赂吴。○ 盍，户臘切。　⑫ 若本不为卫请者。○ 为，于伪切。⑬ 止，执。　⑭ 堕，毁也。○ 堕，许规切，下同。　⑮ 子之，公孙弥牟。○ 说，音悦，下同。舍，音捨，释也；又音赦。效，户教切。　⑯ 出公辄后卒死于越。

冬十二月，螽。季孙问诸仲尼，仲尼曰：“丘闻之，火伏而后蛰者毕[1]。今火犹西流，司历过也[2]。”

① 火，心星也。火伏在今十月。○ 蛰，直立切。　② 犹西流，言未尽没。知是九月，历官失一闰，《释例》论之备。

宋郑之间有隙地焉①，曰弥作、顷丘、玉畅、嵒、戈、钖②。子产与宋人为成，曰："勿有是③。"及宋平、元之族自萧奔郑④，郑人为之城嵒、戈、钖⑤。九月，宋向巢伐郑，取钖，杀元公之孙，遂围嵒。十二月，郑罕达救嵒，丙申，围宋师⑥。

① 隙地，间田。○ 隙，去逆切。间，音闲；一本作间地，又如字。② 凡六邑。○ 弥，亡支切，又亡尔切。顷，苦颖切，又音倾。畅，敕亮切；一本作王畅。嵒，五咸切。戈，古禾切。钖，音羊，又星历切。③ 俱弃之。④ 在定十五年。⑤ 城以处平、元之族。○ 为，于伪切。⑥ 此事，《经》在十二月螽上，今倒在下，更具列其月以为别者，丘明本不以为义例，故不皆齐同。○ 别，如字，又彼列切。

经

十有三年春，郑罕达帅师取宋师于嵒①。

夏，许男成卒②。

公会晋侯及吴子于黄池③。

楚公子申帅师伐陈④。

於越入吴。

秋，公至自会⑤。

晋魏曼多帅师侵卫⑥。

葬许元公⑦。

九月，螽⑧。

冬十有一月，有星孛于东方⑨。

盗杀陈夏区夫⑩。

十有二月，螽⑪。

① 书取，覆而败之。② 无《传》。○ 成，音城；本或作成。③ 陈留封丘县南有黄亭，近济水。夫差欲霸中国，尊天子，自去其僭号而称子，以告令诸侯，故史承而书之。○ 近，附近之近。去，起吕切。僭，子念切。④ 无《传》。⑤ 无《传》。⑥ 无《传》。⑦ 无《传》。⑧ 无《传》。书灾。⑨ 无《传》。平旦众星皆没，而孛乃见，故不言所在之次。○ 孛，步内切。见，贤遍切。⑩ 无《传》。称盗，非大夫。○ 夏，户雅切。○ 区，乌侯切。⑪ 无《传》。前年季孙虽闻仲尼之言，而不正历，失闰至此年，故复十二月螽，实十一月。○ 复，扶又切。

传

十三年春，宋向魋救其师[①]。郑子賸使徇曰："得桓魋者有赏。"魋也逃归。遂取宋师于嵒，获成讙、郜延[②]。以六邑为虚[③]。

① 救前年围嵒师。② 二子，宋大夫。○ 讙，火官切。郜，古报切，又古毒切。③ 空虚之，各不有。○ 虚，如字；或音墟，非。

夏，公会单平公、晋定公、吴夫差于黄池[①]。

① 平公，周卿士也。不书，尊之不与会。○ 单，音善。与，音预。

六月丙子，越子伐吴，为二隧[①]。畴无馀、讴阳自南方[②]，先及郊。吴大子友、王子地、王孙弥庸、寿於姚自泓上观之[③]。弥庸见姑蔑之旗[④]，曰："吾父之旗也[⑤]。不可以见仇而弗杀也。"大子曰："战而不克，将亡国。请待之。"弥庸不可，属徒五千[⑥]，王子地助之。乙酉，战，弥庸获畴无馀，地获讴阳。越子至，王子地守。丙戌，复战，大败吴师。获大子友、王孙弥庸、寿於姚[7]。丁亥，入吴。吴人告败于王，王恶其闻也[8]，自刭七人于幕下[9]。

① 隧，道也。○ 隧，音遂。　② 二子，越大夫。○ 讴，乌侯切。③ 观越师。泓，水名。○ 泓，乌宏切。　④ 姑蔑，越地。今东阳大末县。○ 蔑，亡结切。旗，音其。大，音泰；孟康云，大，音闼。　⑤ 弥庸父为越所获，故姑蔑人得其旌旗。　⑥ 属，会也。○ 属，音烛。　⑦ 地守，故不获。○ 守，手又切。复，扶又切。　⑧ 恶诸侯闻之。○ 恶，乌路切。⑨ 以绝口。○ 刭，古顶切。

秋七月辛丑，盟，吴、晋争先[1]。吴人曰："于周室，我为长[2]。"晋人曰："于姬姓，我为伯[3]。"赵鞅呼司马寅[4]曰："日旰矣[5]，大事未成，二臣之罪也[6]。建鼓整列，二臣死之，长幼必可知也。"对曰："请姑视之。"反曰："肉食者无墨[7]。今吴王有墨，国胜乎[8]？大子死乎？且夷德轻，不忍久，请少待之[9]。"乃先晋人[10]。吴人将以公见晋侯，子服景伯对使者曰："王合诸侯，则伯帅侯牧以见于王[11]。伯合诸侯，则侯帅子男以见于伯[12]。自王以下，朝聘玉帛不同。故敝邑之职贡于吴，有丰于晋，无不及焉，以为伯也。今诸侯会，而君将以寡君见晋君，则晋成为伯矣，敝邑将改职贡。鲁赋于吴八百乘。若为子男，则将半邾以属于吴[13]，而如邾以事晋[14]。且执事以伯召诸侯，而以侯终之，何利之有焉？"吴人乃止，既而悔之[15]，将囚景伯。景伯曰："何也立后于鲁矣[16]。将以二乘与六人从，迟速唯命。"遂囚以还。及户牖[17]，谓大宰曰：

“鲁将以十月上辛，有事于上帝先王，季辛而毕。何世有职焉⑱，自襄以来，未之改也⑲。若不会，祝宗将曰：‘吴实然⑳。’且谓鲁不共，而执其贱者七人，何损焉？”大宰嚭言于王曰：“无损于鲁，而祗为名㉑，不如归之。”乃归景伯。吴申叔仪乞粮于公孙有山氏㉒曰：“佩玉繠兮，余无所系之㉓。旨酒一盛兮，余与褐之父睨之㉔。”对曰：“粱则无矣，麤则有之。若登首山以呼曰，庚癸乎，则诺㉕。”王欲伐宋，杀其丈夫而囚其妇人㉖。大宰嚭曰：“可胜也，而弗能居也。”乃归。

① 争歃血先后。○ 歃，所洽切，又所甲切。　② 吴为大伯后，故为长。○ 长，丁丈切。大，音泰。　③ 为侯伯。　④ 寅，晋大夫。⑤ 旰，晚矣。○ 旰，古旦切。　⑥ 大事，盟也。二臣，鞅与寅。⑦ 墨，气色下。　⑧ 国为敌所胜。　⑨ 少待，无与争。○ 轻，遣政切。　⑩ 盟不书，诸侯耻之，故不录。　⑪ 伯，王官伯；侯牧，方伯。○ 上见，如字，又贤遍切。使，所吏切。下见，贤遍切。　⑫ 伯，诸侯长。⑬ 半邾，三百乘。○ 丰，芳中切。乘，绳证切，下同。　⑭ 如邾六百乘。⑮ 谓景伯欺之。　⑯ 何，景伯名。　⑰ 户牖，陈留外黄县西北东昏城是。○ 从，才用切。牖，音酉。　⑱ 有职于祭事。　⑲ 鲁襄公。⑳ 言鲁祝宗将告神云：景伯不会，坐为吴所囚。吴人信鬼，故以是恐之。○ 坐，才卧切。恐，丘勇切。　㉑ 適为恶名。○ 共，音恭。祗，音支。㉒ 申叔仪，吴大夫。公孙有山，鲁大夫，旧相识。　㉓ 繠然，服饰备也，已独无以系佩。言吴王不恤下。○ 繠，而捶切，又而水切。　㉔ 一盛，一器也。睨，视也。褐，寒贱之人。言但得视，不得饮。○ 盛，音成，又市政切。褐，户葛切。父，如字，又音甫。睨，五计切。　㉕ 军中不得出粮，故为私隐。庚，西方，主穀。癸，北方，主水。《传》言吴子不与士共饥渴，所以

亡。〇 麤，七奴切。呼，火故切。 ㉖ 以宋不会黄池故。言吴子悖惑。〇 丈，直两切；本或作大夫，误。悖，补内切。

冬，吴及越平①。

① 终伍员之言。

春秋经传集解第三十

哀公下

经

十有四年春，西狩获麟[①]。

小邾射以句绎来奔[②]。

夏四月，齐陈恒执其君，寘于舒州[③]。

庚戌，叔还卒[④]。

五月庚申朔，日有食之[⑤]。陈宗竖出奔楚[⑥]。

宋向魋入于曹以叛[⑦]。

莒子狂卒[⑧]。

六月，宋向魋自曹出奔卫。

宋向巢来奔。

齐人弑其君壬于舒州。

秋，晋赵鞅帅师伐卫[⑨]。

八月辛丑，仲孙何忌卒。

冬，陈宗竖自楚复入于陈，陈人杀之[⑩]。

陈辕买出奔楚[⑪]。

有星孛[⑫]。

饥[⑬]。

① 麟者，仁兽，圣王之嘉瑞也。时无明王，出而遇获。仲尼伤周道之不兴，感嘉瑞之无应，故因《鲁春秋》而修中兴之教，绝笔于获麟之一句，所感而作，固所以为终也。冬猎曰狩，盖虞人修常职，故不书狩者；大野在鲁西，故言西狩。得用曰获。○ 狩，手又切。麟，吕辛切，又力珍切，瑞兽也。解见《诗音》。瑞，常恚切。应，应对之应。中，丁仲切。　② 射，小邾大夫。句绎，地名。《春秋》止于获麟，故射不在三叛人之数。自此以下至十六年，皆《鲁史记》之文，弟子欲存孔子卒，故并录以续孔子所修之《经》。○ 射，音亦。句，古侯切。绎，音亦。　③ ○ 寘，之豉切。　④ 无《传》。⑤ 无《传》。　⑥ 无《传》。○ 竖，上主切。　⑦ 曹，宋邑。○ 向，舒亮切。魋，徒回切。　⑧ 无《传》。○ 狂，其迋切。　⑨ 无《传》。○ 鞅，於丈切。　⑩ 无《传》。○ 复，扶又切。　⑪ 无《传》。　⑫ 无《传》。不言所在，史失之。○ 孛，步内切。　⑬ 无《传》。

传

十四年春，西狩于大野，叔孙氏之车子鉏商获麟[①]，以为不祥，以赐虞人[②]。仲尼观之，曰："麟也。"然后取之[③]。

① 大野，在高平巨野县东北大泽是也。车子，微者。鉏商，名。○ 鉏，仕居切。　② 时所未尝见，故怪之。虞人，掌山泽之官。　③ 言《鲁史》所以得书获麟。

小邾射以句绎来奔，曰："使季路要我，吾无盟矣[①]。"使子路，子路辞。季康子使冉有谓之曰："千乘之国，不信其盟，而信子之言，子何辱焉？"对曰："鲁有事于小邾，不敢问故，死其城下可也。彼不臣而济其言，是义之也。由弗能[②]。"

① 子路信诚,故欲得与相要誓,而不须盟。孔子弟子既续书《鲁策》以系于《经》,丘明亦随而《传》之,终于哀公以卒前事。其异事则皆略而不《传》,故此《经》无《传》者多。○ 要,於妙切,又一遥切。 ② 济,成也。○ 乘,绳证切,年内同。

齐简公之在鲁也,阚止有宠焉①。及即位,使为政。陈成子惮之,骤顾诸朝②。诸御鞅言于公③曰:“陈、阚不可并也,君其择焉④。”弗听。子我夕⑤,陈逆杀人,逢之⑥,遂执以入⑦。陈氏方睦⑧,使疾而遗之潘沐,备酒肉焉⑨,飨守囚者,醉而杀之而逃。子我盟诸陈于陈宗⑩。

初,陈豹欲为子我臣⑪,使公孙言己⑫,已有丧而止。既而言之⑬,曰:“有陈豹者,长而上偻⑭,望视⑮,事君子必得志⑯。欲为子臣,吾惮其为人也⑰,故缓以告。”子我曰:“何害?是其在我也。”使为臣。他日,与之言政,说,遂有宠。谓之曰:“我尽逐陈氏,而立女,若何?”对曰:“我远于陈氏矣⑱。且其违者,不过数人⑲,何尽逐焉?”遂告陈氏。子行曰:“彼得君,弗先,必祸子。”子行舍于公宫⑳。夏五月壬申,成子兄弟四乘如公㉑。子我在幄㉒,出逆之。遂入,闭门㉓。侍人御之㉔,子行杀侍人㉕。公与妇人饮酒于檀台,成子迁诸寝㉖。公执戈将击之㉗。大史子馀曰:“非不利也,将除害也㉘。”

成子出舍于库㉙,闻公犹怒,将出,曰:“何所无君?”子行抽剑曰:“需,事之贼也㉚。谁非陈宗㉛?所不杀子者,有如陈宗㉜!”乃止。子我归,属徒攻闱与大门㉝,皆不胜,乃出。陈氏追之,失道于弇中,适豐丘㉞。豐丘人执之以告,杀诸郭关[35]。成子将杀大陆子方[36]，陈逆请而免之，以公命取车于道[37]。及耏，众知而东之[38]。出雍门[39]，陈豹与之车，弗受，曰："逆为余请，豹与余车，余有私焉。事子我而有私于其仇，何以见鲁、卫之士[40]？"东郭贾奔卫[41]。庚辰，陈恒执公于舒州。公曰："吾早从鞅之言，不及此[42]。"

①简公，悼公阳生子壬也。阚止，子我也。事在六年。○阚，苦暂切。②成子，陈常。心不安，故数顾之。○惮，大旦切。骤，仕救切。数，所角切。　③鞅，齐大夫。　④择用一人。　⑤夕视事。　⑥陈逆，子行，陈氏宗也。子我逢之。　⑦执逆至朝。　⑧欲谋齐国，故宗族和。　⑨使诈病，因内潘沐，并得内酒肉。潘，米汁，可以沐头。○遗，唯季切。潘，芳袁切。沐，音木。汁，之十切。　⑩失陈逆，惧其反为患，故盟之。　⑪豹亦陈氏族。　⑫言己，介达之。○介，音界，媒介也，亦因也。　⑬既，终丧也。　⑭肩背偻。○长，如字，又丁丈切。偻，力主切。　⑮目望阳。　⑯得君子意。　⑰恐多诈。⑱言己疏远。○说，音悦。女，音汝。远，如字，又于万切。　⑲违，不从也。○数，所主切。　⑳子行逃而隐于陈氏，今又隐于公宫。㉑成子之兄弟，昭子庄、简子齿、宣子夷、穆子安、廪丘子意兹、芒子盈、惠子得，凡八人，一人共一乘。○廪，力甚切。芒，音亡。　㉒幄，帐也，听政之处。○幄，於角切。处，昌虑切。　㉓成子入，反闭门不纳子我。㉔子我侍人。○御，本亦作御，鱼吕切。　㉕素在内，故得杀之。㉖徙公使居正寝。○檀，大丹切。　㉗疑其欲作乱。　㉘言将为公除害。○大，音泰。为，于伪切，下逆为、下《注》为公同。　㉙以公怒故。　㉚言需疑则害事。○需，音须。　㉛言陈氏宗族众多。㉜言子若欲出，我必杀子，明如陈宗。　㉝闱，宫中小门。大门，公门也。○属，之欲切。闱，音韦。　㉞弇中，狭路。豐丘，陈氏邑。○弇，於检切，又音淹。狭，音洽。　㉟齐关名。　㊱子方，子我臣。

㊲ 子方取道中行人车。 ㊳ 知其矫命，夺车逐使东。○ 耏，音而。矫，本又作桥，居表切。 ㊴ 齐城门也。○ 雍，於用切。 ㊵《传》言陈氏务施。○ 施，式氏切。 ㊶ 贾即子方。 ㊷ 悔不诛陈氏。

宋桓魋之宠害于公[1]。公使夫人骤请享焉，而将讨之[2]。未及，魋先谋公，请以鞌易薄[3]，公曰："不可。薄，宗邑也[4]。"乃益鞌七邑，而请享公焉[5]。以日中为期，家备尽往[6]。公知之，告皇野曰："余长魋也[7]。今将祸余，请即救。"司马子仲曰："有臣不顺，神之所恶也，而况人乎？敢不承命。不得左师不可[8]。请以君命召之。"左师每食击钟。闻钟声，公曰："夫子将食。"既食，又奏[9]。公曰："可矣。"以乘车往，曰："迹人来告[10]曰：'逢泽有介麇焉[11]。'公曰：'虽魋未来，得左师，吾与之田，若何[12]？'君惮告子[13]。野曰：'尝私焉[14]。'君欲速，故以乘车逆子。"与之乘，至，公告之故，拜不能起。司马曰："君与之言[15]。"公曰："所难子者，上有天，下有先君[16]。"对曰："魋之不共，宋之祸也。敢不唯命是听。"司马请瑞焉[17]，以命其徒攻桓氏[18]。其父兄故臣曰："不可[19]。"其新臣曰："从吾君之命。"遂攻之。子颀骋而告桓司马[20]。司马欲入[21]，子车止之[22]，曰："不能事君，而又伐国，民不与也，祇取死焉。"向魋遂入于曹以叛[23]。

六月，使左师巢伐之，欲质大夫以入焉[24]。不能。亦入于曹取质[25]。魋曰："不可。既不能事君，又得罪于民，将若之何？"乃舍之[26]。民遂叛之。向魋奔卫。向巢来奔，宋公使止之，曰："寡人与子有言矣，不可以绝向氏之祀。"辞曰："臣之罪大，尽灭桓氏可也。若以先臣之故，而使有后，君之惠也。若臣则不可以入矣。”司马牛致其邑与珪焉，而適齐[27]。向魋出于卫地，公文氏攻之[28]，求夏后氏之璜焉。与之他玉，而奔齐，陈成子使为次卿。司马牛又致其邑焉，而適吴[29]。吴人恶之而反。赵简子召之，陈成子亦召之。卒于鲁郭门之外，阬氏葬诸丘舆[30]。

① 恃宠骄盈。 ② 夫人，景公母也，数请享饮，欲因请讨之。○ 数，所角切。 ③ 鞌，向魋邑。薄，公邑。欲因易邑，为公享宴而作乱。○ 鞌，音安。 ④ 宗庙所在。 ⑤ 伪喜于受赐。 ⑥ 甲兵之备。 ⑦ 少长育之。皇野，司马子仲。○ 长，丁丈切。少，诗照切。 ⑧ 左师，向魋兄向巢也。○ 恶，乌路切。 ⑨ 奏乐。 ⑩ 主迹禽兽者。○ 迹，子亦切。 ⑪《地理志》言逢泽在荥阳开封县东北，远，疑非。介，大也。○ 介，音界。麇，九伦切，獐也；本又作麋，亡悲切。 ⑫ 皇野称公命。 ⑬ 难以游戏烦大臣。○ 难，乃旦切。 ⑭ 尝，试也。 ⑮ 使公与要誓。 ⑯ 言虽诛魋，要不负言，使祸难及子。 ⑰ 瑞，符节，以发兵。 ⑱ 桓氏，向魋。 ⑲ 司马故臣与桓魋无怨者。 ⑳ 子颀，桓魋弟。桓司马即魋也。○ 颀，音祈。骋，敕领切。 ㉑ 入攻君。 ㉒ 车亦魋弟。 ㉓ 八年，宋灭曹以为邑。○ 祗，音支。 ㉔ 巢不能克魋，恐公怒，欲得国内大夫为质，还入国。○ 质，音致，下同。 ㉕ 不能得大夫，故入曹，劫曹人子弟而质之，欲以自固。 ㉖ 舍曹子弟。○ 舍，音赦，又音捨。 ㉗ 牛，桓魋弟也。珪，守邑符信。 ㉘ 公文氏，卫大夫。 ㉙ 示不与魋同。○ 夏，户雅切。璜，音黄。 ㉚ 阬氏，鲁人也。泰山南城县西北有舆城。录其卒葬所在，愍贤者失所。○ 恶，乌路切。阬，苦庚切，或音刚。舆，音余。

甲午，齐陈恒弑其君壬于舒州[1]。孔丘三日齊，而请伐齐三。公曰：“鲁为齐弱久矣，子之伐之，将若之何？”对曰：

"陈恒弑其君，民之不与者半。以鲁之众，加齐之半，可克也。"公曰："子告季孙。"孔子辞[②]。退而告人曰："吾以从大夫之后也，故不敢不言[③]。"

① 壬，简公也。 ② 辞不告。〇 齊，侧皆切；一本又作齋。三，如字，又息暂切。 ③ 尝为大夫而去，故言后。

初，孟孺子泄将圉马于成[①]。成宰公孙宿不受，曰："孟孙为成之病，不圉马焉[②]。"孺子怒，袭成。从者不得入，乃反。成有司使，孺子鞭之[③]。秋八月辛丑，孟懿子卒。成人奔丧，弗内。袒免哭于衢。听共，弗许[④]。惧，不归[⑤]。

① 泄，孟懿子之子孟武伯也。圉，畜养也。成，孟氏邑。〇 泄，息列切。圉，鱼吕切。 ② 病，谓民贫困。〇 为，于伪切。 ③ 恨恚，故鞭成有司之使人。〇 从，才用切。恚，一瑞切。 ④ 请听命共使。〇 内，如字，又音纳。袒，音但。免，音问。衢，其俱切。共，音恭。 ⑤ 不敢归成，为明年成叛《传》。

经

十有五年春，王正月，成叛。

夏五月，齐高无丕出奔北燕[①]。

郑伯伐宋[②]。

秋八月，大雩[③]。

晋赵鞅帅师伐卫[④]。

冬，晋侯伐郑[⑤]。

及齐平[⑥]。

卫公孟彄出奔齐[⑦]。

① 无《传》。〇 丕,普悲切。 ② 无《传》。 ③ 无《传》。〇 雩,音于。 ④ 无《传》。 ⑤ 无《传》。 ⑥ 鲁与齐平。 ⑦ 无《传》。〇 彄,苦侯切。

传

十五年春,成叛于齐。武伯伐成,不克,遂城输[①]。

① 以偪成。

夏,楚子西、子期伐吴,及桐汭[①]。陈侯使公孙贞子吊焉[②],及良而卒[③],将以尸入[④]。吴子使大宰嚭劳,且辞曰:"以水潦之不时,无乃廪然陨大夫之尸[⑤],以重寡君之忧。寡君敢辞上介。"芋尹盖对[⑥]曰:"寡君闻楚为不道,荐伐吴国[⑦],灭厥民人。寡君使盖备使,吊君之下吏[⑧]。无禄,使人逢天之慼,大命陨队,绝世于良[⑨],废日共积[⑩],一日迁次[⑪]。今君命逆使人曰:'无以尸造于门。'是我寡君之命委于草莽也。且臣闻之曰,事死如生,礼也。于是乎有朝聘而终,以尸将事之礼[⑫],又有朝聘而遭丧之礼[⑬]。若不以尸将命,是遭丧而还也,无乃不可乎!以礼防民,犹或逾之。今大夫曰,死而弃之,是弃礼也。其何以为诸侯主[⑭]?先民有言曰,无秽虐士[⑮]。备使奉尸将命,苟我寡君之命达于君所,虽陨于深渊,则天命也。非君与涉人之过也。"吴人内之[⑯]。

① 宣城广德县西南有桐水出白石山西北，入丹阳湖。○ 汭，如锐切。② 吊为楚所伐。　③ 良，吴地。　④ 聘礼，若宾死未将命，则既敛于棺，造于朝，介将命。○ 敛，力验切。造，七报切。介，音界。　⑤ 廪然，倾动貌。○ 劳，力报切，又音老。廪，力甚切。陨，于敏切。　⑥ 盖，陈大夫。贞子，上介。○ 重，直用切。寡君敢辞上介，绝句。芋，于付切。⑦ 荐，重也。○ 荐，在遍切。　⑧ 备，犹副也。○ 使，所吏切。盖，芋尹盖，辞同。　⑨ 绝世，犹言弃世。　⑩ 废行道之日，以共具殡敛所积聚之用。○ 共，音恭。积，子赐切，又如字。殡，必刃切。聚，才喻切，又如字。　⑪ 一日便迁次，不敢留君命。　⑫ 朝聘道死，以尸行事。○ 莽，亡党切。　⑬ 遭所聘之丧。　⑭ 谓主盟也。　⑮ 虐士，死者。　⑯《传》言芋尹盖知礼。○ 内，如字，又音纳。

秋，齐陈瓘如楚[1]。过卫，仲由见之[2]，曰："天或者以陈氏为斧斤，既斫丧公室，而他人有之，不可知也。其使终飨之，亦不可知也[3]。若善鲁以待时，不亦可乎？何必恶焉[4]？"子玉曰："然，吾受命矣，子使告我弟[5]。"

① 瓘，陈恒之兄子玉也。○ 瓘，古唤切。　② 仲由，子路。○ 过，古禾切。　③ 飨，受也。○ 斫，陟角切。丧，息浪切，下同。　④ 仲由事孔子，故为鲁言。○ 为，于伪切，下为卫、为请同。　⑤ 弟，成子也。

冬，及齐平。子服景伯如齐，子赣为介，见公孙成[1]，曰："人皆臣人，而有背人之心。况齐人虽为子役，其有不贰乎[2]？子，周公之孙也。多飨大利，犹思不义。利不可得，而丧宗国，将焉用之[3]？"成曰："善哉，吾不早闻命[4]。"陈成子馆客[5]，曰："寡君使恒告曰，寡人愿事君如事卫君[6]。"景伯揖子赣而进之。对曰:“寡君之愿也。昔晋人伐卫[7],齐为卫故,伐晋冠氏,丧车五百[8],因与卫地,自济以西,禚、媚、杏以南,书社五百[9]。吴人加敝邑以乱[10]。齐因其病,取讙与阐[11]。寡君是以寒心。若得视卫君之事君也,则固所愿也。”成子病之,乃归成[12]。公孙宿以其兵甲入于嬴[13]。

① 公孙成,成宰公孙宿也。 ② 言子叛鲁,齐人亦将叛子。○ 背,音佩。 ③ 丧宗国,谓以邑入齐,使鲁有危亡之祸。○ 焉,於虔切。 ④《传》言仲尼之徒,皆忠于鲁国。 ⑤ 使景伯、子赣就馆。 ⑥ 言卫与齐同好,而鲁未肯。○ 好,呼报切。 ⑦ 在定八年。 ⑧ 在定九年。冠氏,阳平馆陶县。○ 冠,如字,又古唤切。 ⑨ 二十五家为一社,籍书而致之。○ 济,子礼切。禚,诸若切。 ⑩ 在八年。 ⑪ 亦在八年。 ⑫ 病其言也。 ⑬ 嬴,齐邑。○ 嬴,音盈。

卫孔圉取大子蒯聩之姊,生悝[1]。孔氏之竖浑良夫,长而美,孔文子卒,通于内[2]。大子在戚,孔姬使之焉[3]。大子与之言曰:“苟使我入获国,服冕乘轩,三死无与[4]。”与之盟。为请于伯姬[5]。闰月,良夫与大子入,舍于孔氏之外圃[6]。昏,二人蒙衣而乘[7],寺人罗御,如孔氏。孔氏之老栾宁问之,称姻妾以告[8]。遂入,适伯姬氏。既食,孔伯姬杖戈而先,大子与五人介,舆豭从之[9]。迫孔悝于厕,强盟之[10],遂劫以登台。栾宁将饮酒,炙未熟,闻乱,使告季子[11]。召获驾乘车[12],行爵食炙,奉卫侯辄来奔。季子将入,遇子羔将出[13],曰:“门已闭矣。”季子曰:“吾姑至焉[14]。”子羔曰:“弗及,不践其难[15]。”季子曰:“食焉,不辟其难[16]。”子羔遂出。

子路入，及门，公孙敢门焉[17]，曰："无入为也[18]。"季子曰："是公孙也，求利焉而逃其难。由不然，利其禄，必救其患。"有使者出，乃入[19]。曰："大子焉用孔悝，虽杀之，必或继之[20]。"且曰："大子无勇，若燔台半，必舍孔叔。"大子闻之惧，下石乞、盂黡敌子路[21]。以戈击之，断缨。子路曰："君子死，冠不免[22]。"结缨而死。孔子闻卫乱，曰："柴也其来，由也死矣。"孔悝立庄公[23]。庄公害故政，欲尽去之[24]。先谓司徒瞒成曰："寡人离病于外久矣，子请亦尝之。"归告褚师比，欲与之伐公，不果[25]。

① 孔圉，孔文子也。蒯聩姊，孔伯姬。○ 圉，鱼吕切。蒯，苦怪切。聩，鱼怪切。悝，苦回切。 ② 通伯姬。○ 浑，户门切。长，丁丈切，又如字。 ③ 使良夫诣大子所。○ 使，所吏切，又如字。 ④ 冕，大夫服。轩，大夫车。三死，死罪三。○ 与，音预。 ⑤ 良夫为大子请。⑥ 圃，园。○ 圃，布五切。 ⑦ 二人，大子与良夫。蒙衣，为妇人服也。○ 乘，绳证切，下同。 ⑧ 自称昏姻家妾。○ 栾，力丸切。姻，音因。⑨ 介，被甲。舆豭豚，欲以盟。○ 杖，直亮切，又音丈。豭，音加。被，皮寄切。 ⑩ 孔氏专政，故劫孔悝，欲令逐辄。○ 孔悝，本又作叔悝。厕，初吏切。强，其丈切。劫，居业切。令，力呈切。 ⑪ 季子，子路也，为孔氏邑宰。○ 炙，章夜切。 ⑫ 召获，卫大夫，驾乘车，言不欲战。○ 召，上照切。 ⑬ 子羔，卫大夫高柴，孔子弟子，将出奔。 ⑭ 且欲至门。⑮ 言政不及己，可不须践其难。○ 难，乃旦切，下皆同。 ⑯ 谓食孔氏禄。 ⑰ 守门。 ⑱ 言辄已出，无为复入。○ 复，扶又切。⑲ 因门开而入。○ 使，所吏切。 ⑳ 言己必继孔悝为难攻大子。○ 焉，於虔切。 ㉑ 二子，蒯聩党。敌，当也。○ 燔，音烦。舍，音捨，又如字。盂，音于。黡，於减切。 ㉒ 不使冠在地。○ 断，丁管切。

㉓ 庄公，蒯聩也。 ㉔ 故政，辄之臣。〇 去，起吕切。 ㉕ 比，褚师声子，为明年瞒成奔起。〇 瞒，莫干切。褚，中吕切。

经

十有六年春，王正月己卯，卫世子蒯聩自戚入于卫。

卫侯辄来奔[①]。

二月，卫子还成出奔宋[②]。

夏四月己丑，孔丘卒[③]。

① 书此春，皆从告。 ② 即瞒成。〇 还，音旋。 ③ 仲尼既告老去位，犹书卒者，鲁之君臣，宗其圣德，殊而异之。鲁襄二十二年生，至今七十三也。四月十八日乙丑，无己丑。己丑，五月十二日。日月必有误。〇《释文》：孔子卒，孔子作《春秋》，终于获麟之一句，《公羊》、《穀梁经》是也。弟子欲记圣师之卒，故采《鲁史记》，以续夫子之《经》，而终于此。丘明因随而作《传》，终于哀公。从此已下，无复《经》矣。鲁襄二十二年生，至今七十三也。本或作鲁襄二十三年生，至今七十二，则与《史记》《孔子世家》异，此本非也。

传

十六年春，瞒成、褚师比出奔宋[①]。

① 欲伐庄公，不果而奔。

卫侯使鄢武子告于周[①]，曰："蒯聩得罪于君父君母，逋窜于晋。晋以王室之故，不弃兄弟，寘诸河上[②]。天诱其衷，获嗣守封焉。使下臣肸敢告执事。"王使单平公对曰："肸以嘉命，来告余一人。往谓叔父，余嘉乃成世，复尔禄次，敬之哉[③]。方天之休[④]，弗敬弗休，悔其可追[⑤]？”

① 武子，卫大夫肸也。○ 鄢，於虔切。肸，许乙切。 ② 河上，戚也。○ 逋，布吴切。窜，七乱切。寘，之豉切。 ③ 继父之世，还居君之禄次。○ 衷，音忠。单，音善。余嘉乃成世，绝句。 ④ 言天方受尔以休。○ 休，许虬切，美也。 ⑤《传》终蒯聩之事。

夏四月己丑，孔丘卒。公诔之曰：“旻天不吊，不憖遗一老。俾屏余一人以在位[①]，茕茕余在疚。呜呼哀哉！尼父，无自律[②]。”子赣曰：“君其不没于鲁乎。夫子之言曰：‘礼失则昏，名失则愆。’失志为昏，失所为愆。生不能用，死而诔之，非礼也。称一人，非名也[③]。君两失之。”

① 仁覆闵下，故称旻天。吊，至也。憖，且也。俾，使也。屏，蔽也。○ 诔，力轨切；《说文》云，谥也。旻，亡巾切。吊，如字，又音的。憖，鱼觐切。俾，必尔切。屏，必领切。 ② 疚，病也。律，法也。言丧尼父无以自为法。○ 茕，求营切。疚，久又切。父，音甫。丧，息浪切。 ③ 天子称一人，非诸侯之名。○ 愆，起虔切。

六月，卫侯饮孔悝酒于平阳[①]，重酬之，大夫皆有纳焉[②]。醉而送之，夜半而遣之[③]。载伯姬于平阳而行[④]。及西门[⑤]，使贰车反祏于西圃[⑥]。子伯季子初为孔氏臣，新登于公[⑦]。请追之，遇载祏者，杀而乘其车[⑧]。许公为反祏[⑨]，遇之，曰：“与不仁人争，明无不胜[⑩]。”必使先射，射三发，皆远许为。许为射之，殪[⑪]。或以其车从[⑫]，得祏于橐中。孔悝出奔宋[13]。

①东郡燕县东北有平阳亭。○饮，於鸩切。 ②纳财贿也。③夜遣者，慚负孔悝，不欲令人见。○令，力呈切。 ④载其母俱去。⑤平阳门。 ⑥使副车还取庙主。西圃，孔氏庙所在。祏，藏主石函。○祏，音石。圃，布五切。函，音咸。 ⑦升为大夫。 ⑧子伯杀载祏者。 ⑨孔悝怪载祏者久不来，使公为反逆之。○许公为，如字，人姓名。反，本亦作返，音同。 ⑩不仁人，谓子伯季子也。明无不胜，言必胜。○争，争斗之争。 ⑪《传》言子伯不仁，所以死也。○射，食亦切，下同。发，如字，一音废。远，于万切。殪，於计切。 ⑫从公为。○从，才用切，又如字。 ⑬○橐，音托。

楚大子建之遇谗也，自城父奔宋[1]。又辟华氏之乱于郑[2]，郑人甚善之。又适晋，与晋人谋袭郑，乃求复焉。郑人复之如初。晋人使谍于子木，请行而期焉[3]。子木暴虐于其私邑，邑人诉之。郑人省之，得晋谍焉。遂杀子木。其子曰胜，在吴。子西欲召之。叶公曰："吾闻胜也诈而乱，无乃害乎[4]。"子西曰："吾闻胜也信而勇，不为不利，舍诸边竟，使卫藩焉[5]。"叶公曰："周仁之谓信[6]，率义之谓勇[7]。吾闻胜也好复言[8]，而求死士，殆有私乎[9]？复言，非信也。期死，非勇也[10]。子必悔之。"弗从。召之使处吴竟，为白公[11]。请伐郑。子西曰："楚未节也[12]。不然，吾不忘也。"他日，又请，许之。未起师。晋人伐郑，楚救之，与之盟。胜怒曰："郑人在此，仇不远矣[13]。"胜自厉剑，子期之子平见之，曰："王孙何自厉也？"曰："胜以直闻，不告女，庸为直乎？将以杀尔父。"平以告子西。子西曰："胜如卵，余翼而长之[14]。楚国第[15]，我死，令尹、司马，非胜而谁？”胜闻之曰：“令尹之狂也，得死，乃非我[16]。”子西不悛。胜谓石乞[17]曰：“王与二卿士[18]，皆五百人当之，则可矣。”乞曰：“不可得也[19]。”曰：“市南有熊宜僚者，若得之，可以当五百人矣。”乃从白公而见之。与之言，说。告之故，辞[20]。承之以剑，不动[21]。胜曰：“不为利谄，不为威惕，不泄人言以求媚者，去之。”

吴人伐慎，白公败之[22]。请以战备献[23]，许之。遂作乱。秋七月，杀子西、子期于朝，而劫惠王。子西以袂掩面而死[24]。子期曰：“昔者吾以力事君，不可以弗终。”抉豫章以杀人而后死[25]。石乞曰：“焚库弑王，不然不济。”白公曰：“不可。弑王不祥，焚库无聚，将何以守矣？”乞曰：“有楚国而治其民，以敬事神，可以得祥，且有聚矣，何患？”弗从。叶公在蔡[26]，方城之外皆曰：“可以入矣。”子高曰：“吾闻之，以险徼幸者，其求无餍，偏重必离[27]。”闻其杀齐管修也而后入[28]。

白公欲以子闾为王[29]。子闾不可，遂劫以兵。子闾曰：“王孙若安靖楚国，匡正王室，而后庇焉，启之愿也，敢不听从？若将专利以倾王室，不顾楚国，有死不能[30]。”遂杀之，而以王如高府[31]，石乞尹门[32]。圉公阳穴宫，负王以如昭夫人之宫[33]。叶公亦至，及北门，或遇之，曰：“君胡不胄？国人望君如望慈父母焉。盗贼之矢若伤君，是绝民望也。若之何不胄？”乃胄而进。又遇一人曰：“君胡胄？国人望君如望岁焉[34]，日日以几[35]。若见君面，是得艾也[36]。民知不死，其亦夫有奋心。犹将旌君以徇于国[37]，而又掩面以绝民望，不亦甚乎？”乃免胄而进[38]。遇箴尹固，帅其属将与白公[39]。子高曰:“微二子者,楚不国矣[40]。弃德从贼,其可保乎?”乃从叶公。使与国人以攻白公。白公奔山而缢,其徒微之[41]。生拘石乞而问白公之死焉,对曰:“余知其死所,而长者使余勿言[42]。”曰:“不言将烹。”乞曰:“此事克则为卿,不克则烹,固其所也。何害?”乃烹石乞。王孙燕奔頯黄氏[43]。沈诸梁兼二事[44],国宁[45],乃使宁为令尹[46],使宽为司马[47],而老于叶[48]。

① 在昭十九年。〇 父,音甫。　② 在昭二十年。〇 华,户化切。③ 请行袭郑之期。子木,即建也。〇 谍,徒协切。　④ 叶公子高,沈诸梁也。〇 叶,始涉切。　⑤ 使为藩屏之卫。〇 竟,音境。藩,方元切。⑥ 周,亲也。　⑦ 率,行也。　⑧ 言之所许,必欲复行之,不顾道理。〇 好,呼报切。　⑨ 私谋复仇。　⑩ 期,必也。　⑪ 白,楚邑也。汝阴褒信县西南有白亭。　⑫ 言楚国新复,政令犹未得节制。⑬ 比子西于郑人。　⑭ 以鸟为喻。〇 女,音汝。卵,来管切。长,丁丈切。　⑮ 用士之次第。〇 第,大细切,注同。　⑯ 言我必杀之。若得自死,我乃不复成人。〇 复,扶又切。　⑰ 石乞,胜之徒。〇 悛,七全切。　⑱ 二卿士,子西、子期。　⑲ 五百人不可得。　⑳ 告欲作乱,宜僚辞距之。〇 熊,音雄。宜僚者,本或作熊相宜僚。相,息亮切。说,音悦。　㉑ 拔剑指其喉。〇 喉,音侯。　㉒ 汝阴慎县也。〇 为,于伪切。谄,敕检切。惕,他历切。泄,息列切,又以制切。　㉓ 与吴战之所得铠杖兵器,皆备而献之,欲因以为乱。〇 铠,苦代切。杖,直亮切。㉔ 惭于叶公。〇 劫,居业切。袂,弥世切。　㉕ 以效其多力。豫章,大木。〇 抉,乌穴切。　㉖ 蔡迁州来,楚并其地。〇 聚,才住切。㉗ 险,犹恶也。所求无餍,则不安。譬如物偏重则离败,欲须其毙而讨之。〇 徼,古尧切。餍,於艳切。　㉘ 管修,楚贤大夫,故齐管仲之后。闻其杀贤,知其可讨。　㉙ 子闾,平王子启,五辞王者。　㉚ 不能从。〇 庇,必利切,又音秘。　㉛ 高府,楚别府。　㉜ 为门尹。　㉝ 公

阳，楚大夫。昭夫人，王母，越女。○ 圉，鱼吕切。 ㉞ 岁，年谷也。○ 胄，直又切。 ㉟ 冀君来。○ 几，音冀；本或作冀。 ㊱ 艾，安也。○ 艾，鱼废切，又五盖切。 ㊲ 旌，表也。○ 夫，方于切，或音扶。奋，方问切。旌，音精。徇，似俊切。 ㊳ 言叶公得民心。 ㊴ 欲与白公并。○ 箴，之林切。 ㊵ 二子，子西、子期也。柏举之败，二子功多。㊶ 微，匿也。○ 与，羊汝切。一本作使兴国人，如字，兴谓兴废也。缢，一赐切。微，如字；《尔雅》云，匿，微也。匿，女力切。 ㊷ 长者谓白公也。○ 拘，音俱。长，丁丈切，注同。 ㊸ 燕，胜弟。频黄，吴地。○ 烹，普庚切。燕，乌贤切，又乌练切。频，求龟切。旧，求悲切。 ㊹ 二事，令尹、司马。 ㊺ 宁，安也。 ㊻ 子西之子子国也。 ㊼ 子期之子。㊽《传》终言之。○ 叶，始涉切。

卫侯占梦嬖人[1]，求酒于大叔僖子[2]。不得，与卜人比而告公曰："君有大臣在西南隅，弗去，惧害[3]。"乃逐大叔遗。遗奔晋。卫侯谓浑良夫曰："吾继先君而不得其器，若之何[4]？"良夫代执火者而言[5]曰："疾与亡君，皆君之子也。召之而择材焉可也[6]。若不材，器可得也[7]。"竖告大子[8]。大子使五人舆豭从己，劫公而强盟之[9]。且请杀良夫。公曰："其盟免三死[10]。"曰："请三之后，有罪杀之。"公曰："诺哉！"

① 以能占梦见爱。○ 嬖，必计切。 ② 僖子，大叔遗。○ 大，音泰。 ③ 托占卜梦而言。○ 比，毗志切。去，起吕切。 ④ 国之宝器，辄皆将去。 ⑤ 将密谋，屏左右。 ⑥ 召辄。 ⑦ 辄若不材，可废其身，因得其器。 ⑧ 大子疾。 ⑨ 盟求必立己。○ 豭，音加。强，其丈切。 ⑩ 盟在十五年。

传

十七年春，卫侯为虎幄于藉圃[①]，成，求令名者，而与之始食焉。大子请使良夫[②]。良夫乘衷甸两牡[③]，紫衣狐裘[④]，至，袒裘，不释剑而食[⑤]。大子使牵以退，数之以三罪而杀之[⑥]。

① 于藉田之圃，新造幄幕，皆以虎兽为饰。○ 幄，於角切。幕，武博切。 ② 以良夫应为令名。○《释文》：成，绝句。求令名者，绝句。应，应对之应。 ③ 衷甸，一辕，卿车。○ 甸，时证切；《说文》作佃，云，中也；《春秋》乘中佃，一辕车也。牡，茂后切。 ④ 紫衣，君服。 ⑤ 食而热，故偏袒，亦不敬。○ 袒，音但。 ⑥ 三罪，紫衣、袒裘、带剑。

三月，越子伐吴。吴子御之笠泽，夹水而陈。越子为左右句卒[①]，使夜或左或右，鼓噪而进。吴师分以御之。越子以三军潜涉，当吴中军而鼓之，吴师大乱，遂败之[②]。

① 句卒，鉤伍相著，别为左右屯。○ 御，鱼吕切。笠，音立。夹，居洽切。陈，直觐切。句，古侯切。卒，子忽切。著，直略切。 ② 左右句卒为声势以分吴军，而三军精卒并力击其中军，故得胜也。○ 噪，素报切。并，如字，又必政切。

晋赵鞅使告于卫曰："君之在晋也，志父为主。请君若大子来，以免志父。不然，寡君其曰，志父之为也[①]。"卫侯辞以难。大子又使椓之[②]。夏六月，赵鞅围卫。齐国观、陈瓘救卫[③]，得晋人之致师者。子玉使服而见之[④]，曰："国子实执齐柄，而命瓘曰：'无辟晋师。'岂敢废命[⑤]。子又何辱[⑥]？"

简子曰："我卜伐卫，未卜与齐战。"乃还[7]。

①恐晋君谓志父教使不来。　②椓，诉父，欲速得其处。○难，乃旦切。椓，中角切。处，昌虑切。　③国观，国书之子。○观，工唤切，下陈瓘音同。　④释囚服，服其本服。　⑤欲必敌晋。○柄，彼命切。　⑥言不须来致师，自将往战。　⑦畏子玉。

楚白公之乱，陈人恃其聚而侵楚[1]。楚既宁，将取陈麦。楚子问帅于大师子穀与叶公诸梁。子穀曰："右领差车与左史老，皆相令尹、司马以伐陈，其可使也[2]。"子高曰："率贱，民慢之，惧不用命焉[3]。"子穀曰："观丁父，鄀俘也，武王以为军率[4]，是以克州，蓼，服随、唐，大启群蛮。彭仲爽，申俘也，文王以为令尹，实县申、息[5]，朝陈、蔡，封畛于汝[6]。唯其任也，何贱之有？"子高曰："天命不謟[7]。令尹有憾于陈[8]，天若亡之，其必令尹之子是与，君盍舍焉[9]？臣惧右领与左史有二俘之贱，而无其令德也。"王卜之，武城尹吉[10]。使帅师取陈麦。陈人御之，败。遂围陈。秋七月己卯，楚公孙朝帅师灭陈[11]。

①聚，积聚也。○聚，才住切，下《注》邑聚同。积，子赐切。　②言此二人，皆尝辅相子西、子期伐陈，今复可使。○帅，所类切。相，息亮切，下而相同。复，扶又切。　③右领、左史，皆楚贱官。○率，所类切，本又作帅，下同。　④楚武王。○鄀，音若。俘，芳夫切。　⑤楚文王灭申、息以为县。○蓼，本又作鄝，音了。　⑥开封畛北至汝水。○畛，之忍切，一音真。　⑦謟，疑也。○謟，本又作滔，佗刀切。　⑧十五年，子西伐吴，陈使贞子吊吴，以此为恨。○憾，本又作感，户暗切。

⑨ 舍右领与左史。〇 盍，户臘切。舍，音捨，又音赦。　⑩ 武城尹，子西子公孙朝。〇 朝，如字。　⑪ 终郑裨竈言，五及鹑火，陈卒亡。〇 鹑，音纯。

王与叶公枚卜子良以为令尹①。沈尹朱曰："吉，过于其志②。"叶公曰："王子而相国，过将何为③？"他日，改卜子国而使为令尹④。

① 枚卜，不斥言所卜以令龟。子良，惠王弟。〇 枚，亡杯切。　② 志，望也。　③ 过相，将为王也。　④ 子国，宁也。

卫侯梦于北宫，见人登昆吾之观①，被发北面而噪曰："登此昆吾之虚，绵绵生之瓜②。余为浑良夫，叫天无辜③。"公亲筮之，胥弥赦占之④，曰："不害。"与之邑，置之，而逃奔宋⑤。卫侯贞卜⑥，其《繇》曰："如鱼竀尾⑦，衡流而方羊裔焉⑧。大国灭之，将亡。阖门塞窦，乃自后逾⑨。"

冬十月，晋复伐卫⑩，入其郛。将入城，简子曰："止。叔向有言曰，怙乱灭国者无后⑪。"卫人出庄公而与晋平，晋立襄公之孙般师而还。十一月，卫侯自鄄入，般师出⑫。

初，公登城以望，见戎州⑬。问之，以告。公曰："我，姬姓也，何戎之有焉⑭？"翦之⑮。公使匠久⑯。公欲逐石圃⑰，未及而难作。辛巳，石圃因匠氏攻公，公阖门而请，弗许。逾于北方而队，折股⑱。戎州人攻之，大子疾、公子青逾从公⑲。戎州人杀之。公入于戎州己氏⑳。初，公自城上见己氏之妻发美，使髡之，以为吕姜髢㉑。既入焉，而示之璧，曰：

"活我，吾与女璧。"己氏曰："杀女，璧其焉往？"遂杀之而取其璧。卫人复公孙般师而立之。十二月，齐人伐卫，卫人请平。立公子起[22]，执般师以归，舍诸潞[23]。

① 卫有观在古昆吾氏之虚。今濮阳城中。○ 观，工唤切，《注》同。虚，去鱼切，下同。濮，音卜。　② 绵绵，瓜初生也。良夫言己有以小成大之功，若瓜之初生，谓使卫侯得国。○ 被，皮义切。瓜，古华切。　③ 本盟当免三死，而并数一时之事为三罪，杀之，故自谓无辜。○ 并，必政切。数，所主切。　④ 赦，卫筮史。　⑤ 言卫侯无道，卜人不敢以实对，惧难而逃。○ 难，乃旦切，下难作同。　⑥ 正卜梦之吉凶。　⑦ 竀，赤色，鱼劳则尾赤。○ 繇，直又切。竀，敕呈切。　⑧ 横流方羊，不能自安。裔，水边。言卫侯将若此鱼。○ 衡，华盲切，又如字。方，蒲郎切。裔，以制切。　⑨ 此皆《繇》辞。○ 阖，户臘切。窦，音豆。　⑩ 春伐未得志故。○ 复，扶又切。　⑪ 不欲乘人之衰。○ 向，许丈切。怙，音户。　⑫ 辟蒯聩也。○ 般，音班。鄄，音绢。　⑬ 戎州，戎邑。　⑭ 言姬姓国何故有戎邑。　⑮ 削坏其邑聚。　⑯ 久不休息。　⑰ 石圃，卫卿，石恶从子。○ 从，才用切。　⑱ 终如卜言，乃自后逾。○ 队，直类切。折，之设切。股，音古。　⑲ 青，疾弟。　⑳ 己氏，戎人姓。○ 己，音纪，又音祀。　㉑ 吕姜，庄公夫人。髢，髲也。○ 髡，苦存切。髢，大计切，又庭计切。髲，皮义切。　㉒ 起，灵公子。○ 女，音汝，下同。焉，於虔切。　㉓ 潞，齐邑。○ 潞，音路。

公会齐侯，盟于蒙[1]，孟武伯相。齐侯稽首，公拜。齐人怒，武伯曰："非天子，寡君无所稽首。"武伯问于高柴曰："诸侯盟，谁执牛耳[2]？"季羔曰："鄫衍之役，吴公子姑曹[3]；发阳之役，卫石魋[4]。"武伯曰："然则彘也[5]。"

① 齐侯,简公弟平公敬也。蒙在东莞蒙阴县西,故蒙阴城也。〇 敬,如字;一本作骜,五报切,又五刀切。莞,音官。 ② 执牛耳尸盟者。〇 相,息亮切。 ③ 季羔,高柴也。郻衍在七年。〇 衍,以善切。④ 发阳,郧也。在十二年。石魋,石曼姑之子。〇 魋,徒回切。郧,音云。⑤ 彘,武伯名也。郻衍则大国执,发阳则小国执。據时,执者无常,故武伯自以为可执。〇 彘,直例切。

宋皇瑗之子麇[①],有友曰田丙,而夺其兄酁般邑以与之。酁般愠而行,告桓司马之臣子仪克[②]。子仪克适宋,告夫人曰:"麇将纳桓氏。"公问诸子仲[③]。初,子仲将以杞姒之子非我为子[④]。麇曰:"必立伯也[⑤],是良材。"子仲怒,弗从。故对曰:"右师则老矣,不识麇也[⑥]。"公执之[⑦]。皇瑗奔晋,召之[⑧]。

① 瑗,宋右师。〇 瑗,于眷切。麇,九伦切。 ② 克在下邑,不与魋乱,故在。〇 酁,仕咸切。愠,纡问切,怒也。与,音预。 ③ 子仲,皇野。 ④ 为適子。杞姒,子仲妻。〇 姒,音似。適,丁历切。 ⑤ 伯,非我兄。 ⑥ 言右师老,不能为乱,麇则不可知。 ⑦ 执麇。⑧ 召令还。〇 令,力呈切。

传

十八年春,宋杀皇瑗。公闻其情,复皇氏之族,使皇缓为右师[①]。

① 言宋景公无常也。缓,瑗从子。〇 缓,户管切。从,才用切。

巴人伐楚，围鄾[①]。初，右司马子国之卜也，观瞻曰："如志[②]。"故命之[③]。及巴师至，将卜帅。王曰："宁如志，何卜焉[④]？"使帅师而行，请承[⑤]。王曰："寝尹、工尹，勤先君者也[⑥]。"三月，楚公孙宁、吴由于、薳固败巴师于鄾，故封子国于析。君子曰："惠王知志[⑦]。《夏书》曰：'官占，唯能蔽志，昆命于元龟[⑧]。'其是之谓乎？志曰：'圣人不烦卜筮。'惠王其有焉[⑨]！"

① 鄾，楚邑。○ 鄾，音忧。 ② 子国未为令尹时，卜为右司马，得吉兆，如其志。观瞻，楚开卜大夫观从之后。 ③ 命以为右司马。 ④ 宁，子国也。○ 帅，所类切。 ⑤ 承，佐。 ⑥ 柏举之役，寝尹吴由于以背受戈，工尹固执燧象奔吴师，皆为先君勤劳。○ 燧，音遂。为，于伪切。 ⑦ 知用其意。○ 薳，于委切。析，星历切。 ⑧ 逸《书》也。官占，卜筮之官。蔽，断也。昆，后也。言当先断意，后用龟也。○ 蔽，必世切。《尚书》能作克，克亦能也。昆命于元龟，本依《尚书》。断，丁乱切。 ⑨ 不疑，故不卜也。

夏，卫石圃逐其君起，起奔齐[①]。卫侯辄自齐复归，逐石圃而复石魋与大叔遗[②]。

① 齐所立故。 ② 皆蒯聩所逐。

传

十九年春，越人侵楚，以误吴也[①]。夏，楚公子庆、公孙宽追越师至冥，不及，乃还[②]。

① 误吴使不为备。　② 冥，越地。○ 冥，亡丁切。

秋，楚沈诸梁伐东夷[1]，三夷男女及楚师盟于敖[2]。

① 报越。　② 从越之夷三种。敖，东夷地。○ 敖，五刀切。种，章勇切。

冬，叔青如京师，敬王崩故也[1]。

① 言敬王能终其世，终苌弘言东王必大克。叔青，叔还子。○《释文》："敬王崩故也"，案《传》，敬王崩在此年，《世本》亦尔。《世族谱》云，敬王四十二年崩。敬王子元王十年，《春秋》之《传》终矣。据此，则敬王崩当在哀公十七年。《史记·周本纪》及《十二诸侯年表》，敬王四十二年崩，子元王仁立。则敬王是鲁哀十八年崩也。《六国年表》起自元王，及《本纪》皆云，元王八年崩，子定王介立。定王元年，是鲁哀公之二十七年，与杜预《世族谱》为异。又《世本》云，鲁哀公二十年，是定王介崩，子元王赤立。则定王之崩年，是鲁哀公二十七年也。众说不同，未详其正也。

传

二十年春，齐人来征会。夏，会于廪丘。为郑故，谋伐晋[1]。郑人辞诸侯，秋，师还[2]。

① 十五年，晋伐郑。○ 廪，力甚切。为，于伪切，下为降同。　② 终叔向言晋公室卑。

吴公子庆忌骤谏吴子曰："不改，必亡。"弗听[1]。出居于艾[②]。遂适楚。闻越将伐吴。冬，请归平越，遂归。欲除不忠者以说于越。吴人杀之[③]。

十一月，越围吴，赵孟降于丧食[④]。楚隆曰："三年之丧，亲暱之极也。主又降之，无乃有故乎[⑤]？"赵孟曰："黄池之役，先主与吴王有质[⑥]，曰：'好恶同之。'今越围吴，嗣子不废旧业而敌之[⑦]，非晋之所能及也，吾是以为降。"楚隆曰："若使吴王知之，若何？"赵孟曰："可乎？"隆曰："请尝之[⑧]。"乃往。先造于越军，曰："吴犯间上国多矣，闻君亲讨焉，诸夏之人莫不欣喜，唯恐君志之不从。请入视之。"许之。告于吴王曰："寡君之老无恤，使陪臣隆敢展谢其不共[⑨]。黄池之役，君之先臣志父得承齐盟，曰：'好恶同之。'今君在难，无恤不敢惮劳。非晋国之所能及也，使陪臣敢展布之。"王拜稽首曰："寡人不佞，不能事越，以为大夫忧。拜命之辱。"与之一箪珠[⑩]，使问赵孟[⑪]曰："句践将生忧寡人，寡人死之不得矣。"王曰："溺人必笑，吾将有问也[⑫]。史黯何以得为君子[⑬]？"对曰："黯也进不见恶[⑭]，退无谤言[⑮]。"王曰："宜哉。"

① 吴子弗听。 ② 艾，吴邑。豫章有艾县。○ 艾，五盖切。 ③ 言其不量力。○ 说，如字，又音悦。 ④ 赵孟，襄子无恤，时有父简子之丧。 ⑤ 楚隆，襄子家臣。○ 暱，女乙切。 ⑥ 黄池在十三年。先主，简子。质，盟信也。○ 质，如字。 ⑦ 嗣子，襄子自谓，欲敌越救吴。 ⑧ 尝，试也。 ⑨ 展，陈也。○ 造，七报切。间，间厕之间。夏，户雅切。共，音恭。 ⑩ 箪，小笥。○ 难，乃旦切。箪，音丹。笥，丝嗣切。 ⑪ 问，遗也。○ 遗，唯季切。 ⑫ 以自喻所问不急，犹溺人不知所为而反笑。○ 句，古侯切。溺，乃历切。 ⑬ 晋史黯云："不及四十年，吴当

亡。"吴王感问此也。○ 黯,於减切。　⑭ 时行则行。　⑮ 时止则止。○ 谤,博浪切。

传

二十一年夏五月,越人始来①。

① 越既胜吴,欲霸中国,始遣使适鲁。○ 使,所吏切。

秋八月,公及齐侯、邾子盟于顾。齐人责稽首①,因歌之曰:"鲁人之皋,数年不觉,使我高蹈②。唯其儒书,以为二国忧③。"是行也,公先至于阳穀④。齐闾丘息曰:"君辱举玉趾,以在寡君之军⑤。群臣将传遽以告寡君,比其复也,君无乃勤。为仆人之未次⑥,请除馆于舟道⑦。"辞曰:"敢勤仆人⑧?"

① 责十七年齐侯为公稽首,不见答。顾,齐地。○ 为,于伪切,年末及《注》同。　② 皋,缓也。高蹈,犹远行也。言鲁人皋缓,数年不知答齐稽首,故使我高蹈来为此会。○ 皋,古刀切。数,所主切。觉,音角,又古孝切。蹈,徒报切。　③ 二国,齐、邾也。言鲁据周礼,不肯答稽首,令齐、邾远至。○ 令,力呈切。　④ 先期至也。○ 先,悉荐切。　⑤ 息,闾丘明之后。　⑥ 次,舍也。○ 传,中恋切。遽,其据切。比,必利切。⑦ 舟道,齐地。　⑧ 不敢勤齐仆为鲁除馆。

传

二十二年夏四月,邾隐公自齐奔越,曰:"吴为无道,执父立子。"越人归之,大子革奔越①。

① 郳隐公八年为吴所囚，十年奔齐。

冬十一月丁卯，越灭吴，请使吴王居甬东[①]。辞曰："孤老矣，焉能事君？"乃缢。越人以归[②]。

① 甬东，越地，会稽句章县东海中洲也。○ 甬，音勇。会，古外切。稽，古兮切。句，九具切；如淳音拘，韦昭亦音拘。洲，音州；水中可居曰洲。② 以其尸归，终史墨、子胥之言也。○ 焉，於虔切。缢，一赐切。

传

二十三年春，宋景曹卒[①]。季康子使冉有吊，且送葬，曰："敝邑有社稷之事，使肥与有职竞焉[②]，是以不得助执绋，使求从舆人[③]。曰，以肥之得备弥甥也[④]，有不腆先人之产马，使求荐诸夫人之宰[⑤]，其可以称旌繁乎[⑥]？"

① 景曹，宋元公夫人，小郳女，季桓子外祖母。　② 肥，康子名。竞，遽也。○ 与，音预。　③ 求，冉有名。舆，众也。○ 绋，音弗。舆，音馀。　④ 弥，远也。康子父之舅氏，故称弥甥。　⑤ 荐，进也。○ 腆，他典切。　⑥ 称，举也。繁，马饰繁缨也。终乐祁之言，政在季氏。○ 繁，步干切。

夏六月，晋荀瑶伐齐[①]。高无丕帅师御之。知伯视齐师，马骇，遂驱之，曰："齐人知余旗，其谓余畏而反也。"及垒而还。将战，长武子请卜[②]。知伯曰："君告于天子，而卜之以守龟于宗祧，吉矣。吾又何卜焉？且齐人取我英丘，君命瑶，非敢耀武也，治英丘也[③]。以辞伐罪足矣，何必卜？"壬辰，战于犁丘④。齐师败绩，知伯亲禽颜庚⑤。

① 荀瑶，荀跞之孙知伯襄子。○ 知，音智。 ② 武子，晋大夫。○ 御，鱼吕切。垒，力轨切。 ③ 治齐取英丘。○ 守，手又切。祧，他彫切。 ④ 犁丘，隰也。○ 犁，力兮切。隰，音习，本亦作湿。 ⑤ 颜庚，齐大夫颜涿聚。○ 涿，丁角切。

秋八月，叔青如越，始使越也。越诸鞅来聘，报叔青也①。

① ○ 使，所吏切。

传

二十四年夏四月，晋侯将伐齐，使来乞师曰："昔臧文仲以楚师伐齐，取穀①。宣叔以晋师伐齐，取汶阳②。寡君欲徼福于周公，愿乞灵于臧氏③。"臧石帅师会之，取廪丘④。军吏令缮，将进⑤。莱章曰："君卑政暴⑥，往岁克敌⑦，今又胜都⑧。天奉多矣，又焉能进，是躗言也⑨。役将班矣！"晋师乃还，饩臧石牛⑩。大史谢之曰⑪："以寡君之在行⑫，牢礼不度⑬，敢展谢之⑭。"

① 在僖二十六年。 ② 在成二年。○ 汶，音问。 ③ 以臧氏世胜齐，故欲乞其威灵。○ 徼，古尧切。 ④ 石，臧宾如之子。 ⑤ 晋军吏也。缮，治战备。○ 缮，市战切。 ⑥ 莱章，齐大夫。○ 莱，音来。⑦ 禽颜庚。 ⑧ 取廪丘。 ⑨ 躗，过也。○ 奉，扶用切。焉，於虔切。躗，户快切，谓过谬之言；服云，伪不信言也；《字林》作譮，云，梦言，意

不慧也，音于例切。 ⑩ 生曰饩。〇 饩，许器切。 ⑪ 晋大史。〇 大，音泰。 ⑫ 在军行。 ⑬ 不如礼度。 ⑭ 终臧氏有后于鲁。

邾子又无道，越人执之以归[①]，而立公子何。何亦无道[②]。

① 终子赣之言。 ② 何，大子革弟。

公子荆之母嬖[①]，将以为夫人，使宗人衅夏献其礼[②]。对曰："无之。"公怒曰："女为宗司，立夫人，国之大礼也，何故无之？"对曰："周公及武公娶于薛[③]，孝、惠娶于商[④]，自桓以下娶于齐[⑤]，此礼也则有。若以妾为夫人，则固无其礼也。"公卒立之，而以荆为大子。国人始恶之[⑥]。

① 荆，哀公庶子。〇 嬖，必计切。 ② 宗人，礼官也。〇 衅，许靳切。夏，户雅切。 ③ 武公，敖也。〇 女，音汝。娶，七住切。 ④ 孝公，称；惠公，弗皇。商，宋也。〇《释文》：孝、惠娶于商，定公名宋，是哀公之父，故衅夏为讳而称商也。称，尺证切，又如字。 ⑤ 桓公始娶文姜。⑥ 恶公。〇 恶，乌路切。

闰月，公如越，得大子适郢[①]，将妻公，而多与之地。公孙有山使告于季孙。季孙惧，使因大宰嚭而纳赂焉，乃止[②]。

① 适郢，越王大子。得，相亲说也。〇 郢，以井切。适郢，越王句践之大子名。说，音悦。 ② 嚭故吴臣也。季孙恐公因越讨己，故惧。

○ 妻，七计切。嚭，普美切。赂，音路。

传

二十五年夏五月庚辰，卫侯出奔宋[①]。卫侯为灵台于藉圃，与诸大夫饮酒焉。褚师声子袜而登席[②]。公怒。辞曰："臣有疾，异于人[③]。若见之，君将彀之[④]。是以不敢[⑤]。"公愈怒。大夫辞之，不可[⑥]。褚师出，公戟其手[⑦]曰："必断而足。"闻之，褚师与司寇亥乘曰："今日幸而后亡[⑧]。"公之入也，夺南氏邑[⑨]，而夺司寇亥政。公使侍人纳公文懿子之车于池[⑩]。

初，卫人翦夏丁氏[⑪]，以其帑赐彭封弥子[⑫]。弥子饮公酒，纳夏戊之女，嬖，以为夫人。其弟期，大叔疾之从孙甥也[⑬]，少畜于公，以为司徒。夫人宠衰，期得罪。公使三匠久。公使优狡盟拳弥[⑭]，而甚近信之。故褚师比[⑮]、公孙弥牟[⑯]、公文要[⑰]、司寇亥[⑱]、司徒期因三匠与拳弥以作乱，皆执利兵，无者执斤[⑲]。使拳弥入于公宫[⑳]，而自大子疾之宫噪以攻公。鄄子士请御之[㉑]。弥援其手曰："子则勇矣，将若君何[㉒]？不见先君乎？君何所不逞欲[㉓]？且君尝在外矣，岂必不反。当今不可，众怒难犯，休而易间也。"乃出。将适蒲[㉔]，弥曰："晋无信，不可。"将适鄄[㉕]，弥曰："齐、晋争我，不可。"将适泠[㉖]，弥曰："鲁不足与，请适城鉏[㉗]以鉤越，越有君[㉘]。"乃适城鉏。弥曰："卫盗不可知也，请速，自我始。"乃载宝以归[㉙]。公为支离之卒[㉚]，因祝史挥以侵卫[㉛]。卫人病之。懿子知之[㉜]，见子之[㉝]，请逐挥。文子曰："无罪。"懿子曰："彼好专利而妄[㉞]。夫见君之入也，将先道焉[㉟]。若逐之，必出于南门而适君所[36]。夫越新得诸侯，将必请师焉。”挥在朝，使吏遣诸其室[37]。挥出信，弗内[38]。五日，乃馆诸外里[39]。遂有宠，使如越请师[40]。

① 卫侯辄也。 ② 古者见君解袜。○ 圃，布五切。褚，张吕切。袜，亡伐切。足衣也。见，贤遍切。 ③ 足有创疾。○ 创，初羊切。 ④ 嗀，呕吐也。○ 嗀，许角切，又许各切。呕，於口切。吐，他故切。 ⑤ 不敢解袜。 ⑥ 共辞谢公，公不可解。 ⑦ 抵徒手屈肘如戟形。○ 抵，音纸。肘，竹九切。 ⑧ 恐死，以得亡为幸。○ 断，丁管切。乘，时证切。 ⑨ 南氏，子南之子公孙弥牟。 ⑩ 懿子，公文要。公有忿，使人投其车于池水中。○ 要，一遥切。 ⑪ 在十一年。○ 夏，户雅切。 ⑫ 彭封弥子，弥子瑕。○ 帑，音奴。 ⑬ 期，夏戊之子。姊妹之孙为从孙，甥与孙同列。○ 饮，於鸩切。大，音泰。从，如字，又才用切。 ⑭ 优狡，俳优也。拳弥，卫大夫，使俳优盟之，欲耻辱也。○ 少，诗照切。优，音忧。狡，古卯切。拳，音权。俳，皮皆切。 ⑮ 袜登席者。○ 近，附近之近。 ⑯ 丧邑者。○ 丧，息浪切。 ⑰ 失车者。 ⑱ 夺政者。 ⑲ 斤，工匠所执。 ⑳ 信近之，故得入。 ㉑ 鄄子士，卫大夫。○ 噪，素报切。鄄，音绢。御，鱼吕切。 ㉒ 言不可救。○ 援，音袁。 ㉓ 先君，蒯聩也。乱不速奔，故为戎州所杀，欲令早去。○ 令，力呈切。 ㉔ 蒲，近晋邑。○ 易，以豉切。间，间厕之间，下《注》内间、君间同。 ㉕ 鄄，齐、晋界上邑。弥诈不知谋，故公信之。 ㉖ 泠，近鲁邑。○ 泠，力丁切。 ㉗ 城鉏，近宋邑。○ 鉏，仕居切。 ㉘ 宋南近越，转相鉤牵。○ 鉤，古侯切；本或作拘，同。 ㉙ 欺卫君，言君以宝自随，将致卫盗，请速行。己为先发，而因载宝归卫也。 ㉚ 支离，陈名。○ 卒，子忽切。陈，直觐切。 ㉛ 挥，卫祝史。○ 挥，音晖。 ㉜ 知挥为内间。 ㉝ 子之，公孙弥牟文子也。 ㉞ 妄，不法。○ 好，呼报切。 ㉟ 若见君有入势，必道助之。○ 道，音导。 ㊱ 虽知其为君

间,不审察,私共评之。○ 评,音平,又音病。 ㊲ 难面逐之,先逐其家。○ 难,乃旦切。 ㊳ 再宿为信。○ 内,如字,又音纳。 ㊴ 外里,公所在。 ㊵ 请师伐卫,求入。

六月,公至自越①。季康子、孟武伯逆于五梧②。郭重仆③,见二子曰:“恶言多矣,君请尽之④。”公宴于五梧。武伯为祝⑤,恶郭重,曰:“何肥也⑥!”季孙曰:“请饮彘也⑦。以鲁国之密迩仇雠,臣是以不获从君,克免于大行,又谓重也肥⑧。”公曰:“是食言多矣,能无肥乎⑨?”饮酒不乐,公与大夫始有恶⑩。

① 前年行,今还。 ② 鲁南鄙也。○ 梧,音吾。 ③ 为公仆。○ 重,直龙切,又直用切。 ④ 二子不臣之言甚多,欲使公尽极以观之。⑤ 祝,上寿酒。○ 祝,之六切,又之又切。上,时掌切。寿,音授,又音受。⑥ 訾毁其貌。○ 恶,乌路切。訾,音紫。 ⑦ 饮,罚也。○ 饮,於鸩切。⑧ 言重随君远行劬劳,不宜称肥。○ 从,才用切,又如字。劬,其居切。⑨ 以激三桓之数食言。○ 激,古历切。数,所角切。 ⑩ 为二十七年公孙邾起。○ 乐,音洛。孙,音逊;本又作逊。

传

二十六年夏五月,叔孙舒帅师会越皋如、后庸、宋乐茷,纳卫侯①。文子欲纳之。懿子曰:“君愎而虐,少待之,必毒于民②,乃睦于子矣③。”师侵外州,大获④。出御之,大败⑤。掘褚师定子之墓,焚之于平庄之上⑥。文子使王孙齐私于皋如⑦曰:“子将大灭卫乎,抑纳君而已乎?”皋如曰:“寡君之命无他,纳卫君而已。”文子致众而问焉,曰:“君以蛮夷伐国,国几亡矣。请纳之。”众曰：“勿纳。”曰：“弥牟亡而有益，请自北门出[8]。”众曰：“勿出。”重赂越人，申开守陴而纳公[9]，公不敢入。师还。立悼公[10]，南氏相之。以城鉏与越人。公曰：“期则为此[11]。”令苟有怨于夫人者，报之[12]。司徒期聘于越[13]，公攻而夺之币。期告王[14]，王命取之。期以众取之。公怒，杀期之甥之为大子者[15]。遂卒于越[16]。

① 舒，武叔之子文子也。皋如、后庸，越大夫。乐茷，宋司城子潞。卫侯，辄也。○ 茷，扶废切。　② 愎，很也。○ 愎，皮逼切。很，胡恳切。③ 民睦。　④ 越纳辄之师。　⑤ 卫师败。　⑥ 定子，褚师比之父也。平庄，陵名也。○ 掘，其勿切，又其月切；本或作猾，胡忽切。⑦ 齐，卫大夫王孙贾之子昭子也。　⑧ 欲以观众心。○ 几，音祈，又音机。　⑨ 申，重也。开重门而严设守备，欲以恐公，故不敢入。○ 陴，毗支切。重，直龙切。守，手又切。恐，丘勇切。　⑩ 悼公，蒯聩庶弟公子黚也。○ 黚，起廉切。　⑪ 司徒期也。○ 相，息亮切。　⑫ 夫人，期姊也。怒期而不得加戮，故敕宫女令苦困期姊。○ 令，力呈切。　⑬ 为悼公聘。○ 为，于伪切。　⑭ 越王也。　⑮ 忿期而及其姊为夫人者，遂复及夫人之子。○ 复，扶又切。　⑯ 终言之也。终效夷言，死于夷。

宋景公无子，取公孙周之子得与启，畜诸公宫[1]，未有立焉。于是皇缓为右师，皇非我为大司马，皇怀为司徒[2]，灵不缓为左师[3]，乐茷为司城[4]，乐朱鉏为大司寇[5]。六卿三族降听政[6]，因大尹以达[7]。大尹常不告，而以其欲称君命以令[8]。国人恶之。司城欲去大尹，左师曰：“纵之使盈其罪[9]。重而无基，能无敝乎[10]？”

冬十月，公游于空泽[11]。辛巳，卒于连中[12]。大尹兴空泽之士千甲⑬,奉公自空桐入,如沃宫⑭。使召六子曰:“闻下有师,君请六子画⑮。”六子至,以甲劫之,曰:“君有疾病,请二三子盟。”乃盟于少寝之庭,曰:“无为公室不利。”大尹立启,奉丧殡于大宫。三日,而后国人知之。司城茷使宣言于国曰:“大尹惑蛊其君而专其利,今君无疾而死,死又匿之,是无他矣,大尹之罪也⑯。”得梦启北首而寝于卢门之外⑰,己为乌而集于其上,咮加于南门,尾加于桐门。曰:“余梦美,必立⑱。”大尹谋曰:“我不在盟⑲,无乃逐我复盟之乎?”使祝为载书,六子在唐盂⑳。将盟之。祝襄以载书告皇非我㉑。皇非我因子潞㉒、门尹得㉓、左师谋曰:“民与我,逐之乎?”皆归授甲,使徇于国曰:“大尹惑蛊其君,以陵虐公室。与我者,救君者也。”众曰:“与之。”大尹徇曰:“戴氏、皇氏将不利公室㉔,与我者无忧不富。”众曰:“无别㉕。”戴氏、皇氏欲伐公㉖。乐得曰:“不可。彼以陵公有罪,我伐公则甚焉。”使国人施于大尹㉗。大尹奉启以奔楚,乃立得。司城为上卿,盟曰:“三族共政,无相害也。”

① 周,元公孙子高也。得,昭公也。启,得弟。畜,养也。 ② 皇怀,非我从昆弟。○ 从,才用切。 ③ 不缓,子灵围龟之后。 ④ 茷,乐溷之子。○ 溷,户门切,又户困切。 ⑤ 朱鉏,乐輓之子。○ 鉏,仕居切。輓,音晚。 ⑥ 三族,皇、灵、乐也。降,和同也。 ⑦ 大尹,近官有宠者。六卿因之以自通达于君。 ⑧ 不告君也。 ⑨ 盈,满也。○ 恶,乌路切,下《注》恶其同。去,起吕切。 ⑩ 言势重而无德以为基,必败也。 ⑪ 空泽,宋邑。 ⑫ 连中,馆名。○ 连,如字,又音辇。⑬ 甲士千人。○ 兴,如字,兴,发也;或作与,非。 ⑭ 奉公尸也。梁国

虞县东南有地名空桐。沃宫,宋都内宫名。○ 沃,乌毒切。 ⑮ 画,计策。○ 画,音获。 ⑯ 言大尹所弑。○ 劫,居业切。少,诗照切。大,音泰。蛊,音古。匿,女力切。弑,申志切。 ⑰ 卢门,宋东门。北首,死象。在门外,失国也。○ 首,手又切。 ⑱ 桐门,北门。○ 咮,张又切,鸟口。 ⑲ 少寝盟,但以君命盟六卿,大尹不盟。 ⑳ 地名。○ 复,扶又切。盂,音于。 ㉑ 襄,祝名。 ㉒ 子潞,乐茷。○ 潞,音路。 ㉓ 乐得。 ㉔ 戴氏即乐氏。○ 徇,似俊切。 ㉕ 恶其号令与君无别。○ 别,彼列切。 ㉖ 公,谓启。 ㉗ 施罪于大尹。

卫出公自城鉏使以弓问子赣,且曰:"吾其入乎?"子赣稽首受弓,对曰:"臣不识也。"私于使者曰:"昔成公孙于陈[1],甯武子、孙庄子为宛濮之盟而君入[2];献公孙于齐[3],子鲜、子展为夷仪之盟而君入[4]。今君再在孙矣[5],内不闻献之亲,外不闻成之卿,则赐不识所由入也。《诗》曰:'无竞惟人,四方其顺之[6]。'若得其人,四方以为主[7],而国于何有?"

① 僖二十八年,卫成公奔楚,遂適陈。○ 使,所吏切。孙,音逊,本亦作逊,除孙庄子皆同。 ② 盟在僖二十八年。○ 甯,乃定切。宛,於阮切。濮,音卜。 ③ 在襄十四年。 ④ 在襄二十六年。 ⑤ 谓十五年孙鲁,今又孙宋。 ⑥《诗・周颂》。言无强惟得人也。 ⑦ 为主,主四方。

传

二十七年春,越子使后庸来聘,且言邾田,封于骀上[1]。二月,盟于平阳[2]。三子皆从[3]。康子病之[4],言及子赣[5],曰:"若在此,吾不及此夫[6]。"武伯曰:"然。何不召?"曰:"固将召之。"文子曰："他日请念[7]。"

① 欲使鲁还邾田，封竟至骀上。〇 骀，他来切，又音台。竟，音境。② 西平阳。③ 季康子、叔孙文子、孟武伯皆从后庸盟。〇 从，如字；或才用切，非也。④ 耻从蛮夷盟。⑤ 思子赣。⑥ 不及与越盟。〇 夫，音扶。⑦ 言季孙不能用子赣，临难而思之。〇 难，乃旦切。

夏四月己亥，季康子卒。公吊焉，降礼[1]。

① 礼不备也，言公之多妄。〇 妄，亡亮切，本又作忘，下放此。

晋荀瑶帅师伐郑，次于桐丘。郑驷弘请救于齐[1]。齐师将兴，陈成子属孤子，三日朝[2]。设乘车两马，系五邑焉[3]。召颜涿聚之子晋，曰："隰之役，而父死焉[4]。以国之多难，未女恤也。今君命女以是邑也，服车而朝，毋废前劳。"乃救郑。及留舒，违穀七里，穀人不知[5]。及濮，雨，不涉[6]。子思曰："大国在敝邑之宇下，是以告急。今师不行，恐无及也[7]。"成子衣製，杖戈[8]，立于阪上，马不出者，助之鞭之。知伯闻之，乃还[9]，曰："我卜伐郑，不卜敌齐。"使谓成子曰："大夫陈子，陈之自出。陈之不祀，郑之罪也[10]。故寡君使瑶察陈衷焉[11]。谓大夫其恤陈乎？若利本之颠，瑶何有焉[12]？"成子怒曰："多陵人者皆不在，知伯其能久乎？"中行文子告成子[13]曰："有自晋师告寅者，将为轻车千乘，以厌齐师之门，则可尽也。"成子曰："寡君命恒曰：'无及寡，无畏众。'虽过千乘，敢辟之乎？将以子之命告寡君[14]。"文子曰："吾乃今知所以亡⑮。君子之谋也，始衷终皆举之，而后入焉⑯。今我三不知而入之，不亦难乎⑰？”

① 弘，驷歂子。○ 歂，市专切。 ② 属会死事者之子，使朝三日以礼之。○ 属，音烛。 ③ 乘车两马，大夫服。又加之五邑。○ 乘，绳证切，下同。 ④ 隰役在二十三年。○ 涿，中角切。隰，音习。 ⑤ 言其整也。留舒，齐地。违，去也。○ 难，乃旦切。女，音汝，下同。毋，音无。⑥ 濮水自陈留酸枣县傍河东北经济阴至高平入济。○ 傍，蒲浪切。济，子礼切。 ⑦ 子思，国参。○ 参，七南切。 ⑧ 製，雨衣也。○ 衣，於既切。製，音制。杖，直亮切，又音丈。 ⑨ 畏其得众心。○ 阪，音反，又扶版切。 ⑩ 十七年，楚独灭陈，非郑之罪。盖知伯诬陈子，故陈子怒，谓其多陵人。 ⑪ 衷，善也。○ 衷，音忠。 ⑫ 言陈灭于己无伤。⑬ 文子，荀寅，此时奔在齐。○ 行。户郎切。 ⑭ 成子疑其有为晋之心。○ 轻，遣政切。厌，於甲切，又於辄切。为，于伪切，下为郑同。⑮ 自恨己无知。 ⑯ 谋一事，则当虑此三变，然后入而行之，所谓君子三思。○ 三，息暂切，又如字。 ⑰ 悔其言不可复。

公患三桓之侈也，欲以诸侯去之①。三桓亦患公之妄也，故君臣多间②。公游于陵阪，遇孟武伯于孟氏之衢，曰：“请有问于子，余及死乎③？”对曰：“臣无由知之。”三问，卒辞不对。公欲以越伐鲁，而去三桓。秋八月甲戌，公如公孙有陉氏④，因孙于邾，乃遂如越。国人施公孙有山氏⑤。

① 欲求诸侯师，以逐三桓。○ 侈，昌氏切，又尺氏切。去，起吕切，下而去同。 ② 间，隙也。 ③ 问己可得以寿死不。 ④ 有陉氏即有山氏。○ 衢，其俱切。陉，音刑。 ⑤ 以公从其家出故也。终子赣之

言，君不没于鲁。○ 因孙，音逊，下同。

悼之四年，晋荀瑶帅师围郑[①]。未至，郑驷弘曰："知伯愎而好胜，早下之，则可行也[②]。"乃先保南里以待之[③]。知伯入南里，门于桔柣之门。郑人俘酅魁垒[④]，赂之以知政[⑤]，闭其口而死。将门[⑥]，知伯谓赵孟："入之。"对曰："主在此[⑦]。"知伯曰："恶而无勇，何以为子[⑧]？"对曰："以能忍耻，庶无害赵宗乎。"知伯不悛，赵襄子由是惎知伯[⑨]，遂丧之。知伯贪而愎，故韩、魏反而丧之[⑩]。

① 悼公，哀公之子宁也。哀公出孙，鲁人立悼公。　② 行，去也。○ 好，呼报切。早，一本作卑。下，户嫁切。　③ 保，守也。南里在城外。　④ 酅魁垒，晋士。○ 桔，户结切。柣，大结切。俘，芳夫切。酅，户圭切。魁，苦回切。垒，力轨切。　⑤ 欲使反为郑。　⑥ 攻郑门。　⑦ 主谓知伯也。言主在此，何不自入。　⑧ 恶，貌丑也。简子废嫡子伯鲁，而立襄子，故知伯言其丑且无勇，何故立以为子。○ 嫡，丁历切。　⑨ 惎，毒也。○ 悛，七全切。惎，其冀切。　⑩《史记》，晋懿公之四年，鲁悼公之十四年，知伯帅韩、魏围赵襄子于晋阳。韩、魏反与赵氏谋，杀知伯于晋阳之下，在《春秋》后二十七年。○ 丧，息浪切。

春秋二十国年表

			周		鲁	蔡	曹	卫	滕	晋	郑	齐	秦	楚	宋	杞	陈	吴	邾	莒	薛	许	小邾
公元前722	己未	平王四十九年	平王自四十九年入《春秋》。	隐公元年	隐公息，惠公长庶子。	自宣侯二十八年入《春秋》。名考父，戴侯子。	自桓公三十五年入《春秋》。穆公之子终生。	自桓公十三年入《春秋》。庄公太子。十六年二月卒。宣公晋立，桓公弟。	至鲁隐七年见滕侯卒。	自鄂侯二年入《春秋》。孝侯子，郤，都于鄂，曰鄂侯。	自庄公寤生二十二年入《春秋》。武公之子。	自僖公禄父九年入《春秋》。庄公子。	至穆公始见于《春秋》。僖五年。	自武王十九年入《春秋》。名熊通，蚡冒弟。	自穆公八年入《春秋》。八月卒，兄宣公子殇公立。	自武公十一年入《春秋》。	自桓公二十三年入《春秋》。文公长子鲍。	自太伯十九世至寿梦入《春秋》。成六年。	仪父克，后为子。	至鲁文公十八年见。莒纪公名庶其。	鲁隐公十一年见其来朝。庄三十一年见卒。其后至昭三十一年见献公卒。	至鲁隐十一年见庄公及许叔立。至桓十五年入许，即穆公新臣。	至鲁僖七年见，来朝。
—721		五十年		二年																			
—720		五十一年		三年																			
—719		桓王元年	平王太子泄父之子。	四年																			
—718		二年		五年																			
—717	甲子	三年		六年						哀侯光立，鄂侯子。曲沃武公称立，庄伯子。													
—716		四年		七年					三月卒。														
—715		五年		八年		六月卒。桓侯封人立，宣公子。																	
—714		六年		九年																			
—713		七年		十年																			

续表

			周		鲁	蔡	曹	卫	滕	晋	郑	齐	秦	楚	宋	杞	陈	吴	邾	莒	薛	许	小邾
−712		八年		十一年																	来朝。		
−711		九年		桓公元年	桓公允，惠公子。																		
−710		十年		二年											正月弑穆公。子庄公冯立。								
−709		十一年		三年						晋小子侯立，哀侯子。													
−708		十二年		四年																			
−707	甲戌	十三年		五年													正月卒。弟厉公佗杀太子免立，踰年弑。免弟跃立，亦为厉公。						
−706		十四年		六年						晋哀侯弟缗立。													
−705		十五年		七年																			
−704		十六年		八年																			
−703		十七年		九年																			
−702		十八年		十年			正月卒。																
−701		十九年		十一年			曹庄公射				五月卒。郑												

续表

			周		鲁	蔡	曹	卫	滕	晋	郑	齐	秦	楚	宋	杞	陈	吴	邾	莒	薛	许	小邾
−700		二十年		十二年			姑立，桓公世子。	十二月卒。			厉公突立。突出奔。						八月卒。太子免三弟：长曰跃，中曰林，少曰杵臼。林立为庄公。						
−699		二十一年		十三年				卫惠公朔立，宣公太子。															
−698		二十二年		十四年								十二月卒。子襄公诸儿立。											
−697	甲申	二十三年		十五年							立忽。突出。											入许。	
−696		庄王元年	庄王，桓王太子。	十六年				出奔齐。卫黔牟立。			郑昭公忽立。弑昭公，立子亹。秋，杀子亹，立子仪。												
−695		二年		十七年		六月卒。																	
−694		三年		十八年		哀侯献舞立，桓侯弟。																	
−693		四年		庄公元年	庄公同，桓公子。												十月卒。宣公杵臼立。						
−692		五年		二年											十二月卒。子闵公捷立。								
−691		六年		三年										三月卒。子文王熊赀立。									
−690		七年		四年																			
−689		八年		五年				齐立惠公。黔牟奔周，惠公															郳犁来来朝。
−688		九年		六年																			

续表

			周		鲁	蔡	曹	卫	滕	晋	郑	齐	秦	楚	宋	杞	陈	吴	邾	莒	薛	许	小邾
−687	甲午	十年		七年				复入。															
−686		十一年		八年								十一月弑。											
−685		十二年		九年								桓公小白立，襄公弟。											
−684		十三年		十年																			
−683		十四年		十一年																			
−682		十五年		十二年											八月弑。弟桓公御说立。								
−681		僖王元年	僖王，庄王子。	十三年																			
−680		二年		十四年							纳厉公，杀子仪。												
−679		三年		十五年						晋灭。													
−678		四年		十六年					同盟于幽。	晋武公三十九年卒。									十二月卒。郳子琐立。			盟于幽。	
−677	甲辰	五年		十七年																			

续表

			周		鲁	蔡	曹	卫	滕	晋	郑	齐	秦	楚	宋	杞	陈	吴	邾	莒	薛	许	小邾
−676		惠王元年	惠王，僖王孙。	十八年						晋献公诡诸立，武公子。													
−675		二年		十九年		卒。								六月卒。子成王頵立。									
−674		三年		二十年		蔡穆侯肸立，哀侯子。																	
−673		四年		二十一年							五月卒。郑文公捷立，厉公子。												
−672		五年		二十二年																			
−671		六年		二十三年			十一月卒。																
−670		七年		二十四年			僖公夷立，庄公子。																
−669		八年		二十五年				五月卒。															
−668		九年		二十六年				卫懿公赤立。惠公子。															
−667	甲寅	十年		二十七年																			
−666		十一年		二十八年															四月卒。文公蘧蒢立。				
−665		十二年		二十九年																			

续表

			周		鲁	蔡	曹	卫	滕	晋	郑	齐	秦	楚	宋	杞	陈	吴	邾	莒	薛	许	小邾
−664		十三年		三十年																			
−663		十四年		三十一年																	四月，薛伯卒。		
−662		十五年		三十二年			卒。																
−661		十六年		闵公元年	闵公开，庄公子。		昭公班立，僖公子。																
−660		十七年		二年				狄灭卫。戴公申立，黔牟弟。															
−659		十八年		僖公元年	僖公申，闵公庶兄。																		
−658		十九年		二年				卫文公燬立，戴公弟。															
−657	甲子	二十年		三年																			
−656		二十一年		四年																			
−655		二十二年		五年									媵秦穆姬。									夏卒。僖公业立。	
−654		二十三年		六年																			
−653		二十四年		七年			七月卒。																来朝。

续表

			周		鲁	蔡	曹	卫	滕	晋	郑	齐	秦	楚	宋	杞	陈	吴	邾	莒	薛	许	小邾
−652		二十五年		八年			曹共公襄立，昭公子。																
−651		襄王元年	襄王，惠王太子郑。	九年						九月卒。立奚齐、卓子。晋惠公夷吾立。					正月卒。太子襄公兹父立。								
−650		二年		十年																			
−649		三年		十一年																			
−648		四年		十二年													十二月卒。子穆公款立。						
−647	甲戌	五年		十三年																			
−646		六年		十四年		冬卒。																	
−645		七年		十五年		蔡庄公甲午立，穆侯子。				秦获晋侯归。													
−644		八年		十六年																			
−643		九年		十七年								十二月卒。子无亏杀。立孝公昭，											
−642		十年		十八年																			
−641		十一年		十九年																			

续表

			周		鲁	蔡	曹	卫	滕	晋	郑	齐	秦	楚	宋	杞	陈	吴	邾	莒	薛	许	小邾
−640		十二年		二十年								桓公子。											
−639		十三年		二十一年																			
−638		十四年		二十二年																			
−637	甲申	十五年		二十三年						卒。晋怀公子圉立。文公重耳立,献公子。杀怀公。					五月卒。子成公王臣立。	十一月卒。弟桓公姑容立。							
−636		十六年		二十四年																			
−635		十七年		二十五年				四月卒。															
−634		十八年		二十六年																			
−633		十九年		二十七年				卫成公郑立,文公子。出奔楚,复归位。晋人执卫侯,卫立公子瑕。				六月卒。弟昭公潘立。				来朝。							
−632		二十年		二十八年														六月卒。子共公朔立。					
−631		二十一年		二十九年																			
−630		二十二年		三十年																			
−629		二十三年		三十一年																			

续表

			周		鲁	蔡	曹	卫	滕	晋	郑	齐	秦	楚	宋	杞	陈	吴	邾	莒	薛	许	小邾
—628		二十四年		三十二年				卫侯归于位。		冬卒。	四月卒。郑穆公兰立,文公子。												
—627	甲午	二十五年		三十三年						晋襄公驩立,文公子。													
—626		二十六年		文公元年	文公兴,僖公子。									十月弑。子穆王商臣立。									
—625		二十七年		二年																			
—624		二十八年		三年																			
—623		二十九年		四年																			
—622		三十年		五年																		十月卒。昭公锡成立。	
—621		三十一年		六年						八月卒。灵公夷皋立,襄公子。			夏卒。康公罃立,穆公子。										
—620		三十二年		七年																			
—619		三十三年		八年																			
—618		顷王元年	顷王,襄王子。	九年			八月卒。																
—617	甲辰	二年		十年			曹文公寿立,共公子。																
—616		三年		十一年																			

续表

			周		鲁	蔡	曹	卫	滕	晋	郑	齐	秦	楚	宋	杞	陈	吴	邾	莒	薛	许	小邾
−615		四年		十二年					滕昭公来朝。							来朝。							
−614		五年		十三年										卒。			五月卒。子灵公平国立。		五月卒。子定公貜且立。				
−613		六年		十四年								五月卒。子舍立，弑。立懿公商人，即昭公弟，		子庄王旅立。									
−612		正王元年	正王，顷王子。	十五年		卒。																	
−611		二年		十六年		蔡文公申立，穆侯孙，庄侯子。									十二月弑。弟文公鲍立。								
−610		三年		十七年																			
−609		四年		十八年								五月弑。兄惠公元立。	二月卒。共公稻立，康公子。							十月，纪公庶其弑。子季佗立。			
−608		五年		宣公元年	宣公倭，文公子。																		
−607	甲寅	六年		二年						九月杀。晋成公黑臀立，襄公弟。													
−606		定王元年	定王，正王之弟。	三年							十月卒。灵公夷立。郑襄公坚立，灵公庶弟。												
−605		二年		四年									正月卒，桓公立，共公子。										
−604		三年		五年																			
−603		四年		六年																			

续 表

			周		鲁	蔡	曹	卫	滕	晋	郑	齐	秦	楚	宋	杞	陈	吴	邾	莒	薛	许	小邾
—602		五年		七年																			
—601		六年		八年																			
—600		七年		九年				十月卒。	八月卒。	九月卒。													
—599		八年		十年				卫穆公遬立,成公子。	滕文公立。	晋景公獳立,成公子。		四月卒。顷公无野立,惠公子。					五月弑。楚子入陈,太子成公午立。						
—598		九年		十一年																			
—597	甲子	十年		十二年																			
—596		十一年		十三年																			
—595		十二年		十四年			五月卒。																
—594		十三年		十五年			曹宣公庐立,文公子。																
—593		十四年		十六年																			
—592		十五年		十七年		三月卒。																正月卒。灵公甯立。	
—591		十六年		十八年		蔡景侯固立。								七月卒。子共王审立。									
—590		十七年		成公元年	成公黑肱,																		

续表

			周		鲁	蔡	曹	卫	滕	晋	郑	齐	秦	楚	宋	杞	陈	吴	邾	莒	薛	许	小邾
−589		十八年		二年	宣公子。			八月卒。							八月卒。子共公固立。								
−588		十九年		三年				卫定公臧立，穆公子。															
−587	甲戌	二十年		四年							三月卒。悼公费立。												
−586		二十一年		五年																			
−585		简王元年	简王，定王子。	六年							六月卒。成公睔立，悼公弟。							吴寿梦立。寿梦，一曰乘。					
−584		二年		七年																			
−583		三年		八年																			
−582		四年		九年								七月卒。灵公环立，顷公子。											
−581		五年		十年						五月卒。厉公州蒲立，景公太子。													
−580		六年		十一年																			
−579		七年		十二年																			
−578		八年		十三年			五月卒。																

续表

			周		鲁	蔡	曹	卫	滕	晋	郑	齐	秦	楚	宋	杞	陈	吴	邾	莒	薛	许	小邾
−577	甲申	九年		十四年			曹成公负刍立，宣公弟。	十月卒。					十月卒。景公立，桓公子。							莒子朱卒，一名渠丘公。犁比公密州立，又名买朱鉏。			
−576		十年		十五年				卫献公衎立，定公子。							六月卒。少子平公成立。							迁于叶。	
−575		十一年		十六年					四月卒。滕成公原立。														
−574		十二年		十七年															十二月卒。宣公牼立，来朝。				
−573		十三年		十八年						正月杀。悼公周立，景公子。													
−572		十四年		襄公元年	襄公午，成公子。																		
−571		灵王元年	灵王，简王子。	二年							六月卒。僖公髡顽立，成公子。												
−570		二年		三年																			
−569		三年		四年													三月卒。子哀公溺立。						
−568		四年		五年																			
−567	甲午	五年		六年												三月卒。子孝公匄立。							
−566		六年		七年																			穆公来朝。

续表

			周		鲁	蔡	曹	卫	滕	晋	郑	齐	秦	楚	宋	杞	陈	吴	邾	莒	薛	许	小邾
−565		七年		八年							十二月卒。简公嘉立,成公子。												
−564		八年		九年																			
−563		九年		十年																			
−562		十年		十一年																			
−561		十一年		十二年														九月卒。					
−560		十二年		十三年										九月卒。子康王昭立。				吴诸樊立。诸樊,寿梦长子。诸樊,一曰遏。					
−559		十三年		十四年				出奔齐。															
−558		十四年		十五年				卫殇公剽立,定公弟。		冬卒。													
−557	甲辰	十五年		十六年						晋平公彪立,悼公子。									晋执宣公。悼公华立。	晋执犁比公。			
−556		十六年		十七年																			
−555		十七年		十八年			十月卒。																
−554		十八年		十九年			曹武公滕立,成公子。					七月卒。庄公光立,灵公											
−553		十九年		二十年																			

续表

			周		鲁	蔡	曹	卫	滕	晋	郑	齐	秦	楚	宋	杞	陈	吴	邾	莒	薛	许	小邾
−552		二十年		二十一年								子。											
−551		二十一年		二十二年																			
−550		二十二年		二十三年												三月卒。弟文公益姑立。							
−549		二十三年		二十四年																			
−548		二十四年		二十五年								五月弑。景公杵臼立，庄公异母弟。						十二月卒。					
−547	甲寅	二十五年		二十六年				二月杀。衎归。										吴馀祭立。馀祭一名戴，诸樊弟。				八月卒，悼公买立。	
−546		二十六年		二十七年																			
−545		二十七年		二十八年										二月卒。子郏敖麇立。									
−544		景王元年	景王，灵王子。	二十九年				五月卒。										五月卒。					
−543		二年		三十年		四月杀。		卫襄公恶立，献公子。										夷昧立，夷昧一曰馀昧，馀祭弟。					
−542		三年		三十一年		蔡灵侯般立，景侯子。														十一月弑。			
−541		四年		昭公元年	昭公稠，襄									十一月卒。					六月卒。庄	子展舆立。			

续表

		周	鲁		蔡	曹	卫	滕	晋	郑	齐	秦	楚	宋	杞	陈	吴	邾	莒	薛	许	小邾
−540		五年	二年	公子。									灵王虔立，康王弟。					公穿立。	太子著丘公去疾立，又名郊公。			
−539		六年	三年					正月卒。														穆公来朝。
−538		七年	四年					悼公宁立。														
−537	甲子	八年	五年									七月卒。哀公立，景公子。										
−536		九年	六年												正月卒。弟平公郁釐立。							
−535		十年	七年				八月卒。															
−534		十一年	八年				卫灵公元立，襄公子。									四月卒。楚灭陈。封其大夫穿封戌为陈公。楚平王即						
−533		十二年	九年																		迁于夷。	
−532		十三年	十年						七月卒。					十二月卒。子元公佐立。								
−531		十四年	十一年		楚灭蔡。				晋昭公夷立，平公子。													
−530		十五年	十二年		蔡平侯庐					三月卒。												

续表

			周		鲁	蔡	曹	卫	滕	晋	郑	齐	秦	楚	宋	杞	陈	吴	邾	莒	薛	许	小邾
−529		十六年		十三年		立,景侯子。					定公宁立,简公子。			四月卒。平王居立,即弃疾,灵王弟。			位,哀公太子偃师子,惠公吴立。						
−528		十七年		十四年			三月卒。													八月卒。展舆复立。			
−527	甲戌	十八年		十五年			曹平公须立,武公子。											正月卒。					
−526		十九年		十六年						八月卒。								吴僚立,夷眛子。					
−525		二十年		十七年						晋顷公去疾立,昭公子。													穆公来朝。
−524		二十一年		十八年			三月卒。															迁于白羽。	
−523		二十二年		十九年			曹悼公午立,平公子。													奔纪障。		五月卒。斯立。	
−522		二十三年		二十年		十一月卒。																	
−521		二十四年		二十一年		蔡悼侯东国立,庐弟。																	
−520		二十五年		二十二年																			
−519		钦王元年	王猛之弟。	二十三年		六月卒。														来奔。复纳郊公。			
−518		二年		二十四年		蔡昭侯申立,悼侯弟。										八月卒。子悼公成立。							
−517	甲申	三年		二十五年											十一月卒。								

续表

		周		鲁	蔡	曹	卫	滕	晋	郑	齐	秦	楚	宋	杞	陈	吴	邾	莒	薛	许	小邾
−516		四年	二十六年										九月卒。昭王轸立，平王子。	子景公头曼立。								
−515		五年	二十七年			十月卒。											四月杀。					
−514		六年	二十八年			曹声公野立。声公，悼公弟。		七月卒。滕顷公结立。		四月卒。献公虿立，定公子。							吴阖庐立。阖庐一名光，诸樊子。					
−513		七年	二十九年																			
−512		八年	三十年						六月卒。													
−511		九年	三十一年						晋定公午立，顷公子。											四月，献公毂立。子襄公定立。		
−510		十年	三十二年			声公杀。隐公通立，平公弟。																
−509		十一年	定公元年	定公宋，昭公弟。																		
−508		十二年	二年																			
−507	甲午	十三年	三年															二月卒。隐公益立。				
−506		十四年	四年			隐公杀。靖公露立，									五月卒。子隐公乞卒。	二月卒。子怀公柳立。						
−505		十五年	五年																			

续 表

			周		鲁	蔡	曹	卫	滕	晋	郑	齐	秦	楚	宋	杞	陈	吴	邾	莒	薛	许	小邾
—504		十六年		六年			声公弟。									僖公过弟立。					郑灭许。以斯归。元公成立。		
—503		十七年		七年																			
—502		十八年		八年			三月卒。										七月卒。子闵越公立。						
—501		十九年		九年			曹伯阳立，靖公子。				四月卒。声公胜立，献公子。		秋卒。惠公立，哀公太子之子。										
—500		二十年		十年																			
—499		二十一年		十一年																			
—498		二十二年		十二年																	春卒。比立，弑。惠公夷立，一名寅。		
—497	甲辰	二十三年		十三年																			
—496		二十四年		十四年														五月卒。					
—495		二十五年		十五年														吴夫差立。	来朝。				
—494		二十六年		哀公元年	哀公将，定公子。																		
—493		二十七年		二年				四月卒。															

续表

		周		鲁	蔡	曹	卫	滕	晋	郑	齐	秦	楚	宋	杞	陈	吴	邾	莒	薛	许	小邾
−492		二十八年	三年				卫出公辄立，灵公太子蒯聩子。					十月卒。悼公立，惠公子。										
−491		二十九年	四年		二月杀。蔡成侯立，昭侯子。			八月卒。														晋执小邾子。
−490		三十年	五年					隐公虞母立。			九月卒。晏孺子荼立，杀悼公阳生，立，景公子。											
−489		三十一年	六年										七月卒。子惠王章立。									
−488		三十二年	七年															来。				
−487	甲寅	三十三年	八年			宋灭曹。虏伯阳。									十二月卒。子闵公维立。			归。				
−486		三十四年	九年																			
−485		三十五年	十年								三月卒。简公任立，悼公子。							来奔。		五月卒。		
−484		三十六年	十一年																			
−483		三十七年	十二年																			
−482		三十八年	十三年																		夏卒。	
−481		三十九年	十四年																			

《国学典藏》丛书已出书目

周易［明］来知德 集注
诗经［宋］朱熹 集传
尚书 曾运乾 注
周礼［清］方苞 集注
仪礼［汉］郑玄 注［清］张尔岐 句读
礼记［元］陈澔 注
论语·大学·中庸［宋］朱熹 集注
孟子［宋］朱熹 集注
左传［战国］左丘明 著［晋］杜预 注
孝经［唐］李隆基 注［宋］邢昺 疏
尔雅［晋］郭璞 注
说文解字［汉］许慎 撰

战国策［汉］刘向 辑录
［宋］鲍彪 注［元］吴师道 校注
国语［战国］左丘明 著
［三国吴］韦昭 注
史记菁华录［汉］司马迁 著
［清］姚苧田 节评
徐霞客游记［明］徐弘祖 著

孔子家语［三国魏］王肃 注
（日）太宰纯 增注
荀子［战国］荀况 著［唐］杨倞 注
近思录［宋］朱熹 吕祖谦 编
［宋］叶采［清］茅星来等 注
传习录［明］王阳明 撰
（日）佐藤一斋 注评
老子［汉］河上公 注［汉］严遵 指归
［三国魏］王弼 注
庄子［清］王先谦 集解
列子［晋］张湛 注［唐］卢重玄 解
［唐］殷敬顺［宋］陈景元 释文
孙子［春秋］孙武 著［汉］曹操 等注

墨子［清］毕沅 校注
韩非子［清］王先慎 集解
吕氏春秋［汉］高诱 注［清］毕沅 校
管子［唐］房玄龄 注［明］刘绩 补注
淮南子［汉］刘安 著［汉］许慎 注
金刚经［后秦］鸠摩罗什 译 丁福保 笺注
维摩诘经［后秦］僧肇等 注
楞伽经［南朝宋］求那跋陀罗 译
［宋］释正受 集注
坛经［唐］惠能 著 丁福保 笺注
世说新语［南朝宋］刘义庆 著
［南朝梁］刘孝标 注
山海经［晋］郭璞 注［清］郝懿行 笺疏
颜氏家训［北齐］颜之推 著
［清］赵曦明 注［清］卢文弨 补注
三字经·百家姓·千字文
［宋］王应麟等 著
龙文鞭影［明］萧良有等 编撰
幼学故事琼林［明］程登吉 原编
［清］邹圣脉 增补
梦溪笔谈［宋］沈括 著
容斋随笔［宋］洪迈 著
困学纪闻［宋］王应麟 著
［清］阎若璩 等注

楚辞［汉］刘向 辑
［汉］王逸 注［宋］洪兴祖 补注
曹植集［三国魏］曹植 著
［清］朱绪曾 考异［清］丁晏 铨评
陶渊明全集［晋］陶渊明 著
［清］陶澍 集注
王维诗集［唐］王维 著［清］赵殿成 笺注
杜甫诗集［唐］杜甫 著［清］钱谦益 笺注
李贺诗集［唐］李贺 著［清］王琦等 评注

李商隐诗集［唐］李商隐 著
［清］朱鹤龄 笺注
杜牧诗集［唐］杜牧 著［清］冯集梧 注
李煜词集（附李璟词集、冯延巳词集）
［南唐］李煜 著
柳永词集［宋］柳永 著
晏殊词集·晏幾道词集
［宋］晏殊 晏幾道 著
苏轼词集［宋］苏轼 著［宋］傅幹 注
黄庭坚词集·秦观词集
［宋］黄庭坚 著［宋］秦观 著
李清照诗词集［宋］李清照 著
辛弃疾词集［宋］辛弃疾 著
纳兰性德词集［清］纳兰性德 著
六朝文絜［清］许梿 评选
［清］黎经诰 笺注
古文辞类纂［清］姚鼐 纂集
乐府诗集［宋］郭茂倩 编撰
玉台新咏［南朝陈］徐陵 编
［清］吴兆宜 注［清］程琰 删补
古诗源 ［清］沈德潜 选评
千家诗 ［宋］谢枋得 编
［清］王相 注 ［清］黎恂 注
瀛奎律髓［元］方回 选评
花间集 ［后蜀］赵崇祚 集
［明］汤显祖 评
绝妙好词［宋］周密 选辑
［清］项絪 笺 ［清］查为仁 厉鹗 笺
词综［清］朱彝尊 汪森 编
花庵词选［宋］黄昇 选编
阳春白雪［元］杨朝英 选编
唐宋八大家文钞［清］张伯行 选编
宋诗精华录［清］陈衍 评选
古文观止［清］吴楚材 吴调侯 选注
唐诗三百首［清］蘅塘退士 编选
［清］陈婉俊 补注
宋词三百首［清］朱祖谋 编选
文心雕龙［南朝梁］刘勰 著
［清］黄叔琳 注 纪昀 评
李详 补注 刘咸炘 阐说
诗品［南朝梁］钟嵘 著
古直 笺 许文雨 讲疏
人间词话·王国维词集 王国维 著

戏曲系列

西厢记［元］王实甫 著
［清］金圣叹 评点
牡丹亭［明］汤显祖 著
［清］陈同 谈则 钱宜 合评
长生殿［清］洪昇 著 ［清］吴人 评点
桃花扇［清］孔尚任 著
［清］云亭山人 评点

小说系列

封神演义［明］许仲琳 编 ［明］钟惺 评
儒林外史［清］吴敬梓 著
［清］卧闲草堂等 评

部分将出书目

公羊传
穀梁传
史记
汉书
后汉书
三国志
水经注
史通
日知录
文史通义
心经
文选
古诗笺
李白全集
孟浩然诗集
白居易诗集
唐诗别裁集
明诗别裁集
清诗别裁集
博物志
温庭筠诗集
聊斋志异